KB135723

현대 한일문제의 기원

한일회담과 '전후 한일관계'

[SHINSŌ SHINPAN] SENGO NIKKAN KANKEI
— KOKKŌ SEIJŌKA KŌSHŌ O MEGUTTE
By Fumitoshi Yoshizawa

The original edition was published in Tokyo, Japan.
This Korean language edition published in 2019
by ILCHOKAK, Publishers, Seoul
by arrangement with the author c/o Crane Book, Publishers, Tokyo.

현대 한일문제의 기원

한일회담과 '전후 한일관계'

요시자와 후미토시 지음

이현주 옮김

일조각

일러두기

1. '일한관계'는 '한일관계'로, '일한회담'은 '한일회담'으로 바꾸었으나, 인용한 원문(사료)에 '일한관계'나 '일한회담'으로 되어 있는 것은 그대로 두었다. 그 밖에 '김종필 · 오히라 메모' 등 한국인과 일본인의 이름을 함께 표기해야 하는 경우 한국인의 이름을 앞으로 배치했다.
2. 본문의 '일 · 미 · 한日美韓' 관계는 '한 · 미 · 일韓美日' 관계 등으로 바꾸었으나, 해당 내용이 서술된 순서는 그대로 두었다.
3. 독도는 '독도(다케시마)'로 표기되어 있는데, 저자가 일본인 연구자이기 때문이지만, 그렇다고 독도가 일본의 영토라고 주장하고 있지는 않다. 원문(사료)에 '독도(다케시마)'로 되어 있는 경우 그대로 두었으며, '일본해(동해)' 표기 등도 마찬가지다.
4. 본문에서 독자의 이해를 돕기 위해 설명이 필요할 경우 역주를 달고 그 내용을 책 말미에 정리했다.
5. 한일관계의 역사에서 '북한'을 부르는 칭호에는 민감함이 남아 있다. 저자는 일제 식민지 지배하의 한반도를 '조선', 1948년 분단국가 성립 이전은 '남한'과 '북한', 이후는 대한민국을 '한국', 조선민주주의인민공화국을 '조선'으로 부르고 있다. 자세한 용례는 서론을 참고하기 바란다.

시작하면서

2015년은 한일 국교정상화가 이루어진 지 50년이 되는 해이다. 이를 계기로 도서출판 크레인의 문홍수文弘樹 사장으로부터 필자가 10년 전에 박사학위 논문을 정리하여 펴낸 『전후 일한관계—국교정상화 교섭을 둘러싸고』의 개정신판을 출판하자는 제안을 받았다. 그 제안에 많이 기뻐하면서, 이 책의 초판이 출판된 2005년 이후 10년 동안 연구 상황이 크게 변화한 것을 설명하지 않을 수 없다. 이에 대해서는 다음 세 가지로 정리할 수 있다.

첫째, 한국정부 및 일본정부에 의해 한일 국교정상화 교섭(한일회담) 관련 외교기록이 공개되었다는 점이다. 양국을 합해 약 10만 매에 이르는 외교기록은 의사록, 전보부터 한일회담을 준비하면서 작성된 다양한 내부 기록, 나아가 한일회담을 둘러싸고 당시 국내외의 여론 등을 조사한 자료 등이 포함되어 있다. 이는 모두 한일회담 관련 제1급의 자료이다.

이러한 기록의 공개는 한국 및 일본의 시민들이 벌인 운동의 성과이다. 한국정부의 외교기록 공개는 2002년 10월에 전쟁 피해자 및 그 유족 100명이 외교통상부(현 외교부) 장관을 피고로 전후보상 재판에서 초점이 된 한일 청구권협정 등과 관련한 기록의 공개를 요구하면서 서울행정법원에 제소하고, 2004년 2월 13일 일부승소 판결을 쟁취한 것이 계기가 되었다. 한국정부는 2005년 1월 17일 한일회담 관련 외교문서 5점을 공개하고, 8

월 26일에는 외교통상부가 관리하는 약 3만 6천 매에 달하는 한일회담 관련 외교기록을 공개했다. 이것을 이어받아 일본에서도 시민단체 '일한회담 문서 · 전면공개를 요구하는 모임'(요구모임)이 2006년 4월 외무성에 한일회담 관련 외교기록의 공개를 청구한 것이 계기가 되어, 외무성은 2008년 5월까지 약 6만 매의 외교기록을 공개했다. 나아가 소송을 통해 '요구모임'이 공개되지 않은 부분을 다툰 결과 2015년까지 상당히 많은 기록이 공개되었다.

둘째, 공개된 기록을 활용한 한일회담 연구의 진전이다. 새 자료가 공개된 이후 10년 동안 발표된 연구 성과 중 가장 광범위한 분야의 연구를 집약한 것은 『역사로서의 일한 국교정상화(전 2권)』(아사노 도요미淺野豊美·기미야 다다시木宮正史·이종원李鍾元 편저, 호세이대학 출판국, 2011)일 것이다. 이는 과학연구비 조성 사업인 「한국정부 공개자료에 의한 일한기본조약의 국제 공동연구」(기반연구 A, 2006~2009년, 대표자 아사노 도요미)의 성과로, 한국과 일본의 한일회담 및 이와 관련된 분야의 연구자들의 역작을 모은 논문집이다. 이 논문집에 앞서 한국에서도 『외교문서 공개와 한일회담의 재조명(전 2권)』(국민대학교 일본학연구소 편, 도서출판 선인, 2010)이라는 같은 내용의 논문집이 간행되었다. 이외에 2015년 현재까지 많은 연구 성과가 발표되었다. 이들 중 중요한 것은 참고문헌에 '더 읽을 만한 문헌'으로 소개했으므로 참고해 주기 바란다.

셋째, 한일기본조약 및 여러 협정(한일 여러 조약)의 해석을 둘러싼 역사적 상황에 대한 현재적 위상의 변화이다. 특히 한국에서는 한일회담 관련 외교기록이 '전면 공개'되고 나서 여러 조약에 의해서도 한일 간에 해결되지 않은 문제가 있음이 보다 명확해졌다. 2005년 8월 한국의 이해찬李海瓚 국무총리가 주재한 '한일회담 문서공개 후속대책관련 민관공동위원회'는 일본군 '위안부' 문제, 사할린 거주 조선인 문제, 한국 거주 원폭 피해자 문제 등 "일본 정부, 군 등의 국가권력이 관여한 반인도적 불법행위에 대해서는 청구권협정에 의해 해결된 것으로 볼 수 없으며, 일본정부의 법적 책임이 남아 있다."는 견해를 제시했다. 2011년 8월 30일 한국 헌법재판소는 일본군 '위안부' 및 재한 원폭 피해자의 배상청구권이 한일 청구권협정에 의해 해결되었는지에 대해 한일 간에 해석의 차이, 요컨대 '분쟁'이 있다고 인정했다.

나아가 2012년 5월 24일에는 미쓰비시 히로시마三菱廣島 원元 징용원폭 피해자 · 일본제철 원元 징용공 재판에서 최고재판소인 한국 대법원이 원심판결을 파기하고 사건을 서울 및 부산 고등법원으로 되돌려 보내는 판결을 내렸다. 이 판결에서는 앞에서 서술한 "일본 정부, 군 등의 국가권력이 관여한 반인도적 불법행위"에 더해 "식민지 지배에 직결된 불법행위로 인한 손해배상 청구권"이 한일 청구권협정으로 해결되지 않았고 한국정부의 외교보호권도 방기되지 않았다고 판단했다. 이들 판결을 받아 2015년 현재까지 징용공 등 전쟁 피해자를 원고로 하는 재판은 네 번 연속으로 원고가 승소했다.[역주 ①]

한편 일본정부는 이러한 문제가 한일 청구권협정에 의해 "완전하게 그리고 최종적으로 해결되었다."는 견해를 유지하고 있다. 2011년 8월 헌법재판소의 결정이 나온 후 한국정부는 일본정부에 일본군 '위안부' 문제의 해결을 강력하게 촉구했다. 그러나 일본정부는 한일 청구권협정에 대한 종래의 견해를 고집할 뿐만 아니라, 2014년 6월 20일 「위안부 관계 조사결과 발표에 관한 고노 요헤이河野洋平 내각 관방장관 담화」(1993년 8월 4일 발표, 이른바 '고노 담화')를 검토하는 보고서를 발표하여, 이 담화 발표에 이르기까지의 한일 간의 교섭 내용을 공표했다. 나아가 같은 해 8월 5일과

6일 『아사히신문』에서 요시다 세이지吉田清治의 제주도에서의 '위안부 사냥' 증언이 허위라고 인정하자 26일 자유민주당의 다카이치 사나에高市早苗 정조회장은 고노 담화에 의해 "부당하게 멸시받은 선인의 명예를 회복하여 현재 및 미래를 살아갈 일본인의 긍지를 지키는 것이 필요"하다면서 새로운 관방장관 담화를 요청했다. 2015년에는 아베 신조安倍晋三 수상이 전후 70주년 담화를 발표할 것으로 예상되는데,[1] 1995년 무라야마 도미이치村山富市 수상이 발표한 담화 및 2005년 고이즈미 준이치로小泉純一郎 수상이 발표한 담화에 포함되었던 '식민지 지배와 침략', '마음으로부터의 사죄와 반성' 등의 키워드를 계승하는 것에 부정적이다.

2015년은 한일 국교정상화가 이루어진 지 50년으로, 아시아·태평양전쟁으로부터 70년이고, 일본이 한국을 '보호국화'한 제2차 한일협약 강제체결로부터 110년이며, 일본이 조선왕조 제26대 국왕 광무황제의 황후인 명성황후를 암살한 지 120년이 된다. 이와 같이 2015년은 일본과 조선의 관계를 살피는 데 있어서 다양한 의미를 갖는 해이다. 그럼에도 불구하고 일본은 과거의 전쟁도 식민지 지배도 반성하지 않고, 또는 반성하는 체하면서 '언젠가는 올 길'로의 회귀를 목표로 하고 있다.

2015년 1월 31일 사망한 바이츠제커Richard von Weizsacker 전 서독 대통령은 제2차 세계대전 종전 40주년이 되는 1985년 5월 8일 연방의회 연설에서 "과거에 눈을 감는 것은 현재에도 눈이 멀게 만든다."라는 명언을

1 아베 신조 수상의 담화(아베 담화)는 2015년 8월 14일에 발표되었다. 무라야마 담화 등 과거의 수상 담화에 비해 "우리 나라는 지난 대전에서의 행동에 대해 반복해서 통절한 반성과 진심 어린 사죄의 마음을 표명했습니다."라고 하여 만주 침략 이후의 침략 전쟁에 대한 사죄는 언급했으나, 조선 식민지화의 계기가 된 "러일전쟁은 식민지 지배 아래에 있던 많은 아시아와 아프리카 사람들에게 용기를 북돋아 주었습니다."라고 하여 식민지 지배에 대해서는 반성도 사죄도 표명하지 않았다.

남겼다. 이 말을 다시 마음에 새기면서 개정판을 세상에 내보내고 싶다.

나아가 개정신판의 출판을 맞아 몇 가지 점을 미리 말해 두고 싶다. 통상적으로 한다면 상술한 연구 성과를 토대로 구판의 내용을 전면적으로 고쳐 써야 할 것이다. 그러나 이미 이 10년 동안 새롭게 발표한 연구 성과를 정리했다는 점과 초판에서 제시한 견해를 다시 세상에 제시하고 싶다는 생각으로 내용의 수정을 최소한으로 했다. 한편 초판에서 '미공개 문서'였던 자료나 출판 연도가 오래되어 참조가 어려웠던 문헌 등이 출전으로 되어 있는 경우는 현재 참조 가능한 한일회담 관련 외교기록에서 동일한 기록으로 고쳐 썼다. 그 외 초판의 기술에서 2015년 현재의 상황에 적합하지 않다고 생각되는 내용은 적절하게 가필, 수정했다.

서문

[초판]

2005년 1월 17일, 한국정부는 한일 국교정상화 교섭(한일회담) 관련 외교 문서 중 5점을 공개했다. 이들 문서는 1962년의 이른바 「김종필 · 오히라 메모」에 기초하여 청구권 문제의 원칙적 합의가 성립된 후의 한일회담 내용의 일부를 명확하게 하는 것이었다. 또한 이를 통해 한국정부의 각 부처 간에 청구권 문제에 어떻게 대응할 것인지에 대해 의견 교환이 있었다는 것도 공적 문서라는 형태로 명확하게 드러나게 되었다. 이들 내용의 일부는 한국에서 자료집으로 소개되어 소수의 연구자가 그 존재를 알고 있던 것이다. 그럼에도 불구하고 이와 같은 중요한 문서가 일반에서도 열람할 수 있게 된 것은 대단히 큰 의미가 있다고 해야 할 것이다. 한국정부에서 한일회담 회의록을 공개한 것은 이것이 처음이다. 일본정부는 아직 공개하지 않고 있다.

한편 한국정부는 「일제강점하강제동원피해진상규명등에관한특별법」(2004. 3. 5. 제정)에 의거하여 2004년 11월 10일 '일제강점하강제동원피해진상규명위원회'(규명위원회)를 발족하여 전시동원에 의한 조선인 피해의 실태를 파악하는 활동을 시작했다. 규명위원회가 호소하고 있는 것과 같이, 이 조사는 일본의 협력 없이는 진행될 수 없다. 규명위원회는 첫째, 2004년 12월 한국의 노무현盧武鉉 대통령과 일본의 고이즈미 준이치로小

泉純一郎 수상 간의 수뇌회담에서도 다루어졌던 피해자의 유골조사에 대해 일본의 협력을 요구했다. 이에 대해 일본정부도 2004년 9월부터 일본 기업에 대한 설문조사를 개시하여 유골조사에 협력하는 자세를 보여 주었다.

그런데 이와 같은 한국정부의 움직임에는 하나의 중대한 '원칙'이 있다. 그것은 "일본정부의 책임을 묻지 않는다."는 것이다. 이번의 외교문서 공개에서도 한국정부는 청구권 문제를 어디까지나 한국 국내 문제로 규정했다. 또한 규명위원회도 일본에 대한 책임 추궁에 대해 "우리(규명위원회를 말함)의 일이 아니다."라고 했다. 그래서 일본의 상업 미디어에서도 이와 같은 한국의 움직임을 강 건너 불 보듯이 보도하고 있는 것이다.

그러나 이 책에서 명확히 밝히는 바는, 당초 일본정부는 한일회담에서 조선인 피해자에 대한 자료는 제시하지 않은 채 한국에만 청구권의 입증 책임을 부과시켰다. 그 결과, 경제개발이 급했던 한국정부는 대일청구권을 포기하고 일본으로부터 '독립 축하금'이라는 경제협력 자금을 받게 된 것이다. 이번에 공개된 외교문서는 한국정부가 부득이 포기했던 대일청구권을 국내에서 해결하는 방법을 모색한 기록이다.

한일 국교정상화 이후에 한국정부는 국내에서 보상 조치를 실행했지만, 한국 측 피해자들은 동의할 수 없었다. 그래서 한국의 피해자들은 일본 식민지 지배의 책임을 전후 보상으로 실현시키기 위해 일본, 한국, 미국 등에서 법정 투쟁을 전개했다. 그러나 특히 일본의 사법은 1945년으로부터 20년 후에나 한일 국교정상화가 실현되었음에도 불구하고 제척기간이나 시효를 이유로 원고의 소訴를 거부했다. 이 기간 동안 일본의 국회에서 식민지 지배에 의한 피해를 보상하는 법률은 하나도 가결되지 않았다.

이와 같이 한국의 피해자들은 패배에 패배를 거듭했지만, 2004년 2월 한일회담 관련 문서의 공개를 요구한 행정소송의 1심 판결에서 '승리'를 쟁취한 것이다. 한일회담의 진상규명에 대한 한국 피해자의 절실한 요구가 이번의 문서 공개를 실현시켰다. 여기에 이번 문서 공개의 최대 의의가 있다.

한국의 노무현 대통령은 2005년 3월 3 · 1운동 기념식 연설과 23일 담화를 통해 '역사문제'의 해결을 위해 일본정부가 적극적인 움직임을 보여 줄 것을 촉구함과 동시에 '일본의 지성'에 "진실한 자기반성"을 요구했다. 한편 2005년 2월 22일 시마네현島根縣 의회에서 '다케시마의 날'을 제정한 것이라든가 4월 문부과학성의 교과서 검정을 통과한 중학교용 역사교과서의 기술을 둘러싸고 한일관계는 '역사문제'로 제자리걸음을 계속하고 있다. 일본인, 특히 '일본의 지성'이 이와 같은 상황을 정치적인 문제라며 냉소하거나 침묵을 계속하는 한 '역사문제'의 해결은 어려울 것이다.

일본 패전 및 한국 해방 60주년을 맞이하는 지금, 일본인의 입장에서 적극적으로 오늘에 이르기까지 일본과 한반도의 역사에 대해, 그리고 일본의 식민지 지배 책임에 대해 정면으로 마주할 때가 왔다. 이 책이 주제로 하는 한일회담의 역사는, 일본의 식민지 지배 책임에 대한 다양한 사람들의 자세를 통해 오늘의 한일관계에서 해결해야 할 과제를 명시할 것이다. 그와 같은 의미에서 이 책이 한일회담의 역사적 진실을 추구하는 데 일조할 수 있다면 다행이다.

서문

[한국어판]

'전후 한일관계'는 끝나지 않았다

이번에 이현주 선생님이 졸저 『전후 일한관계』를 번역, 출판하게 된 것은 필자에게 정말 기쁜 일이다. 이 책을 출판한 2005년은 바로 한국정부가 한일 국교정상화 교섭(한일회담) 관련 문서를 전면 공개한 해이다. 처음에는 공개된 문서들을 이용해서 보다 깊은 진상을 규명하고 나서 책을 집필하고 싶었다. 그러나 2004년 7월에 히토쓰바시대학 사회학연구과 박사후기 과정을 마치고, 그 학위 논문을 출판한다는 이야기가 이미 진행되었기 때문에, 소망은 이루어지지 못했다. 10년 후에 두 번째 책 『일한회담 1965 전후 일한관계의 원점을 검증한다』(高文研)를 출판할 수 있었으니, 그럭저럭 그 소망은 이루었다고 말할 수 있다.

이 책은 일본의 식민지 지배 책임이라는 관점에서, 1945년부터 1965년까지의 대한민국과 일본의 관계를 통관하기 위한 필자 나름의 시도로, 한일 양국의 반대 운동도 포함하여 고찰하고 있다. 그러한 의미에서 이 책은 내 연구의 원점이며, 그것이 한국어로 번역 출판된 것으로, 다시 한 번 내 연구를 성찰할 기회를 얻게 된 것은 정말로 감사한 일이다.

그런데 이 책에서 말하는 '전후 일한관계'는, 식민지 지배가 끝나고 70년 이상이 지난 현재도 끝나지 않고 있다. 2012년 5월 24일의 한국 대법원 판결 후에 한국 국내에서 강제 연행 피해자나 재한 피폭자들을 원고로 하는 재판이 계속되고 있는데, 그들의 문제 역시 잊힌 것 같았다. 2015년 12월 28일의 한일 '위안부' 합의에 의해 사죄와 배상을 비롯한 피해자들의 모든 문제가 해결되었다고 말할 수 없고, 오히려 그러한 상황은 묻어 둔 채 식민지 지배의 문제는 한일외교 혹은 국민감정의 문제로 바뀌었다.

다만 문재인文在寅 정부 성립 이후에 상황이 크게 달라졌다. 2018년 10월 30일의 대법원 판결에서 "일본정부의 한반도에 대한 불법적인 식민 지배 및 침략 전쟁의 수행과 직결된 일본 기업의 반인도적인 불법 행위를 전제로 하는 강제 동원 피해자의 일본 기업에 대한 위자료 청구권"을 인정하고 일본 기업의 자산 압류와 현금화 절차를 진행하게 되었다. 2019년 7월 3일에는 2015년 한일 '위안부' 합의에 따라 설립된 '화해 · 치유재단'이 공식적으로 해산되었다. 한편 일본 정부 및 기업들은 그 역사적 책임을 인정하기는커녕 이러한 한국의 움직임을 한일청구권협정을 위반하는 전후 국제질서에 대한 심각한 도전이라고 강하게 항의하고 있다.

게다가 2018년부터 남북한과 미국이 한반도를 둘러싼 평화 체제 구축을 위해 대화하기 시작했음에도 불구하고, 북한과 일본의 협상은 시작될 기색이 조금도 보이지 않는다. 북한에도 식민지 지배의 피해자들이 있으며, 북일교섭 재개도 서둘러야 한다. 일본이 동아시아의 평화 체제 구축에 참여하기 위해서는 무엇보다 식민지 지배의 역사와 책임을 마주해야 한다.

2016년 8월부터 1년 동안 미국 일리노이주 어바나-샴페인에서 재외 연구를 하면서, 이 나라가 아시아태평양전쟁 시작 후에 재미 일본인을 강제 수용한 것에 대해, 시간이 걸렸지만 미국정부가 피해자들에게 사죄, 배상 등을 해낸 것에 관심을 가지게 되었다. 이러한 사례는 우리가 '전후 일한 관계'를 극복하는 데 좋은 선례가 될 것이다. 한편으로 아프리칸-아메리칸이나 네이티브-아메리칸 등 사회적 소수자의 인권에 주목하면, 아프리칸-아메리칸 대통령이 탄생했음에도 불구하고 그들의 문제가 모두 해결되었다고는 말할 수 없다. 이 나라 사람들의 '원죄'는, 유럽에서 온 이민자들이 네이티브-아메리칸의 토지를 침략한 것에서부터 시작된다. 남북전쟁 후 헌법 개정에 의해 노예제가 폐지된 지 150년 이상 지나고 있다.

이 책을 쓰고 나서 배운 것은, 이러한 '과거의 극복'이라는 과제가, 아주 깨끗이 '청산'할 수 있는 것이 아니라는 것이다. 그렇다고 '청산'해 내지 못한다는 것이 무조건 나쁜 것이 아니고, 과거를 극복하려는 노력을 거듭하는 것으로 우리는 보다 인간다운 사회를 만들어 갈 수 있다는 것도 알게 되었다. 확실히 그러한 사회를 이루기 위한 운동으로서의 역사에는, 전진도 있고 후퇴도 있고, 진보도 있고 반동도 있다. 크게 진행되는 진보도 있고, 크게 물러나는 반동도 있다.

그러한 의미에서 우리는 새로운 세계 규모의 전쟁이라는 대반동의 가능성마저 상정하면서 역사를 구상해야 할 때에 사는 것이 아닐까라는 생각조차 든다. 이러한 때야말로, 역사에서 배우는 것이 필요하다는 생각이 강하게 든다. E.H. 카Edward Hallett Carr의 말을 빌리면, "진실한 의미의 역사라는 것은, 역사 바로 그 자체에서 방향 감각을 찾아내고 받아들이는 사람만이 쓸 수 있는 것이다. 우리는 어디에서 온 것인가라는 믿음은 우리가 어디로 가는 것인가라는 믿음과 밀접하게 연결되어 있다. 미래를 향해 진보한다는 능력에 대한 믿음을 잃어버린 사회는, 결국 과거에 있어서의 자신의 진보에도 무관심해져 버릴 것이다."

이 책의 주제인 '전후 일한관계'의 극복이야말로 그러한 역사의 방향성이며, 그러한 역사가 앞으로도 계속 그려지는 데 이 책이 조금이라도 공헌할 수 있으면, 필자로서는 기대 이상의 기쁨을 느끼게 될 것이다. 번역자이신 이현주 선생님에게 거듭 감사 말씀을 드리는 것으로 한국어판의 서문을 갈음하고 싶다.

2019년 7월

요시자와 후미토시

※ 인용문의 원문은 다음과 같다.

History properly so-called can be written only by those who find and accept a sense of direction in history itself. The belief that we have come from somewhere is closely linked with the belief that we are going somewhere. A society which has lost belief in its capacity to progress in the future will quickly cease to concern itself with its progress in the past.

E.H. 카(시미즈 이쿠타로 역), 『역사란 무엇인가』, 이와나미서점, 1962년, 197쪽. 원서는 Edward Hallett Carr, "What is History?", Vintage, 1961, p. 176.

차례

서론

1 초기 한일회담의 전개

—1945년부터 1953년까지—

2 중단기의 한일관계
—1954년부터 1960년까지—

3 한일회담에서 대일청구권의 구체적 토의
—제5차 회담 및 제6차 회담을 중심으로—

6 한일 국교정상화의 성립
—제7차 회담에 대한 고찰—

7 한국에서의 한일회담 반대운동
—1964~1965년을 중심으로—

서론

1. 재고되어야 할 '전후 한일관계': 과제의 설정

1945년 8월에 일본은 패전했다. 그 결과 1910년부터 시작된 일본의 조선 식민지 지배가 끝났다. 그 후 한반도에는 분단국가가 성립하고 내전의 연장과 '열전熱戰'화로 한국전쟁이 발발했다. 한국전쟁이 한창이던 1952년 4월 일본은 독립을 달성하고 국제 사회에 복귀했다. 일본이 복귀한 국제 사회는 미국과 소련을 정점으로 하는 자본주의 진영과 사회주의 진영으로 양분된 냉전의 전장이었다. 이에 일본은 동북아시아에서 자본주의 진영의 일원으로 선전포고도 없이 냉전에 '참전'하게 되었으며, 한반도는 그야말로 동북아시아 냉전의 최전선으로 긴장된 상태에 놓이게 되었다.

한편 일본은 국제 사회에 복귀하면서 제2차 세계대전 이전에 형성되었던 여러 국가와의 관계를 청산하고 새로운 외교관계를 설정해야 했다.

1951년 9월에 조인된 샌프란시스코 강화조약(대일강화조약)에 의해 일본은 서명국들과의 관계를 되돌릴 수 있었다. 그러나 제2차 세계대전 당시 구미 열강의 식민지였던 여러 국가와 중국, 소련 등 샌프란시스코 강화조약의 비非서명국, 나아가 일본의 식민지였던 한반도와의 관계 회복은 독립 후의 외교 과제로 남겨졌다.

동북아시아에서 일본은 미국의 영향하에 우선 한반도의 분단국가 중 대한민국과의 국교정상화 교섭에 임했다. 한일 국교정상화 교섭(한일회담)[1]은 1951년부터 1965년까지 단속적으로 행해졌다. 교섭의 과제는 두 가지였다. 하나는 냉전하의 동북아시아 자본주의 진영에서 긴밀한 국제관계를 구축하는 것이었다. 그리고 또 하나는 제2차 세계대전 이전의 관계, 즉 일본의 조선 식민지 지배의 청산이었다.

본서에서는 1945년 8월의 일본 패전 후 한일관계를 '전후 한일관계'로 부르고, 한일 국교정상화 교섭에서 식민지 지배의 청산이라는 과제에 중점을 두고 그 전개 과정을 고찰한다. '전후 한일관계'는 1945년 8월의 일본 패전을 기점으로 오늘에 이르기까지 식민지 지배의 청산이라는 과제를 마주하지 않을 수 없는 한일 양국의 관계로 정의한다.

필자는 현재도 '전후 한일관계'가 계속되고 있다고 생각한다. 한일관계에서 일본의 식민지 지배의 청산은 아직 끝나지 않았기 때문이다. 이 문제

1 한일 국교정상화 교섭(한일회담)이 이루어진 시기는 다음과 같다. 예비회담(1951년 10월 20일~1951년 11월 28일), 제1차 회담(1952년 2월 15일~1952년 4월 24일), 제2차 회담(1953년 4월 15일~1953년 7월 23일), 제3차 회담(1953년 10월 6일~1953년 10월 21일), 제4차 회담(1958년 4월 15일~1960년 4월 19일), 제5차 회담(1960년 10월 25일~1961년 5월 15일), 제6차 회담(1961년 10월 20일~1964년 4월 3일), 제7차 회담(1964년 12월 3일~1965년 6월 22일). 본서에서는 1951년 10월부터 1953년 10월까지의 한일회담(예비회담부터 제3차 회담까지)을 '초기 한일회담'이라고 한다. 그리고 여러 의제가 구체적으로 진전되는 1960년 10월부터 1965년 6월까지의 한일회담을 '후기 한일회담'이라고 한다.

의 해결 없이 '전후戰後'의 종결은 있을 수 없다. 그와 같은 의미에서 '전후'에 강조점을 두었다. 본서는 이러한 인식하에 한일 국교정상화 교섭을 분석하고 1945년부터 1965년까지의 '전후 한일관계'의 실상을 명확하게 하려는 것이다.

본서의 연구 목적을 열거하면 다음과 같다. 첫째, '전후 한일관계'에서 주요 과제인 재산청구권 문제의 전개 과정을 명확히 할 것이다. 지금도 한국 및 조선민주주의인민공화국을 비롯한 아시아 각지에서 일본정부에 대해 전후 보상을 요구하는 운동이 계속되고 있는 것에서도 알 수 있듯이, 일본은 조선을 식민지로 지배한 것에 대해 어떻게 인식하고 있는가, 나아가 식민지 지배로 인한 피해나 손해에 대해 어떻게 보상을 해야 할 것인가라는 문제가 '전후 한일관계'를 규정하고 있다. 한일회담에서 재산청구권 문제는 그와 같은 '전후 한일관계'의 핵심 문제를 포함하고 있다. 그러므로 한일회담에서 재산청구권 문제의 전개 과정 규명은 '전후 한일관계'를 이해하는 데 필수 불가결한 작업이라고 할 수 있다.

둘째, 재산청구권 문제에 비해 연구가 진행되지 않은 다른 여러 현안, 즉 기본관계, 어업〔이승만라인(한국에서는 평화선)[역주 ①]〕, 재일한국인의 법적 지위 및 문화재 문제에 대해 가능한 한 그 전개 과정을 명확히 할 것이다. 한일회담에서 기본관계, 재일한국인의 법적 지위, 문화재 등의 여러 문제는 재산청구권 문제와 마찬가지로 일본의 식민지 지배에 대한 이해가 기본이 되어야 하며, 이것이 '전후 한일관계'의 핵심이다. 또한 어업 문제, 특히 이승만라인 문제, 나아가 독도=다케시마 영유권(이하 '독도 영유권'으로 표기[역주 ②]) 문제는 '전후 한일관계'와 관련한 요소를 포함하고 있지만 한일회담 과정에서는 오히려 한국과 일본에서 민족주의를 고양시키는 역할을 했다.

이러한 문제는 한일회담의 전개 과정에서 각각 개별적으로 토의된 것이 아니라 상호 관련하여 때로는 어떤 문제가 다른 문제를 진전시키기 위한 '외교 카드'로 기능했다. 특히 일본이 이승만라인 문제 및 이승만라인을 이유로 한국에 억류된 일본인 어부 문제의 해결을 최우선으로 한 데 대해, 한국은 재산청구권을 비롯한 일본 식민지 지배의 청산이라는 문제를 중시했다. 그래서 한일 양국은 자신이 중시하는 과제의 조기 해결을 위해 상대방이 중시하는 문제를 회담의 주제로 다루지 않을 수 없었던 것이다. 이와 같은 한일회담의 여러 의제의 상호 관련성을 살피는 것도 본서의 목적이다.

앞에서 서술한 두 가지 연구 목적을 달성하기 위해 본서는 외교사적인 접근을 취해 정치가나 관료, 재계인 등 직접적 또는 간접적으로 한일회담과 관련된 인사를 연구 대상으로 한다. 또한 '전후 한일관계'의 배경을 이해하기 위해 일본과 한반도를 둘러싼 국제관계와 경제협력, 경제개발 등의 여러 문제, 나아가 국제법의 문제 등을 고려한다. 다만 본서의 연구 목적은 한일관계의 외교사적 전개를 검토하는 데 그치지 않는다. 외교 문제로 전개된 일본의 식민지 지배의 청산이라는 과제를 외교사적 방법에 의해 정리하는 것으로 일본의 식민지 지배 책임이 남아 있음을 확인하는 것은 이 과제를 해결하는 방안을 모색하기 위한 필수 불가결한 작업이다.

셋째, 당시 한일회담의 진행과 함께 전개된 한국과 일본에서의 반대운동에 대해 명확히 하는 것이다. 반대운동 세력은 한일회담에 관련된 교섭 담당자와는 다른 관점에서 일본의 식민지 지배의 청산이라는 문제를 바라보고 한일회담을 비판했다. '전후 한일관계'를 생각할 때 이와 같은 '비판자'의 존재를 무시할 수는 없다.

왜냐하면 '전후 한일관계'는 국가 간의 관계일 뿐만 아니라 양국의 일반 대중과도 관련된 문제이기 때문이다. '전후 한일관계'에서 일본의 식민지 지배의 청산이라는 과제가 계속되는 이상, 양국의 일반 대중 또한 이 문제를 마주하지 않을 수 없다. 이러한 문제의식에서 본서에서는 양국에서 진행된 한일회담 반대운동을 통해 반대운동에 나섰던 자, 또는 반대운동에 나서지 않았던 일반 대중의 존재를 부각시키려고 노력했다.

또한 '전후 한일관계'를 규정하는 일본의 식민지 지배 청산이라는 과제는 1945년 8월 이후 일본과 조선민주주의인민공화국의 관계, 즉 '전후 일조관계日朝關係'와도 관련이 있다. 본서에서는 한일 국교정상화 교섭을 고찰하는 데 있어 조선민주주의인민공화국의 외교 정책과 재일조선인 귀국사업, 재일조선인의 한일회담 반대운동에도 시야를 넓혀 일본과 한반도를 '전후'라는 시각에서 조명하려고 노력했다.

용어에 대해서는 일본 식민지 지배하의 한반도에 대하여는 '조선', 1948년의 분단국가 성립 이전은 '남한'과 '북한'으로, 분단국가 성립 이후는 대한민국을 '한국', 조선민주주의인민공화국을 '조선'으로 부른다. '북조선'이라는 호칭은 쓰지 않는다. '북조선'이라는 단어는 조선반도(한반도)라는 지리적 영역을 칭하는 것에 불과하기 때문이다. 한반도 북부에 있는 조선민주주의인민공화국의 국호는 '조선'이다. 다만 '조선'이라는 호칭은 조선반도(한반도)나 조선민족(한민족)의 총칭도 된다. 따라서 호칭의 불명확함을 피하기 위해 조선민주주의인민공화국을 지칭할 경우 정식 국명이나 '조선정부' 등의 명칭을 사용한다.

또한 일본 패전 이전부터 일본에 거주했으며 일본의 독립 이후에 정주 외국인이 된 조선인의 직계비속을 '재일조선인'으로 부른다. 다만 한일회담에서 의제로 논의하는 경우, 특히 외국인등록증의 국적란에 '한국'으로 등록되어 있는 자('한국 국적' 소지자)를 상정하고 있는 경우에는 '재일한국인'이라고 부른다.

또한 자료에 '북선', '남선' 등으로 기술되어 있는 경우, 자료의 역사성 또는 문제성을 명확히 한다는 취지에서 원문대로 표기한다.

2. 선행 연구의 정리와 과제의 접근 방법

선행 연구를 서술하기에 앞서 한일회담을 비롯한 '전후 한일관계'에 관한 공문서의 공개 상황에 대해 서술할 필요가 있다. 한국, 일본, 미국을 불문하고 1980년대 이전에는 한일회담 회의록이나 관련된 외교 문서가 거의 공개되지 않았다. 따라서 이 시기에 이루어진 한일회담 연구는 신문이나 회고록 등의 2차 자료에 의존할 수밖에 없었다. 그런데 1990년을 전후한 무렵부터 자료의 공개 상황이 약간 개선되었다. 1992년 6월 22일 자 『동아일보』에 1962년 11월 열린 김종필金鍾泌 · 오히라大平 회담에서 합의된 내용을 기술한 메모(이른바 김종필 · 오히라 메모)가 공개되었다. 또 다카사키 소지高崎宗司는 잡지 『세카이世界』에 게재한 논문에서 도쿄대학 동양문화연구소에 한국정부가 작성한 한일회담 회의록이 소장되어 있다고 밝혔다.[2] 그 후에도 연구자와 언론인들의 한일회담 관련 자료 발굴이 진행되었다. 그리고 2015년 현재 한국, 일본, 미국에서 1980년대 초기까지의 외교문서가 공개되었다. 그로 인해 점차 한일회담에 대해 단편적이나마 알 수 있는 외교문서를 이용할 수 있게 되었다.

한일회담에 직접 관계된 안건에 대해 언급하면, 앞에서 서술한 한국정부에서 공개한 문서를 제외하고는, 일본의 외교사료관, 한국의 외교사료관과 국가기록원 문서도 2004년까지 전부 비공개였다. 특히 일본정부는 일조日朝 교섭이 이루어질 경우 한일회담 시의 안건이 다루어질 것이므로,

2 高崎宗司, 「日韓條約で補償は解決したか」, 『世界』 제572호, 1992년 9월.

한국정부에 한일회담과 관련한 외교문서를 비공개로 해줄 것을 요청하기도 했다.[3]

그러나 앞에서 서술한 대로 2005년에 한국정부는 외교통상부(현 외교부)가 보관하고 있는 기록을 '전면공개' 했다. 일본정부도 시민단체의 정보공개 청구에 응하는 형태로 2006년부터 2014년까지 많은 기록을 공개했다. 그렇지만 현재 일본정부는 여전히 청구권, 문화재, 독도 영유권 문제 등과 관련된 자료들을 공개하지 않고 있다. 더욱이 행정기관의 장의 권한이 강한 「정보공개법」이 개정되지 않은 채 2014년 12월 「특정비밀의 보호에 관한 법률(특정비밀보호법)」이 시행되어, 최장 60년 동안 공개되지 않는 '특정비밀'로 지정되는 외교기록도 등장하게 되었다. 최근의 정보 공개 촉진의 흐름에 역행하는 이와 같은 조치는 '전후 한일관계'를 이해하기 위해서는 결코 바람직하지 않다. 한일회담 관련 자료를 하루라도 빨리 모두 일반에 공개하기 바란다.

'전후 한일관계'에 관한 선행 연구는 이와 같은 자료 공개 상황에 큰 영향을 받아 왔다. 즉 1980년대 이전의 연구는 2차 자료에 의한 기초적인 연구가 중심이 되었다. 이에 비해 1990년을 전후한 시기부터는 1차 자료를 분석한 구체적이고 개별적인 연구가 나타나기 시작했다.

1980년대 이전의 개략적 연구로는 기무라 슈조木村修三, 야마모토 츠요시山本剛士, 모리타 요시오森田芳夫, 성황용成滉鏞, 이재오李在五 등의 연구가 있다.[4] 이 가운데 모리타는 국회 회의록과 잡지 『국제문제』에 게재된

3 『朝日新聞』 1997년 2월 20일 자(도쿄, 조간 14판).

4 한일회담 전반을 다룬 연구로는 木村修三, 「日韓交渉の經緯」, 『國際政治』 제2호, 1963; 山本剛士, 「日韓國交正常化」, 『前後日本外交史II: 動き出した日本外交』, 三省堂, 1983; 森田芳夫, 「日韓關係」, 吉澤清次郎 編, 『日本外交史(제28권 講和後の外交I 對列國關係[上])』, 鹿島研究所出版會, 1973; 성황용, 『日本의 對韓政策(1800~1965)』, 明知社, 1981; 이재오, 『韓·

회담 관계자의 발언 등을 이용하여 '객관주의'에 기초하여 한일교섭의 경위를 상세하게 기술했다. 모리타는 일본의 입장을 반영하여, 독도 영유권 문제에 대해 보다 많이 기술하고 있다. 야마모토는 신문기사나 한일회담 관계자의 회고록 등을 이용하여 일본정부의 교섭 자세를 비판적으로 서술했다. 야마모토는 한일기본조약 가조인 및 정식 조인 시 일본의 식민지 지배에 대한 '반성'이 부족했다는 점과 일본에서 한일회담 반대운동이 약했다는 점도 지적했다.

1990년을 전후한 시기부터 본서의 초판이 출판된 2005년까지 이루어진 개별적이고 구체적인 연구 가운데 특히 중요한 연구로는 다음과 같은 것이 있다. 먼저 주로 한일회담 회의록의 분석을 통해 청구권 교섭의 정치적 타결까지의 과정 및 내용의 문제성을 지적한 것으로, 다카사키 소지, 사사키 류지佐々木隆爾, 오타 오사무太田修의 연구가 있다. 다카사키는 일련의 연구에서 교섭 과정에서 한국에서 주장한 대일청구권 토의가 중단된 것의 문제점 및 일본정부가 한국정부에 공여한 것은 청구권 자금이 아니라 경제협력 자금이라는 것, 그리고 「청구권 및 경제협력 협정」이 개인청구권을 소멸시킬 수 없다는 점을 지적했다.[5] 사사키는 1960년대에 청구권 교섭이 진행된 배경으로 한국의 경제개발이 긴박했다는 점을 들어 이것이 일본의 "청구권 플러스 경제원조" 방식 제안에 한국이 동조한 결정적인 요인이었다고 지적했다.[6]

특히 다카사키는 『검증 일한회담』에서 한일회담에 대한 자신의 선구적

日關係史의 認識 I ―韓日會談과 그 反對運動』, 學民社, 1985 등을 들 수 있다.

5 高崎宗司, 「私たちは, どのように戰後を越えてきたか 日本人の'第二の罪'を檢證する」, 『世界』 제567호, 1992년 4월; 高崎宗司, 「日韓會談で補償は解決したか」, 『世界』 제572호, 1992년 9월; 高崎宗司, 『'妄言'の原形―日本人の朝鮮觀·增補版』, 木犀社, 1996 등.

6 佐々木隆爾, 「いまこそ日韓條約の見直しを」, 『世界』 제580호, 1993년 4월.

인 연구 성과를 집대성했다. 이 책에서 다카사키는 당시 확인할 수 있었던 거의 대부분의 자료를 활용하여 일본의 패전부터 한일 국교정상화에 이르는 과정을 정확하게 기술했다. 다카사키는 일본 정·재계와 언론의 언설에 주목하여, 이들의 한국에 대한 인식에서 '식민지 지배 책임'이 결여되어 있다는 점을 명확히 함으로써, 한일 간의 (그래서 일조 간에도 공통되는) 여러 문제가 한일기본조약 및 여러 협정에 의해 결코 청산되지 않았다고 주장했다. 다카사키는 앞으로 있을 전후 보상이나 일조 국교정상화 교섭에서 일본의 '식민지 지배 책임'이 해결되지 않았다는 점을 명확히 함으로써 한일기본조약 및 여러 협정을 극복하려는 노력이 필요하다고 예리하게 제기했다.[7]

오타는 당시 이용 가능한 문서를 거의 사용하여 한일교섭의 과정을 상세하게 살폈다. 오타는 『한일교섭—청구권 문제의 연구』에서 '한국사의 관점'으로 전후 한일관계를 봐야 한다고 주장한다. 여기서 '한국사의 관점'은 냉전, 내셔널리즘(국가의 수립, 국민 통합, 산업화), 피해자의 관점이다. 이상의 관점에서 오타는 한국의 교섭 담당자(수석대표, 민주공화당의 정치인들)의 정책 논리나 한일조약의 내용을 둘러싼 한국 국회에서의 논의를 분석하고 한국에서의 대일보상 요구 운동의 동향을 밝히고 있다.[8] 이들 연구에 의해 한일회담 연구는 논의의 기반을 한층 더 획득했다고 볼 수 있다.

다음으로 국제정치학의 입장에서 이루어진 '전후 한일관계'에 관한 연구를 들 수 있다. 먼저 이종원李鍾元은 일련의 연구에서 한일회담에서의 미국의 역할을 강조하고 트루먼 정권 이후 미국의 외교문서를 이용하여 이들 정권의 한일회담 정책을 밝히고 있다. 이종원의 연구는 한일회담에 개

7 高崎宗司, 『検證 日韓會談』, 岩波書店(新書), 1996.
8 太田修, 『新裝新版 日韓交涉—請求權問題の硏究』, クレイン, 2015.

입한 미국에 대한 연구의 수준을 대폭 끌어올렸다.[9] 기미야 다다시木宮正史는 일련의 연구에서 한국의 박정희 정권이 자기 완결적인 국민 경제를 달성함으로써 내포적 공업화 전략에서 냉전을 이용한 수출 지향 공업화로 국가 전략을 전환했다고 평가하고, 그들의 전략과 대일정책의 관계를 고찰했다.[10] 기미야의 논의는 "한일 국교정상화 교섭에 관한 실증적 연구 그 자체가 아니"고 "한국정부의 냉전을 이용한 수출 지향형 공업화 전략에 대한 명확한 의지를 밝히는 것이 목적"[11]이었는데, 그 후 기미야의 연구에서 한일회담에서의 한국정부의 접근에 대한 역사적 고찰이 이루어졌다.[12]

이원덕李元德은 일본정부의 대한정책에 중점을 두고 고찰하여 일본 국내 정치 세력을 '적극론(조기타결론)', '소극론', '반대론'으로 분류하고 재계의 동향 등에도 주목했다. 그래서 "한일회담은 원래 과거의 청산을 통한 전후 처리를 주된 목적으로 했으나 '냉전의 논리', '경제의 논리'까지 휘두른 나머지 본래와는 크게 다른 모양으로 결착이 되고 말았다."[13]고 결

9 李鍾元, 「韓日會談とアメリカ―'不介入政策'の成立を中心に」, 『國際政治』 제105호, 1994년 1월; 李鍾元, 「韓日國交正常化の成立とアメリカ―1960~65년」, 近代日本研究會 編, 『戰後外交の形成[年報·近代日本研究 16]』, 山川出版社, 1994; 李鍾元, 『東アジア冷戰と韓米日關係』, 東京大學出版會, 1996.

10 木宮正史, 「1960年代韓國における冷戰と經濟開發―日韓國交正常化とベトナム派兵を中心にして」, 『法學志林』 제92권 제4호, 1995년 3월, 114쪽. 또한 木宮의 「內包的工業化戰略」론에 대해서는, 木宮正史, 「韓國における內包的工業化戰略の挫折: 5·16軍事政府の國家自律性の構造的限界」, 『法學志林』 제91권 제3호, 1994년 1월 참조.

11 위와 같음, 25쪽.

12 이 점에 대해 木宮는 「1960年代韓國における冷戰外交の三類型―日韓國交正常化, ベトナム派兵, ASPAC」, 小此木政夫·文正仁 編, 『市場·國家·國際體制[日韓共同研究叢書4]』, 慶應義塾大學出版會, 2001, 제1부 제2장에서 미국과 한국의 외교문서를 이용하면서 실증적 부분을 보충하고 있다. 木宮에 따르면, 1960년대 박정희 정권이 추진한 세 개의 중요한 외교정책 중 한일 국교정상화 교섭은 냉전 '순응'형 외교, 베트남 파병은 냉전 '과잉대응'형 외교, 그리고 ASPAC 결성은 냉전 '자립'형 외교이며, 이 세 개는 상호 보완적 관계에 있다고 한다.

13 李元德, 「日本の戰後處理外交の一研究―日韓國交正常化交涉(1951~65)を中心に」, 東京大

론을 맺었다. 빅터 D. 차는 주로 미국 외교문서를 이용하여 1964년에서 1965년 동안 미국이 한일회담에 개입한 내용을 분석했다. 차는 1964년 한국에서 한일회담 반대운동이 고양되었을 때 박정희가 김종필을 민주공화당 의장직에서 사퇴시키고 외유를 보낸 것과 관련하여 미국이 많이 관계되었다는 점을 밝혔다.[14] 이와 같은 국제정치학적인 접근은 '전후 한일관계'를 동태적으로 이해하는 데 필수 불가결한 시각이다.

다음으로 '전후 한일관계'의 경제적 측면을 고찰한 대표적 연구를 거론하면 다음과 같다. 기무라 마사히토木村昌人는 재계, 특히 간사이 지방 재계에 초점을 맞추어 한일 국교정상화에 대한 일본 재계의 움직임을 검토했다. 구체적으로는 한국 정세를 조사 분석하고 한일 재계 인사의 교류(경제사절단의 방한 등)를 정력적으로 추진한 일한경제협회의 활동과 간사이 지방 재계의 중요 인물이었던 스기 미치스케杉道助가 제6차 한일회담의 일본 측 수석대표로 임명된 것에 대해 검토하고, 그들이 "국교정상화 이후 일한경제협회의 담당자가 되는 일본 재계의 한국에 대한 인식을 호전시켜", "한국의 박정희 정권에 대해 일본 재계가 적극적이라는 인상을 주었다는 점"[15]을 밝혔다.

또한 김두승金斗昇은 종래의 한일교섭 연구에서는 이케다池田 정권의 대한정책을 '경제외교'로 파악하여 "대미 자주성을 부정하는 경향이 강하

學大學院總合文化硏究科 國際關係論專攻 博士學位請求論文, 1994년 8월, 247쪽. 또한 한국어판은 이원덕, 『한일 과거사 처리의 원점—일본의 전후처리 외교와 한일회담』, 서울대학교 출판부, 1996, 304쪽.

14 빅터 D. 차, 「1965년 한일수교협정 체결에 대한 현실주의적 고찰」(원문은 Cha, Victor D. "Bridging the Gap: The Strategic Context of the 1965 Korea-Japan Normalization Treaty"), 『한국과 국제정치』 제25권 제1호, 1997년 7월.

15 木村昌人, 「日本の對韓民間經濟外交—國交正常化をめぐる關西財界の動き」, 『國際政治』 92, 1989년 10월, 128~129쪽.

다."고 주장했다면서 이케다 정권의 안전보장 정책, 미국의 대일 압력의 한계, 당시의 오히라 마사요시大平正芳 외상의 안전보장관安全保障觀을 논했다. 그는 이케다 정권의 대한정책을 "단지 경제외교로만 평가하는 것은 타당하지 않으며, 또 그러한 관점은 그때까지와는 다른 이케다 정권의 안전보장 문제에 대한 자세, 즉 경제적인 측면의 중요성을 강조하고 실제로 그것을 안전보장정책에 활용하면서 생겨난"[16] 것이라는 결론을 내렸다. 이와 아울러 "일한교섭이 어느 정도는 일본의 자주성에 기초하여 수행된"[17] 점을 강조했다. 이들 연구는 청구권 문제에서 슬쩍 달라진 한일 경제협력의 성격에 대해 시사하는 바가 크다.

끝으로 한일회담 반대운동에 대한 연구로 중요한 것은 다음과 같다. 한국의 반대운동에 대해서는 이종오李鍾旿, 이재오, 유영렬柳永烈, 권진희權珍姬 등의 연구가 있다. 이종오는 한일조약 반대운동이 정치적 대안의 부재, 야당과 학생의 괴리, 대중적 대변자의 부재 등의 문제점을 극복하지 못해 군의 정치적 개입 이전에 좌절했지만, "5·16에 의해 제기되었던 '민족주의'의 반민족성, 반민주성의 파쇼화를 저지하는 데에 크게 기여했다."고 평가했다.[18] 한일조약 반대운동 및 1970년대의 민주화운동에 참여하여 투옥된 경험이 있는 이재오의 저서는 한일조약 반대운동을 시야에 넣고 전후의 한일관계를 체계적으로 논하고 있다. 이재오는 '반외세, 반독재'에 반대운동의 핵심이 있으며, 반대운동을 박정희 정권을 곤경에 빠뜨린 1964년과 박정희 정권이 "완전하게 자신의 프로그램에 따라서 회담을 진

16 金斗昇, 「池田政權の安全保障政策と日韓交涉—'經濟安保路線'を中心に」, 『國際政治』 제128호, 2001년 10월, 205쪽.

17 위의 논문, 193쪽. 이 견해에 대한 검증은 제4장에서 한다.

18 이종오, 「반제 반일민족주의와 6·3운동」, 『역사비평』 제1호, 1988년 6월, 67쪽. 여기서 말하는 '5·16'이란 1961년 5월의 군사 쿠데타를 지칭한다.

척시킨" 1965년의 두 시기로 나누어 그 전개 과정을 검토했다.[19] 유영렬은 1994년 간행된 『6·3학생운동사』를 토대로 쓴 논문에서, 1964년의 한일조약 반대운동이 (1) "반제국주의의 진정한 민족주의운동", (2) "반군사적 독재의 진보적인 자유민주주의운동", (3) "반매판 자본의 건전한 국민경제운동"이라고 평가했다.[20] 권진희는 "모든 사회 현상이 다변수적인 상호 작용 아래 발생한다고 볼 때, 한·일 국교정상화의 문제 역시 그것을 둘러싸고 대립했던 두 진영, 즉 반대운동과 이에 대한 정부의 대응을 동시에 검토하지 않을 수 없다."면서 "정부와 반대운동 세력 사이의 상호 작용"이라는 관점에서 논의를 전개했다. 당시 활동한 인사에 대한 인터뷰 자료 등을 과감하게 활용한 이 논문은 시사하는 점이 많다.[21]

일본의 반대운동에 대한 연구는 그다지 많지는 않다. 우선 하타다 다카시旗田巍에 의한 선구적인 연구를 거론할 수 있다.[22] 하타다는 일본인의 조선관朝鮮觀에 대한 문제점으로, 한일회담의 추진자뿐만 아니라 반대자 중에도 일본의 조선 지배에 대한 반성이 없었다는 점을 비판했다.[23] 또한 하타다 시게오畑田重夫는 반대운동에서 중추적 역할을 담당한 세력을 일본공산당으로 보고, 아울러 일조협회, 일본조선연구소의 동향을 포함한 반대

19 앞의 『韓·日關係史의 認識 I—韓日會談과 그 反對運動』, 173~273쪽.

20 유영렬, 「6·3학생운동의 전개와 역사적 의의」, 『한국사연구』 제88호, 1995년 3월.

21 권진희, 「한·일 국교정상화 반대운동과 박정희정부의 대응양식에 관한 분석」, 이화여자대학교 대학원 석사학위 논문, 1996.

22 그 대표적인 논문은 旗田巍, 『日本人の朝鮮觀』, 勁草書房, 1969에 수록되어 있다.

23 예를 들면 旗田는 1963년 10월 久保田貫一郎 일본 측 수석대표가 한일회담에서 일본의 조선반도 지배가 정당했다고 주장한 발언(이른바 '구보타 발언')에 대한 한일회담 반대자의 자세를 다음과 같이 비판했다. "일한회담에 반대하는 혁신정당 및 혁신적 입장에서 있던 사람들 중에 …… 구보타 발언의 잘못을 지적하고 일본이 져야 할 책임을 명확히 한 사람은 없었다. 이 파의 사람들은 구보타 발언에 의해 일한회담이 중단된 것을 기뻐할 뿐, 그것이 가진 중대한 잘못을 지적하려 하지 않았다."(「日韓會談の再認識」, 旗田巍, 앞의 책, 96쪽)

운동의 흐름을 정리했다.[24] 그 외에 다카사키 소지의 『검증 일한회담』에서의 개략적인 언급과 이원덕에 의한 연구가 있다.

이상에서 거론한 선행 연구의 성과를 토대로, 다음 과제에 대한 본론에서의 접근 방법을 제시하고자 한다. 첫째로 '전후 한일관계'의 중심 과제인 재산청구권 문제이다. 제1차 세계대전 후에 체결된 베르사유조약에 의해, 패전국이 전쟁에서 발생한 승전국의 피해와 손실에 대해 지불하는 '배상Reparation'과 전쟁 행위에 의해 민간인이 받은 피해를 회복시키기 위한 '보상Compensation'이라는 개념이 발생했다.[25] 그러나 샌프란시스코 강화조약에서 공표된 '청구권Claim'이라는 용어에는 이와 같은 명확한 정의가 내려져 있지 않다. 오타 오사무가 서술한 바와 같이 '청구권'이란 "피해나 손실에 대해 청구하는 정당한 권리"[26]로 정의할 수밖에 없는 용어이다. 일본 식민지 지배의 청산이라는 문제에 대해 샌프란시스코 강화조약의 기초자는 명확한 지침을 제시하지 않았다. 이에 따라 한일회담에서는 교섭 담당자가 자신들의 이익에 부합하는 '청구권'을 주장할 여지가 생겨난 것이다. 본서에서는 이 점을 고려해 한국의 청구권 주장을 앞에서 서술한 국가 간의 '배상' 및 국가 대 개인의 '보상'에 가까운 요구와 '민사상 청구권'의 세 가지 종류로 나누어 고찰한다.

둘째, 재산청구권 문제와 관련한 한일 간의 현안 및 그 정치적, 경제적 배경이다. 우선 1951년부터 1953년까지의 한일회담(초기 한일회담으로 부른다)에서는 재일한국인의 법적 지위 문제가 특별히 중요한 의제였다. 그

24 畑田重夫, 「日韓會談反對闘争の展開とその歴史的役割」, 『アジア·アフリカ講座III 日本と朝鮮』, 勁草書房, 1965.

25 앞의 『新裝新版 日韓交渉 請求權問題の研究』, 19~20쪽.

26 같은 책, 21쪽.

후 1953년부터 1960년까지의 한일관계에서는 이승만라인에 의해 억류된 일본인 어부, 오무라大村 수용소의 재일조선인, 그리고 재일조선인의 이른바 '귀국사업'이 초점이 되었다. 그리고 1960년 이후에 일본의 대한 경제협력 문제가 부상했다. 선행 연구에는 이들 문제 가운데 재산청구권 문제와 경제협력의 관련성에 논의가 집중되어 있다. 따라서 청구권과 경제협력의 관련에 대한 선행 연구에도 재고의 여지가 있다.

이 점을 극복하기 위해 본서에서는 한일회담의 전체적인 전개 및 1960년대 한일 경제협력의 진전 상황을 밝혀, 그들과 재산청구권 문제의 관계를 규명하기로 한다. 구체적으로는 그 전사前史를 포함하여 한일회담을 '원칙적 대립'(1945~1953년), '인도외교'(1954~1960년), '경제 기조'(1960~1965년)의 세 시기로 나누어 각 시기에서의 한일회담에 대해 논의한다. 그리고 이 시기 구분에 따라 재산청구권 문제의 전개를 고찰한다.

셋째, 한일회담 반대운동이다. 본서에서는 '전후 한일관계'의 외교사적 전개를 고찰한 뒤에 한일회담을 반대한 한일 양국 운동 세력의 정치적 역할을 밝히기로 한다. 나아가 그들이 일본의 식민지 지배 청산이라는 과제에 어떻게 대처했는가라는 점에 대해 분석하고 그 역사적 의의를 규명하기로 한다.

이러한 작업을 통해 1945년부터 1965년까지 '전후 한일관계'의 전개를 살펴보는 것이 본서의 최종적인 과제이다.

1

초기 한일회담의 전개

—1945년부터 1953년까지—

I. 한일회담 이전의 한일관계

1. 해방 직후의 한반도

한일회담이 시작된 것은 1951년부터이다. 그러나 한일회담의 전개 과정을 살펴보기 전에 특별히 1945년 8월 해방 이후의 상황, 말하자면 한일회담에 대비한 다양한 움직임을 정리할 필요가 있다. 여기서는 우선 이 작업부터 시작하려 한다.

해방 직후부터 한반도에서는 노동자가 일본인 경영자에게 미지불 임금 등에 대해 보상을 요구한다든지, 전쟁 피해자 단체가 일본에 보상을 요구하기 위해 전쟁 피해를 조사하는 등의 움직임이 있었다. 특히 남한에서 '태평양동지회', '중일전쟁 · 태평양전쟁유가족동인회', '사할린樺太 · 지시마千島 재류동포구출위원회'는 대일배상對日賠償을 위한 조사를 실시하고, 대한민국정부 수립 후 국회에 그에 대한 청원을 제출했다. 그 결과 1948년 11월 27일 태평양동지회가 제출한 「대일 강제노동자미제금 채무이행 요구에 관한 청원」과 중일전쟁 · 태평양전쟁유가족동인회가 제출한 「대일 청장년사망 배상금 요구에 관한 청원」이 각각 국회에서 채택되었다.[1] 후술하듯이 이들 청원은 남조선과도정부[역주 ①] 및 한국정부에 의한 대일배상요구조사 내용에 반영되었다. 한편 해방 직후의 북한 및 조선민주주의인민공화국에서의 대일 보상 요구에 관한 움직임에 대해서는 아직 밝혀진 바가 없다.

일본의 패전에 따라 일본인의 귀환도 진행되었다. 특히 조선 재류 일본인에 국한하여 볼 때 후생성의 통계에 따르면, 1995년 1월 1일 현재 북한(조선민주주의인민공화국)으로부터 322,585명, 남한(대한민국)으로부터 597,319명이 귀환했다고 한다.[2] 당시 문제가 된 것이 조선 재류 일본인 재산의 처리 과정이었다. 남한에 남겨진 일본인 재산은 1945년 12월 6일 미군정 법령 제33호[역주 ②]에 의해 공사를 불문하고 미군정청에 접수되었다. 그 후 대한민국정부 수립 후인 1948년 9월 11일 한 · 미 간에 체결된 「한미 간 재산 및 재정에 관한 최초 협정」 제5조에 의해 일본인 재산은 한국정부로 이양되었다.[3] 이렇게 일본이 독립하기 전에 남한에 있던 일본인 재산은 한국정부의 관리 아래 놓이게 되었다.

한편 북한에서는 해방 직후부터 소련군의 지시하에 인민위원회가 일본

1 『대한민국국회 제1회 속기록』 제115호, 1948년 11월 27일, 1109~1110쪽; 太田修, 『新裝新版 日韓交涉 請求權問題の硏究』, クレイン, 2015, 31~48쪽.

2 若槻泰雄, 『新版 戰後引揚げの記錄』, 時事通信社, 1995, 252쪽.

3 대한민국정부, 『한일회담백서』, 1965년 3월, 40쪽.

인 재산의 접수를 실시했는데, 지역에 따라 그 방침이 달라지는 등의 혼란이 일어나기도 했다. 그 후 북조선임시인민위원회는 1946년 3월 「토지개혁에 관한 법령」, 8월 「산업·교통·운수·통신·은행 등의 국유화에 관한 법령」을 공포했다. 이들 법령에 의해 북한에 있던 일본인 재산은 인민위원회가 관리하게 되었다. 그리고 1948년 9월 9일 성립한 「조선민주주의인민공화국」 헌법 제5조[역주 ③] 및 제6조에 의해 조선 재류 일본인 재산은 공식적으로 국유화되었다.[4]

2. 대일배상을 둘러싼 동향

다음으로 청구권 문제와 관련된 한·미·일 당국의 대응을 살펴본다. 먼저 일본이 전후 처리의 기초적 틀을 짜는 데 있어 가장 중요한 영향을 끼친 미국 및 연합국의 정책을 살펴보면, 일본 점령 시작부터 미국은 대일배상을 철저하게 요구하는 자세로 임했다. 1945년 12월 7일 폴리Edwin W. Pauley 사절단[역주 ④]은 대일배상 중간보고를 발표했다. 이에 따라 미국은 육해군 공창工廠·항공기·경금속·베어링 공장 전부, 철강·공작기계·황산·소다 공장과 조선소·화력발전소의 약 절반을 배상으로 철거한다는 방침을 명확히 했다. 사절단이 1946년 11월 발표한 최종보고서는 보다 엄격하여 철강과 공작기계 분야는 계획보다 더 철거하고 신규로 콜타르 부문의 전면 철거가 추가되는 등 일본의 국내 수요에 맞는 산업만 허락되었다.

그러나 폴리사절단의 의견은 연합국 총사령부와 미국의 국무·육군·해군 3성 조정위원회SWNCC에서 받아들여지지 않았다. 1947년 4월 미국은 극동위원회[역주 ⑤]의 정식 결정을 기다리지 않고 중간 지령권을 발동, 배상

4 森田芳夫, 『朝鮮終戰の記録—米ソ兩軍の進駐と日本人の引揚』, 巖南堂書店, 1964, 949~960쪽.

총액의 30퍼센트 상당을 즉시 징수할 것을 지령했다. 그 후 미·소 간 냉전이 격화되자 미국은 배상 총액 30퍼센트 상당의 중간배상을 최종적인 것으로 확정하고 1948년 10월 NSC13/2문서(NSC=국가안전보장회의—필자)로 일본의 경제 부흥을 최우선으로 하는 대일 기본정책을 결정했다. 1949년 5월에는 극동위원회의 맥코이Frank Ross McCoy 미국 대표가 중간배상 징수 정지와 기존의 배상 정책의 파기를 표명했다.[5]

특히 한반도와 관계된 중요한 사항으로는 1947년 8월에 있었던 극동위원회의 결정을 들 수 있다. 즉 극동위원회는 연합국만이 일본으로부터 배상을 취득할 수 있다고 결정했다. 또한 극동위원회의 구성원이 아닌 남한에 대해서는 배상을 배분하지 않고 일본인이 남겨 놓은 재산의 취득으로 만족해야 한다는 결정을 내린 것이다.[6]

미국의 이와 같은 대일배상 방침은 대일강화조약 작성 과정에서도 나타났다. 1950년 9월 덜레스John F. Dulles 미 국무성 고문은 일본에 대한 배상요구권의 포기를 포함하는 일곱 개 항목의 메모를 각국에 전달하여 의견을 구했다. 그리하여 1951년 1월부터 2월까지 일본을 방문한 덜레스는 무배상 원칙에 입각한 잠정적 조약안을 일본정부에 제시했다. 그러나 대일강화조약의 무배상 원칙은 필리핀, 오스트레일리아, 뉴질랜드의 강경한 반발에 부딪힌 끝에 수정이 가해져 일본의 배상지불 의무를 규정하게 되었다.[7]

5 原朗, 「戰爭賠償問題とアジア」, 『アジアの冷戰と脫植民地化[近代日本と植民地 8]』, 岩波書店, 1993, 271~274쪽.

6 앞의 『新裝新版 日韓交涉 請求權問題の硏究』, 40쪽; Cheong Sun-Hwa, Ph.D, "Japanese-South Korean relations under American occupation, 1945-1952: The politics of anti-Japanese sentiment in Korea and the failure of diplomacy", The University of Iowa, 1988, p. 128.

7 앞의 「戰爭賠償問題とアジア」, 274~275쪽.

다음으로 남조선과도정부 및 대한민국정부에 의한 배상 조사에 대해 살펴보면, 1947년 8월 남조선과도정부에 대일배상문제대책위원회가 설치되어 대일 배상 조사가 시작되었다. 11월까지 총체적으로 조사된 결과는 민간의 피해와 손해를 강조한 것이었다.[8] 그 후 1949년 1월 한국정부 기획처에 '대일배상조사심의회'가 설치되고 3월에는 『대일배상요구조서對日賠償要求調書』 제1권이, 9월에는 제2권이 작성되었다. 그 내용은 1954년 8월 15일 개정된 『대일배상요구조서』에서 확인할 수 있다.

『대일배상요구조서』에는 일본의 식민지 지배가 "한국 국민의 자유의지에 반한 일본 단독의 강제적 행위로서 정의, 공평, 호혜의 원칙에 입각하지 않고 폭력과 탐욕의 지배였던 결과, 한국 및 한국인은 일본에 대한 여하한 국가보다 최대의 희생을 당한 피해자인 것이며", 「카이로선언」 및 「포츠담선언」에 의해 그 "비인도성과 비합법성은 전 세계에 선포된 사실인 것이다."라고 한국의 대일 배상 요구의 근거가 명시되었다. 나아가 대일 배상 요구의 기본정신은 "일본을 징벌하기 위한 보복의 부과가 아니라 희생의 회복을 위한 공정한 권리의 이성적 요구"에 있다고 되어 있다.[9] 오타 오사무太田修가 지적한 대로 이러한 논리는 극동위원회의 결정과 미국의 대일 배상 정책의 전환에 위기감을 느낀 한국이 취한 대응책이며, 연합국의 대일 배상 정책에 제약을 받지 않고 독자적인 방법에 의해 대일 배상 요구를 추진하려는 것이었다.[10]

『대일배상요구조서』에 기술된 구체적인 요구 항목은 '제1부' 현물반환 요구(지금地金, 지은地銀, 서적, 미술품 및 골동품, 선박, 지도원판), '제2부' 확정

8 앞의 『新裝新版 日韓交涉 請求權問題の硏究』, 42쪽.
9 대한민국외무부 정무국, 『대일배상요구조서』, 1954, 1~4쪽.
10 앞의 『新裝新版 日韓交涉 請求權問題の硏究』, 48쪽.

채권(일본계 통화, 일본계 유가증권, 상해불화, 보험금 · 은급 · 기타 미수금, 체신관계 특별회계), '제3부' 중일전쟁 및 태평양전쟁에 기인한 인적 · 물적 피해, '제4부' 일본정부의 저가 수탈에 의한 손해(구체적으로는 전쟁에서의 강제 공출에 의한 손해)로 이루어졌다. 이 내용은 크게 세 종류로 나누어 볼 수 있다. 첫째, 민사상의 청구로 '제2부'가 여기에 해당된다. 둘째, 개인의 손해에 대한 보상으로 '제3부'에서 '인적 피해'에 대한 청구와 '제4부'가 여기에 해당된다. 셋째, 식민지 지배를 통한 한반도에서의 수탈에 대한 원상회복 요구로 '제1부'와 '제3부'의 '물적 피해'가 여기에 해당된다.

이것은 결국 일본의 식민지 지배에 의한 수탈을 원상회복하고 아울러 식민지 지배 및 그 종료 과정에서 생긴 조선인의 손해에 대해 보상할 것을 요구한 것이었다. 요컨대 한국은 '배상'이라는 용어를 사용했지만 대일 요구의 내용 자체는 일본 식민지 지배의 청산을 목적으로 했던 것이다.[11]

제1부의 현물반환 요구를 제외한 요구액은 다음과 같다. 제2부 '확정채권' 엔화 17,429,362,305엔, 달러화 4,000,000달러, 제3부 "중일전쟁 및 태평양전쟁에 기인한 인적 · 물적 피해" 12,122,732,561엔, 제4부 "일본정부의 저가 수탈에 의한 손해" 1,848,880,437엔이다. 이것을 당시의 환율과 한국이 주장하는 1달러 = 15엔으로 환산하면 요구 총액은 약 21억 달러에 달한다.

끝으로 일본정부에 의한 강화조약 연구를 살펴보면, 패전 후 일본정부는 옛 조선총독부, 외무성, 대장성 등이 중심이 되어 장래에 연합국과 강화조약을 체결하기 위한 준비 작업으로 전후 처리 문제에 대한 연구를 진행했다.

11 앞의 『대일배상요구조서』, 519~523쪽.

외무성에서는 1945년 11월 21일에 설치한 평화조약문제연구회 간사회가 1949년 12월 3일 「할양지에 관한 경제적·재정적 사항의 처리에 관한 진술」을 정리했다. 여기서 간사회는 (1) 일본이 할양지에서 행한 시정은 착취가 아니라 내지로부터 자본을 '반출'한 것이고, "각 지역의 경제적, 사회적, 문화적 향상과 근대화는 오로지 일본의 공헌에 의한 것"이며, (2) 할양지에서 "평화리에 축적된" 일본인의 사유재산에 대한 몰수는 국제관례상 전례가 없고, (3) 할양지는 당시의 국제법에 의해 합법적으로 일본 영토로 취득되었다고 하는 견해를 제시했다.[12]

대장성 관리국의 부속기구인 재외재산조사회(1945년 9월 28일 설치)는 1950년 7월까지 『일본인의 해외활동에 관한 역사적 조사』라는 제목으로 모두 35권의 책자를 작성했다. 그 총목록의 '서序'에는 "일본 및 일본인의 해외 재산 생성 과정은 흔히 이야기하는 제국주의적 발전사가 아니고 국가 혹은 민족의 침략사도 아니다. 일본인의 해외 활동은 일본인 고유의 경제 행위이고 상행위이며 문화 활동이었다."고 되어 있다.[13]

요컨대 일본정부는 일본인에 의한 식민지 지배 및 재산 형성을 국제법적 견지에서도, 인도적 견지에서도, 모두 정당한 것이었다고 주장하면서 이와 같은 준비 작업을 추진한 것이다.

3. 한국의 대일강화회담 참가 문제와 대일강화조약

1951년 9월 8일 샌프란시스코에서 일본과 연합국 간에 체결된 대일강화

12 外務省外交史料館 所藏 마이크로필름, 第7回 公開分, 『對日平和條約關係準備硏究關係』 제5권, 740~742쪽; 高崎宗司, 「日韓會談と植民地化責任—1945. 8~1952. 4」, 『歷史學硏究』 제545호, 1985년 9월, 4~5쪽.

13 총목록, 3쪽; 위의 「日韓會談と植民地化責任」, 5쪽.

조약은 한일회담에 가장 중요한 영향을 끼친 조약이다. 특히 '전후 한일관계'의 관점에서 한국이 연합국의 일원으로 이 조약에 참가할 수 있는가 없는가가 중요한 문제가 되었다. 한국정부가 연합국의 일원으로 서명하면 일본에 대해 전시배상에 준하는 형태로 식민지 지배에 대한 배상을 요구할 수 있다고 생각했기 때문이다.

그런데 전시 중 식민지로 전후에 독립한 국가가 연합국의 자격을 얻기 위해서는 제2차 세계대전 당시에 그 지역이 연합국의 영토였든가, 또는 전시 중에 그 지역을 대표하는 단체가 연합국으로 일본과 교전상태에 있었다는 것이 승인되지 않으면 안 되었다. 그런데 전자의 경우 당시 조선은 일본의 식민지였기 때문에 해당이 되지 않는다. 후자의 경우 1941년 12월 9일 중국에 있던 대한민국임시정부가 대일 선전포고를 하고 더욱이 임시정부 산하에 조직된 광복군이 주로 중국에서 대일전을 전개한 사실이 있다. 다만 당시의 국제 사회에서 임시정부는 조선의 망명 정부로 승인되지 않았다.[14]

1948년 9월 30일 이승만李承晩 대통령은 한국 국회에서 행한 시정방침 연설에서 한국이 연합국의 일원으로 샌프란시스코 강화회의에 참가할 것을 연합국에 요청한다고 말했다. 이후 한국정부는 미국, 영국, 중국 등 연

14 제2차 세계대전 중 임시정부는 연합국 각국에 대해 외교 활동을 전개하여 망명 정부로서의 승인을 요구했다. 사실상 임시정부 및 광복군을 보호하고 있던 중국 국민정부는 임시정부 승인에 적극적이었으나 기타의 연합국, 특히 미국은 金日成 등의 부대를 떠안은 소련과의 관계나 아시아에 식민지를 갖고 있는 영국과 네덜란드와의 관계를 고려하여 임시정부 승인에 소극적이었다. 그리고 이들 연합국의 원조에 의지하고 있던 국민정부는 결국 임시정부 승인을 단행할 수 없었다. 그리고 1943년 11월 27일 카이로선언이 발표되었을 때 이미 미국과 영국은 전후 조선의 국제관리(신탁통치)안에 합의했으며, 임시정부 승인 가능성은 없었다고 할 수 있다(權寧俊, 「抗日戰爭期における韓國臨時政府と中國國民政府との外交交涉—韓國臨時政府の承認·獨立問題をめぐって」, 『朝鮮史硏究會論文集』 제40집, 2002년 10월, 151~182쪽).

합국의 각 정부를 상대로 한국이 연합국의 자격을 얻을 수 있게 해달라고 여러 차례 요청했다.

김민수金民樹에 따르면, 미국은 냉전 상황에서 한국정부의 지위를 강화하려는 목적에서 한국의 강화회의 참가를 지지했다. 그러나 영국은 "한국은 패전국의 영토였기 때문에 대일강화조약에 서명권을 갖고 참가할 수 없다."고 주장하면서 이에 반대했다. 일본정부는 1951년 4월의 요시다吉田·덜레스 회담 후에 "재일조선인이 강화조약에 의해 일본 내에서 연합국인의 지위를 취득할 수 없다는 점을 명백히 한다면 한국정부가 서명을 하는 것에는 이의를 고집하지 않는다."고 말하여 미국의 제안에 동의를 표명했다. 이때 일본의 관심사는 재일조선인의 지위 및 한국으로부터의 배상 요구였다.[15]

결국 1951년 6월 14일 미·영 공동초안에서 한국은 서명국에서 제외되었다. 김민수는 이 결정에 대해 미국이 영국에서 제기한 중국 문제의 영향을 고려했기 때문이라고 논평했다. 즉 미국에서 대만의 중화민국정부를 지지하는 한편, 1950년 1월 중화인민공화국을 승인한 영국은 한국의 강화회의 참가가 중국 대표권 문제에 영향을 줄 것을 우려했다. 미국은 한국을 서명국에서 제외하는 대신에 중국 문제에 있어 영국의 양보를 기대했다. 그 결과 6월의 미·영 회의에서는 중화인민공화국도 중화민국도 강화회의에 초대되지 않았고, 일본정부는 그 어느 쪽과 강화조약을 맺어도 된다는 것으로 중국 문제가 매듭지어진 것이다.[16]

이상의 과정을 거쳐 1951년 7월 18일 덜레스 국무장관 고문은 양유찬梁裕燦 주미대사에게 "한국은 제2차 세계대전 중 일본과 정식으로 전쟁 상

15 金民樹, 「對日講和條約と韓國參加問題」, 『國際政治』 제131호, 2002년 10월, 138~142쪽.
16 위의 논문, 141쪽.

태에 들어가지 않았다."면서 연합국으로서 한국의 자격을 부정했다. 다만 "그 대신 미국은 한국의 이익을 강화조약에 적절하게 반영하겠다."고 부연했다.[17] 후술하듯이 덜레스가 말한 '한국의 이익'이 반영된 것은 대일강화조약 제4조 (b)항이다.

다음으로 대일강화조약의 조문에 대해 살펴보면, 조약은 7장 27조로 되어 있는데, 남·북조선에 관한 부분은 제2조, 제4조, 제9조, 제12조, 제21조이다. 제2조는 일본이 남·북한의 독립을 승인한다는 것이다. 제4조는 일본과의 재산 및 청구권의 처리, 제9조는 일본과의 어업협정 체결, 제12조는 일본과의 우호통상항해조약 체결에 대해 각각 규정하고 있다. 그리고 제21조에는 남·북한이 연합국이 아님에도 불구하고 상기 각 조문의 이익을 받을 권리를 갖는다고 규정되어 있다.

한·일 간 회의에서 청구권 교섭으로 토의된 '청구권'은 대일강화조약 제4조에 규정된 것이었다. 그 조문은 다음과 같다(정문正文은 영어. (c)항은 생략함).

> (a) 이 조항 (b)의 규정을 유보하여, 일본국 및 그 국민의 재산에서 제2조에 제시된 지역에 있는 것 및 일본국과 그 국민의 청구권(채권을 포함함)으로 실질적으로 이들 지역의 행정을 맡고 있는 당국과 그곳의 주민(법인을 포함함)에 대한 것의 처리 및 일본국에서의 이들 당국과 주민의 재산 및 일본국과 그 국민에 대한 이들 당국과 주민의 청구권(채권을 포함함)의 처리는 일본국과 이들 당국 간의 특별 약정agreement을 통해 진행한다(이하 생략).
>
> (b) 일본국은 제2조 및 제3조에 제시되는 지역 중 어느 곳이든 미합중국 군정부

17 金東祚(林建彥 譯), 『韓日の和解 日韓交涉十四年の記錄』, サイマル出版會, 1993, 5~6쪽. 원서는 김동조, 『회상 30년 한일회담』, 중앙일보사, 1986. 본서의 출전은 번역본에 근거했다.

에 의하거나 혹은 그 지령에 따라 행해진 일본국 및 그 국민 재산의 처리에 대한 효력을 승인한다.[18]

스기야마 시게오杉山茂雄는 이 조문에 대해 다음과 같이 해설했다. "제4조 (a)의 규정에 의하면, 한편으로는 일본이 방기放棄한 지역에 있어서 일본 국가 또는 국민의 재산과 방기 지역에서 '현재 시정施政을 행하고 있는 당국' 및 그곳의 주민에 대한 일본국 또는 국민의 청구권의 존재가 예정되고, 다른 한편으로는 이 '시정 당국' 및 주민의 일본 국내의 재산과 일본국 또는 국민에 대한 시정 당국 및 주민의 청구권의 존재가 예정된다. 따라서 그 처리는 일본과 '당국' 간의 '특별 약정'에 의해 정해지는 것이다."[19] 요컨대 이 조문에서는 일본과 한국의 양국에 재산청구권이 존재하므로 '그 처리'는 일본정부와 해당 지역 '당국'의 교섭에 의해 해결된다는 것이다.

이 점은 한국정부가 발행한 『한일회담백서』에도 다음과 같이 명기되어 있다. "한·일 회담에서 논의되고 있는 재산청구권 문제는 제2차 세계대전이 종결되어 한국이 해방 독립하는 것에 기초하여 한국정부 및 개인이 일본정부 또는 개인에 대해 갖게 된 다양한 종류의 (주로 민사상의) 청구권을 말한다."[20]

이에 대해 배상에 대해서는 대일강화조약 제14조에서 "일본국은 전쟁 중에 발생시킨 손해 및 고통에 대해 연합국에 배상을 지불해야 하는 것이 승인된다."[21]고 규정되어 있다. 이 경우 배상을 지불하는 것은 패전국인 일

18 『小六法』, 有斐閣, 1982, 1454쪽.
19 杉山茂雄, 「財産·請求權問題處理および經濟協力協定の諸問題」, 『法律時報』 제37권 제9호, 1965년 9월, 18쪽.
20 대한민국정부, 『한일회담백서』, 1965, 39쪽.
21 앞의 『小六法』, 1455쪽.

본이며, 일본에 배상을 요구할 수 있는 것은 배상을 희망하는 전승국인 연합국이다. 요컨대 배상 요구는 전승국인 연합국이 패전국인 일본에 대해 행사할 수 있는 권리이다.

이와 같이 대일강화조약에 규정된 청구권은 배상과는 다르고, 그렇다고 구 식민지로부터 구 종주국에 대한 '과거의 청산'을 의미하는 것도 아니었다. 이와 같은 조문은 조약 기초자인 미 · 영 양국이 일본의 식민지 지배 청산에 관한 문제에 대해 그 판단을 회피한 것이었다. 후술하듯이 재일조선인의 법적 지위에 대한 미국의 태도도 마찬가지였다.

그런데 한국정부가 대일청구권을 주장하면서 가장 우려했던 것은 재조일본인 재산(한국에서는 '귀속재산'이라 부른다)이 거론되는 것이었다. 일본과의 청구권 교섭에 있어서 한국만이 청구권을 주장하기 위해서는 일본이 재조일본인 재산에 대한 청구권(대한청구권)을 행사할 수 없는 무엇인가의 조치가 필요했다. 그러나 1951년 3월 27일 및 7월 7일에 발표된 대일강화조약의 초안 제4조 (a)항에는 한 · 일 양국의 청구권이 예정되어 있었다. 이에 대해 한국정부는 7월 18일 양유찬 주미대사를 통해 미 국무성에 일본이 재조일본인 재산에 대한 청구권을 포기하는 조항을 설정할 것을 요청했다.[22] 그 결과 8월 13일 발표된 대일강화조약 최종안에 제4조 (b)항이 신설된 것이다. 이상과 같은 경위에 의해 한국정부의 대일배상 요구는 대일강화조약 제14조에 기초한 배상 교섭이 아니라 제4조에 기초한 청구권 교섭이 된 것이다. 요컨대 한국은 대일강화회의에 참가할 수 있는 연합국으로서의 자격을 얻을 수 없었기 때문에 최종적으로 대일배상 요구의 방침을 변경할 수밖에 없었던 것이다.

22 森田芳夫, 「日韓關係」, 鹿島平和硏究所, 『日本外交史 28 講和後の外交 I 對列國關係(上)』, 鹿島硏究所出版會, 1973, 34~35쪽.

II. 초기 한일회담의 전개

1. 개황

여기서 초기 한일회담의 전개 과정을 정리하고자 한다. 대일강화회의 이후 한일회담 개최를 위한 준비작업은 1951년 10월 20일부터 11월 28일까지 열린 한일 예비회담에서 이루어졌다. 대일강화조약이 체결된 후 일본이 독립하면서 부상한 재일조선인의 법적 지위 문제에 고심하고 있던 미국은 이 문제를 한일 양국 정부의 대표자 간에 토의할 수 있도록 신속히 한일회담 알선에 적극적으로 나섰다. 1951년 9월 25일 GHQ[역주 ⑥]의 시볼트William J. Sebald 외교국장은 일본정부에 GHQ 입회하에 재일조선인의 법적 지위 문제를 한국과 토의하도록 지시했다. 그 후 한국정부가 GHQ에 '한일 간에 존재하는 일체의 현안에 관한 두 나라 간 교섭을 위해 의제의 작성과 교섭방법의 연구'로 토의를 확대할 것을 요청했고 GHQ는 이를 수락한다는 뜻을 일본정부에 전달했다.[23] 이에 대해 일본정부는 10월 11일 재일조선인의 법적 지위 문제를 먼저 토의하고 그 후 다른 문제를 토의하겠다고 GHQ에 회답했다.

이렇게 해서 10월 20일부터 한일 예비회담이 시작되었다. 회담 초기 일본이 한일회담에서 재일조선인의 법적 지위 문제만을 토의하자고 주장한 반면, 한국은 일본과의 실질적인 평화조약 체결을 위해 토의하자고 주장했기 때문에 양국은 대립했다. 이에 예비회담은 교착 상태에 빠져 결렬될 위기에 처했으나, 결국 11월 28일의 제9차 회합에서 외교관계의 수립, 재일조선인의 법적 지위, 청구권, 어업, 해저전선, 통상항해조약을 의제로 하

23 위의 「日韓關係」, 38쪽.

는 것에 합의를 보았다. 이는 분명히 일본이 양보한 것인데, 이 합의에 이르기까지 어떤 상황이 있었는지는 분명하지 않다. 다만 한국과 GHQ 사이에 모종의 의견 교환이 있었던 것이 아닌가 추측된다.

이상과 같은 과정을 거쳐 제1차 회담이 1952년 2월 15일부터 열렸다. 일본 측 수석대표는 외무성 고문 마츠모토 슌이치松本俊一, 한국 측 수석대표는 주미대사 양유찬이었다. 이 회담의 최대 쟁점은 청구권 문제와 어업 문제였는데, 이들 문제는 합의에 도달하지 못한 채 4월 24일에 회담이 종료되었다.

그런데 예비회담에 참가했던 김동조金東祚는 당시 일본의 태도가 시종 '들어 두는' 자세였다고 회고하고 있다. 그는 "일본이 SCAP(연합군 최고사령부) 관할하에서 우리와 회담하는 것을 피하고 주권을 완전히 회복한 후 유리한 입장에서 회담을 하려는" 것으로 예측했다.[24] 어쨌든 4월 28일에 일화평화조약日華平和條約[역주 ⑦]이 체결된 것과는 대조적으로 대일강화조약 발효와 발맞춘 한일 국교정상화는 실현되지 못했다.

그 후 1953년이 되어 제2차 회담(1953년 4월 15일부터 7월 23일까지) 및 제3차 회담(1953년 10월 6일부터 21일까지)이 개최되었다. 1월에 개최된 이승만·요시다 회담에서는 "한일 양국은 공산주의 침략의 위험에 직면해 있기 때문에 우호관계에 노력해야 한다."는 점에서 의견의 일치를 보았다. 그 후 회담의 재개를 모색했으나 한일관계는 개선되지 않았다. 그 이유로는 일본이 대한청구권의 포기를 약속하지 않았다는 점과 1953년 2월 4일 이승만라인을 침범했다는 이유로 일본선박 제2 다이호마루大邦丸가 한국군에 나포되었을 때 선원 한 명이 사살된 사건을 들 수 있다. 때문에 한일

24 앞의『韓日の和解』, 21쪽.

회담 재개에는 미국의 중개가 필요했다. 무엇보다도 일본이 이승만라인 문제에 각별하게 주의를 기울이고 있었기 때문에 일본정부가 한국정부에 강력하게 요청하여 제3차 회담이 재개되었다.[25]

초기 한일회담이 열리던 시기에 조선민주주의인민공화국이 대일관계 및 한일회담에 어떻게 대응했는지는 분명하지 않다. 다만 일본 내에서는 재일조선통일민주전선(민전)을 중심으로 한일회담, 재일조선인에 대한 강제 퇴거, 한국 국적 강요에 반대하는 시위 행동이 적극적으로 전개되었다.[26]

2. 재일조선인의 법적 지위 문제: 국적 문제를 중심으로

1951년 10월부터 시작된 한일회담의 주요 의제는 재일조선인의 법적 지위였는데, 이 주제는 식민지 지배 청산 문제로 무엇보다도 현실적인 것이었다. 일본 패전 후 「외국인등록령」(1947년 5월 2일 공포)에 의해 재일조선인(일본 패전 이전부터 일본에 거주해 온 조선인, 혹은 패전 직후에 일본으로 도항한 조선인도 포함)은 외국인으로 등록되었다. 그 후 법무성 민사국장은 대일강화조약 발효(1952년 4월 28일) 후에 재일조선인은 일본 국적을 상실, 일반 외국인과 마찬가지로 「출입국관리령」(1951년 10월 4일 공포)을 적용받게 된다고 통첩했다. 단 그들은 "재류 자격을 취득하지 않아도" 일본에 재류할 수 있다고 했다.

초기 한일회담에서 논점이 된 것은 크게 구분해서 네 가지로, (1) 재일조선인의 국적, (2) 영주권, (3) 처우, (4) 일본정부의 강제퇴거권이었다. 국적에 대해서는 후술하겠다. 영주권에 대해서는 일본은 당초 「출입국관리

25 高崎宗司, 『検證 日韓會談』, 岩波書店, 1996, 40~44, 48~49쪽.
26 朴慶植, 『解放後在日朝鮮人運動史』, 三一書房, 1989, 305~318쪽.

령」에 따라 재일조선인에게 영주허가 신청을 하도록 요구했으나, 한국의 반론으로 한국정부의 등록증명서가 있으면 영주권을 부여하기로 했다. 강제 퇴거 문제는 일본이 가장 강하게 주장한 것이다. 일본은 특히 「출입국관리령」 제24조 4의 "빈곤자, 방랑자, 신체장애자 등으로 생활상 국가 또는 지방공공단체의 부담이 되는 자"에 대한 강제퇴거권을 주장했다. 또한 일본정부는 재일조선인에 대한 내국민 대우National Treatment를 전혀 고려하지 않고 있다고 밝혔다. 이에 대해 한국은 특히 빈곤자에 대해 생활보호를 계속해야 한다고 주장하면서 강제 퇴거 실시에 반대했다.[27]

이와 같은 문제가 있었지만 1952년 4월 1일의 법적지위위원회에서는 논의가 진전되어 협정문안[28]이 토의되기도 했다. 협정문안 제2조 제1항에는 "대한민국은 재일한인이 대한민국 국민인 것을 확인한다."고 명기되었다. 단 재일조선인이 한국 국적을 가지는 시점에 대해 일본은 강화조약이 발효하는 시점으로, 한국은 대한민국이 수립되는 시점으로 주장하며 대립했다.[29] 그 결과 협정문에 '시점'은 기입하지 않았다. 그 후 제2차 회담에서도 일본은 조약에 국적을 규정하지 않고 조약에 부속하는 교환공문으로 정하자고 제안했다. 이것은 일본 내의 조선민주주의인민공화국 지지자를 염두에 둔 것으로 보인다. 이에 대해 한국은 국적선택권을 주장하지 않는 대신에 재일조선인의 국적이 한국이라는 것을 명시해야 한다고 주장했다.[30]

27 대한민국외교부, 『제1·2·3차 한일회담 재일한인의 법적지위문제위원회 회의록』(작성연도 불명) 및 대한민국 외무부 정무국, 『한일회담약기』, 1955.

28 1952년 4월 1일의 법적지위위원회에서 한일협정 문안이 검토되었다(위의 『제1·2·3차 한일회담 회의록』, 413~419쪽).

29 위의 『제1·2·3차 한일회담 회의록』, 10~13, 23~24쪽; 金太基, 「在日韓國人三世の法的地位と'1965年韓日協定'(1)」, 『一橋論叢』 제105권 제1호, 1991년 1월, 47쪽.

30 앞의 『한일회담약기』, 96쪽.

이와 관련하여 김태기金太基는 "제2차 세계대전 후의 세계적 관례에서 볼 때 전전戰前부터 일본 국적을 보유하고 일본에 정주해 온 재일 한국·조선인에게는 그들 중 일본 국적의 유지를 희망하는 자에게는 일본 국적(국적선택권)을 부여해야 했다고 생각한다."[31]고 지적하고 있다. 일본정부는 1949년까지는 재일조선인에게 국적선택권을 부여할 방침이었으나 1950년에 일본 국적을 일방적으로 박탈하는 방침, 즉 '조선' 국적의 회복 및 일본 국적 희망자에 대해 일본에의 귀화를 장려하는 방침으로 전환했다. 마츠모토 구니히코松本邦彦는 그 전개 과정을 고찰하면서 일본정부가 '회복 플러스 귀화' 방침을 선택한 이유에 대해 다음과 같이 주장하고 있다.

> 만약 국내법 내지는 일한조약으로 …… "선택권 플러스 송환권"을 정하면 재일조선인의 반대 운동은 격화될 것이다. 나아가 미국, 한국의 반대로 대량 송환이 불가능할 경우 단지 선택권을 부여하는 것과 같은 결과가 되기 때문에 그것보다는 차선책으로 일괄하여 외국인으로서 관리하는 방식을 선택한 것이 아닐까라고 생각한다. 그 때문에 재일조선인의 지위를 유리하게 하는 한국의 강화조약 서명은 저지하지 않으면 안 되었던 것이고, 일본정부의 통제를 받지 않는 일본 국적 취득도 허락할 수 없었다.[32]

따라서 마츠모토는 일본정부가 이와 같은 정책을 채택한 이유는 첫째, "국적 문제에 대해 GHQ나 연합국의 관여가 아니라 일본정부에 자율권이 주어졌고", 둘째, "연합국의 조치에 의해 재조일본인은 모두 귀환할 것이

31 앞의 「在日韓國人三世の法的地位と'1965年韓日協定'(1)」, 47쪽.
32 松本邦彦, 「在日朝鮮人の日本國籍剝奪—日本政府による平和條約對策硏究の檢討」, 『法學』(東北大學法學會) 제52권 제4호, 1988년 10월, 145쪽.

라는 판단에서 일본이 일방적으로 조선과의 국적 문제를 처리해도 조선에 있는 일본인에 대한 영향(및 일본에서의 영향)은 무시할 수 있게 된 것"이라고 지적했다.[33] 요컨대 일본정부의 재일조선인의 일본 국적 박탈이라는 판단에는 일본의 조선 지배에 대한 반성과 고려 없이 재일조선인을 이른바 '귀찮은 존재'로 취급한다는 발상밖에 없었다. 나아가 이러한 판단은 일본으로 귀국할 수 없었던 재조일본인을 외면하는 것이었다고 볼 수 있다.

한편 한일회담에서 한국은 "누군가가 자국 국적을 갖는다는 문제 및 Naturalization(귀화—필자)의 문제"는 국제법상 "국내문제Matter within the domestic jurisdiction로 국제회의의 의제가 되지 않는다."고 피력, 일본의 방침에 반론하지 않았다.[34] 이와 관련하여 오누마 야스아키大沼保昭는 한국의 「국적법」(1948년 12월 20일 제정) 및 조선민주주의인민공화국의 「공민증에 관한 결정서」(1946년 8월 9일 결정)와 「국적법」(1963년 10월 9일 공포)을 검토했다. 오누마는 남북 국적법의 공통적인 특징으로 각각 혈통주의를 원칙으로 하고 있으며 해외 거주민을 자국민으로 포함하고 있다고 지적했다. 따라서 조선 민족 구성원은 한국법상으로는 한국 국민이며, 조선민주주의인민공화국의 입장에서 보면 조선 공민이 된다는 것이다.[35]

『대한민국 국회 제1회 속기록』 제118호(1948년 12월 1일 자)에 있는 「국적법」 초안에 따르면 대한민국 국민은 "1. 출생 당시 아버지가 대한민국의 국민인 자", "2. 출생 전에 아버지가 사망한 경우에는 사망 당시에 대한민국의 국민이었던 자", "3. 아버지가 불분명한 경우 또는 국적이 없는 경

33 같은 논문, 145쪽.
34 앞의 『한일회담약기』, 32쪽.
35 大沼保昭, 「在日朝鮮人の法的地位に關する一考察(4)」, 『法學協會雜誌』 제97권 제2호, 1980년 2월, 225쪽.

우에는 어머니가 대한민국의 국민인 자", "4. 부모가 불분명한 경우 또는 국적이 없는 경우에는 대한민국에서 출생한 자", "5. 대한민국에서 발견된 기아棄兒는 대한민국에서 출생한 자로 추정한다."라고 되어 있다.[36] 또한 「조선민주주의인민공화국 국적법」 제1조 제1항에는 "조선민주주의인민공화국 창건 이전에 조선의 국적을 갖고 있는 조선인과 그 자녀로 본 법의 공포일까지 그 국적을 방기하지 않은 자"라고 되어 있다.[37]

한국정부의 이인李仁 법무부장관은 1948년 12월의 제헌국회에서 「국적법」 초안의 제정에 대해 설명했다. 그 내용에서 주목해야 할 점은 두 가지이다. 하나는 혈통주의라고 해도 원칙은 남계男系라는 것이다. 다만 아버지의 국적이 분명하지 않는 등 어쩔 수 없는 경우에 한해 출생지주의가 채용되었다. 또 하나는 대한민국 성립 이전의 국적에 대해서다. 이인은 이 점에 대해 다음과 같이 언급했다. "3 · 1 독립정신을 계승하는 우리가 결국 8월 15일 이전에 국가가 없었느냐 하면 국가가 있었다고 생각합니다. 국가가 있더라도 정부가 없는 법이 있습니다. 국가가 있어도 정부가 일시에 총사직을 한다든지 미처 조직을 못했다든지 할 때, 정부가 없을망정 국가는 여전히 있습니다. 우리는 정신적으로든 법률적으로든 역시 시종일관해서 볼 수 있는 것입니다. 그런 까닭에 이 법률상의 대한민국 국민은 여전히 이전부터 시작해서, 언제부터인지는 여기서 확실히 말하지 않았습니다만, 오래전부터 정신적으로 법률적으로 국적을 가졌다, 이렇게 보아서 이 법률을 제정했습니다."[38]

36 같은 논문, 1146쪽.

37 在日朝鮮人の人権を守る會, 『在日朝鮮人の法的地位—はく奪された基本的人権の實態』, 在日朝鮮人の人権を守る會出版局, 1965, 232쪽.

38 앞의 『대한민국국회 제1회 속기록』 제118호, 1144쪽.

이 점을 근거로 오누마는 남북「국적법」의 공통점에 대해 흥미진진한 지적을 하고 있다. 즉 남북의「국적법」은 "한일병합에 대한 강한 부정적 민족감정을 토대로 한일병합 시기에도 한국 국가가 잠재적으로 존재했다는 법적 의제擬制에 기초한 것으로, 거기에서의 구 조선 국적도, 위에서 서술한 의미에서 혈통을 기준으로 해석한 것에 다름 아니"라는 것이다.[39] 요컨대 남과 북의「국적법」에서 그 국민은 식민지 시기에 잠재적으로 존재한 '한국 국가'의 국적을 회복한 것이 된다는 것이었다. 다만 이 점에 대해 오누마는 "한일병합 이전의 조선이 근대적 의미의 국적법 제도를 갖지 못하고 타 국민과의 관계에서 자국민의 범위를 확정하는 명시적 기준을 갖지 않은" 이상 국가 '재건'에 따른 그 "국민의 범위는 일의적一義的으로 확정할 수 있는 것이 아니"라고 지적하고 있다.[40]

이와 같은 남북 조선의 국적 인식은 한일회담에서 한국 측 주장의 중요한 기초가 되었다. 그것은 재일조선인의 법적 지위에 한하지 않고, 기본관계나 청구권을 토의할 때 주장되었던 "1910년 8월 28일 이전 한일 간에 체결된 모든 조약 및 협정의 무효"라는 발상과 궤를 같이하고 있는 것이다.

3. 제1차 회담에서의 한국과 일본의 대립

(1) 기본관계

다음으로 재일조선인의 법적지위위원회 외에 각 위원회에서 논의된 초점을 검토한다. 우선 기본관계위원회는 제1차 회담과 제2차 회담에서 열린 후 제7차 회담까지 전혀 열리지 않았다. 초기 한일회담에서 기본관계 문제의 초점은「한국병합 이전의 구 조약 무효 확인」조항이었고, 제7차 회담

39 앞의「在日朝鮮人の法的地位に關する一考察(4)」, 242쪽.
40 같은 논문, 219~220쪽.

에서 문제가 된「한국정부의 유일 합법성 승인」조항에 대해서는 논의된 내용을 자료에서 확인할 수 없다.

한국의 입장에서 한일기본조약은 확실히 한일 간의 평화조약이라는 성격을 갖고 있었다. 따라서 조약의 명칭도 본래대로라면「우호통상조약」이라고 했어야 할 것이다. 그러나 기본관계위원회에서 한국은 "과거를 청산하기 위한 실질적 평화조약"을 체결할 것을 강조하여 '우호조약' 대신에 '기본조약'이라는 명칭을 제안했다.[41]

기본관계위원회에서는 한 · 일 양측에서 조약안[42]이 제시되어 논의되었다. 그중 특히 논점이 된 것은 한국안 조문의 제3조에 있는 이른바 '구 조약 무효 확인' 조항이었다. 한국은 이 조항에 대해 "실질적인 면보다도 이론적인 면에서 중요"하다고 생각했다. 일본은 "이 조항이 없다 하여 한일병합조약이 지금 효력이 있다고 생각하는 일본인은 단 한 명도 없을 것이나 다만 이 조항이 있음으로써 일본 국민의 심리적 면에 불필요한 자극을 줄 염려가 있다."는 이유로 삭제를 주장했다. 이에 대해 한국은 "오히려 이 조항을 삽입함으로써 일본 국민의 감정을 자극한다면 그것은 지금도 일본인이 과거 제국주의적 침략 행위의 과오를 청산치 못했다는 사실을 입증하는 것이다. 일본 국민은 이 조항을 흔연 수락함으로써 대오 일변하

41 앞의『한일회담약기』, 45~46쪽.

42 제1차 회담에서 일본이 제시한 제3차 초안「日本國と大韓民國との間の基本的關係を設定する條約(案)」에는 전문에 "日本國と舊大韓帝國との間に締結されたすべての條約及び協定が日本國と大韓民國との關係において效力を有しないことを確認する"라는 문장이 있는데, 한국정부의 성격에 관한 문장은 없다. 본문은 모두 5조로 되어 있다. 한편 한국이 제시한 초안은 전문 및 10조로 되어 있다. 제1조는 "대한민국은 일본국을 독립주권국가로 승인한다."이며, 제3조는 "대한민국과 일본국은 1910년 8월 22일 이전에 구 대한민국과 일본국 간에 체결된 모든 조약이 무효임을 확인한다."로 되어 있다(앞의『한일회담약기』, 249~263, 275~281쪽).『한일회담약기』가 작성된 당시(1955년)의 외무부 정무국장은 김동조였다.

여 진정한 민주 일본의 재출발을 선언하는 결과가 된다. 한국에서 한일관계를 규정하는 기본조약에 이 조항을 삽입하는 것은 한국민의 민족감정에서 우러나는 기본노선이다."라고 반박했다.[43]

그 후 일본은 "한일병합조약은 장래에 있어서 무효를 규정함"을 제의했다. 즉 일본은 일본의 식민지 지배가 종료된 시점에서 한국병합조약은 무효가 되었다고 주장한 것이다. 그러나 한국은 "'한일병합조약'에 관한 규정에 있어서는 종시일관 합병조약이 일본의 침략적인 불법행위이므로 '시초부터의 무효'를 확인해야 한다."는 주장을 굽히지 않았다.[44] 이렇게 제1차 회담에서 "구 조약 무효 확인" 조항을 둘러싼 논의는 보류되었고 이후 회담에서도 양측의 주장은 평행선을 달렸다.

(2) 청구권

청구권 문제에 대한 한일 양측의 주장도 많이 달랐다. 1952년 2월 20일에 열린 청구권위원회 제1회 회합에서 한국은 「한일 간 재산 및 청구권 협정 요강」을 제시했다. 그 내용은 다음과 같다.

1. 한국에서 가지고 나온 고서적, 미술품, 골동품, 기타 국보 지도원판 및 지금地金과 지은地銀을 반환할 것.
2. 1945년 8월 9일 현재 일본정부의 대조선총독부 채무를 변제할 것.
3. 1945년 8월 9일 이후 한국으로부터 이체 또는 송금된 금원金員을 반환할 것.
4. 1945년 8월 9일 현재 한국에 본사(점店) 또는 주사무소가 있는 법인의 재일 재산을 반환할 것.

43 앞의 『한일회담약기』, 47~48쪽.
44 같은 책, 49~50쪽.

5. 한국법인 또는 한국 자연인의 일본국 또는 일본국민에 대한 일본국채, 공채, 일본은행권, 피징용 한인 미수금, 기타 청구권을 변제할 것.
6. 한국법인 또는 한국 자연인 소유의 일본법인의 주식 또는 기타 증권을 법적으로 증정證定할 것.
7. 위 항목의 제 재산 또는 청구권으로부터 생긴 제 과실果實을 반환할 것.
8. 위 항목의 반환 및 결제는 협정 성립 후 즉시 개시하여 늦어도 6개월 이내에 종료할 것.[45]

이와 같은 한국의 주장은 앞서 제시한 『대일배상요구조서』의 내용에 근거한 것이다. 즉 『조서』의 항목 중 식민지 지배에 의한 수탈에 대해 원상회복을 요구한 '제1부'는 「요강」의 제1항에 반영되고, 민사상의 청구에 해당하는 '제2부'는 「요강」의 제2, 4, 5, 6항에 포함되었다. 그런데 『조서』의 '제3부' 중 전시동원에 의한 개인의 손해('인적 피해')에 대해서는 「요강」의 제5항에 포함되었지만, 전시의 수탈에 대한 원상 회복을 요구한 '제3부'의 '물적 피해' 및 '제4부'는 「요강」에 포함되지 않았다. 요컨대 제1차 회담에서 한국이 주장한 청구권은 당초의 요구에 비해 특히 전시의 수탈에 대한 원상 회복 요구를 대폭적으로 철회한 것으로 "식민지 지배의 청산"이라는 목적이 한층 명확해진 것이다.

한편 일본도 1952년 3월 6일의 제5회 회합에서 「재산청구권의 처리에 관한 협정 기본요강」을 한국에 제시했다. 모두 4개 조로 된 일본의 주장은 한국의 주장과 전면적으로 대립하는 것이었다. 우선 일본은 한·일이 서로 상대방의 청구권을 승인해야 하며, 만약 그와 같은 청구권이 방해받을

45 앞의 『한일회담약기』, 377~378쪽. 그런데 항목 중 1945년 8월 9일이라는 날짜는 재조 일본재산의 동결을 지령한 미군정 법령 제2호의 규정에 의한 것이다.

경우 각각이 회복의 조치를 취해야 할 것이라고 주장했다(제1조 제1항). 계속해서 일본은 연합국 최고사령부 및 미군정부의 지령에 의해 행해진 상대방 재산 처분의 유효성은 승인해야 하는 것으로(제2조), 한국정부의 관할 지역에서 정부 또는 공공의 목적governmental or public purposes으로 사용된 정부 소유 재산government-owned property이 한국으로 이전된 것을 승인할 것이라고 했다(제3조 제1항). 그러나 그것 이외에 사업 목적enterprising purposes으로 사용된 정부 소유 재산을 포함한 일본의 공·사유재산에 대해 일본은 원상회복 또는 보상을 공공연하게 요구했다(제3조 제2, 3, 4항).[46]

이 점에 대해 오카자키 가쓰오岡崎勝男 외상은 1952년 5월 중의원 외무위원회에서 다음과 같이 설명했다. "(일본은—필자) 제4조 (b)항의 의미도 조문과 함께 일반 국제법의 원칙, 통칙通則에 의해 해결되어야 할 것으로, 조선의 미군정부가 점령군으로 일본의 사유재산에 대해 적산 관리적 처분을 행했던 경우에도 해당 재산에 대한 원소유권은 소멸하지 않는다. 예를 들면, 매각 행위가 이루어졌을 때 매각의 처분은 승인할 수밖에 없을 것이지만 그 재산에 대한 원래의 권리는 있기 때문에 매각에 의해 생긴 대금은 우리 쪽에서 청구할 수 있다."고 주장했다.[47]

여기서 서술되어 있는 "일반 국제법의 원칙, 통칙"은 구체적으로는 1907년에 헤이그에서 조인된「육전 법규관례에 관한 조약」[역주 ⑧]의 제46조에 규정된 점령군이 점령지에서 상대방 국가의 사유재산을 몰수하는 것을 금지한다는 조항을 지칭한다. 요컨대 미군정부가 남한에서 실시한 일련의 일본인 재산에 대한 처분은 이 규정에 따라 실시된 것으로 이해해야 하며, 대일강화조약 제4조 (b)항의 규정도 일본의 대한청구권을 부정하는

46 앞의『한일회담약기』, 379~381쪽.

47『第13國會衆議院外務委員會會議錄』, 1952년 5월 14일 자.

것은 아니라고 주장한 것이다.

이상에서 서술한 바와 같이, 제1차 회담에서 청구권위원회는 한국과 일본이 각각의 논리로 상대방에 대해 청구권을 주장하고 전면적으로 대립하는 무대가 되었다. 그리고 그 대립은 구체적으로는 대일강화조약 제4조 (b)항의 해석을 둘러싼 것이었다. 그러나 그것은 단순한 법 이론의 문제가 아니라 식민지 지배 책임에 대한 한국과 일본의 기본 인식의 대립이었다. 즉 한국은 일본의 조선 지배는 비인도적인 동시에 비합법적이며 따라서 일본의 대한청구권은 부당하다는 전제에 입각했고, 일본은 자신들의 조선 지배가 정당한 동시에 합법이었다는 기본 인식에 입각하여 한국의 주장을 물리치고 재조일본인 재산에 대한 청구권을 주장한 것이었다.

요컨대 한일회담에서 청구권 교섭은 당초 교섭 당사국이 동일한 전제에 서서 이루어진 것이 아니었다. 거기에 한일회담의 법적 근거가 되는 대일강화조약을 만들고 한일회담 개최를 주선한 미국이 한일 간의 현안에 직접 끼어드는 것을 피했기 때문에 식민지 지배 책임을 둘러싼 한일 대립의 구도가 계속되었다.

그런데 1951년 10월 10일부터 11월 30일까지 열린 제12회 임시국회 중의원 및 참의원의 강화조약 및 미일안전보장조약 특별위원회의 회의록을 검토하면 일본의 대한청구권 주장에 대한 몇 가지 흥미 있는 사실을 알 수 있다.

먼저 1951년 11월 5일 소네 에키曾禰益 의원이 대일강화조약 제4조 (b)항에 대해 "특히 이것은 대한민국의 강력한 압력하에 삽입된 경향이 있는 것 아닙니까?"라고 질의하자, 니시무라 쿠마오西村熊雄 조약국장은 "사무당국으로서는 무언가 공식적인 해설을 들을 기회를 갖지는 못했지만 이 (b)항은 대한민국이 강력하게 요청한 결과 조약안에 들어가게 된 것이라고 추측됩니다. 동시에 제4조에 관해서는 일한 간에 토의할 경우 일본 입장에서는 뭐라고 할까요, 교섭의 범위라든가 효과가 아주 크게 제약되는 결과를 초래하는 조항이므로 달갑지 않은 것으로 생각합니다. 다만 8월 13일의 안에 들어간 것이기 때문에 그 점에 대해 일본정부로서는 의견을 충분히 개진할 기회가 없었던 사정이 있습니다."라고 답변했다. 요컨대 한국정부의 요청으로 대일강화조약 제4조 (b)항이 신설된 것은 1951년 7월 7일 조약 제2차 초안이 각국 정부에 전달된 뒤이며, 일본정부가 처음 그것을 알게 된 것은 이 조약의 최종안이 전해진 8월 13일이었다.

다만 이 점에 대해 니시무라는 "(b)항이 들어가게 된 것에 대해서는 그리 놀라지는 않았습니다."라고 말하고 있다. 또한 니시무라는 "조선에 있던 일본인 재산을 이미 당신들은 취득하지 않았습니까, 플러스 요인으로 취득한 것이 아닙니까라고 말할 수 있으므로, 그 점은 이후 일한 간의 교섭에서 일본 측이 충분히 주장할 수 있다."고 설명했다. 이 시점에서 일본정부의 대한청구권의 큰 틀은 이미 마련된 것으로 보인다.[48]

그러나 다음 날 구스미 요시오楠見義男 의원이 재조일본인 재산에 대한 조사 상황을 질문하자 니시무라는 "종전 후 정부는 연합국 최고사령부와 공동으로 조사사업을 수행했습니다. 그 결과 국유와 공유, 회사 재산에 대해서는 상당히 확실성이 있는 추정을 할 수 있게 되었습니다."라고 답변했다. 다만 "개인 재산에 대해서는 강제 이주라는 조치가 이루어졌다는 것과 관계자가 대단히 많다는 것, 관계자의 신고에 대해 객관적으로 옳고 그름을 판단할 수단이 없다는 점, 그 밖의 사정으로 어느 정도 자신 있는 집계를 낼 수 없는 상태입니다. 따라서 확실하지 않은 추정이 내려졌기 때문에

48 『第12回國會參議院平和條約及び日本安全保障條約特別委員會會議錄』, 1951년 11월 5일 자.

발표 등을 오늘까지 하지 않았습니다."라고 했다. 요컨대 일본정부에서 재조일본인의 사유재산에 대한 청구권을 주장하기에는 조사 결과가 아직 미비했던 것이다.[49]

이어 그다음 날인 7일 호리 마코토堀眞琴 의원이 조선민주주의인민공화국에 있는 재조일본인의 재산 문제에 대해 질문했다. 이에 대해 니시무라는 "북선北鮮에 있는 일본인 재산의 문제도 대한민국정부를 상대로 한 교섭 내용에 결과적으로 포함되어 있다."고 답변했다. 요컨대 한일회담에서 일본은 한반도 북부에 있던 재산까지 청구 대상으로 포함시키려 했던 것이다.

역시 이 답변에 대해 호리는 한국정부가 조선민주주의인민공화국정부를 승인하지 않는 상황에서 재조일본인 재산이 한일회담에서 어떻게 처리되는지를 재차 질의했다. 그러자 니시무라는 "일본정부로서는 북선北鮮에 막대한 일본인의 재산이 있다는 점을 염두에 두고 대한민국정부와 교섭을 해야 할 것으로 생각한다."고만 답변했다.[50] 이 답변에서 알 수 있듯이 일본정부는 한반도 북부에 있는 "막대한 일본인의 재산"을 포함하여 대한청구권을 주장하려 한 것이다.

이와 같은 일본의 청구권 주장은 실제의 보상 요구라기보다 한국의 청구권에 대항하는 '교섭 기술'로서의 성격이 강하다. 시기는 약간 뒤이지만 1961년 3월 17일 중의원 외무위원회에서 나카가와 도루中川融 조약국장은 일본의 대한청구권은 "한국으로부터 막대한 청구권 요구가 있을 때 거절할 수 있는 것도 거절하지 못하게 되는 등 여러 가지 사정을 감안하여, 말하자면 교섭 기술적인 측면에서" 주장된 것이라고 설명하고 있다.[51] 당

49 같은 자료, 1951년 11월 6일 자.
50 같은 자료, 1951년 11월 7일 자.
51 『第38國會衆議院外務委員會會議錄』, 1961년 3월 17일 자.

초 한국에서 청구액으로 20억 달러 등의 구체적인 숫자를 제시하지는 않았던 것으로 알려졌다. 다만 일본은 한일회담이 열리기 전부터 한국이 '막대한' 청구권을 주장할 것으로 예상했다. 이에 일본은 대한청구권을 주장하는 것으로 한국의 청구권 요구에 감쇄 또는 상쇄를 시도한 것이었다.

(3) 어업

어업 문제의 쟁점은 제1차 회담에 앞서 1952년 1월 18일 한국정부가 공포한 「인접해양에 대한 주권에 관한 선언」에 기초하여 한국 주변의 공해상에 설치된 '이승만라인'이었다. 일본이 한국에 '이승만라인'의 철폐를 강하게 요구한 데 대해 한국은 어업자원 남획 방지 등을 이유로 '이승만라인' 설치의 정당성을 주장했다.[52] 김동조는 이승만라인 작성 작업에 관여했다. 김동조에 의하면, 이승만라인 선포는 한국의 어장 보호 및 어업자원 유지를 위해 필요한 '당연한 자구책'이며, 또한 일본을 한일회담에 끌어들이기 위한 조치였다고 한다.[53] 이승만라인 문제가 해결되지 않은 채 1952년 4월 제1차 회담은 종료되었다. 그래서 일본은 5월 23일 각의결정에 기초하여 해상보안청에서 한반도 주변 해역에 순시선을 상시 두 척씩 항해시키는 등 경계태세를 강화했다.[54]

그런데 이승만라인에 관한 연구는 놀라울 정도로 적은데, 이에 대해서는 가토 하루코加藤晴子의 연구가 선구적이다.[55] 가토는 우선 한일회담에서 '이승만라인 문제'에 대한 일본의 자세가 "이승만라인은 '불법 · 부당'

52 앞의 『韓日の和解』, 8~12쪽.
53 같은 책, 9쪽.
54 海上保安廳總務局政務課 編, 『海上保安廳30年史』, 1979, 27쪽.
55 加藤晴子, 「戰後日韓關係史への一考察(上)(下)—李ライン問題をめぐって」, 『日本女子大學文學部紀要』 제28호(1979년 3월), 제29호(1980년 3월).

하며 그에 따른 어업분쟁의 책임은 한국에 있다는 점에서 초당파적, 초계급적으로 일치했다."[56]고 비판했다. 또한 일본이 주장하는 '공해자유의 원칙'에 대한 가토의 지적도 주목된다. "이 논법은 일찍이 일본이 '평등'을 내세운 채 일방적 진출을 했을 때와 완전히 같은 것이다. '공해자유'의 명분 아래 쌍방이 '평등'하게 어로를 행한다면 어떻게 될까, 한국에서 볼 때 역사의 교훈에 비추어 위구를 품는 것은 당연했다고 말할 수 있다."[57] "요컨대 일본은 오히려 '공해자유'를 주장하는 것이 '국익'에 합치하기 때문에 주장한 것이었다. 좀 더 정확하게 말한다면, 미국, 캐나다 등 강대국에는 주장하지 않고 '벽을 피해서' 약소국에만 주장한 것이었다."[58] "'공해자유의 원칙' 같은 것은 결국 '국익'을 뒤쫓는 도구에 다름 아니었다는 것이 분명하다."[59]

한편으로 가토는 한국정부의 주장에도 의문을 표시했다. 즉 "이승만라인은 한국 어업의 근대화와 어업 생산력의 증대, 영세 어민의 구제에는 그것 자체로서는 하등의 역할도 하지 못하는 것"이라고 했다.[60] 또한 가토는 이승만 정권의 '반일' 정책을 "독선적으로 감정적인 노여움을 앞세운" 것으로 평가하면서 "'반일'보다 먼저 '자유경제 건설'을 제창한" 박정희 정권을 상대적으로 높게 평가하고 있다.[61]

이에 대해 후지이 켄지藤井賢二는 "가토는 일한 어업문제를 어종이나 어업권의 실태에 입각하여 논한 것이 아니기 때문에 이승만라인 선포에까지

56 같은 논문(상), 38쪽.
57 같은 논문(하), 10쪽.
58 같은 논문, 16쪽.
59 같은 논문, 17쪽.
60 같은 논문, 24쪽.
61 같은 논문, 28쪽.

이른 어업을 둘러싼 일한 간 대립의 원인을 구체적으로 파악하지 못한 결과가 되었다."[62]고 비판했다. 또한 후지이는 오타 오사무나 이종원이 이승만라인을 한일회담을 유리하게 진행하기 위한 조치라고 논한 점에 대해서도 의문을 제기했다.

후지이는 한국이 이승만라인을 설치하기에 이른 과정을 고찰했다. 후지이에 따르면, 일본의 패전 직후에 설치된 맥아더라인[역주 ⑨]을 둘러싸고 한국과 일본은 동지나해와 공해의 일정 수역에서 저인망 어업의 어장을 둘러싸고 대립하고 있었다. 나아가 후지이는 "한국이 이승만라인을 선포하면서 지향한 것은 북부 동지나해와 황해의 중앙부에 있던 한국 '원양어업'의 미래의 어장 확보였다."는 결론을 내렸다.[63]

또한 후지이는 이승만라인이 획정 과정에서 '주권선언'으로 바뀐 점에 대해 다음과 같이 서술했다. "이승만라인은 획정의 과정에서 처음의 일본 통치기의 트롤어업 금지구역을 모태로 한 '어업관할수역'으로부터 독도(다케시마)도 포함하는 광범위한 '어업보호수역'으로, 나아가 '자연자원 광물'과 대륙붕 자원까지를 대상으로 한 '주권선언'으로, 대상 범위를 확대하고 내용도 강경한 것이 되었다."[64] 후지이는 이승만라인 설정 과정에서 '주권선언'의 정치성보다 한국과 일본의 어장 쟁탈사 쪽을 중시했다.

이상과 같은 귀중한 선행 연구에서 배우면서 일본인의 한국관에 중대한 영향을 준 이승만라인 문제는 이후 더 연구할 필요가 있을 것이다.

62 藤井賢二, 「李承晩ライン宣布への過程に關する研究」, 『朝鮮學報』 제185집, 2002년 10월, 74쪽.
63 같은 논문, 108쪽.
64 같은 논문, 106쪽.

(4) 미 국무성의 '청구권 문제에 대한 견해'의 의미

그런데 이상과 같은 한일 대립의 구도에 대해 미국은 한일회담의 중재역으로 어떻게 관여했을까? 제2차 세계대전 이후 미국은 냉전에 대한 대응책으로 동아시아에서 한국과 일본을 경제적으로 통합시키는 정책을 모색했다. 1949년 미국이 대한 원조의 공여를 결정하자 한일 경제통합 정책을 둘러싸고 일본 점령에 직접적인 책임이 있는 육군성, 대한 원조를 실제로 담당한 경제협력국, 동아시아에서 지역적 정치·경제 시스템의 구축을 중시하는 국무성이 주체가 되어 활발한 논의가 전개되었다. 결국 이 논의는 한국전쟁의 발발로 인해 구체적인 정책으로 체계화되지 못했다.[65] 그러나 미국은 한국전쟁과 병행하여 이루어진 한일회담을, 일본이 전쟁 당사국인 한국을 지원하게 하는 데서 나아가 한일관계를 개선하는 좋은 기회라고 생각했다.[66]

미국의 한일 경제통합론과 관련하여 1949년 4월 한국과 GHQ/SCAP 점령하의 일본 사이에 한일통상협정[역주 ⑩]이 체결되어 한일무역이 시작되었다. 이 문제를 연구한 오타 오사무는 한국이 정부 수립 초기에 한일 경제 '재통합'에 의한 '경제 부흥' 구상을 갖고 있었다는 점을 명확히 밝혔다. 즉 "한국은 초기 국가건설 과정에서 대항적인 대일정책을 밀어붙이는 한편, 한일 경제 '재통합'에 의한 '경제 부흥' 구상을 내세웠다. 이 구상은 단지 1945년 이전의 경제 관계 부활을 지향한 것이 아니라 새로운 국가의

65 한국전쟁 이전에 미국정부 안에서 논의된 한일경제통합론에 대해서는 李鍾元, 「戰後米國の極東政策と韓國の脫植民地化」, 『アジアの冷戰と脫植民地化[近代日本と植民地 8]』, 岩波書店, 1993을 참조.

66 李鍾元, 「韓日會談とアメリカ―'不介入政策'の成立を中心に」, 『國際政治』 105, 1994, 63~165쪽.

'산업 재건'이라는 내셔널리즘을 기조로 한 것이었다."[67]

그런데 이와 같은 배경을 가진 미국의 한일회담에 대한 입장은 1951년 10월부터 열린 한일 예비회담에서 전형적으로 나타난 것과 같이, 미국의 관여는 회담의 개최를 주선하는 것에 그치고 "실질적 쟁점의 토의는 두 나라 간에 직접 교섭으로 해야 한다는" 것이었다. 요컨대 미국은 원칙적으로 한일 간의 현안에 대해서는 관여를 피한다는 입장이었다. 이것을 미국정부에서는 '불간섭 정책hands-off policy' 또는 '불개입 정책non-intervention policy'으로 불렀다. 미국이 '불개입 정책'을 취한 가장 큰 이유는 예비회담을 알선할 때 GHQ의 시볼트 외교국장이 우려한 것처럼 "양 당사국이 자주적으로 문제를 해결할 기회를 주지 않고 미국이 관여하는 것은 선의라기보다 오해를 낳을 수 있다."는 데 있었다.[68]

그러나 앞에서 서술했듯이, 1952년 2월부터 열린 제1차 회담의 청구권 위원회에서 한일 양국은 대일강화조약의 해석을 둘러싸고 대립했다. 일본의 대한청구권 주장에 반발하여 한국은 3월 25일 양유찬 주미대사를 통해 미 국무성에 대일강화조약 제4조 (b)항에 대한 미국의 공식 견해를 요구하는 서한을 보냈다. 이에 대해 미 국무성은 회담이 결렬된 뒤인 4월 29일 양 주미대사에게 각서를 보냈다. 그 내용이 1957년 12월 31일 조인된 한일 합의에서 일본이 대한청구권을 포기하도록 하는 데 기초가 된 미국의 제4조 (b)항에 대한 공식 견해이다. 그것은 다음과 같다(원문은 영문).

미국은 대일강화조약 제4조 (b)항 및 주한 미국 군정청의 관계 명령 및 처분

67 太田修, 「大韓民國樹立と日本—日韓通商交涉の分析を中心に」, 『朝鮮學報』 제173집, 1999년 10월, 39~40쪽.
68 앞의 「韓日會談とアメリカ」, 166쪽.

에 의해 대한민국의 관할 내 재산에 대한 일본인의 모든 권리, 권원 및 이권은 박탈되었다는 견해를 가지고 있다. 따라서 미국의 견해에 의하면 일본은 그러한 자 또는 그에 관한 이권에 대해 유효한 청구를 주장할 수 없다. 그러나 미국의 견해에 의하면 일본이 이 조약의 제4조 (b)항에서 유효한 것으로 인정한 것과 같은 자산의 처분은 이 조약 제4조 (a)항에서 상정된 약정을 고려함에 있어서 관련성을 가지는 것이라고 생각한다.[69]

1952년 5월 15일 미 국무성은 동일한 내용의 서한을 주미 일본대사관에도 전달했다. 여기서 미국은 대일강화조약 제4조 (b)항의 공식 해석으로, 첫째, 일본은 한국의 귀속재산에 대해 유효한 대한청구권을 주장할 수 없고, 둘째, 일본이 대한청구권을 포기한 것은 대일청구권을 고려함에 있어서 관련성을 가지는 것이라고 주장했다. 요컨대 미국은 일본이 대한청구권을 포기하지 않으면 안 된다고 하면서도 그것은 일방적인 행동이 아니라 대일청구권의 규모와 "관련성을 가지는" 것이고, 더구나 그 구체적인 내용의 결정은 계속해서 당사국 간의 교섭에 위임한다는 것이다. 이것은 해석에 따라서는 대일청구권만 인정한 것이라고 볼 수도 있고, 한일 양국이 가진 청구권의 상쇄라고도 해석할 수 있는 견해였다.

이와 같이 미 국무성이 대한청구권 관련 견해를 애매하게 제시하여 결국 그 해결을 당사국 간의 협의에 맡긴 요인에 대해서는 두 가지를 제시할 수 있다. 첫째는 미국의 대일배상 방침이다. 미국은 냉전이라는 국제 상황을 고려해 일본에 대해 징벌적인 배상을 부과하기보다 일본이 우선 경제부흥

69 「(譯文)平和條約第四條の解釋に關する米國政府の見解を伝えた在日米國大使の口上書」 외무성 외교문서, 문서번호 1352(이하 日/1352로 표기), 46~47쪽. 외무성이 공개한 한일회담 관련 외교문서는 '日韓會談文書·全面公開を求める會' 홈페이지(www.f8.wx301.smilestart.ne.jp)에서 열람할 수 있다.

을 하도록 한 것이다. 이는 대일강화조약 발효 후에도 일본을 미국의 세력권으로 묶어 경제부흥을 내건 일본이 계속해서 미국의 동아시아 정책에 협력하게 하려는 미국의 전략적 의도에 기초한 것이란 점은 말할 나위도 없다.[70]

둘째로 한일회담의 중재역을 맡은 미국으로서는 한국과 일본이 가진 반미 논조에 대해 항상 고려하지 않으면 안 되었다는 점을 들 수 있다. 한일 간의 여러 현안에 개입하는 것은 경우에 따라서는 스스로 반미 논조를 낳는 씨앗이 될 여지가 있었다. 그럼에도 불구하고 국무성 각서의 작성 경위가 상징하듯이 한일 양국은 회담을 자국에 유리하게 전개하기 위해 미국의 영향력을 이용하려 한 것이다. 이와 같은 한일의 대외적 자세가 오히려 미국을 '불개입 정책'으로 향하게 한 것으로, 국무성 각서도 대한청구권 포기를 포함하여 청구권 문제의 근본적인 부분은 어디까지나 교섭 당사국의 결정에 맡긴다는 내용이 된 것이다.[71]

이상과 같이 태평양전쟁 종결 이후 미국은 냉전이라는 국제 상황에 비추어 동아시아 정책에서 일본의 위치를 중시하고 일본의 경제를 부흥시킨다는 관점에서 대일 무배상 방침을 제시했다. 한편 미국은 한일 경제통합 문제도 중시하여 대일강화조약 조인 이후 한일회담을 알선했지만, 격렬하게 대립하는 한일 간 여러 현안에 직접 개입하는 것은 회피했다.

4. '구보타 발언'을 둘러싼 한일 간 대립

(1) 한국과 일본의 주장

여기서는 제3차 회담의 결렬 요인이 된 구보타 간이치로久保田貫一郎 일본

70 佐々木隆爾, 『世界史の中のアジアと日本』, 御茶の水書房, 1988, 63쪽.
71 앞의 「韓日會談とアメリカ」, 167~171쪽.

측 수석대표의 발언에 대해 서술하고자 한다. '구보타 발언'을 둘러싼 경위는 다음과 같다. 1953년 10월 15일 청구권위원회에서 일본의 대한청구권에 반발한 한국 측 대표 홍진기洪璡基는 "일본이 36년간의 축적을 반환하라고 한다면 한국으로서도 36년간의 피해를 보상하라고 할 수밖에 없다."고 발언했다. 이에 대해 구보타는 "일본으로서도 조선의 철도나 항구를 만들고 농지를 조성하기도 했고, 대장성에서는 당시 많게는 2천만 엔이나 부담한 해도 있었다. 이것들을 돌려 달라고 주장하는 것은 한국의 정치적 청구권과 상쇄하자는 의도가 아닌가"라고 발언했는데, 이것이 발단이 되어 구보타는 식민지 지배 책임에 대한 일본의 주장을 전개한 것이다.[72] 10월 20일 본회담에서 한국은 먼저 구보타 대표의 발언을 5개 항목으로 정리하여 그 진의를 설명하라고 일본을 압박했다. 그 5개 항목은 다음과 같다.

(1) 강화조약 체결 이전에 일본과 관계없이 영토를 처리(한국의 해방과 독립을 말함)한 것은 국제법 위반이고
(2) 연합군의 명령으로 재한일본인 60만 명이 일본 본토로 송환된 것은 국제법 위반이고
(3) 연합군의 명령으로 재한일본인 재산이 몰수되고 그와 같이 처리했다는 미국 국무성의 견해는 국제법 위반이고
(4) 카이로선언에서 "한국 인민의 노예 상태……"라고 선명宣明한 것은 연합군의 전시 흥분의 표현이고
(5) 36년간 일본의 한국 통치는 한국 국민에게 은혜를 베푼 것이다.[73]

72 앞의 『資料·戰後20年史—政治』, 681~682쪽.
73 앞의 『한일회담약기』, 204~205쪽.

이에 대해 구보타 대표는 (1) "한국의 독립이라는 것은 일본의 입장에서 보면 이례적인 것이지만, 그러나 그것은 국제법 위반인가 아닌가라는 문제는 아니다", (2) "일본인의 송환은 국제법 위반이라고도 아니라고도 말할 수 없다", (3) "재산청구권에 대한 일본의 해석은 당시에서는 미국의 군정부도 국제법 위반을 저지른 것이 아니다", (4) "카이로선언의 효력은 전쟁 중의 흥분 상태에서 작성된 것이다", (5) "36년간의 조선 통치는 당신들이 말하는 것과 같은 나쁜 부분도 있었을지 모르지만 좋은 부분도 있었다"고 말했다.[74]

구보타의 발언 중 특히 한일회담에서 청구권 문제의 논점이 된 것은 (3), (4), (5)이다. 이하 『아사히신문』 1953년 10월 22일 자에 게재된 「의사록」[75]의 일부에서 그 발언의 내용을 보충하면 다음과 같다.

우선 (3)은 재조일본인 재산의 처리에 대한 일본정부의 인식을 보여 준다. 구보타는 "사견이지만 사유재산을 몰수한 것은 결국 위반이라고 생각한다. 자신으로서는 미국이 국제법을 위반했다고 하고 싶지 않고 또는 위반이 아니라는 쪽으로 해석하고 있다."고 말했다. 구보타 개인은 미군정부에 의한 사유재산의 몰수는 국제법 위반이라고 생각했다. 그러나 일본정부의 입장에서 보면 미국이 국제법을 위반했다고 말할 수 없는 것이다. 이 점에 대해 홍진기는 "일본이 이것(미군정부에 의한 재조일본인 재산의 처리를 지칭한다—필자)을 국제법 위반이라고 한다면 구상청구권은 미국에 대해 요구하기 바란다."고 말했다. 그러나 구보타는 "만약 위반이라고 해도 일본은 미국에 대한 청구권은 포기하고 있다."고 답변했다.

74 『第16回國會參議院水產委員會會議錄』, 1953년 10월 27일 자.

75 『朝日新聞』 1953년 10월 22일 자. 현재 공개되어 있는 회의록(日/174 등)을 참조하면, 이 '의사록'은 입수한 기록을 참조하여 기자가 요약·정리한 기사로 생각된다.

요컨대 구보타의 발언을 종합하면 일본의 입장은 다음과 같다. 미군정부에 의한 사유재산의 몰수는 국제법 위반이다. 그러나 일본은 미국에 대한 배려에서 미군정부의 처리를 국제법 위반이라 해석하지 않고 미국에 대한 청구권도 포기하고 있다. 그럼에도 불구하고 일본은 미국에 대해 포기한 청구권을 한국에 대해서는 주장하고 있는데, 구보타는 이와 같이 대단히 무리한 '논리'를 피력한 것이다.

(4)는 카이로선언에 대한 일본의 인식을 보여 주는 것이다. 카이로선언에는 미국, 영국, 중국 "3대국은 조선 인민의 노예 상태에 유의하여 적당한 시기에 조선을 자유 독립케 할 것을 결정한다."고 되어 있다. 『대일배상요구조서』에도 보이듯이, 한국정부는 일본에 의한 지배로 "한국 인민은 노예 상태"에 있었다는 점을 대일청구권의 중요한 근거라고 보고 있었다. 구보타는 이 문구를 정면으로 부정한 것이다.

(4)에 있어서 구보타의 인식은 (5)에 있어서의 인식과 표리일체에 있다. (5)는 일본의 식민지 지배에 대한 인식을 노골적으로 보여 주는 것이다. 이 점에 대해 구보타와 한국 측 대표는 다음과 같은 설전을 주고받았다.

홍진기: 법률적인 점에 있어서도 당시 일본인의 사유재산이 한인과 동등한 입장에서 축적되었다고 생각하는가.

구보타: 세세한 것을 말한다면 한이 없다. 다만 36년간이라는 것은 자본주의 경제기구하에서 평등하게 취급된 것이다. 시대를 생각해 달라.

……

장경근張暻根: 일본인이 재산을 불린 것이 투자나 경영 능력이 좋아서였다고 생각하는가. 일본인이 토지를 매입한 것은 동양척식주식회사 등이 총독부의 정책으로 매입한 것이기 때문에 기회 균등은 아니었다.

구보타: 일본을 위해서만은 아니다. 조선의 경제를 위해서도 도움이 되었을 것

이다.[76]

구보타는 이 설전 속에서 식민지 조선에서 일본인과 조선인의 경제 활동은 동등한 조건하에 행해졌으며 일본인의 경제 활동이 조선 경제에도 효과를 주었다고 말한 것이다. 식민지 지배가 식민자의 경제 활동 또는 경제적 착취에 유리했다는 인식은 없이 식민지 지배라는 조건은 단순한 '자본주의 경제기구'에 지나지 않았다는 것이다. 이와 같은 인식에서 "한국 인민의 노예 상태"라는 표현에 대한 이해가 도출될 리 없었다.

이와 같이 '구보타 발언'의 핵심은 대미관계를 배려한 국제법의 해석에 의한 대한청구권과 식민지 지배에 대한 비판적 성찰을 결여한 조선 식민지 지배 긍정론이었다. 이 발언은 일본이 처음부터 가지고 있던 주장을 분명하게 보여 준 것으로, 일본 여론도 '구보타 발언'을 지지했다.[77]

그러나 한국 측에서 보면 '구보타 발언'은 완전히 '망언'이었다. 무엇보다도 한국의 입장에서 일본의 발언은 회담을 한국에 유리하게 전개시킬 수 있는 절호의 기회가 되었다. 미국이 청구권 문제에서 일본의 주장에 공감하고 있던 상황에서 한국은 일본이 먼저 5개 항목을 철회하지 않을 경우 회담을 결렬시키고 그 책임을 일본에 명확하게 부담시킴과 함께 미국에도 일본의 무성의 때문에 회담이 결렬되었다는 점을 인식시키려 했던 것이다.[78] 그래서 한국 대표단은 20일 회담 종료 후 이승만 대통령에게 회담 결렬을 청훈하고 같은 내용의 훈령을 받았다. 그리하여 10월 21일 본회의에

76 위와 같음.
77 앞의 『韓日の和解』, 80쪽; 앞의 『檢證 日韓會談』, 58~60쪽.
78 위의 『韓日の和解』, 80쪽. 또한 이와 같이 한국이 교섭 결렬을 결단한 배경을 어업 교섭의 과정으로부터 살펴본 연구로, 藤井賢二, 「李承晩ラインと日韓會談—第1次~第3次會談における日韓の對立を中心に」, 『朝鮮學報』 제193집, 2004년 10월이 있다.

서 한국이 구보타 대표의 발언을 철회하고 사죄할 것을 일본에 요구했으나, 일본이 이에 응하지 않아 회담은 결렬되었다.

한일회담이 결렬된 것에 관해 결렬 다음 날인 22일 일본 외무성 대변인은 "일한회담이 좋지 않게 끝난 것은 한국의 예정된 계획대로이다."라는 담화를 발표했다.[79] 그러나 이 담화는 부정확한 것이었다. 28일 중의원 외무위원회에서 기무라 다케오木村武雄 의원이 "그 예정된 계획이라는 것은 일한회담 교섭에 들어가기 전에 알고 있었던 것이었습니까?"라고 질문하자 오카자키 외상은 "예정된 행동이라는 것이 처음부터 한국이 회담을 결렬시키려 생각했는지 어떤지 그것까지 말할 수 있는 것은 아닙니다. 회담이 시작되고 나서 여러 가지 어구漁區의 문제, 어선의 문제 등 뭐라고 할까 아픈 곳을 자꾸 말하기 때문에 일찍 끝내는 쪽이 좋다는 그러한 의미의 계획적인 결렬이었을 것"이라고 답변했다. 이 답변을 들은 기무라는 "그렇다면 발표 문장은 정정되는 것이 좋다고 생각한다. 어제 불행하게도 좋지 않게 끝난 일한회담을, 이것은 한국의 예정된 계획대로이다, 이렇게 쓰면 한국이 일부러 시작부터 회담을 결렬시키려 했다는 의미로 분명히 받아들일 수 있다."는 고언을 제시했다.[80]

그런데 한국 측 홍진기 대표는 15일 구보타 대표와의 논전 중에 재조일본인 재산의 처리는 "일본의 재외 재산을 경시하기 때문이 아니다. 일본의 권력기구를 위해 신장된 힘을 절단하기 위한 것이다. 본래의 일본에서 분리하여 노예를 해방하려는 것이 사유재산의 존중보다 높은 목적이기 때문에 집행한 것"이라고 주장했다.[81] 김동조는 이것을 '해방의 논리'라고 부

79 『朝日新聞』 1953년 10월 22일 자(석간).
80 『第16國會衆議院外務委員會會議錄』, 1953년 10월 28일 자.
81 앞의 『資料·戰後20年史—政治』, 681~682쪽.

르고 있는데, 국제법 논의에서 일본이 베르사유조약[역주 ⑪] 이전의 논리로 논의한 것에 대해 한국은 일본의 전후 처리는 거기에 구속되지 않는다는 새로운 논리를 전개한 것이다.[82]

또한 홍진기는 구보타의 발언을 다음과 같이 정리했다. "(1) 청구권 문제에 대해 한국의 사고방식에 '노No'라고 말하지 않을 수 없다, (2) 또한 청구권의 상호 포기라면 좋다고 했다, (3) 가령 상호 포기가 되어도 한국인의 미불 급여 기타 일본에 법률적 의무가 있는 것에 대해서는 지불하는 것이 좋다." 구보타는 이에 대해 '그렇다'고 답변했다. 홍진기가 세 번째 항목에 대해 설명을 요구하자 구보타는 "하나의 예로서는 군인이나 징용 한인의 미불 급여가 있다."고 답변하고 있다.[83] 구보타의 이 발언이 어떤 의도에서 나온 것인지는 알 수 없다. 다만 일본은 초기 단계에서 한국의 청구권 중 군인이나 징용자의 미불금 등 "일본에 법률적 의무가 있는 것"에 대한 보상에 대해서는 고려하려 했다. 이 점은 1960년대의 청구권 교섭과 관련해 주목할 가치가 있다.

(2) 미국의 조정과 실패

제3차 회담이 결렬되자 한국과 일본은 서로 성명을 내고 각각 회담 결렬의 책임을 상대방에 넘겼다. 한편 미국은 앨리슨John M. Allison 주일대사 등이 중심이 되어 회담 결렬 직후부터 한일 간 중재에 나섰다. 그 초점은 첫째, 회담 재개를 위한 직접적인 장애 요소의 제거(특히 '구보타 발언'의 처리)와 둘째, 회담 재개 후 현안의 해결을 위한 광범위한 기반의 형성이었다.[84]

82 앞의 『韓日の和解』, 76~78쪽.
83 앞의 『資料・戰後20年史―政治』, 681~682쪽.
84 앞의 「韓日會談とアメリカ」, 173쪽.

이후 미국은 미국, 한국, 일본을 무대로 중재 활동을 계속했다. 그러나 회담을 재개하는 데 있어 일본은 '구보타 발언'의 철회와 한국의 대일청구권 포기를 연계하는 방침으로 나온 데 대해, 한국은 일본의 완전하고도 명확한 '구보타 발언'의 철회 및 대한청구권의 무조건 포기를 주장했다. 미국의 중재 활동에도 양자의 대립은 해소되지 않았을 뿐만 아니라, 아이젠하워Dwight D. Eisenhower 정권의 일본 중시 정책에 기초해 대한청구권 문제에서 미국이 보인 행동은 오히려 한국의 반발을 초래했다. 결국 미국은 1954년 3월 19일 이승만에게 중재 활동을 중단한다는 내용의 각서를 직접 전하고 공식적인 조정 역할에서 물러났다.[85] 1954년 7월에 있었던 미국과 한국 간 수뇌회담의 중요한 의제 중 하나는 한일관계의 정상화였다. 이때 덜레스 국무장관은 "한국의 안전보장과 경제발전을 위해 반일정책을 포기하라."며 이승만을 압박했다. 그러나 이승만은 일본이 대한청구권을 철회하지 않고 "여전히 한국을 예전의 식민지라고" 생각하고 있다고 미국에 반발했다.[86] 결국 1954년에는 미국의 개입에도 불구하고 한일회담 재개의 실마리는 전혀 보이지 않았다.

소결

한국과 일본의 '전후 한일관계'를 일본의 조선 식민지 지배 청산이라는 과제를 향해 서로 마주할 수 없는 관계로 규정한다면, 초기 한일회담의 논의는 '전후 한일관계'를 고려하는 데 대단히 중요하다. 이 장에서는 초기 한

85 위와 같음.
86 李鍾元,『東アジア冷戰と韓米日關係』, 東京大學出版會, 1996, 193쪽.

일회담에서 한일의 대립 구도를 검토하기 위해 일본 패전 직후 미국과 한국 당국의 대일배상 방침 및 이에 대한 일본정부의 방침을 검토했다. 우선 미국 및 연합국은 일본의 전후 부흥을 우선시하여 대일배상을 가능한 한 경감하는 방침을 취했다. 때문에 극동위원회의 결정에 의해 남한은 재조일본인 재산의 취득으로 만족해야 한다는 결정을 내렸다. 이와 같은 대일무배상 원칙은 미 · 영에 의한 대일강화조약 문안 작성 과정에서도 나타났다. 이에 대해 한국정부는 독자적으로 대일배상조사를 진행하여 일본 식민지 지배의 청산을 내용으로 하는 구상권을 행사하려고 했다. 다만 그 내용은 식민지 지배 및 전시동원으로 인한 피해에 대한 개인청구권 및 보험금, 은급, 미불 임금 등 민사상의 청구권을 주요 내용으로 하는 것이었다. 그래서 일본정부는 대일강화조약의 준비 작업으로 일본의 식민지 지배 및 재산 형성의 정당성을 주장하기 위한 연구를 진행했다.

초기 한일회담의 논의에 중대한 영향을 준 것은 대일강화조약이었다. 한국정부는 일본에 전쟁 피해에 대한 배상을 요구하기 위해 연합국 자격을 취득하려 시도했으나 특히 일본과 영국의 반대 때문에 실현될 수 없었다. 그 결과 한일 간에 있어서 식민지 지배 청산의 문제는 대일강화조약 제4조 (a)항 및 (b)항에 기초하여 한일 양국이 갖는 '청구권'의 해결이라는 형태로 토의되게 되었다.

초기 한일회담에서 가장 중요한 의제는 재일조선인의 법적 지위 문제였다. 특히 재일조선인의 국적에 대해서는 한일 양국이 한국 국적을 취득하는 것으로 같은 입장이었으나, 일본은 강화조약 발효 이후로, 한국은 대한민국 수립 이후로 대립했다. 게다가 일본은 재일조선인을 '귀찮은 존재'로 취급하는 발상에서 일본 국적의 박탈을 주장했고, 한국은 대한민국 국적의 취득을 식민지 시기에 잠재적으로 존재한 '한국 국적'의 회복이라고 간주했다.

이와 같은 한국의 관념은 기본조약에 있어서 "구 조약 무효 확인" 조항을 둘러싼 토의에서도 나타났다. 한일병합조약 이전 한일 간에 체결된 여러 조약에 대해 일본은 식민지 지배 종료 시점에서 무효가 되었다고 주장한 데 대해 한국은 한국병합 시점부터 무효라고 주장했다. 이러한 한국의 주장은 "교섭 기술로서 정치적 대항 조치"이기 이전에 조선 민족에게 해방 이전부터 관념화된 것이라고 해야 할 것이다.

더욱이 청구권 교섭에서 한일 간 대립은 단순히 '청구권'에 대한 법 이론상의 대립이 아니라 양측의 조선 식민지 지배에 대한 인식의 충돌이었다. 즉 한국은 식민지 지배가 불법이며 부당했다고 인식하여 일본의 청구권을 부정하면서 식민지 지배에 대한 청산을 요구하는 청구권을 주장했다. 이에 대해 일본은 일본의 조선 지배가 당시 국제법상 합법이고 정당하다는 인식에서 한국의 주장을 반박하고 재조일본인 재산에 대한 청구권을 주장했다. 무엇보다도 일본의 청구권은 한국의 청구권을 감쇄 또는 상쇄하기 위한 '교섭 기술'의 성격이 강한 것이었다.

이에 대해 미국은 일본의 청구권을 부정하면서도 그것이 한국의 청구권 규모와 "관련성을 가진다"는 해석을 제시했다. 결국 미국은 일본의 전후 부흥을 중시함과 함께 한국과 일본에서의 반미 논조를 고려하여 청구권 내용 자체에 개입하는 것을 피했다. 그 때문에 청구권을 둘러싼 한일 간 대립의 구도는 더욱 해소되기 곤란하게 되었다.

그래서 초기 한일회담은 '구보타 발언'에 의한 결렬이라는 형태로 종료되었다. 구보타 간이치로 일본 측 수석대표의 발언을 검토해 보면, 대미관계를 배려해 국제법을 해석하면서 대한청구권을 주장했고 식민지 지배에 대한 비판적 성찰을 결여한 조선 식민지 지배 긍정론에 근거했다는 점이 명백하다. 다만 구보타는 한국의 청구권 중 군인과 징용자의 미불금 등 일본에 법률상 지불 의무가 있다고 인정되는 청구권에 대해서는 응한다는 자세를 보였다. 이 점은 1960년대의 청구권 교섭과 관련해 주목할 가치가 있다. 한편 한국은 자신들의 청구권에 대해 베르사유조약 이전의 국제법 해석에 구속되지 않는 '해방의 논리'에 기초한 것이라고 주장했다.

이상과 같이 '전후 한일관계'의 제1단계인 초기 한일회담에서 한국과 일본은 각각 원칙적인 입장만 주장하여 타결의 가능성을 전혀 찾을 수 없었다. 이 한일 대립의 구도는 회담 결렬 이후에도 당분간 유지되었다. 특히 일본의 주장에 주목하면, 이승만라인의 설치를 부당하다고 주장하면서 재일조선인은 '귀찮은 존재'로 취급하고 조선 식민지 지배는 합법적이고 정당하다고 보는 한편 대미관계를 배려한 대한청구권을 주장했다고 정리할 수 있다.[87]

87 이 점과 관련하여 1953년 12월 4일 자 『朝日新聞』은 한일회담 결렬과 관련하여 「日韓會談を阻むもの」라는 기사를 실었다. 이것은 朝日新聞社의 津島 특파원과 『서울신문』 도쿄 특파원인 김을한의 대담을 요약한 것이다. 기사의 내용은 다음과 같다. 津島는 한국의 정부나 언론이 반일 선전을 하며 그것이 한일회담을 결렬시키고, 나아가서는 일본에 재군비의 구실을 주고 있다고 말했다. 더욱이 津島는 그 '반일'이 '친일'의 낙인에 대한 한국인의 두려움에 기인하고 있는 '공공연함'인 것이라고 이해하고 있다. 이에 대해 김을한은 久保田 망언이나 우익이나 木村 방위청 장관의 언동에서 보이는 것과 같은, 한국인의 대일감정에 대한 일본의 몰이해를 지적함과 동시에 안전보장의 관점에서 한국과 일본이 제휴해야 한다고 말했다. 기사에 있는 표제는 "互いにズレタ國民感情", "投合う '不自然な言葉'", "'親日派'を恐れる" 등 전부 津島의 의견을 반영한 것으로 되어 있다(『朝日新聞』 1953년 12월 4일 자). 이 대담에 의해 명확해진 것은 한국과 일본의 국민감정의 대립은 물론이거니와 津島의 '對韓不感症'의 논리는 아니었을까.

2

중단기의 한일관계

—1954년부터 1960년까지—

Ⅰ. '억류자' 상호 석방 교섭과 한일예비회담

1. '억류자' 문제

(1) 한국정부에 의한 일본 어선 나포

초기 한일회담이 결렬된 후 한국에 억류된 일본인 어부의 석방 문제가 급속히 부상했다. 1953년 7월 27일 한국전쟁 휴전이 이루어지면서 전시 한국 방위를 목적으로 하는 국제연합군 수역(클라크라인)[역주 ①]이 철폐되자 한국정부는 이승만라인에 따른 해안 경비에 본격적으로 착수했다. 한국 해군은 9월부터 고등어 성어기에 맞춰 출어한 일본 어선을 잇따라 나포했다. 또한 한국정부는 12월 12일 「어업자원보호법」을 공포하고, 나포한 일본 어민을 '처벌'하기 위한 국내법을 정비했다. 한국의 일본 어선 나포는

1953년 47척 585명을 정점으로, 1954년 34척 454명, 1955년 30척 498명, 1956년 19척 235명, 1957년 12척 121명에 이르렀다. 이에 대해 일본에서는 1953년 11월 27일 각의에서 「한국 주변 및 동지나해 방면 공해에 있어서 나포사건 대책 강화조치 요강」을 결정하고 이 해역에 상시 6~9척의 순시선을 배치해 경계에 임하도록 했다.[1] 또한 일본 국회는 1952년 11월부터 1956년 6월까지 이승만라인 문제의 해결을 요구하는 결의를 13번이나 가결했다.[2]

한국에 억류된 일본인 어부가 증가하자 일본 내 한국에 대한 여론도 악화되었다. 더욱이 1955년 11월 17일 한국 연합참모본부(현 합동참모본부)가 "가령 일본 해상경비함선의 경호를 받으면서 만약 일본 어선이 평화선(이승만라인)을 계속 침범한다면 우리는 자유세계의 안전보장 방위를 위해 이들 일본 어선에 발포하고, 필요하다면 그것을 격침할 용의가 있다."는 성명을 발표했다.[3] 이 「격침성명」으로 한국에 대한 일본의 여론이 크게 비등했다.

한편 한국정부는 일본 어선 나포에 대해 다음과 같이 설명했다. 한국 외무부가 발행한 『외무행정의 10년』(1959년 5월)에는 이승만라인을 설치한 이유에 대해 "이 해양 주권, 즉 평화선은 전술한 어업자원 보호라는 직접적 목적 이외에도 그것이 없이는 필연적으로 야기될 한일 간의 어업 분쟁을 미연에 방지하고 또한 우리나라의 국방 면으로 보아 전시하 적의 오열

1 海上保安廳總務部政務課 編, 『海上保安廳30年史』, 1979, 27쪽.
2 森田芳夫, 「日韓關係」, 鹿島平和硏究所 編, 『日本外交史[第28卷, 講和後の外交 I, 對列國關係(上)]』, 鹿島硏究所出版會, 1973, 54~55쪽.
3 下關水産振興協會, 『十年のあゆみ』, 1957, 14쪽. 下關水産振興協會의 여러 자료는 木村健二 선생의 후의로 참조할 수 있었다.

침투와 또 밀수 방지를 위해서도 필요 불가결한 조치"[4]라고 되어 있다. 여기서 말하는 "한일 간의 어업 분쟁"이란 일본 어선이 조업에 본격적으로 나서면서 한국 어선의 조업이 줄어드는 것을 의미하는 것으로 보인다. 한국정부는 이승만라인 해역에서의 어업자원 보호, 한일 간의 '어업 분쟁' 방지, 국방, 밀수 방지 등을 내걸고 이승만라인 설치의 정당성을 주장했다.

그에 더해 한국정부는 일본 어선 나포 및 일본인 어부의 억류에 대해 다음과 같이 서술하고 있다. "이렇게 하여 평화선 침범으로 나포된 일본 어부의 수는 [단기: 필자, 이하 같음] 4291년[서기 1958년] 7월 18일 현재 1,761명에 달하고 있는바, 이들 중 [단기] 4287년[서기 1954년] 7월 18일 이전에 나포된 자 685명은 법정 형기의 복역을 마친 후에도 일본으로의 송환을 보류하고 부산 수용소에 수용하는 조치를 취했는데, 이것은 일본정부가 다수의 재일한인(제2차 세계대전 종식 이전부터 계속 일본 내에 거주하는 자)을 부당하게 억류하는 것에 대응해 부득이하게 취한 조치였다."[5]

즉 일본정부가 재일조선인 일부를 강제 퇴거의 대상으로 삼고 한국으로 송환하려 하면서 이에 불응하는 사람들을 억류한 것을 이유로, 한국정부는 1954년 7월 19일 이후 '형기'가 종료된 일본인 어부를 계속 억류한 것이다. 이와 같은 한국의 조치는 일본과 어업협정을 체결하지 않은 상황에서 한국 및 한국 어민의 권익을 무력으로 보호하려는 것이었다. 그러나 일본정부와 여론은 이러한 한국의 사정을 받아들이기는커녕 오히려 '나포'를 한일 간에 놓인 중대한 '인도적 문제'로 인식하기에 이르렀다.

한국정부의 일본 어선 나포가 빈번해지자 일본의 어업단체들이 중심이 되어 여러 가지 대책을 강구했다. 1953년 2월 1일에는 대일본수산회의 대

4 한국 외무부, 『외무행정의 10년』, 1959년 5월, 168쪽.
5 같은 책, 168~169쪽.

표 세 명이 서울에 와서 이승만 대통령 등과 면담했으나 "구체적 해결 방법에 대해서는 추가로 상담할 것"을 약속받았을 뿐이었다.[6]

어업단체는 1953년 9월부터 일본 어선 나포가 급증함에 따라 보다 조직적인 행동을 전개했다. 야마구치현山口縣을 예로 들면, 1953년 9월 15일 도쿄에서 일한어업대책중앙본부가 설립되자 야마구치현의 어업 관계자는 9월 22일 일한어업대책 야마구치현 지방본부를 설립했다. 이어서 이 본부는 서일본의 각 현과 연락을 취해 1955년 9월 13일 일한어업대책 서일본지방연합회를 결성했다. 이 단체는 여러 번 부산에 차입품을 가져다주는 등 억류 일본인 어부 및 그 가족('유수가족留守家族')을 지원했다. 또한 앞에서 서술한 한국정부의 「격침성명」이 나오자 이에 대응하여 같은 해 12월 3일 및 다음 해인 1956년 5월 30일 '진정행동대陳情行動隊'를 결성하고 도쿄에서도 행동을 취했다(제1차 진정행동대는 '이승만라인배격행동대회', 제2차 진정행동대는 '한국억류선원귀환촉진유수가족대회'로 칭했다). 이 '일한어업대책' 운동을 통해 어민들은 어선의 안전 확보, 억류 어부 전원의 귀환, 유수가족에 대한 원호구제 조치 실시 등 포괄적인 '일한어업문제'의 해결을 요구했다.[7]

그러나 이와 같은 운동에도 불구하고 한국에서 일본인 어부의 귀환 문제는 해결의 실마리가 보이지 않았다. 그러자 1956년 11월 19일 한국억류선원 야마구치현 유수가족회가 결성되고 다음 달 11일에는 전국 조직으로 '한국억류선원유수가족연합회'가 결성되었다. 이 단체는 '인도상의 문제'라는 관점에서 이승만라인의 철폐나 한국 근해에서의 안전조업 확보 등의 문제와 별개로 "억류 어선원의 조기 귀환"을 최우선 목표로 정하

6 앞의 『十年のあゆみ』, 13쪽.
7 같은 자료, 20, 22쪽.

고 행동했다. 이 단체는 같은 달 17일 외무성 등에 억류 선원의 귀환 촉진, 유수가족에 대한 생활 보호, 억류 일본인 어부에 대한 차입 등을 실시해 줄 것을 진정했다.[8]

'일한어업대책' 운동의 특징은 한일회담 자체를 반대하지 않았으며, 오히려 한일 어업 문제를 해결할 수 있다는 측면에서 한일회담을 환영했다는 점이다. 특히 몇 년이 지난 후의 일이지만 1965년 6월 한일기본조약 및 여러 협정이 조인되자 야마구치현의 어업 관계자는 9월에 '일한우호조약비준촉진야마구치현민회의'에 참가했다. 나아가 10월에는 '일한우호조약추진 서일본 대집회', 11월에는 '일한우호조약비준촉진 국민대회'에 참가했다. 시모노세키 수산진흥협회下關水產振興協會는 1967년 발행한 『20주년을 맞아』라는 책자에서 자신들의 운동을 다음과 같이 평가했다. "업계가 중심이 되어 일한조약을 고의로 곡해하고 이것을 베트남 문제나 기타 문제와 연결시켜서 반드시 저지하고자 전개한 선전 활동을 배제하여 올바른 여론을 환기하고, 진정으로 이 조약이 양국의 평화와 번영을 가져오는 일한 우호의 유대를 한층 굳건하게 하는 것이라는 점을 호소하는 운동을 강력하게 전개했다."[9]

(2) 강제 퇴거 대상 조선인 수용자 수의 증가

한일회담이 중단된 시기에 대두한 또 하나의 문제는 오무라大村 수용소의 강제 퇴거 대상 조선인의 석방이었다. 1959년 5월 및 1964년 7월 일본 법무성 입국관리국이 간행한 『출입국 관리와 그 실태』에 의하면, 일본정부가 강제 퇴거 대상자를 한국으로 집단 송환한 경위는 다음과 같다.

8 같은 자료, 11~30쪽.
9 下關水產振興協會, 『20周年を迎えて』, 1967, 42쪽.

일본정부는 1951년 11월 「출입국관리령」이 제정된 뒤 불법 입국자 및 「외국인등록령」을 위반하여 금고 이상의 형에 처해진 자를 강제 퇴거 대상자로 분류해 오무라 수용소로 보냈다. 오무라 수용소는 중국인을 수용한 경우도 있으나 수용자의 대다수는 조선인이었다. 한국으로의 집단 송환은 1950년 12월부터 1952년 3월까지 7회에 걸쳐 행해졌다. 그러나 일본이 독립한 후인 1952년 5월 한국정부는 전쟁 전부터 재류하고 있는 조선인에 대해 그 법적 지위가 확정되지 않았다는 이유로 집단 송환을 받아들이지 않았다. 그리하여 수용이 거부된 재일조선인은 오무라 수용소에서 장기간 수용 생활을 계속하게 되었다.

일본이 독립한 후 한국으로의 집단 송환은 월 1회 운행되는 송환선에 의해 1954년 6월까지 제한적으로 계속되었다. 그러나 같은 해 7월 한국정부는 재일조선인의 법적 지위가 확정되지 않았다는 이유로 "형벌 법령 위반자로서 장기간 수용되어 있는 자의 즉시 석방을 주장하고 그 후 결국 불법 입국자나 불법 잔류자를 받아들이는 것마저 거부했다."[10] 그 결과 1954년 6월 500명 정도였던 오무라 수용소의 수용자 수가 1954년 말에는 1,300명으로 증가했다. 이에 법무성은 요코하마橫濱에 입국자 수용소 분실을 개설했는데, 오무라와 요코하마를 합한 수용자 수는 1956년 12월 말에는 1,655명, 1957년 12월 말에는 1,736명에 달했다.[11]

1955년 2월부터 4월에 걸쳐 일본정부는 형벌 법령을 위반한 오무라 수용소의 재일조선인 232명에 대해 가석방을 실시했고, 한국정부는 이들과의 교환을 조건으로 707명의 불법 입국자를 받아들였다. 그러나 일본정부가 같은 해 6월 거듭 형벌 법령을 위반한 재일조선인 33명의 가석방을 실

10 法務省入國管理局, 『出入國管理とその實態』, 1959년 5월, 93~94쪽.
11 法務省入國管理局, 『出入國管理とその實態』, 1964년 7월, 114쪽.

시했을 때 한국정부는 일본에 불법 입국한 자들을 받아들이는 것을 거부했다.[12]

법무성 입국관리국은 강제 퇴거, 그 대상자의 수용소 수용, 강제 퇴거 대상자의 해당 국가로의 송환이 국제관행에 기초한 것이라고 했다. 때문에 한국정부가 강제 퇴거자 수용을 거부하는 것은 국제관행에 반하는 것으로, 한국의 수용 거부로 인해 오무라 수용소가 '장기수용소'로 변했다고 주장했다. 입국관리국의 강제 퇴거 논리에는 재일조선인의 법적 지위에 대한 고려는 보이지 않는데, '국제관례'의 측면에서 일반 외국인과 마찬가지로 강제로 퇴거시킬 수 있다는 것이었다. 따라서 법무성의 입장에서 보면 오무라 수용소의 장기 수용자는 오로지 한국정부의 수용 거부에 의한 것이 된다.[13]

한편 한국정부는 일본정부가 재일조선인을 강제 퇴거 대상으로 삼아 온 일련의 과정을 비판하고 그들이 일본에 재류하게 된 경위를 고려하여 대응해야 한다고 주장했다. 즉 한국정부는 일반 외국인과는 재류 경위가 다른 재일조선인을 강제 퇴거 대상자로 하는 것 자체에 반대하고 있었던 것이다.[14] 더욱이 한국정부는 불법 입국자라는 것이 확인 가능한 강제 퇴거 대상자만을 받아들인다는 입장을 분명히 하며 제2차 세계대전 후에 밀입국하여 한국에 송환된 재일조선인의 수용을 거부했다.[15] 앞에서도 서술했듯이, 한국정부는 재일조선인에게는 영주권이 부여되어야 하며 강제 퇴거 대상에서 제외되어야 한다고 주장했기 때문이다.

12 앞의 『出入國管理とその實態』, 1959년 5월, 96쪽.
13 같은 자료, 94쪽.
14 앞의 『외무행정의 10년』, 170~171쪽.
15 같은 책, 171쪽.

그런데 법무성 입국관리국도 한국 외무부도 오무라 수용소에 수용된 조선인의 열악한 상황에 대해서는 전혀 언급하고 있지 않다. 예를 들면, 수용자의 처우에 대해 앞에서 든 『출입국 관리와 그 실태』에서는 "형무소 등의 교정시설과는 완전히 다른 것이며 수용소의 보안상 지장이 없는 범위 내에서 가능한 한 자유를 부여하지 않으면 안 된다."고 하면서 "인권 존중의 기본적인 사고방식에 따라", "수용소 내의 보안상 지장이 없는 범위 내에서 가능한 한 자유를 부여함과 함께 민족적 풍속 습관, 생활 양식을 존중하는 것을 지침으로 공정 타당을 기하고 있다."고 설명하고 있다.[16]

그러나 1970년 12월 법무성 오무라 입국자 수용소에서 편찬한 『오무라 입국자수용소 20년사』에 의하면, 수용소에서는 단식 투쟁이 단속적으로 행해져 '소요(폭동)사건', 방화 미수, 도주, 상해, 폭행, 자살 등이 빈발했던 것을 알 수 있다. 이와 같은 '특수사건'은 1950년부터 10년 동안 146건이 발생했다. 일례로 '소요(폭동)사건'에 대한 설명을 보면, "경비관이 폭력을 휘둘렀다고 하여 구 수용소의 수용자 전원이 탈출하여 경찰관 40명이 출동", "형벌 법령 위반자가 즉각 석방을 요구하여 수용소 내에서 난동을 부렸다", "새로 입소한 수용자 약 350명이 처우 개선을 외치며 수용소 안에서 난동을 부렸다", "구 수용소에서 남녀 합동 연예(공연)회가 허가되지 않았던 것을 계기로 허가하지 않았다고 수용자 모두가 수용소 안에서 난동을 부렸다" 등이다.[17]

문제는 왜 수용자들이 즉시 석방이나 처우 개선을 요구하면서, 또는 연예(공연)회가 허가되지 않았던 것을 계기로 폭동을 일으켰는가라는 점이

16 앞의 『出入國管理とその實態』, 1964년 7월, 105~106쪽.
17 「特輯・大村收容所20年」, 『朝日ジャーナル』 제14권 제11호, 1972년 3월, 33~48쪽, 특히 44~48쪽의 「大村收容所事件年表」를 참조.

다. 이에 대해 박정공朴正功은 다음과 같이 서술하고 있다.

> 확실히 오무라 수용소는 포로수용소도 형무소도 아니고, 더군다나 전쟁 난민인데, 피수용자를 철창의 혹독한 규제로 억압하려는 것에 저항하지 않는다는 것 자체가 이상한 일이다. 피수용자의 눈앞에 있는 것은 바깥에 세워진, 팔다리를 벌리고 막아 선 회색의 높은 콘크리트의 벽. 그 벽의 안에 겹겹이 길게 둘러쳐진 철조망, 고양이 이마처럼 좁은 정원, 넘쳐나는 사람 수에 몸을 움직일 수도 없는 철격자鐵格子(쇠창살)로 된 방. 편지는 제한되고 면회는 사촌 이내의 친족까지만. 공공연히 활개 치는 스파이. 그들의 조국은 전화戰火로 덮이고 황폐하여 굶주림이 기다리고 일가一家는 이산. 변화라고 하면 올 날도 오는 날도 다만 한 개 자유를 바라보는 하늘의 구름뿐. 노이로제 환자가 속출한다. 소화불량과 변비. 피수용자들 간에 있는 것은 남을 의심하는 자유뿐. 제복을 입은 경비관은 온종일 감시를 계속한다. 정신이상자가 된다. 이 탄압과 비인도적인 처우가 투쟁을 일으킨다.[18]

박정공이 지적하고 있듯이 한국전쟁 동안의 '불법 입국자'는 전쟁 난민을 말하는 것이며, 휴전 뒤에도 징병 기피자, 사상범 등이 일본으로 '불법 입국'하는 경우가 많았다. 더욱이 앞에서 서술했듯이, 형기를 마쳤는데도 일본정부의 외국인 관리 정책에 의해 강제 퇴거 대상자가 되어 오무라에 수용된 재일조선인이 다수였다. 이와 같이 본래 강제 퇴거의 대상이 되지 않는 자가 오무라에 다수 수용되었다고 할 수 있다. 또한 후술하듯이 수용자 중에서 조선민주주의인민공화국으로의 귀국을 희망하는 자가 나타나자 수용소 당국이나 연락기구 역할을 한 수용소 내의 자치회, 나아가서는

18 朴正功, 『大村收容所』, 京都大學出版會, 1969, 96~97쪽.

주일 한국 후쿠오카福岡 영사나 '특무 스파이'가 개입하여 조선민주주의 인민공화국행을 단념시켰기 때문에 그들에 대한 여러 가지 탄압이 횡행했다고 한다.[19]

이와 같은 오무라 수용소의 실태에 대해 일본과 한국의 교섭 당국자, 그리고 국민들이 얼마나 이해하고 있었는지는 대단히 의심스럽다. 한일교섭에서 다루어진 '억류자'는 부산에 수용된 일본인 어부와 오무라에 수용된 재일조선인을 말하는 것이며, 일본에 '불법 입국'한 한국인은 아니었다. 그러나 일본의 입장에서는 일본에 있는 '억류자'는 한국에 있는 '억류자'를 귀국시키기 위한 거래의 도구에 불과했고, 한국은 일본에 있는 '억류자'의 법적 지위에만 관심이 있었으며, '불법 입국자' 다수는 한국에서는 처벌 대상자였다. 이상과 같이 교섭 대상자의 인권에 대한 배려는 없이 '억류자' 상호 석방 교섭이 전개된 것이다.

(3) 독도 문제

그런데 이 시기 한일관계에서 또 하나 지적하지 않을 수 없는 것은 독도 문제이다. 독도(다케시마)는 종래부터 한일 쌍방이 그 영유를 주장했지만 한국정부가 이승만라인의 범위에 독도를 포함시킴으로써 문제가 한층 심각해졌다. 1953년 6월 27일 시마네현청島根縣廳이 독도에 "기마네켄오치군고카무라다케시마島根縣隱地郡五箇村竹島"라고 새긴 표주標柱를 세운 것을 계기로 한일 양국이 표주의 철거와 설치를 되풀이했다. 1954년 9월 25일 일본정부는 한국정부에 독도 문제를 국제사법재판소에 제소하자고 제안했으나 한국은 이를 거부했다. 이와 같은 영토 문제까지 얽힌 한일 간 대립

19 같은 책, 59~62쪽.

은 특히 일본 내에서 군비 증강을 요구하는 여론을 고조시키기에 이르렀다.[20]

2. 하토야마 정권의 한일교섭

(1) 한일예비회담

1953년 11월 이래 한국은 한일회담 재개의 조건으로 구보타久保田 발언의 취소를 요구했다. 예를 들면, 1954년 3월 16일 변영태卞榮泰 외무부장관은 기자회견에서 "만약 일본이 일본 대표가 행한 언명을 철회하면 이 대통령과 요시다吉田 수상의 교섭이든 또는 그것보다 낮은 수준의 교섭이든 언제라도 재개할 수 있다."고 말했다.[21] 한편 일본정부도 일찍부터 구보타 발언의 철회를 고려했다. 같은 해 5월 12일 외국인 대상 기자회견에서 오카자키岡崎 외상은 "일한회담을 재개하는 것과 관련해서 지금 구체적인 움직임은 없지만 만약 재개하는 데 도움이 된다면 일본정부는 이른바 구보타 발언을 철회할 용의가 있다."고 밝혔다.[22] 그 후 1956년 2월 중의원 본회의 및 참의원 예산위원회에서 시게미쓰 마모루重光葵 외상이 구보타 발언의 취소를 언명했고, 1957년 4월 30일 참의원 외무위원회에서 기시 노

20 예를 들면 1954년 12월 3일의 중의원 내각위원회에서 辻政信 의원은 같은 해 11월 21일에 독도=다케시마 부근에서 해상보안청 순시선이 한국 측으로부터 포격을 받은 사실을 접하고 木村 보안청장관에게 "무력에 의해 일본의 영토가 침략을 받아 불법 침략을 받은 것이라고 생각합니까? 아니면 그렇게 생각하지 않습니까?"라고 질문했다. 木村 장관은 이 포격 사건에 대해 조사 중이라고 답변했다. 나아가 辻는 "국민들이 이 고통스러운 생활 중에 지갑에서 1천억 엔에 가까운 세금을 내어 보안대를 양성하는 것은 자신의 나라를 지킨다는 그 마음가짐에서 나오는 것이 아닙니까?"라고 질문한 후 "이 다케시마 문제에 관련하여 일어나는 것은 對馬의 방위라고 생각한다."고 말했다(『第20國會衆議院內閣委員會會議錄』, 1954년 12월 4일 자).

21 『朝日新聞』 1954년 3월 17일 자.

22 같은 신문, 1954년 5월 13일 자.

부스케岸信介 수상도 동일한 발언을 했다. 다만 그때 기시는 "원래 구보타 발언이 정부를 대표한 발언은 아니다."라고 단언했다.[23] 이와 같이 일본정부는 한일회담을 재개하기 위해 구보타 발언을 개인적인 발언으로 간주하면서 이것을 철회하는 방침을 명확히 내세우려 한 것이다.

한일회담 재개를 위한 교섭(이하 한일예비회담)은 미국의 중재가 실패한 뒤 1954년 12월 출범한 하토야마鳩山 내각과 이승만 정권 사이에서 진행되었다. 1955년 1월부터 3월에 걸쳐 다니 마사유키谷正之 외무성 고문과 김용식金溶植 주일공사 사이에 비공식 회담이 이루어져 의견 조정이 시도되었다. 그때 일본은 "한국에서 일본이 장래 한국을 재침략하지 않을까라는 기우를 갖고 있다면 일한 간에 상호 불침략 공동선언을 하는 것을 고려해도 좋다."는 제안도 했었다고 한다.[24]

다만 하토야마 정권은 성립될 때부터 소련과 중화인민공화국을 비롯한 사회주의 체제의 주변국들과의 국교 정상화를 내세웠다. 예를 들면 1955년 1월 22일 중의원 본회의에서 시게미쓰 외상은 외교 관련 연설 중 "공산 진영이 샌프란시스코 강화조약의 조인을 거부한 이래 일본과 공산 제국諸國의 관계는 전후 10년을 경과한 현재도 여전히 전쟁 상태가 계속되고 있는 형상입니다. 이는 대단히 비현실적인 것으로, 이와 같은 변칙적인 사태가 조속히 종식될 것을 희망합니다."라고 말했다.[25] 하토야마 정권은 동서간 '평화공존'이라는 세계 정세 인식하에 일본의 국제적 지위를 높이고자 대공산권 외교를 추진한 것이다.

같은 해 2월 25일 조선민주주의인민공화국의 남일南日 외상이 대일교섭

23 같은 신문, 1957년 5월 1일 자.

24 中川融, 『日韓問題(アルプスシリーズ 第35號)』, 商工財務研究會, 1957, 30쪽.

25 『第21國會衆議院本會議會議錄』, 1955년 1월 22일 자.

을 호소한 것도 이와 같은 일본정부의 외교정책 변화에 호응한 것이었다. 남일은 성명을 통해 "일본정부 수상 하토야마가 우리 공화국과 경제적인 관계를 개선하고 회담할 용의를 표명한 최근의 발언에 접해 일본정부와 무역, 문화 관계 및 기타 조일관계 수립 발전을 위한 문제에 대해 구체적인 토의를 할 용의가 있다."고 밝혔다.[26] 3월 15일에도 조선의 직업총동맹부위원장이 평양방송을 통해 "조선 인민은 일본과 정상적인 관계를 맺을 현실적인 가능성이 이미 만들어졌다고 확신하고 있다."고 호소했다.[27]

이와 같은 조선민주주의인민공화국의 호소에 대해 3월 26일 중의원 예산위원회에서 하토야마 수상은 "북한에서도 무언가 준비하고 있는 것 같으니 가까운 시일 내에 그에 대한 상담을 할 수 있지 않을까 생각하고 있습니다."라고 말했다.[28] 그런데 한국정부는 이와 같은 일본정부의 태도를 조선민주주의인민공화국을 승인하는 발언으로 간주하여 일본의 '이중외교'를 비난했다. 이에 6월 참의원 본회의에서 하토야마는 조선민주주의인민공화국과의 경제문화 교류에 찬성하지 않는다는 취지로 발언했지만,[29] 이로 인해 하토야마 정권과 이승만 정권 사이의 한일예비회담은 초반부터 답보 상태에 빠졌다.

(2) '억류자' 상호 석방 교섭

'억류자' 상호 석방 교섭은 1955년 7월경부터 가도와키 스에미츠門脇季光 외무차관과 김용식 공사 사이에 예비회담이 단속적으로 진행되었다.

26 『每日新聞』 1955년 2월 25일 자(도쿄, 석간 4판).
27 『朝日新聞』 1955년 3월 16일 자(석간).
28 『第22國會衆議院豫算委員會會議錄』, 1955년 3월 26일 자.
29 『第22國會參議院本會議會議錄』, 1955년 6월 22일 자.

그 결과 같은 해 10월경부터 한일 간에 상호 석방의 구체적인 조건을 둘러싼 협의가 이루어지게 되었다. 이 무렵 가도와키 외무차관은 다음과 같은 「대한절충요령」을 작성했다고 한다. 그 내용은 "(1) 일본은 현재 수용 중인 한국인 형사범(약 350명)을 가석방한다, (2) 한국은 현재 외국인 수용소에 구류 중인 일본 어부(약 250명)를 조속히 송환한다, (3) 한국은 금후의 형사범 중 악질적인 자를 인수한다, (4) 한국은 종전 후의 불법 입국자를 인수한다."는 것이었다.[30] 이 안은 특히 한국에 (1) 일본인 어부의 즉시 석방, (2) 재일조선인 중 '악질 범죄자'(예를 들면 전과 4범, 5범 이상)의 인도를 요구하고 있다는 점에서 일본의 핵심적인 주장이었다. 특히 재일조선인 악질 범죄자의 인도는 법무성이 강하게 요구했다.[31] 외무성으로서는 이와 같은 법무성의 의견을 참작하면서, 일본인 어부의 송환을 목적으로 대한교섭을 추진했다.

한편 한국은 1955년 10월경까지 (1) "일본이 오무라 수용소에 있는 종전 이전부터의 일본 거주 한국인(약 320명)을 일본 국내로 석방하면 한국은 오무라 수용소에 있는 전후의 밀입국자(약 1,000명)를 인수한다", (2) "동시에 재한일본인 어부(약 580명) 중 형기를 마친 자(약 200명)를 송환한다."는 방침을 제시했다고 한다.[32]

그 후 11월 6일 김용식 공사가 하나무라 시로花村四郎 법무상과 합의하여 발표한 내용에는 (1) "일본은 오무라 기타의 수용소에 억류되어 있는

30 앞의 『日韓問題(アルプスシリーズ 第35號)』, 39쪽.

31 1956년 3월 31일 松原 법무정무차관은 重光 외상에게 (1) "大村의 한국인의 국적을 알 수 없으므로 석방한다는 것이 아니라, 국적에 대해서는 疑意가 없다는 점을 명확히 할 것", (2) 국교가 정상화될 경우에는 "大村 수용소의 한국인 刑余者는 석방하지만 금후 새로이 大村에 수용되는 한국인 刑余者는 밀입국자와 마찬가지로 한국에서 당연히 데려갈 것"이라는 두 개의 조건을 삽입할 것을 요구했다(『朝日新聞』 1956년 4월 1일 자).

32 『朝日新聞』 1955년 10월 1일 자.

한국인 중 종전 이전에 일본에 입국한 자 전부를 즉시 일본 국내에서 석방한다", (2) "한국은 부산에 수용 중인 일본인 어부 가운데 형기가 만료된 전원을 즉시 송환한다", (3) "한국은 종전 후 불법 입국자의 송환을 승인하고 이들을 받아들인다."고 되어 있다.[33] 이 발표 직후에 하나무라 법무상은 일본이 한국의 제안을 검토할 것을 약속한 것에 지나지 않는다고 해명했다.[34] 따라서 이 내용은 실질적으로는 한국의 주장이다. 그 요점은 (1) 오무라 수용소에 있는 재일조선인의 즉시 석방, (2) 재일조선인 중 '악질 범죄자' 인수 거부, (3) '형기'를 마친 일본인 어부의 석방이었다.

이상과 같은 경위로, 1956년 4월 2일 김용식 공사가 외무성으로 시게미쓰 외상을 방문하여 '억류자' 상호 석방에 관한 원칙적인 합의에 도달했다. 그 내용은 다음과 같다.

1. 한국정부는 억류 일본인 어부 중 형기가 종료된 자를 석방한다.
2. 한국정부는 밀입국자(해방 이후의 자)를 인수한다.
3. 일본정부는 해방 전부터 일본에 거주하는 한인(코리안)으로 강제 퇴거 처분에 부쳐져 오무라 수용소에 있는 자를 석방한다. 단, 일본에 머물지 귀국할지는 본인의 자유의사에 맡긴다. 석방의 실질적 방법은 재일 한국대표부 측 위원과 일본정부 측 위원이 사무적으로 협의하여 결정한다.[35]

이 합의 내용에는 한일 양국이 주장해 온 일본인 어부 및 오무라 수용소 재일조선인의 즉시 석방 중 '즉시'라는 문구가 삭제되어 있다. 송환 대상이 되는 일본인 어부는 한국의 주장대로 '형기' 종료자로 되어 있다. 또한

33 앞의 『日韓問題(アルプスシリーズ 第35號)』, 40쪽.
34 같은 자료, 40~41쪽.
35 『朝日新聞』 1956년 4월 3일 자.

석방된 오무라 수용소 재일조선인에 대해서는 본인의 자유의사에 따라 거주지를 선택할 수 있고 금후 '악질 범죄자' 취급에 대해서는 언급하지 않았다. 이 합의 내용에 대해 법무성은 자신들의 주장이 전혀 반영되지 않았다며 김용식·시게미쓰 합의가 발표된 이후에도 외무성을 추궁했다.[36] 이렇게 하여 '억류자' 상호 석방은 한일 간에 있어서 원칙적인 합의에 이르렀지만, 특히 일본에서 의견 대립이 계속되었기 때문에 그 실시는 대폭 연기되었다.

김용식·시게미쓰 합의 이후 한일교섭에서 일본은 재일조선인의 처우 문제가 협의 결정될 때까지 "일본정부는 조선인 형벌 법령 위반자의 강제 퇴거를 위한 수용을 자제하기 위해 노력한다."[37]는 안을 가지고 교섭했다. 이 안은 한일회담이 이루어지고 있는 상황에서도 재일조선인을 강제 퇴거할 수 있다는 법무성의 주장에서 일보 후퇴한 것이었다. 그렇다고 일본이 결코 재일조선인의 강제 퇴거권을 포기한 것은 아니었다. 이 안은 재일조선인에 관한 협정이 체결될 때까지의 잠정 조치로서 '수용 자제'를 한국에 제시한 것이었다.

(3) 한일예비회담과 '억류자' 상호 석방 교섭의 연관성

본래 한일회담 재개를 위한 예비회담과 '억류자' 상호 석방을 위한 교섭은 별개의 성격을 갖는 것이었다. 그러나 1955년 '억류자' 상호 석방 교섭이 시작되자 한일예비회담을 추진하는 기운도 고조되었다. 일본의 경우 같은 해 12월 6일 일한 문제 각료간담회에서 다음과 같은 대한 외교방침이 결정되었다. 그 내용은 "(1) 일한관계는 평화적으로 해결하는 것으로 하고,

36 같은 신문, 1956년 4월 14일 자.
37 앞의 『日韓問題(アルプスシリーズ 第35號)』, 49쪽.

이를 위해 거듭 미국의 협력을 요청한다, (2) 부산 수용소에 수용 중인 우리나라 어부를 조속히 구출하기 위해서는 오무라 수용소의 문제에 대해서도 정치적 고려를 한다, (3) 이승만라인 문제를 포함한 일한 간 여러 현안의 전면적인 해결을 꾀한다."는 것이었다.[38] 이 방침에서 주목되는 것은 일본정부가 '억류자' 상호 석방과 함께 한일 간의 여러 현안을 해결하는 방향성을 제시하고 미국의 중재를 요청하고 있다는 점이다. 한국정부 및 미국정부의 방침에 대해 단편적이나마 알 수 있는 자료는 아직 발견되고 있지 않지만, 원칙적으로 일본정부의 방침과 대체로 일치하는 것이 아닌가라고 생각된다. 실제로 앞에서 서술한 '김용식 · 시게미쓰 합의'도 덜레스 국무장관의 중재가 있었다는 김동조의 증언이 있다.[39]

또한 '김용식 · 시게미쓰 합의' 이후인 1956년 4월 5일 『아사히신문』은 "일한예비회담의 난문難問"이라는 기사를 1면 톱으로 게재하고 한일회담을 재개하는 데에는 한국의 '막대한' 대일청구권이 초점이 될 것이라고 예상했다. 이 기사는 재산청구권 문제에 대해 현재 상태로는 일본이 "청구권을 포기하지 않는다."고 하면서도, "그러나 일본으로서는 한국의 대일청구가 과대하지 않으면 청구권을 포기해도 좋다고 생각할 수 있기 때문에 결국 문제는 일본이 얼마나 한국에 지불할 것인가 하는 금액이 문제가 된다."고 전망했다. 나아가 대일청구권의 내용에 대해 다음과 같이 썼다. "(1) 일본 통치 시대 일본의 관리(교원, 경찰관 등)였던 자의 은급恩給,[역주 ②] 미불 급여의 지급 = 일본은 이미 이것의 지불에는 응한다고 했기 때문에 돈을 준비하고 있다, (2) 우편 저금 등의 채권 = 일본은 이것에도 응하고 있다, (3) 한국 국보, 지도 원판으로 일본으로 가지고 온 것은 반환 = 일본은

38 앞의 『日韓問題(アルプスシリーズ 第35號)』, 42쪽.
39 金東祚, 『韓日の和解 日韓交渉14年の記錄』, サイマル出版會, 1986, 112쪽.

이 일부를 반환하는 것을 추진하고 있다, (4) 구 조선은행의 재일재산 인도 = 조선은행은 재일재산으로 도쿄지점 건물, 유가증권 등의 재산을 내지에 가지고 있었으나 청산 후 현재 약 70억 엔이 남아 있으며, 한국은 이것의 인도를 요구하고 있다. 그러나 일본은 이것에 전혀 응하지 않고 있다, (5) 이외에 한국이 여러 번 비공식적으로 제기하고 있는 것은 조선 통치 중에 일본이 채굴하여 일본에 가져온 금金의 보상으로, 한국이 주장하는 일한병합 이래의 금액은 천억 엔 이상이라고 추측되고 있다. 일본은 이에 대해 일본정부가 정당한 대가를 지불하고 구매한 것이기 때문에 보상할 수 없다는 태도를 취하고 있다."[40]

이 기사의 내용은 제3차 회담에서 구보타 간이치로 대표가 한 발언과 함께 1960년대 전반에 진행된 제5차 및 제6차 회담에서 일본이 한 주장에 가까운 것도 있어서 주목할 만하다. 그렇지만 하토야마 정권하에서 '억류자' 상호 석방은 실현되지 않았으며 한일회담 재개를 위한 예비회담도 개최되지 않았다.

3. 기시 정권에 의한 한일교섭

(1) 사무 수준 교섭의 진행

한일회담 재개의 가능성은 기시 정권과 이승만 정권의 교섭으로 넘겨졌다. 그 초점은 일본의 '구보타 발언' 및 대한청구권 철회였다.

1956년 12월 이시바시 단잔石橋湛山 내각이 성립하고 기시 노부스케가 외상이 되었다. 기시는 이듬해 2월 4일 행한 중의원 본회의 외교연설에서 "아시아 지역 가운데에서도 가장 가까운 이웃 나라인 한국과의 국교가 아

40 『朝日新聞』 1956년 4월 5일 자.

직 정상화되지 않은 것은 유감입니다만, 특히 8백 명이 넘는 동포가 계속 한국에 억류되어 있는 사태는 인도적인 문제로 다른 여러 현안과는 분리하여 조속히 해결되어야 할 것으로 생각하며, 작년 이래 이들의 석방을 위해 노력하고 있습니다. 정부로서는 이 문제가 해결되면 이어서 다른 여러 현안의 토의에 들어갈 용의가 있습니다."라고 말하고 일본인 어부의 석방 및 한일회담 재개를 향한 의욕을 보였다.[41] 1957년 2월 25일 기시 노부스케 내각이 성립하자 한일예비회담은 타결의 방향으로 움직였다.

한일예비회담은 2월 하순부터 나카가와 도루中川融 아시아국장과 김용식 공사에 의해 추진되었다. 그 결과 한일 양국은 각서의 문안과 관련하여 다음과 같은 구상을 가지고 논의했다.

(1) 한국정부는 형기를 마치고 부산 외국인 수용소에 수용 중인 일본인 어부를 일본으로 송환하고 조선인 밀입국자의 송환을 받아들인다.

(2) 일본정부는 종전 이전부터 일본에 거주하고 있는 조선인으로서 강제 퇴거 처분에 부쳐져 입국자 수용소에 수용 중인 자를 석방한다.

(3) 한일 전면회담이 머지않아 개최되어 이 회담에서는 강제 퇴거자 인수의 기준을 포함, 재일조선인 처우 문제가 조속히 협의 결정될 것이 기대되므로 그 기대하에 그때까지 일본정부는 조선인 형벌 법령 위반자를 강제 퇴거하기 위해 수용하는 것을 자제한다.

(4) 이른바 '구보타 성명'은 일본정부의 정식 견해를 반영하는 것이 아니며 그런 의미에서 일본정부는 이 발언을 철회한다. 또한 재산청구권 문제에 대해서는 일본정부는 금후 미국정부의 해석을 기초로 한국정부와 교섭할 용의가 있다.

41 『第26國會衆議院本會議會議錄』, 1957년 2월 4일 자.

(5) 위에 따라 약 한 달 후에 한일 간 전면회담을 재개한다.[42]

위 내용을 보면 제1항과 제2항은 '김용식 · 시게미쓰 합의'에 근거한 것이며, 제3항은 재일조선인의 강제 퇴거에 대한 일본의 안이고, 제4항은 '구보타 발언'의 철회와 미국의 대일강화조약 해석에 기초한 청구권 문제의 교섭에 대한 것이다. 나카가와에 따르면, 이 중 한일예비회담에서 일본이 중요하게 생각한 것은 (1) 이승만라인을 인정하지 않는다는 입장에서 "'형기를 마치고'라는 자구를 삭제하든지 또는 이것이 이른바 '이승만라인'을 인정한 것으로 해석되는 것은 아니라는 것을 명기할 것"과 (2) "재산청구권 문제에 대한 미국정부의 해석에는 한국도 같은 의견이라는 취지를 명기할 것" 등이었다.[43] 요컨대 일본은 원칙적으로 이승만라인을 인정하지 않는다는 입장에서 합의문서의 자구를 문제 삼은 것이다. 또한 청구권 문제에 대해 일본은 '미국정부의 해석'을 기초로 교섭을 진행할 것을 한국에 확약시키려 했던 것이다.

"미국정부의 해석"이란 「강화조약 제4조의 해석에 관한 미국정부의 견해를 전달한 주일 미국대사의 구상서口上書[역주 ③](이하 「구상서」라 한다)」를 지칭한다. 한국정부에도 주한 미국대사가 같은 「구상서」를 전달했다.[44] 이것은 예비회담 과정에서 미 국무성이 일본정부와 한국정부에 보낸 것인데, 시기는 명확하지 않다. 늦어도 1957년 6월에는 한일 양국 정부에 함께 보낸 것으로 보인다. 이 「구상서」에서 미국정부는 1952년 미 국무성 각서에서 보여 준 대일강화조약 제4조 (b)항에 대한 해석, 즉 ① 일본은 한국

42 앞의 『日韓問題(アルプスシリーズ 第35號)』, 52쪽.
43 같은 자료, 53쪽.
44 앞의 「日韓關係」, 90쪽.

의 귀속재산에 대해 유효한 대한청구권을 주장하지 않는다, ② 일본이 대한청구권을 포기한 것은 한국의 대일청구권을 고려한 것과 관련이 있다는 해석을 여전히 갖고 있다고 재론했다. 후술하는 바와 같이 일본은 미 국무성의 각서에 의해 한국의 청구권을 감쇄시키기 위해 이와 같은 주장을 한 것이다.

한편 5월 3일 외무부차관으로 취임하여 이 교섭을 담당한 김동조의 회고에 의하면, 한국정부의 훈령은 일본의 대한청구권, '구보타 발언', 이승만라인 문제에 대해 "일본이 그 세 가지 문제에 대해 모두 양보토록 해야 한다."는 강경한 것이었다.[45] 즉 한국정부는 일본정부에 대한청구권 및 '구보타 발언'의 철회, 이승만라인의 승인을 요구한 것이다. 이에 더해 한국정부는 일본인이 식민지 지배를 통해 조선에서 가져간 문화재의 반환에 대한 교섭도 지시했다.[46]

그리하여 5월 22일부터 6월 11일까지 오노 카츠미大野勝巳 외무차관과 김유택金裕澤 대사 사이에 한일예비회담이 열렸고 이와 병행하여 나카가와 아시아국장, 미야케 기이치로三宅喜一郎 참사관 등과 유태하柳泰夏 공사 사이에서도 교섭이 진행되었다. 이 예비회담에서 가장 중요한 문제는 일본의 대한청구권 포기와 그에 따른 한국의 대일청구권 범위였다. 한국의 대일청구권을 인정한다는 기시의 방침에 반해 외무성 관료는 한일 양측의 청구권 상쇄를 주장했다고 한다.[47] 이에 대해 김유택은 6월 7일, 11일, 13일 회담이 이어지는 중에 일본에서 미 국무성의 각서가 한일 양측의 청구권 포기를 의미하는 것은 아니라는 문안을 제시했다고 한다. 그 안에는 (1)

45 앞의 『韓日の和解』, 119쪽.
46 같은 책, 120쪽.
47 같은 책, 121쪽.

"일본으로서는 미국이 전부터 의사를 표시했던 대로 일본은 한국에 대해 재산을 청구하지 않으나 한편으로 한국도 일본에 너무 심한 청구는 하지 않는다는 입장에서 금후의 정식회담에 임한다. 다만 한국이 이것을 인정하지 않으면 양국이 각자의 주장을 자유롭게 발언하는 형식을 취해도 좋다.", (2) "한국도 미국의 의사 표시를 인정한다. 그러나 이것은 양국이 재산청구권을 상호 포기한다는 의미가 아니라 한국이 장래 청구할 경우 일본은 성의를 가지고 교섭한다."는 두 개의 안이었다고 한다.[48]

기시가 미국을 방문하기 직전인 6월 16일까지 한일예비회담이 이루어진 결과 '억류자' 상호 석방, '구보타 발언'의 철회, 문화재 반환, 일본의 대한청구권 포기에 관한 합의문서안을 대략 완성할 수 있었다. 공동성명안 중 가장 중요한 재산청구권에 대해서는 "1957년 6월 일 자 합중국정부의 견해 표명을 기초로 1952년 3월 6일 한일회담에서 일본 측 대표단이 제기했던 재한일본인 재산에 대한 청구권 주장을 철회할 것을 통고했다(밑줄은 원문대로)."[49]고 되어 있다. 이 문안은 '한일회담' 등의 표기를 볼 때 한국이 주체가 되어 작성한 것으로 생각된다. 더욱이 밑줄 친 부분에 대해서는 별도의 문서에서 삭제한다는 수정 제안이 기재되어 있다.[50] 아마 이것은 한국정부가 '미국정부의 해석'에 의한 청구권 문제의 합의라는 점을 공표하지 않는다는 방침을 내세웠기 때문이라고 생각된다.

그러나 이승만 대통령은 이 합의문서안을 승인하지 않았다. 대신에 한국정부는 주일대표부에 13일에 제10항목, 14일에 제3, 4항목의 수정안을 지

48 『朝日新聞』 1957년 6월 12일 자(석간).
49 『This is 讀賣』, 1999년 1월, 58쪽. 원문은 영문. 여기에 게재된 일련의 「日韓交涉秘密文書」는 矢次一夫가 만든 國策硏究會에 남아 있는 것이다. 伊藤隆과 小此木政夫가 해제를 썼다.
50 같은 자료, 59쪽.

시했다.[51] 이 수정안의 내용 및 이 단계에서 한국이 자구 수정안을 제출한 이유는 분명하지 않다. 이에 대해 『아사히신문』은 한국정부가 일본정부의 "약점을 이용했다"고 비판했다. 즉 기시의 미국 방문 전까지 한일 간 합의를 실현시키려 한 '약점'을 이용하여 한국이 가능한 한 양보를 얻어 내려 했다는 것이다.[52] 결국 한일예비교섭은 합의를 보지 못하고 휴회했다.

이 소식을 듣고 6월 21일 야마구치, 후쿠오카, 나가사키長崎 등 일본인 어부 '억류자' 가족과 일한어업대책본부 대표 35명이 이시이 미츠지로石井光次郎 임시 수상대리를 만나 정부에 감사의 뜻을 표함과 동시에 "남아 있는 가족의 마음은 하루라도 빨리 억류자들이 돌아오면 좋겠다고 생각하지만, 한국에서 원하는 모든 것을 들어주지 않을 경우 돌려보내지 않겠다고 하면 그것을 들어주면서까지 돌려보내 달라고 바라는 것은 아니다. 장래 교섭에서 화가 될 수 있는 것까지 받아들일 필요는 없다."고 말했다고 한다. 일한어업대책본부는 '억류자' 문제의 해결 없이 한일 국교정상화는 없다는 입장에서 일본정부를 격려한 것이다. 이에 대해 이시이는 "잠시 기다려 주기 바란다."고 답변했다고 한다.[53]

(2) '친한파'의 움직임

그런데 한국과의 관계를 중시하는 일본의 정치세력인 '친한파'의 형성 시기와 그 과정에 대해서는 아직 분명하지 않은 점이 많다. 이시이 미츠지로가 1956년 5월 24일 자로 이승만 대통령 쪽에 한국 방문을 희망하는 뜻의 서한을 보냈는데, 서한에는 그 전해에 오가타 다케토라緒方竹虎가 김사목

51 『朝日新聞』 1957년 6월 14일 자, 16일 자.
52 같은 신문, 1957년 6월 17일 자.
53 같은 신문, 1957년 6월 22일 자.

金思牧이라는 인물을 통해 이승만을 방문하려 했다는 기술이 있다.[54] 단편적인 자료, 회고록, 신문기사 등에 의해 이시이, 야쓰기 가즈오矢次一夫, 기시 등이 한국인과 활발한 접촉을 시도한 것이 확인되는 것은 1957년이 되면서부터이다. 김사목이라는 인물에 대해서도 일찍이 중국의 특무기관에 있었다는 것 이외에 밝혀진 것이 거의 없다. 이승만과 가까운 인물이었다는 점이 추측될 뿐이다.[역주 ④]

기시 정권의 대한교섭을 고찰하는 데 있어서 '친한파'의 존재를 무시할 수는 없다. 1957년 2월 16일 김사목이 야쓰기에게 서한을 보내고, 다시 3월 11일에는 이시이가 재차 방한을 희망하는 취지의 서한을 이승만에게 보냈다. 3월 27일 이승만은 회신을 보내 이시이의 한국 방문을 거절했다. 그 이유는 세 가지였다. 첫째는 대한청구권으로, "한국 내 재산의 8할 5푼에 대한 청구권이 있습니다. 귀 정부 수뇌자는 여러 차례에 걸쳐 이 요구를 철회할 것이라고 약속했음에도 불구하고 이것을 실행하지 않고 있습니다."라고 하여 이승만은 일본에 대한청구권을 철회할 것을 요구했다. 둘째는 이승만라인 문제로, "귀 정부에는 분쟁을 피하려는 우리의 노력에 대한 협력이 결여되어 있습니다."라고 일본을 비난했다. 셋째는 일본의 대공산권 외교에 대한 불만으로, "우리가 전력을 기울여 공산주의와 싸우고 있는 가운데 귀 정부가 소련, 중공, 더욱이 한국 북부의 공산주의 괴뢰정권과도 우호관계를 맺은 것은 우리로서는 양해하기 어려운 부분입니다."라고 되어 있다.[55] 이 서한에는 일본에 대한 이승만의 불신이 솔직하게 나타나 있다.

기시 수상 자신도 한일예비회담의 타결을 위해 여러 차례 한국정부 관료와 접촉했다. 2월 25일 기시는 차기 외무차관으로 취임할 것이 유력시되

54 앞의 『This is 讀賣』, 51쪽.
55 같은 자료, 53~55쪽.

고 있던 김동조(같은 해 5월에 정식 취임)를 외상 관저로 초대하여 한일 친선을 역설했다.[56] 또한 5월 20일에 기시는 신임 김유택 주일대사와 회견하면서 '구보타 발언'과 대한청구권을 철회할 뜻을 넌지시 전달했다. 이와 같이 '친한파'는 기시 내각 초기부터 한국정부에 대해 적극적으로 움직였다.

이들은 후술할 1957년 말의 한일 합의문서 작성 과정에도 관여했다. 11월 15일 유태하柳泰夏, 다나카 다쓰오田中龍夫, 야쓰기 가즈오가 아카사카赤坂 프린스호텔에서 회합하여 청구권, 문화재, 재일조선인의 강제 퇴거에 대한 각서를 작성했다. 이와 같은 단편적인 사실로 봐도 기시, 이시이, 야쓰기 등 '친한파' 인사는 실무교섭에 있어서 한일 간 대립을 완화하고 타결의 방향으로 나가는 데 적지 않은 역할을 수행했다고 할 수 있다.

(3) 한일 합의문서의 조인, 한일 공동성명의 발표

한일예비회담은 기시 방미 후인 1957년 7월 31일부터 재개되어 12월 31일까지 계속되었다. 한일예비회담이 재개되기 전인 7월 10일에 기시 내각이 개조되어 외상에 민간인인 후지야마 아이이치로藤山愛一郎가 기용되었다. 그는 후술하는 재일조선인 귀국사업을 적극적으로 승인한 인물로 한국에서는 대한 강경론자로 받아들여졌다.[57]

이 사이에 특히 재산청구권에 대한 구상서안 및 합의의사록안을 가지고 의견 교환이 이루어졌다. 구상서에 대해서는 교섭 과정에서 문안이 분명하게 되어 있지 않았다. 12월 31일 한일 간 합의문서를 조인할 때 발표된 일본 측 구상서에는 "일본정부는 1953년 10월 15일 구보타 간이치로 일본 수석대표가 행한 발언에 대해 한국 측 대표가 항의한 발언을 철회한다.

56 앞의 『韓日の和解』, 113~116쪽.
57 같은 책, 125쪽.

더욱 일본정부는 소화 32년(1957년) 12월 31일 자의 「일한청구권 해결에 관한 일본국의 견해와 강화조약 제4조의 해석에 대한 아메리카합중국의 견해 표명」을 기초로 1952년 3월 6일 일본국과 대한민국의 회의에서 일본 측 대표가 행했던 재한일본인 재산에 대한 청구권 주장을 여기서 철회한다."라고 되어 있다.[58] 이 내용을 보면, "미국정부의 해석"에 의해 일본정부는 대한청구권을 철회한다는 것이 제시되어 있을 뿐이다. 따라서 일본의 대한청구권과 한국의 대일청구권 주장의 관련성에 대해서는 합의의사록으로 정하는 것으로 되었던 것이다. 토론은 이 문안을 둘러싸고 일어났다.

예를 들면, 9월 2일 일본에서 제시한 의사록안('미야케三宅 사안私案')을 보면, 일본이 미 국무성 각서에 대해 이것은 "재산청구권의 상호 포기를 의미하는 것이 아니라, 이전의 일한 전면회담에서 제출된 한국의 청구권에 관한 한국의 안이, 재개되는 전면회담에서 토의 및 해결을 위해 한국으로부터 제출되는 안을 방해하지 않는 것으로 양해한다."고 표명하는 내용이었다.[59] 또한 「한일교섭비밀문서」로 공표된, 일자 및 작성자 불명의 합의의사록안은 한국 주일대표부 용지에 펜으로 쓴 것이다. 그 내용은 다음과 같다.

〈합의의사록 제4항〉

대한민국 주일대표부장

한국의 청구권에 관해서는, 한국이 이전의 회담에서 제출한 바와 같은 제의를, 재개한 정식회담에서 토의하고 해결하기 위해 제출한 것이 있습니다.

58 『每日新聞』 1958년 1월 1일 자.
59 앞의 『This is 讀賣』, 59쪽.

일본국 외무대신

이 경우 일본은 이와 같이 한국의 청구권을 해결하기 위해 성의를 다해 토의하는 것에 대해 이의가 없습니다.

일본국 외무대신

한일 간의 청구권 해결에 관한 대일강화조약 제4조의 해석에 관한 1957년 월 일 자 미국의 견해 표명서로서 나 또한 대한민국정부와 마찬가지로 이 표명서와 의견을 같이한다고 이해하고 있습니다. 나는 이 미국의 표명서는 재산청구권의 상호 포기를 의미하는 것이 아니며 또한 그것은 한국의 청구권을 실질적으로 해치는 것이 아니라고 이해하고 있습니다.

대한민국 주일대표부장

나도 역시 마찬가지로 이해하고 있습니다.(밑줄은 원문대로)[60]

문제는 밑줄이 그어진 부분이다. 김동조에 의하면, 이승만 대통령은 조인 직전까지 합의의사록안을 승인하지 않았다고 한다. 이승만은 해당 조항 말미에 "이것은 완전히 별개의 문제인 한국의 일본 및 일본인에 대한 재산청구권과는 어떠한 관계도 없다."는 문구를 삽입하도록 한국 측 실무자에게 지시했던 것이다.[61] 이 지시는 앞의 문안에 밑줄로 표시되어 있는 것과 동일하다. 요컨대 이 부분은 이승만의 지시에 의한 것이었다. 이승만은 대한청구권의 포기가 대일청구권의 범위를 감쇄하는 것이 된다면, 실제로는 '교섭기술'로서 대한청구권의 효력을 남기는 것이 된다고 생각한 것이다.

그러나 결국 일본이 한국의 요구에 응하지 않았기 때문에 이승만은 조정환曺正煥 외무부장관과 김동조 외무부차관에게 그때까지 합의한 선에서

60 같은 자료, 61쪽.
61 앞의 『韓日の和解』, 125쪽.

타결하도록 지시했다고 한다. 이에 김동조는 김유택 대사에게 "되도록이면 이 대통령이 지시한 자구 수정만은 관철되도록 최선을 다해 줄 것을 당부했다."고 한다.[62] 다만 이 '자구 수정'의 내용에 일본이 강경하게 저항한 앞의 문안도 포함되어 있는지는 의심스럽다. 더욱이 1961년 3월 9일 자로 미 국무성 각서와 함께 공표된 이 합의의사록에도 밑줄 친 부분의 자구는 없다.[63] 이승만이 가장 강경하게 수정을 요구한 자구는 합의의사록에 추가되지 않았던 것이다. 다만 이승만이 조인 직전에 지시한 요구야말로 일본의 대한청구권 주장에 대해 그가 가진 뿌리 깊은 불신을 보여 주는 것이었다고 해도 좋다.

이와 관련해 이승만은 12월 31일에 있을 합의문서 조인 직전에 대한청구권 포기의 기초가 되는 미국의 대일강화조약 제4조 (b)항의 해석에 관한 「구상서」를 비밀문서로 하도록 한국 측 실무자에게 지시했다.[64] 김유택 대사는 이승만의 지시를 받아 후지야마 아이이치로 외상과의 교섭에 임했다. 그때 후지야마는 일본은 「구상서」의 비밀 엄수에 최대한 노력하겠으나 만약 누설된다고 해도 그것을 구실로 한일합의는 무효라고 주장하지 않겠다는 확약을 한국에서 받았다. 나아가 '당분간' 이를 공표하지 않는 것으로 합의했다.[65]

이와 같은 경위를 통해 1957년 12월 31일 심야, 후지야마 외상과 김유택 대사 사이에 한일 합의문서 조인식이 행해져 그 내용이 일본과 한국에서 공동으로 발표되었다. 이 합의문서의 내용은 (1) 한일 양국이 억류하고

62 같은 자료, 129쪽.
63 『毎日新聞』 1961년 3월 9일 자.
64 앞의 『韓日の和解』, 131쪽.
65 위의 책, 133쪽.

있는 상대국 국민의 상호 석방, (2) 일본의 '구보타 발언' 철회, (3) 1957년 12월 31일 자 미국정부가 제안한 「구상서」를 기초로 한 일본의 대한청구권 철회, (4) 한일회담을 1958년 3월 1일 재개한다는 것이었다. 공동성명안에는 삭제 대상이었던 "미 합중국 정부의 견해 표명을 기초로" 한다는 문언이 남겨졌다. 이로써 한일회담이 재개됨과 동시에 청구권위원회에서는 한국의 대일청구권만 토의하게 되었다.

한편 '억류자' 상호 석방에 대해서는 한국의 주장이 대폭 추가되었다. 즉 일본인 어부의 석방에 대해 "형기를 마치고"라는 자구가 들어간 것이다. 또한 일본이 주장한 "강제 퇴거 명령하의 한국인"이라는 자구는 추가되지 않았다. 일본의 언론 보도는 이 합의를 접하고 기쁨에 넘치는 잔류 가족과 "희비가 엇갈린" 오무라 수용소 수용자의 모습을 동시에 전했다.[66] 합의문서 조인 후 '억류자' 상호 석방은 1958년 5월까지 소기의 목적을 달성했다.

이상과 같이 1957년부터 기시가 한국과의 관계 개선에 적극적으로 나선 배경으로는 몇 가지를 들 수 있다. 첫째, 기시 자신이 회고한 것처럼 '억류' 일본인 어부의 대부분이 야마구치현 출신으로, 지역구로부터 일본인 어부 석방에 대해 강한 요청이 있었다.[67] 둘째, 같은 해 5월 17일 제정된 「귀환자 급부금給付金 지급법」에 의해 재조일본인 재산에 대한 국내 조치가 행해졌기 때문에, 원래 '교섭기술'로서의 성격이 강했던 대한청구권을 철회할 준비가 된 것이다. 셋째, 동남아시아와의 관계를 중시한 기시 정권에서 외교적 기반인 미국과의 동맹관계를 강고히 하기 위해 미국의 극동정책에 따라 한일관계의 개선을 중시한 점을 들 수 있다.

66 『每日新聞』 및 『朝日新聞』 1957년 12월 30일 자.
67 岸信介·矢次一夫·伊藤隆, 『岸信介の回想』, 文藝春秋, 1981, 219쪽.

한편 이승만 정권이 대일관계의 개선에 적극적이 된 배경에 대해서는 다음과 같은 지적이 있다. 첫째, 국내적 배경으로 1956년의 정·부통령 선거에서 야당의 장면張勉이 부통령으로 당선되면서 이승만 정권의 기반이 축소된 것을 들 수 있다. 둘째, 국제적인 배경을 들 수 있다. 이승만 정권의 '반일' 정책은 동아시아에서 일본 중심의 안전보장을 구상하는 미국에 대한 견제라는 의미가 강했다. 예를 들면, 1954년 6월 이승만 정권은 대만의 장제스蔣介石 정권 등과 함께 일본을 제외하고 아시아민족반공연맹을 결성했는데, 이 동맹은 반공뿐만 아니라 반식민지주의, 반침략주의를 내걸고 암암리에 일본을 견제했다.[68] 그런데 1950년대 후반이 되면서 이승만 정권은 미국과의 관계에서 주한미군 감축 및 미국의 대한원조 삭감이라는 과제에 직면했다. 이에 이승만 정권은 대미교섭을 유리하게 진행하기 위해 미국이 촉구하고 있는 한일회담을 진행하려고 한 것이다.[69]

(4) 미국정부 「구상서」의 비밀문서화

그런데 오타 오사무가 지적했듯이, 이승만이 비밀문서로 할 것을 요구한 미국정부의 「구상서」는 한일회담에서 청구권 교섭의 방향성을 결정짓는 중요한 문서였다.[70] 그 요점은 다음과 같다.

첫째, 남한의 미군정부는 "한국에서 독립 국가를 설립하기 위해서는 일본국과의 유대를 훌륭하게, 나아가 완전하게 단절하는 것이 필요하다고 생각했기 때문에" 재조일본인 재산을 처분하여 이것을 한국정부에 이전

68 盧琦霙, 「이승만정권의 태평양동맹 추진과 지역안보 구상」, 『지역과 역사』 제11호, 부산경남역사연구소, 2002년 12월.

69 申承峻, 「이승만과 1950년대 후반기의 한일회담」, 서울대학교 대학원 석사학위논문, 1999년 8월.

70 앞의 『日韓交渉 請求權問題の研究』, 126쪽.

시켰다. 그러므로 일본의 청구권은 "귀속명령, 이양협정 및 강화조약 제4조 (b)항의 용어, 이유 및 의도와 상치되는 것으로 미국정부는 사료하는 바이다." 즉 대일강화조약 제4조 (b)항의 규정에 따라 일본정부는 대한청구권을 주장할 수 없다.

둘째, 한국의 청구권은 "한국 내에 있는 일본 소유 재산의 귀속으로 말미암아 어느 정도 충족된 것이 명백함에도 불구하고 강화조약에는 그에 관한 해결을 규정하기에는 충분한 사실도 또한 적용될 법 이론에 대한 충분한 분석도 없었다." 따라서 강화조약의 기초자는 "이러한 문제를 전적으로 관계 국가 간의 협정에 맡긴 것이다." 즉 한국정부의 재조일본인 재산 취득에 의해 한국의 대일청구권은 "어느 정도 충족되었다." 그러나 그 해결을 위한 법 이론에 대해서는 충분한 연구가 이루어지지 않았기 때문에 청구권 문제의 해결을 '전적으로' 한일 간의 청구권 교섭으로 위임했다.

셋째, 위와 같은 이유로 "한국과 일본 간의 특별협정에는 한국의 대일청구가 한국정부의 재한 일본 자산의 인수로 말미암아 소멸 또는 충족되었다고 생각할 수 있는 정도(범위)까지 포함했다." 요컨대 한일 간의 청구권 교섭에서는 한국정부의 재조일본인 재산 취득을 고려하여 대일청구권의 규모가 결정되어야 한다는 것이다.

넷째, 그러나 "당사국 간에 강화조약에서 상정된 특별협정을 체결함에 있어 재한 일본 재산의 처분이 어떻게 고려되어야 할 것인가에 관한 견해를 미국이 개진하는 것은 적당하지 않다고 하겠다. 특별협정은 관계 양국 정부 간의 문제이며, 따라서 이러한 결정은 당사국 자신이나 또는 당사국으로부터 권한을 위임받은 기관에 의해 당사국이 제출할 사실과 적용될 법 이론을 충분히 검토한 다음에 비로소 지을 수 있는 것이다." 요컨대 청구권 협정의 내용에 대해 미국이 의견을 표명하는 것은 적당하지 않다는 의미이다. 이 협정은 당사국인 일본정부와 한국정부가 사실과 법 이론을 검토한 위에 성립시켜야 한다는 것이다.[71]

즉 미국은 (1) 일본은 대한청구권을 주장할 수 없다, (2) 그리고 한국정부의 재한일본인 재산 취득에 의해 한국의 청구권은 어느 정도 충족되었다, (3) 따라서 한일 간의 청구권 교섭에서는 이 점을 고려하여 한국의 청구권을 토의해야 한다, (4) 다만 미국은 이 문제에 직접 관여하지 않는다고 주장한 것이다. 여기서 중요한 것은, 한국정부가 대한청구권의 직접 대상이었던 재조일본인 재산을 취득한 것으로 대일청구권이 어느 정도 충족되었다고 언명하고 있다는 점이다. 미국은 청구권 교섭의 내용에 관여하지 않는다고 하면서도 그 해석을 통해 일본에 '교섭기술'로서 한국의 청구권의 규모를 감쇄시킬 충분한 논거를 제공한 것이다. 그러므로 이승만은 이 각서의 내용에 불만을 품고 그것을 공표하는 것을 거부했던 것이다.

II. 제4차 한일회담과 재일조선인 귀국사업

1. 제4차 한일회담의 개시

1958년 1월 7일 수상 관저에서의 협의에서 야쓰기 가즈오의 한국 파견 방침이 결정되었다. 그때 기시는 야쓰기가 방한 시 가져갈 이승만에게 보내는 친서를 작성했다. 그러나 한국정부에서 "아직 때가 아니다"라고 답변했기 때문에 야쓰기의 방한은 실현되지 않았다.[72] 그 후 기시는 이승만의

71 『每日新聞』 1961년 3월 9일 자; 「1957년 12월 31일 자 한일 간 재산청구권 문제에 관한 미국 측 각서 전문」(http://contents.nahf.or.kr/item/item.do?levelId=kj.d_0006_0100_0320).

72 앞의 『This is 讀賣』, 55쪽.

생일인 3월 26일에 맞춰 친서를 보냈고 그것을 받은 이승만이 야쓰기의 방한을 승인했다.[73] 그리고 한일회담 재개 후인 5월 19일에 기시의 개인 특사로 야쓰기의 방한이 실현되었다.

야쓰기는 이승만을 방문해 한국병합에 대한 유감의 뜻을 표명했다. 5월 21일의 기자회견에서 야쓰기는 "기시 수상은 이토 히로부미 공이 일한관계에 있어 범한 과오를 보상하지 않으면 안 된다고 강하게 느끼고 있다. 수상은 또한 일본 군부의 행위가 한국에 중대한 손해를 끼친 것을 유감으로 여긴다."라는 성명문을 소리 내어 읽었다.[74] 이 「성명」에 대해 기시는 나중에 중의원 예산위원회에서 "그 견해는 야쓰기 씨의 개인적인 생각으로 제 견해가 아닙니다."라고 해명했다.[75] 그러나 4년 반 만에 한일회담을 재개하기 위해 기시가 야쓰기를 한국에 파견하고 내외에 대한관계의 개선에 적극적인 자세를 보여 주려 한 점은 의심할 여지가 없다.

한일회담은 예정보다 1개월 반 정도 지체되어 4월 15일에 재개되었다. 제4차 회담에서는 기본관계, '한국청구권', 어업 및 '평화선', 재일한국인의 법적 지위에 대한 위원회가 설치되었다. 또한 '한국청구권' 위원회 밑에 청구권, 선박, 문화재의 각 소위원회가 설치되었다. 제4차 회담은 1960년 4월까지 간헐적으로 진행되었는데, 이 중 재일한국인의 법적 지위와 관련해서는 일본 패전 이전부터 일본에 거주하고 있던 '한국인' 자손의 법적 지위에 대해 토의되었다. 즉 한국이 그 자손에게도 영주권을 부여해야 한다고 주장한 것에 대해, 일본은 일본 패전 이전의 거주자에 한해 특별한 법

73 앞의 『韓日の和解』, 140~141쪽.
74 『朝日新聞』 1995년 6월 22일 자(도쿄, 13판).
75 『第29國會衆議院豫算委員會會議錄』, 1958년 6월 24일 자.

적 조치를 취하겠다고 주장한 것이다.[76]

또한 4월 16일에 일본정부는 한국정부에 한국 문화재 106점을 인도했다. 그리고 1957년의 한일합의에 기초한 '억류자' 상호 석방은 5월까지 완료했다. 이와 같이 한일회담의 재개와 병행하여 한일관계는 조금씩 진전되기 시작한 것으로 보인다.

그러나 제4차 한일회담은 1960년 4월 19일 이승만 정권이 붕괴할 때까지 세 번이나 중단되었다. 재일한국인의 법적 지위 문제 이외에 이 회담에서 논의된 사항이 제5차 회담 이후로 계승되지도 않았다. 그와 같은 의미에서 초기 한일회담은 한일 간 대립 구도가 계속 유지된 것이며 한일 국교를 정상화시킬 가능성은 없었다고 할 수 있다.

2. 일본정부에 의한 한국 문화재 '인도'

한국정부의 문화재 반환 요구는 『대일배상요구조서』에도 포함되었고 한국정부가 제1차 회담부터 주장한 대일청구권에도 포함되었다. 그 후 1956년 3월 도쿄에서 개최된 유네스코 민족위원회에서 민족적인 문화재는 원래의 소유국으로 반환해야 한다는 결의가 이루어졌다. 또한 일본의 하토야마 정권도 일본인 어부의 송환과 한일회담 재개의 분위기를 조성하기 위해 같은 해 5월에 한국정부에 문화재 인도의 뜻을 밝혔다.[77] 이러한 분위기 속에서 12월 14일에 한국 문교부(현 교육부)는 식민지 시기 일본인들이 한반도에서 가지고 나간 459건의 문화재 일람표를 발표했다. 문교부는 이 일람표를 파리의 유네스코 본부에 보내는 동시에 일본에 조속한 반환을

76 金太基, 「在日韓國人三世の法的地位と '1965年韓日協定'(1)」, 『一橋論叢』 제105호 제1호, 1991년 1월, 54쪽.

77 高崎宗司, 『檢證 日韓會談』, 岩波書店(新書), 1996, 81쪽.

요구한 것이다.[78]

앞에서 서술했듯이, 그 후 이승만 대통령은 한일예비회담에서 문화재 반환 문제를 포함해 교섭할 것을 주일대표부에 지시했다. 그 결과 1957년의 한일합의문서에 일본정부의 한국 문화재 인도가 추가되었지만 공표되지는 않았다. 그 내용은 (1) 일본정부는 가능한 한 빠른 시기에 한국 문화재 인도를 실시한다, (2) 다른 문화재를 인도하기 위한 협의를 한일회담에서 진행할 수 있다는 것이었다.[79] 이 합의에 의해 1958년 4월 16일 도제 고배 50점, 도제 뚜껑 24점, 도제 바리 10점 등 모두 106점이 일본정부로부터 한국정부에 인도되었다.

다카사키 소지高崎宗司 등이 계속해서 지적했듯이, 문제는 문화재 인도의 논리였다. 1958년 5월 31일 열린 참의원 외무위원회에서 이타가키 오사무板垣修 아시아국장이 한 답변에 따르면, 한국이 일본인에 의해 약탈된 문화재의 '반환'을 요구한 것에 대해 일본은 "어느 것도 약탈한 것은 없으며 문화재를 반환하라는 법적 근거가 의심된다."는 입장이었다.[80] 따라서 일본정부는 한국 독립에 대한 "하나의 선물로서", "일본 측의 호의로" 문화재를 '증여'한 것이다. 그때 일본정부가 문화재 '증여'의 법적 근거로 삼은 것은 1947년에 제정된 「물품의 무상대부 및 양여 등에 관한 법률」이라는 국내법이었다. 제3조에 "물품을 나라 이외의 곳에 양여 또는 시가보다 낮은 대가로 양도할 수 있는 것은 다른 법률로 정해진 경우 외에 다음에 제시하는 경우에 한한다."라고 하고, 제3항에 "교육, 시험, 연구 등 조사를 위해 필요한 인쇄물, 사진, 기타 이에 준하는 물품 및 견본용 또는 표본용

78 『朝日新聞』 1956년 12월 15일 자.
79 앞의 『This is 讀賣』, 58~59쪽.
80 『第28國會參議院外務委員會會議錄』, 1958년 5월 31일 자.

물품을 양도할 때"라는 조문이 있다. 외무성은 이 조항을 적용했다.[81]

이후 한일회담에서 문화재 반환 교섭이 진행되는 한편 한국정부는 나아가 문화재 489점의 즉시 반환을 요구했다.[82] 이에 대해 일본정부는 유태하 공사에게 한국정부에 인도할 문화재 목록을 전달했다.[83] 그러나 이승만 정권의 붕괴로 문화재의 추가 인도는 실현되지 못했다. 또한 제4차 회담에서 드러난 '인도'의 논리를 둘러싼 한일 간의 대립은 결국 한일 국교정상화가 성립한 시점에서도 해소되지 않은 채로 남았다.

3. 재일조선인 귀국사업[84]

(1) 경과

조선민주주의인민공화국에로의 귀국 희망자(이하 조선 귀국 희망자)는 1953년 7월 한국전쟁 휴전 후에 나타나기 시작했고 1955년 7월에는 재일조선인총연합회(조선총련)가 재일조선인 귀국 희망자 도쿄대회를 개최했다. 조선총련은 일본 전국의 조선 귀국 희망자가 약 410명이라고 발표했다.[85] 또한 앞에서 서술한 대로 1955년부터 한국에서 '불법입국' 하여 오무라 수용소로 보내진 한국인 중 한국정부를 지지하는 자와 조선정부를 지지하는 자의 대립이 나타나기 시작했다.

한편에서는 한반도 북부에 잔류하고 있던 일본인의 귀환 문제가 해결점을 찾기 시작했다. 1954년 1월 16일 일본적십자사가 제네바의 국제적십

81 『第29國會衆議院豫算委員會會議錄』, 1958년 6월 24일 자.
82 『朝日新聞』 1958년 7월 8일 자.
83 같은 신문, 1958년 11월 2일 자.
84 '귀환'이란 전쟁 지역 등으로부터 기지基地나 고국에 돌아오는 것이며(귀환병, 귀환선), '귀국'이란 고국에 돌아오는 것이다. 따라서 사업의 성격으로 판단하여 '귀환사업'이 아니라 '귀국사업'으로 부르는 쪽이 적당하다.
85 高柳俊男·金英達, 『北朝鮮歸國事業關係資料集』, 新幹社, 1995, 349~350쪽.

자위원회를 통해 조선민주주의인민공화국 적십자회(조선적십자회)에 조선 재류 일본인의 귀환을 요청했고 2월 9일 조선적십자회가 귀국 희망자를 원조한다고 회답했다.[86] 이것이 계기가 되어 일본적십자사와 조선적십자회 대표단 간에 조선 재류 일본인의 귀국 문제에 대한 협의가 진행되었다. 그리하여 1956년 2월 27일에 양 적십자사 간에 「평양협정」이 맺어져 같은 해 4월에 일본인 세 명이 귀국했다.[87] 그때 수십 명의 재일조선인이 일본적십자사 본사와 각지 지부에서 조선 귀국을 요구하며 연좌시위를 벌였다. 그들은 조선 재류 일본인을 태우고 온 배가 마이즈루항舞鶴港을 출항할 때 그 배에 승선하기를 희망한 것이다. 이에 일본적십자사는 항해 안전과 관련하여 한국의 보증을 얻을 수 없다는 이유로 그들의 요구를 거절했다.

그런데 국제적십자위원회는 오히려 재일조선인 귀국 문제의 해결에 적극적이어서, 같은 해 7월 16일 한국, 일본, 조선 적십자사에 서한과 각서를 보내 이 문제의 해결을 위해 국제적십자위원회가 적극적인 역할을 하겠다고 제안했다. 이에 따라 이듬해 8월 16일 일본적십자사는 일본정부에 국제적십자위원회의 제안에 신속하게 응답할 것을 요청했다. 이에 대해 9월 20일 일본정부는 특히 부산의 일본인 어부 송환을 고려하여 "적당한 시기와 방법을 선택하는 것이 긴요"하다고만 회답했다.[88]

1957년 말 한일 합의문서가 조인되고 1958년 1월부터 한일 '억류자' 상호 석방이 실시된 후 재일조선인의 귀국 문제가 다시 부상했다. 즉 2월 4일 가라사와 도시키唐澤俊樹 법무상은 오무라 수용소 수용자 중 조선 귀

86 『朝日新聞』 1954년 2월 9일 자(석간).

87 厚生省援護局, 『引揚げと援護三十年の歩み』, ぎょうせい, 1978, 158쪽; 앞의 『北朝鮮歸國事業關係資料集』, 301쪽.

88 위의 『北朝鮮歸國事業關係資料集』, 348~349쪽.

국을 희망하는 사람을 한국으로는 보내지 않겠다고 언명했다.[89] 한국정부는 이 발언에 항의함과 동시에 '대항 조치'로 일본인 어부의 송환 일정을 제시하지 않겠다고 했다. 이에 대해 일본정부는 27일 일본인 어부의 송환이 완료될 때까지 한일회담을 열지 않겠다고 유태하 공사에게 통고했다.[90] 이에 3월 1일 재개될 예정이었던 한일회담은 연기되었다.

그 후 6월 26일 오무라 수용소에서 조선 귀국을 희망하는 재일조선인들이 단식투쟁을 결행했다. 이후 오무라 수용소에서는 조선 귀국 희망자들의 단식투쟁이 계속해서 일어났다. 이와 같은 상황이 벌어지자 7월 5일 후지야마 외상과 아이치 기이치愛知揆一 법무상은 회담을 갖고 조선 귀국 희망자 중 부녀자, 병약자 및 수용된 지 3년이 넘은 자는 가석방한다는 방침을 결정했다.[91] 한국은 이에 항의하여 한일회담을 중단했다.

일본 국내에서는 조선총련, 일조협회, '재일조선인 귀국협력회' 등이 '귀국운동'을 추진했다. 8월 12일에는 조선총련이 오무라 수용소 억류자의 즉시 석방 요구와 재일조선인의 조선 귀국운동 추진을 결의하고 귀국운동을 본격적으로 시작했다. 9월 8일에는 일조협회 주최로 "일본조선 직접무역실현 평화우호 월간운동 중앙집회"가 열렸는데, 이 집회에서는 오무라 수용소 조선 귀국 희망자의 조기 귀국 실현과 한일회담 중단, 일조 자유왕래 실현을 선언했다.[92]

한편 조선민주주의인민공화국에서도 재일조선인의 귀국을 환영하는 메시지가 잇따라 나왔다. 9월 9일 김일성 수상은 재일조선인의 귀국 염원을

89 『朝日新聞』 1958년 2월 4일 자.
90 같은 신문, 1958년 2월 28일 자.
91 같은 신문, 1958년 7월 6일 자.
92 같은 신문, 1958년 9월 9일 자.

열렬히 환영한다는 입장을 표명했고, 16일에는 남일 외상이 조선 귀국 희망자의 즉시 인도를 일본정부에 요구했다.[93] 10월 16일에도 김일金一 부수상이 같은 내용의 발언을 했다.

또한 11월 17일에는 하토야마 이치로鳩山一郎, 아사누마 이네지로淺沼稲次郎, 미야모토 겐지宮本顯治 등에 의해 초당파적인 '재일조선인 귀국협력회'가 결성되었다. 이후 도도부현都道府縣 단위에서의 귀국협력회 결성과 지방의회의 귀국 요구 지지결의가 잇따랐다.[94] 이와 같이 특히 1958년 8월 이후 재일조선인의 조선 귀국을 응원하는 움직임이 일본과 조선, 일본정부, 일본 의회를 불문하고 높아졌던 것이다.

일본정부는 재일조선인 귀국 사업에 대해 표면상 소극적인 태도를 보여왔다. 1955년 조선 재류 일본인의 귀환을 둘러싸고 일본과 조선의 적십자회 간에 협의가 진행되고 있던 때에도 일본정부는 이것이 일조 교류를 촉진시키는 것은 아니라고 언명했다. 1955년 6월의 하토야마 수상의 발언에 이어 10월 25일 각의에서도 시게미쓰 외상은 "민간에서 북한과 무역협정을 맺는다거나 문화교류에 대해 약속을 한다거나 하는 일이 일어난다 해도 정부가 이를 승인하는 일은 없을 것"이라고 말했다.[95] 일본정부는 조선 재류 일본인의 귀국이라는 '인도적 문제'를 배려하여 제한적인 일조 교류를 승인하는 한편, 국교정상화 교섭은 어디까지나 한국과만 행한다는 방침을 취한 것이다.

그러나 테사 모리스—스즈키Tessa Morris-Suzuki[역주 ⑤]가 밝힌 바와 같

93 같은 신문, 1958년 9월 17일 자.

94 앞의 『北朝鮮歸國事業關係資料集』, 348쪽.

95 『朝日新聞』 1955년 10월 26일 자. 重光의 발언은 같은 해 2월 南日 외상의 성명에 따라 일본사회당 의원들이 조선을 방문하여 무역대표부의 상호 설치, 상품 견본시 개최 등을 합의한 것에 대한 것이었다.

이, 일본정부는 일본적십자사와 함께 1955년 말까지 이 문제를 추진하려고 했다. 다만 앞에서 서술한 대로 일본정부는 한국정부를 자극하는 것을 우려해 국제적십자위원회 명의로 재일조선인이 귀국하기를 희망했다.[96] 일본정부, 특히 외무성이 그때까지의 태도를 바꾸어 귀국사업을 지원하게 된 것은 1957년의 한일합의에 기초해 일본인 어부의 송환이 완료된 후부터이다. 그 선두에 섰던 자가 후지야마 아이이치로 외상이다.[97] 1958년 12월 2일 재일조선인 귀국협력회 대표 호아시 게이帆足計, 히라바야시 다이코平林たい子 등은 후지야마 외상을 방문하여 귀국사업 문제에 대한 일본정부의 협력을 구했다. 이에 대해 후지야마는 "종전 이전부터 일본에 거주하고 있는 조선인의 귀국 문제는 국제법상, 인도상의 입장에서 해결하고 싶다."고 분명히 밝혔다.[98] 또한 이듬해 1월 30일 기자회견에서 후지야마는 "귀국지 선택 자유의 국제적 통념에 기초하여 가능한 한 조속히 처리하고 싶다. 조선인 귀국이 일한 간의 전면적인 회담에 악영향을 준다는 점에 대해서는 고려하지 않는다."고 발언하여 한일회담과는 분리하여 귀국사업을 승인하겠다는 구상을 피력했다.[99]

이와 같은 경위로 1959년 2월 13일 내각회의에서 법무성, 외무성, 후생성 등은 귀국사업 문제에 대해 모두 동의하고 한국정부에 구상서를 보내 이해를 구했다. 그 내용은 다음과 같다.

96 テッサ・モーリス=スズキ, 「特別室の中の沈黙 新發掘資料が語る北朝鮮歸國事業の眞相」, 『論座』, 2004년 11월호, 177쪽. 다만 그녀가 발굴한 자료는 어디까지나 일본적십자사 井上益太郎 외사부장의 언동에 관한 것으로, 이것을 가지고 귀국사업에 대해 "북조선보다 적극적이었던 일본"이라고 단정할 수는 없다. テッサ・モーリス=スズキ(田代泰子 譯), 『北朝鮮へのエクソダス―'歸國事業'の影をたど』, 朝日新聞社, 2007.

97 矢次一夫, 『わが浪人外交を語る』, 東洋經濟新報社, 1973, 51~54쪽.

98 『朝日新聞』 1958년 12월 3일 자.

99 같은 신문, 1959년 1월 30일 자(석간).

1. 재일조선인의 북조선 귀환 문제는 기본적 인권인 거주지 선택의 자유라는 국제 통념에 기초하여 처리한다.
2. 귀환 희망자의 귀환 의사 확인과 확인 결과 귀환 의사가 진정한 것으로 인정된 자를 북조선으로 귀환시키는 데 필요한 중개를 국제적십자위원회에 의뢰한다. 다만 일본에서 배선은 하지 않는다.[100]

내각이 마련한 안에 따라 외무성은 「재일조선인의 북조선 귀환 문제의 경위와 본질에 대하여」라는 제목의 구상서를 발표하고 이를 주일 한국대표부에도 전달했다.[101] 이들 문서를 통해 일본정부는 "거주지 선택의 자유"와 "귀환 희망자의 귀환 의사 확인"을 전면에 내세웠다. 일본정부는 이러한 원칙 아래 귀국사업을 승인하고 한국정부의 항의를 묵살한 것이다. 그리고 국제적십자위원회에 귀국사업의 중개를 의뢰함으로써 정치성을 희석시켜 '인도주의'를 내세우려 했던 것이다.

일본적십자사는 2월 21일 이노우에 마스타로井上益太郎 외사부장을 제네바로 파견하여 국제적십자위원회의 태도를 타진했다. 그런데 국제적십자위원회는 조선적십자회와 직접 교섭할 것을 요구했다. 한편 조선적십자회는 도쿄나 평양에서 일본적십자사와 직접 교섭하는 것을 희망했지만[102] 일본의 타진에 응해 리일향李一鄕 중앙위원회 부위원장을 수반으로 하는 대표단을 제네바에 파견하여 현지에서 회담하는 것에 동의했다. 일본적십자사는 교섭단장으로 가사이 요시스케葛西嘉資 부사장을 제네바에 파견했다.

이리하여 4월 13일부터 6월 10일까지 제네바에서 일조日朝 적십자회담

100 日本赤十字社, 『日本赤十字社社史稿』; 앞의 『北朝鮮歸國事業關係資料集』, 39쪽.
101 外務省, 『わが外交の近況』 제4호, 1960년 6월; 위의 『北朝鮮歸國事業關係資料集』, 75~76쪽.
102 『朝日新聞』 1959년 2월 17일 자.

이 17번 열렸다. 이 회담의 초점은 "귀국 의사 확인"과 "국제위원회 개입"이었다. 앞에서 살펴본 대로 일본적십자사의 입장에서 이 두 가지는 귀국사업을 '인도주의'의 원칙으로 추진하는 과정에서 필요한 조건이었다. 그러나 조선적십자회 측은 전자에 대해 "일본 관리나 한국계 민단 등의 압력으로", "귀환 의사가 고의로 왜곡될 우려"가 있다며 반발했다. 이에 대해 일본적십자사 측은 "귀국 의사 확인"이 "사상이나 출신지나 반일운동의 전력이나 전과 등을 문제 삼는 것은 아니다."라는 것을 설명하여 조선적십자회 측의 양해를 얻었다.

조선적십자회는 "국제위원회 개입"에 대해서도 귀국 업무를 수행하는 것은 일본적십자사와 조선적십자회만으로 충분하다고 주장하면서 역시 반대했다. 이는 협정안에서 국제위원회의 역할을 표현하는 용어를 둘러싼 논쟁으로 나타났다. 일본적십자사 측에서 '관리', '감찰', '지도', '조언' 등의 용어를 제안한 데 대해 조선적십자회 측은 '관찰', '조언'이라는 용어를 주장했다.[103] 그 결과 '조언'이라는 용어를 협정문에 사용하는 것으로 타결되었다.[104]

6월 24일 일본적십자사와 조선적십자회 간에 귀환협정이 가조인되었다. 그러나 그 뒤에도 일본에서 국제적십자위원회의 승인을 얻고 나서 협정을 정식 조인하려고 했기 때문에 두 나라 간의 정식 조인을 서두르던 조선적십자회 측의 반발을 샀다. 이 문제는 8월 11일 국제적십자위원회가 귀국사업을 원조하는 취지의 성명을 발표함으로써 해결되었다.

이상과 같은 경위로 8월 13일 콜카타에서 일조 적십자사 간에 「일본적십자사와 조선민주주의인민공화국 적십자회 사이에 재일조선인의 귀환에

103 같은 신문, 1959년 6월 2일 자(석간).
104 같은 신문, 1959년 6월 11일 자(석간).

관한 협정」(재일조선인 귀환협정)이 정식 조인되었다. 그 전문에는 "일본적십자사 및 조선민주주의인민공화국 적십자회는 거주지 선택의 자유 및 적십자의 여러 원칙에 기초하여 재일조선인이 자유롭게 표명한 의사에 의해 귀환하는 것을 실현시킨다."고 하여 '거주지 선택의 자유'와 '자유의사'가 명기되었다.[105] 이 협정에도 국제적십자위원회의 역할이 보조적이라는 점이 제시되었다.[106]

그러나 귀환협정이 체결된 뒤에도 귀국사업이 원활하게 진행되지는 않았다. 9월 3일 일본적십자사가 귀국사업의 세칙을 제시한 「귀환안내」를 발표하자 조선총련, 조선적십자회, 조선정부, 나아가 일조협회, 재일조선인 귀국협력회도 그 내용을 비판했다. 특히 이 '안내' 중 "신청 창구에서 자유의사의 확인", "승차역에서 송별의 제한", "니가타新潟 센터에서 면회와 외출의 제한", "니가타 센터에서의 의사 확인" 등 네 가지 점이 비판의 대상이었는데, 조선총련은 9월 21일부터 시작한 귀국신청을 보이콧했다.[107] 그 후 10월 20일 일본사회당, 일조협회, 재일조선인 귀국협력회는 "귀국을 신청할 때에는 선별, 심사, 신청자에게 심리적 압박을 주는 질문은 일절 하지 않는다", "송별, 면회는 자유로 하고 일본적십자사 센터에서의 면접은 별실을 설치하여 실시한다", "일본적십자사 센터에서 이른바 '의사 확인'을 하는 방은 밀실이 아닌 보통의 개방되어 있는 사무실로 한다. 거기서는 '의사의 재확인'은 하지 않고 게시판을 제시하여 '의사가 바뀌지는 않았지요?'라고 묻는 정도에 그친다"라는 내용의 '중재안'을 제시

105 日本赤十字社, 『日本赤十字社社史稿』; 앞의 『北朝鮮歸國事業關係資料集』, 39쪽.
106 같은 자료, 39~40쪽.
107 같은 자료, 46쪽.

했다.[108] 그 결과 일본정부와 일본적십자사는 이들의 조언에 기초하여「귀국업무 실시에 따른 조치」를 작성하고 10월 27일 조선총련의 승낙을 얻었다. '조치'의 내용은 의사 확인을 할 때 간단한 말을 사용하고 면회나 외출을 인정하는 등 업무상 귀국자에게 압력을 가하지 않게 배려하도록 결정한 것이다.[109]

이후 조선총련의 협력하에 귀국신청이 재개되어 그때까지 300명 정도였던 신청자 수가 11월 4일과 5일에만 5,000명을 넘었다. 그리하여 12월 14일 첫 배가 청진항을 향해 니가타항新潟港을 출발했다. 이 귀국사업에 의해 1959년부터 1984년까지 93,340명이 조선으로 돌아갔다.

(2) 한국정부의 대응

한국정부는 재일조선인 귀국사업을 '북송北送'이라 부르며 시종일관 반대했다. 1958년 7월 한일회담이 중단되었다가 잠시 귀국사업 문제를 덮어둔다는 두 나라 간의 합의가 성립하여 10월 1일에 한일회담이 재개되었다. 그러나 1959년 2월 일본정부가 내각회의에서 귀국사업 문제에 대해 동의를 얻자 한국정부는 일본정부에 한일회담 중단, 이승만라인의 감시 강화, 일본인 어부 송환 불응 등을 통고했다.[110] 이후 한국정부는 다음과 같은 행동을 취했다.

첫째, 한국정부의 성명이나 통고에 의한 '북송' 반대의 의사 표시이다. 예를 들면 2월 19일 한국 국회는 재일한인 북송 반대에 관한 결의안을 가결시켰다. 또한 3·1운동을 기리는 국가기념일인 3·1절을 앞둔 2월 28일

108 『朝日新聞』 1959년 10월 21일 자.
109 같은 신문, 1959년 10월 28일 자; 앞의 『北朝鮮歸國事業關係資料集』, 46~47쪽.
110 『朝日新聞』 1959년 2월 13일 자(석간).

이승만 대통령은 귀국사업이 일본과 북한이 공동으로 꾸민 '음모'라는 성명을 발표했다.[111] 그 후에도 이승만, 외무부장관 등은 귀국사업을 "힘으로 저지한다"는 성명을 여러 차례 발표하고 주일 한국대표부의 유태하 대사가 그 취지를 일본정부에 통고했다.

둘째, 대중 동원에 의한 호소이다. 2월 16일 서울에서 개최된 '재일동포 북송반대국민총궐기대회'를 비롯하여 2월 13일부터 3월 5일까지 4,315회의 '북송' 반대 시위가 일어나 735,689명이 참가했다고 보도되었다.[112] 당시 한국의 인구는 약 2,300만 명이었기 때문에 이 숫자는 신빙성이 없는 것이지만 여러 차례 시위가 있었던 것은 사실이다. 일본에서도 민단에 의한 '북송' 반대 시위가 반복해서 일어났다. 그런데 이 시위의 성격에 대해 『아사히신문』은 "과거의 단체행동(인조隣組) 제도가 남아 있는 한국에서 국민은 마을회(정내회町內會)를 통해 강제적으로 동원되어 지시받은 플래카드를 걸고 교육받은 슬로건을 외치며 관리의 지시에 따라 걷고 멈추고 곧 해산한다."고 보도하고 이러한 시위가 '관제'임을 강조하고 있다.[113]

셋째, 무역 중단이다. 일조 적십자회담이 거의 합의되어 가던 6월 11일 주일 한국대표부는 일본의 한국 수출 관련 영사증명서 발급을 정지하고, 15일 한국정부는 대일 통상 단교를 발표했다. 한일무역은 1960년 4월 4일에야 겨우 재개되었다.

한국정부가 귀국사업을 저지하기 위해 취한 네 번째 행동은 한일회담 재개였다. 4월 7일 유태하 대사는 사와다 렌조澤田廉三 일본 측 수석대표와 야마다 히사나리山田久就 외무차관을 면담하고 "한일회담을 재개할 계기

111 같은 신문, 1959년 3월 1일 자.
112 앞의 「日韓關係」, 77쪽.
113 『朝日新聞』 1959년 3월 14일 자.

를 만들도록 일본이 연구하기 바란다."는 의사를 전했다.[114] 한국의 의도는 "재일한국인 문제는 한일 간의 대화로 해결하고 싶다."는 것이었다.[115] 그러나 일조 적십자회담을 진행하고 있던 기간에 한일회담이 재개될 실마리는 보이지 않았다.

김동조에 따르면, 이 기간에 미국은 한일회담 재개를 위해 개입한 것으로 보인다. 다울링Walter C. Dowling 주한 미국대사와 맥아더Douglas MacArthur II 주일 미국대사 등은 귀국사업은 저지할 수 없지만 그것과 병행하여 재일조선인의 한국으로의 송환을 추진하는 것은 가능하다고 생각했다.[116] 7월 14일 유태하 대사가 야마다 외무차관에게 다시 한일회담 재개 의사를 전한 후 8월 12일 한일회담이 재개될 때까지 특히 미국의 주선 활동이 활발했다.[117] 그 결과 8월 1일에 한일회담 재개가 결정되었는데, 그때 일본은 부산 수용소의 일본인 어부와 오무라 수용소의 '불법입국자' 상호 송환을 전제조건으로 제시했다.[118]

이와 같이 한일회담이 재개되자 한국은 재일조선인의 국적 문제 및 한일 간의 「귀환협정」 체결을 제기했다. 그러나 일본이 '억류자' 상호 송환을 우선시하면서 양측은 평행선을 달렸다. 한일회담의 진전에 관심을 가지고 있던 미 국무성도 귀국사업에 대해 "국외 추방이라기보다는 자발적 귀국"으로 불러야 한다고 사실상 일본을 지지했다.[119] 결국 일조 간에 귀국사업이 추진되어 12월 첫 귀국 선박이 출발했지만, 이 시기 열린 한일회담

114 같은 신문, 1959년 4월 8일 자.
115 『朝日新聞』 1959년 4월 13일 자.
116 앞의 『韓日の和解』, 201~202쪽.
117 예를 들면 『朝日新聞』 1959년 7월 15일 자, 18일 자(석간), 27일 자(석간).
118 같은 신문, 1959년 8월 2일 자.
119 같은 신문, 1959년 10월 30일 자(석간).

에서는 어느 것 하나 결정되지 않았다. '억류자' 상호 송환이 실현된 것은 1960년 3월이었다. 이후 부산에 억류된 일본인 어부는 감소하여 1963년 말에는 전원 귀환했다.

(3) 일본의 관심

마지막으로 일본이 어떤 관심을 갖고 귀국사업을 추진했는가를 검토한다. 첫째, 재일조선인 문제의 '해소'이다. 실제로 모든 재일조선인이 귀국사업에 참가한 것은 아니었기 때문에, 보다 정확하게 말하면 문제의 '완화'였다.

일본정부가 "인도적 문제"로 귀국사업을 추진하도록 이론을 제공한 사람은 일본적십자사의 이노우에 마스타로 외사부장이었다. 이노우에는 1956년 8월 쓴 글에서 일본이 재일조선인을 귀국시키지 않으려 한다는 조선의 비판에 대해 "일본정부는 분명히 말하면 귀찮은 조선인을 일본에서 쫓아내 버리는 것이 이익이다."고 반론했다. 왜냐하면 "만약 폴란드정부가 동프로이센에서 모든 독일인을 추방해 버렸듯이 일본정부가 제2차 세계대전 후의 영토 변경에 관한 새로운 국제관례를 좇아 일본에 있는 조선인을 전부 조선으로 강제 송환시킬 수 있다면(중립계의 사람들은 그것을 두려워한다), 일본인의 인구 과잉이라는 점에서 보아 이익이 있을지는 차치하더라도, 장래 긴 안목에서 보면 일본과 조선 사이에 일어날 수 있는 분쟁의 씨앗을 미리 제거하는 것이 되어 일본으로서는 이상적"이기 때문이라는 것이다.[120] 이노우에가 지적했듯이 일본정부에 '이상적인' 상황은 재일조선인 전원을 강제 송환하는 것이었다. 그러나 일본정부가 그렇게 하지 않

120 日本赤十字社, 『在日朝鮮人歸國問題の眞相』, 10쪽; 앞의 『北朝鮮歸國事業關係資料集』, 20쪽.

은 이유는 "일본은 자유주의 국가의 일원으로 본인의 의사에 반해 죄도 없는데 고국으로 보낼 수 없기 때문"이라는 것이다.[121] 물론 이러한 표현은 "죄가 있다면" 강제 송환의 대상이 된다는 것이다.

다만 이 정도까지 노골적인 표현은 자료상 그다지 많지는 않다. 오히려 일본의 논리로 많이 보이는 것은 재일조선인의 "어려운 처지"와 관련한 것이었다. 일본적십자사 이사회는 1959년 1월 30일 귀국 문제를 정치 문제와 분리하여 긴급하게 해결해야 한다는 뜻을 만장일치로 결의했는데, 이노우에는 그 결의를 설명하는 글에서 다음과 같이 말하고 있다.

> 일본에는 조선인에 대한 종합 대책을 연구 실시하는 기관이 없어 그들은 고통스러운 생활을 하고 있다. 결국은 거주조차 할 수 없게 하면서 그들이 부득이 북조선으로 돌아가는 것을 ―일단 북조선으로 돌아간다면 한국으로도 일본으로도 돌아오지 못하지만― 내심 일본 국내의 치안이 개선되고 부담이 경감된다고 생각해 기뻐하는 것은 지극히 비인도적 처사이니, 모름지기 귀화를 대폭적으로 인정해 잘 살아가도록 하는 것이야말로 인도적이라고 하는 이들도 있다. 이 또한 일종의 귀국 반대 운동이다. 나는 이렇게 말하는 사람의 성실성에 경의를 표하고 싶다. 그러나 이 말은 실정을 무시한 것이라고 생각한다. 문제는 실업의 악영향이 조선인에게 집중되고 있다는 점에 있다. 그들의 태반은 일본 경제가 번영해도 ―쇠퇴하면 오히려 더 한층― 실업을 면하지 못하고 항구적인 실업자층을 형성하고 있다. 이것은 일본을 떠나는 것 말고는 구제의 길이 없다. 가령 있다고 해도 아주 절박하기 때문에 그런대로 시간을 끌 수 있는 것이 아니라 긴급 처리를 요한다. 이대로 방치하면 병자나 사망자 등이 나온다. 이것은 대단히 큰 인도적 문제이다.[122]

121 위와 같음.
122 日本赤十字社, 『在日朝鮮人の歸國問題はなぜ人道問題であり緊急處理を要するのか』, 5쪽;

이노우에의 입장에서 "항구적인 실업자층"을 형성하는 재일조선인의 생활 개선을 도모하는 것은 "실정을 무시"한 것으로, 그들이 "일본을 떠나"도록 하는 것이야말로 유일한 "구제의 길"이었다.

둘째, 귀국사업이 추진되는 한편 일본에서는 이승만라인 및 억류 일본인 어부의 귀환에 대한 관심이 한층 고조되었다. 특히 일본정부가 귀국사업에 관해 내각의 동의를 얻은 2월 13일 일한어업대책본부[123]는 일본인 어부 억류 문제에 대해 국제적십자위원회의 중개를 요청하는 성명을 발표했다.[124] 이에 따라 외무성은 19일 이 문제와 관련하여 국제적십자위원회에 중개를 요청한다는 방침을 결정했다.[125] 또한 28일 일본적십자사의 이노우에 외사부장도 일본인 어부 억류가 한국의 '인질정책'이라는 문서를 국제적십자위원회에 보냈다.[126] 그리하여 3월 17일 국제적십자위원회가 일본인 어부의 석방을 위해 잔류 가족 한 사람을 제네바에 파견하도록 일본정부에 요청하자, 같은 날 일한어업대책본부는 어부 이시하라 다모쓰石原保의 처 이시하라 마쓰코 외 두 명을 파견하기로 결정했다.[127] 이 건은 4월 8일 제네바를 방문한 잔류 가족들에게 부아지에Leopold Boissier 국제적십자 위원장이 일본인 어부 석방의 연내 실현을 언명하는 것으로 일단락되었다.[128] 7월 8일 오쿠무라奧村 주스위스 대사가 부아지에를 방문했을 때 국제적십자위원회가 이미 일본인 어부 석방과 관련해 한국과 연락을 취하

앞의 『北朝鮮歸國事業關係資料集』, 35쪽.

123 위원장은 小浜八彌이고, 대일본수산회, 전국어업협동조합연합회, 전일본해운조합 등으로 구성되어 있다.

124 『朝日新聞』 1959년 2월 14일 자.

125 같은 신문, 1959년 2월 20일 자.

126 같은 신문, 1959년 3월 1일 자(석간).

127 같은 신문, 1959년 3월 18일 자.

128 같은 신문, 1959년 4월 9일 자.

기 시작한 것으로 전해졌다.[129] 이와 같이 일본이 국제적십자위원회를 움직이게 한 것도 한국정부를 한일회담에 다시 나오게 하는 하나의 요인이 되었다고 할 수 있다.

또한 이러한 움직임에 호응이라도 하듯 7월 17일에는 부산 수용소에서 형기를 마친 일본인 어부 123명이 조기 송환을 요구하며 집단 탈주했다.[130]

더욱이 한국정부가 이승만라인 경비를 강화하자 일본도 해상보안청의 순시선을 늘리는 등 이승만라인을 둘러싼 한일 간의 긴장도 높아졌다. 6월 3일 해상보안청 순시선 두 척이 나포된 일본 어선의 석방을 요구하자 한국의 경비정이 총격을 가하는 사건이 일어났는데, 5일 이세키 유지로伊關佑二郎 아시아국장이 주일 한국대표부에 "일본국의 순시선을 총격한 것은 완전히 언어도단"이라고 강하게 항의했다.[131] 한일회담 재개 후인 8월 21일에도 일본 어선 두 척이 한국 경비정에 붙잡혀 문제가 되었다. 그 후에도 한국 경비정에 의한 일본 어선 나포는 계속되었고 그때마다 일본 정부와 언론은 한국을 비난했다. 나아가 재일조선인 귀국사업이 진행되면서 한국이 일본인 어부의 송환을 연기하자 일본정부는 여러 차례 주일 한국대표부에 어부의 조기 송환을 요구했다.

한국정부의 '북송' 저지 행동에 대한 일본 국내의 비판도 고조되었다. 2월 15일 자(석간) 『아사히신문』은 「경성방송」이라는 기사를 실었다. 이 기사에 의하면, 한국정부는 서울의 해외 방송을 통해 일본정부가 (1) 한국정부를 "세상에서 희귀할 정도로 비인도적이고 불법적이라고 세계에 선전

129 같은 신문, 1959년 7월 9일 자(석간).
130 같은 신문, 1959년 7월 18일 자(석간).
131 같은 신문, 1959년 6월 6일 자.

하여, 한국의 국제적 위신을 손상시키고", (2) 공산권과의 무역 확대를 꾀하기 위해 조선의 환심을 사려고 귀국사업을 결정했으며, (3) "60만의 재일조선인을 강제로 추방하려" 하고 있다고 비판하고 있다는 것이다. 그러면서 한국정부에 대해 "사실을 편의적으로 왜곡하여 상대 국가를 비난하는 것은 조금 효과가 있는 것처럼 보이지만 긴 안목에서 보아 과연 유리할까. 대략 일본이 생각하지도 않는 것을 꾸며 내는 것은 미혹의 극치"[132]라고 논박했다.

또한 『아사히신문』은 8월 14일 사설에서 한국의 귀국사업 반대 운동에 대해 "고국으로 돌아가고 싶다는 개인의 의사를 정치적인 이유로 저지하는 것은 허락되지 않는다. 하물며 재개된 일한회담에서 한국이 북조선 귀환 문제를 취급하고자 한다면, 인도적 문제와 정치를 혼동하는 것은 정도가 지나친 일이라고 하지 않을 수 없다."[133]고 비판했다.

셋째, 일본은 귀국사업 추진에 맞추어 일본 국내의 치안 문제, 특히 조선총련과 민단의 분쟁에 관심을 기울였다. 예를 들면 2월 19일 가시와무라 노부오柏村信雄 경찰청장은 국가공안위원회 정례회에서 「최근 재일조선인의 동향」이라는 제목의 보고를 통해 일본 내 총련계와 민단계의 대립으로 일어날 분쟁을 경계하고 있다고 밝혔다.[134] 또한 일조 적십자회담이 합의에 도달한 직후인 6월 15일 법무성 형사국과 입국관리국이 제1회 긴급연락회의를 열고 밀입국한 한국인이 조선에로의 송환을 희망하는 경우가 예상된다면서 그 대책을 협의하기 시작했다.[135] 귀환협정에 대한 본 조인이

132 같은 신문, 1959년 2월 15일 자(석간).
133 같은 신문, 1959년 8월 14일 자.
134 같은 신문, 1959년 2월 20일 자.
135 같은 신문, 1959년 6월 16일 자.

결정되자 경찰청은 "재일조선인 남북 양 파의 분쟁이 전국 각지에서 일어날 우려가 있다."면서 각 도도부현에 경계를 엄중하게 하도록 지시했다.[136] 나아가 9월 21일 귀국신청 개시 때에도 경찰의 엄중 경계태세가 보도되었다.[137]

실제로 귀국사업과 관련한 '사건'도 많이 보도되었다. 특히 귀국자 제일진이 니가타에 들어갈 때 민단계 약 200명이 선로에 앉아 연좌한 사건과 이른바 '일본적십자센터 폭파 미수사건' 등을 주목할 수 있다. 두 번째 사건은 12월 4일 경시청 외사과가 니가타현 시바타新發田 시내에서 니가타시 일본적십자센터의 보일러실에 다이너마이트를 설치하여 폭파하려 한 혐의로 한국인 두 명을 체포한 사건을 말한다.[138] 사건의 주모자로 보이는 인물이 26일 석방 기자회견을 하면서 주일 한국대표부로부터 50만 엔을 받았다고 발언한 것이 크게 보도되었다.[139] 그러나 일본 언론이 우려한 "대규모 폭력사건"은 일어나지 않았다. 12월 15일 『아사히신문』은 그 이유로 경찰의 경비가 대단히 삼엄했다는 점과 경시청이 정인석鄭寅錫 민단 단장을 불러 강경파를 설득해 주도록 당부한 일 등을 들었다.

넷째, 많지는 않았으나 일조 우호단체의 동향이나 일본 각지의 '일조 교류'도 보도되었다. 예를 들면, 5월 8일 일조협회 전국대회가 열려 재일조선인의 조기 귀국 실현, 일조 무역의 촉진, 부산 억류 일본인 어부의 즉시 석방을 요구하는 결의를 했다.[140] 8월 13일 일조협회는 귀환협정 조인에 맞추어 긴급 상임이사회를 열고 "정부와 일본적십자사는 협정에 의한 집

136 같은 신문, 1959년 8월 7일 자.
137 같은 신문, 1959년 9월 21일 자.
138 같은 신문, 1959년 12월 5일 자.
139 같은 신문, 1959년 12월 27일 자.
140 같은 신문, 1959년 5월 8일 자(석간).

행 기한을 기다릴 것 없이 하루라도 빨리 첫 귀국 배가 출항할 수 있게 조치해 주도록 강력히 요구한다. 또 우리는 금후 중앙, 지방에서 성대한 환송대회를 열고 일본인으로 환송단을 편성하여 조선까지 보낼 것을 결의한다."는 성명을 발표했다.[141]

또한 8월 5일 『아사히신문』은 조선총련 쓰루미구鶴見區 지부와 재일조선인 귀국협력회가 요코하마시의 쓰루미역 앞에 세울 시계탑을 보낼 것을 검토하고 있다고 보도했다. 이외에 11월 6일 조선총련 니가타현 본부가 니가타시의 현도 히가시코선縣道東港線에 수양버들 270그루를 심었다는 것과 12월 6일 아오야마학원 고등부와 조선고급학교의 '송별 축구경기'가 열린 것 등이 보도되었다. 그리고 첫 번째 선박의 출항 전야에 니가타 시내의 민요단체는 '사도佐渡 오케사'[역주 ⑥] 춤을 추어 귀국하는 사람들을 축하했다.[142]

나아가 언론은 조선민주주의인민공화국의 사회주의 건설에 대한 좋은 이미지를 많이 보도했다. 예를 들면 8월 27일 『아사히신문』은 「북조선이 창조하는 과학기술에 의한 공업진흥」이라는 제목으로 평양의 견직물 공장과 성진제강소 등의 사진을 소개했다. 또한 귀국선을 타고 조선을 방문한 기자가 작성한 "'힘차게 달리는 말', 북조선 열심히 일하는 사람들, 비행장이 변해 아파트"라든가 "게으른 학생 없고 비용은 전부 국가에서, 김일성대학을 방문하다" 등을 통해, 북조선 사회주의 사회의 '건전성'을 전했다.[143] 이와 같은 일본의 보도 역시 '조국'에 대한 재일조선인의 관심을 고조시켜 귀국사업을 활성화하는 데 일조했다고 할 수 있다.

141 같은 신문, 1959년 8월 14일 자.
142 같은 신문, 1959년 12월 14일 자.
143 같은 신문, 1959년 12월 25, 27일 자

소결

한일회담이 중단되었던 시기의 한일관계는 한국에 억류된 일본인 어부와 오무라 수용소의 강제 퇴거 대상 조선인의 석방이라는 '인도적 문제'를 중심으로 전개되었다. 이와 병행하여 한일회담 재개를 위한 예비회담이 열려 1957년 12월 한일 합의문서의 조인이 실현되었다. 그러나 1958년부터 또 하나의 '인도적 문제'로 재일조선인 귀국 문제가 부상하면서 한일회담은 중단을 반복했다. 이렇게 한일관계는 다시 교착상태에 빠졌다. 여기서는 1954년부터 1960년 4월까지의 시기에 한국과 일본, 조선민주주의인민공화국 사이에 일어난 '인도적 외교'에 초점을 맞추어 그 실상을 밝히는 데 역점을 두었다. 그 전개 과정을 정리하면 다음과 같다.

우선 억류 일본인 어부의 문제에 대해 정리해 보자. 한국정부는 이승만라인 해역에서의 어업자원 보호, 한일 간 어업 분쟁의 방지, 국방, 밀수 방지 등을 내걸고 이승만라인 설치의 정당성을 주장했다. 게다가 한국정부는 해군이 나포한 일본 어선을 국내법에 의해 '처벌'했다. 그러다가 일본정부가 재일조선인을 강제 퇴거 대상으로 삼자 이에 항의하여 '형기'가 종료된 일본인 어부를 부산 수용소에 억류했다. 한편 일본은 이와 같은 한국정부의 조치에 강력히 항의함과 동시에 어업 단체의 조직적인 행동을 통해 일본인 어부의 석방을 호소했다.

다음으로 강제 퇴거 대상 조선인에 대해 살펴보자. 일본 법무성 입국관리국은 강제 퇴거 및 그 대상자의 수용과 인수가 국제관행에 기초한 것이며 재일조선인의 강제 퇴거도 가능하다고 주장했다. 이와 같은 논리에서 일본정부는 강제 퇴거 대상자를 수용하지 않는 한국정부를 비난했다. 한편 한국정부는 재일조선인을 강제 퇴거시키는 것에 반대하여 일본에 '불법입국' 한 한국인만 받아들인다는 입장을 명확히 했다. 다만 일본정부나 한국정부나 오무라 수용소의 상황을 이해했는지는 의심스럽다. 실제로 한일 '억류자' 상호 석방에서 '불법입국' 하여 오무라에 수용된 한국인은 관심대상 밖이었다. 나아가 오무라의 재일조선인 역시 일본에는 일본인 어부 석방을 위한 '거래의 도구'였고, 한국의 관심사는 그들의 법적 지위뿐이었다.

이상과 같은 배경을 가지고 하토야마 정권 때부터 한일 '억류자' 상호 석방 교섭이 시작되었다. 이 교섭에 한일회담 재개를 위한 예비회담이 연결되었다. 한일 예비회담의 초점은 일본의 '구보타 발언' 및 대한청구권 철회였다. '구보타 발언' 철회에 대해 일본정부는 일찍부터 적극적이었지만, 대한청구권의 철회는 기시 정권이 성립된 이후에야 시작되었다. 또한 이들의 교섭에 미국이 관여한 것은 사실이지만 구체적으로 어떤 행동을 했는지는 분명하지 않다.

결국 '억류자' 상호 석방 및 한일회담 재개라는 현안은 1957년 12월의 한일 합의문서 조인에 의해 어느 정도 진전을 보였다. 이 중 '억류자' 상호 석방과 관련해서는 송환되는 일본인 어부의 경우 '형기'가 종료된 자로 국한하는 등 한국의 요구가 대폭 수용되었다. 한편으로 대한청구권의 철회는 미 국무성의 「구상서」를 기초로 했다. 이 문서는 한국정부에서 대한청구권의 대상인 재조일본인 재산을 취득한 것으로 대일청구권이 어느 정도 충족되었다는 미국정부의 해석을 전달하는 것이었다. 이 문서는 비밀문서였지만 이후의 청구권 교섭 논의의 방향성을 결정한 것이었다.

한일 간 합의에 기초하여 제4차 한일회담이 시작되어 '억류자' 상호 석방 및 일본의 한국 문화재 '인도'가 이루어졌다. 이 시기에 대두한 것이 재일조선인 귀국 문제였다. 일본정부는 오무라 수용소에 있는 조선인 중 조선민주주의인민공화국으로 귀국하기를 희망하는 자는 한국에 보내지 않는다는 입장을 명확히 하고 나아가 1959년 2월 귀국사업 문제에 대해 내각회의에서 동의를 얻었다. 그때 일본정부는 "거주지 선택의 자유"와 조선 귀국 희망자의 "귀환 희망 의사의 확인"을 중시하고 '인도주의'를 내세우면서 귀국사업을 진행하려 했다.

한국정부는 귀국사업을 '북송'이라 부르며 강하게 반발했다. 한국정부는 성명과 통고, 대중동원을 통해 '북송'을 반대한다는 의사 표시를 하고 무역 중단이라는 수단에 호소하기도 했다. 여기에 미국이 개입하면서 한국정부는 1959년 7월경부터 한일회담을 재개하여 재일조선인의 한국 귀국을 추진하려 했다.

한편 '귀국사업'을 통해 나타난 일본의 관심을 정리하면 다음과 같다. 첫째로 일본은 재일조선인 '귀환'을 통해 재일조선인 문제를 '해소'하려 했다. 둘째로 '귀국사업'을 통해 일본에서는 이승만라인 및 억류 일본인 어부의 귀환에 대한 관심이 한층 높아졌다. 그것은 '북송' 저지를 내건 한국정부에 대한 일본의 비난으로 표출되었다. 셋째로 일본은 조선총련과 민단 사이의 분쟁이라는 치안 문제를 우려했다. 넷째로 많지는 않았으나 일조 우호단체의 동향이나 일본 각지에서의 '일조교류'도 보도되었다. 또한 1959년 12월부터 귀국선의 출항이 시작되자 일본 언론은 조선의 사회주의 건설에 대한 좋은 이미지를 많이 보도했다.

이상과 같이 한국, 일본, 조선민주주의인민공화국 간 '인도주의 외교'가 어떻게 전개되었는지 살펴보았는데, 마지막으로 각 정부의 입장을 다시 정리해 보고자 한다.

일본정부는 억류 일본인 어부의 귀환과 재일조선인 문제의 '해소'에 가장 관심이 있었다고 할 수 있다. '재일조선인 문제'라고 할 때, 일본정부의 입장에서는 '불법입국자'의 한국 송환 문제도 포함되었다. 자국민 보호라는 관점에서 일본정부가 억류 일본인의 귀환을 중시한 것은 당연하다고 할 수 있다. 그러나 재일조선인의 경우 가능한 한 국외로 추방함으로써 그들의 문제가 '해소'된다는 사고가 과연 '인도주의'일까? 더구나 일본정부에 있어서 오무라 수용소의 조선인은 일본인 어부의 귀환을 위한 거래의 도구였다고 말할 정도였던 만큼 일본정부의 재일조선인 정책은 '인도주의' 측면에서 문제가 될 수 있을 것이다.

한국정부는 일본정부의 재일조선인에 대한 처우 및 '북송' 저지에 관심을 기울였다. 한국정부는 재일조선인을 '한국인'으로 간주하고 그 보호에 노력하는 자세를 보였다. 그러나 한국정부의 관심은 재일조선인의 법적 지위에 있었던 것이고 그것은 남북분단이라는 정치적 상황을 빼고는 생각할 수 없다. 한국정부가 일본으로 '불법입국' 한 한국인의 인권에 대해 어떤 관심을 가지고 있었는가는 자료상으로는 전혀 밝혀지지 않는다.

남북분단이라는 정치적 상황은 재일조선인의 '귀국'에 주력한 조선민주주의인민공화국 정부에 있어서도 마찬가지이다. 자료상 확인할 수는 없지만 한일회담이 재개됨과 동시에 조선총련을 주체로 하는 귀국운동이 고양되었던 것, 조선총련과 조선적십자회가 귀국자의 귀국 의사 확인을 반대한 것 등에서 조선민주주의인민공화국 정부가 귀국사업을 통해 한일회담을 견제하려 했다는 추측은 충분히 성립할 것이다.

그래서 미국정부는 '억류자' 상호 석방, 한일예비회담, 그리고 귀국사업에 대항하기 위한 한일회담 재개라는 한일 간의 여러 문제에 모두 개입했다. 미국의 관심은 한일회담의 진전에 있었다고 할 수 있는데, 이 점에 대해서는 보다 충분한 실증적 연구가 필요하다.

이상과 같은 각국 정부의 입장에 대해, 특히 재일조선인 문제에 초점을 맞추어 보면, 1950년대에 전개된 한국, 일본, 북한 간의 '인도적 외교'는 실은 정치적 성격을 띤 것이었다고 할 수 있다. 따라서 이러한 '인도적 외교'에 대해 오히려 정치적 관점에서의 비판이 필요하다.

3

한일회담에서 대일청구권의 구체적 토의

—제5차 회담 및 제6차 회담을 중심으로—

I. 4월혁명 이후의 한일관계

1. 한일회담 추진세력의 대두

(1) 4월혁명과 한·미·일 관계

1960년은 한일 양국의 정치 상황이 크게 변화한 해이다. 한국에서는 4월 19일에 학생을 주체로 하는 반정부 시위가 일어나 26일 이승만 대통령이 하야했다(이하 4월혁명). 그 후 7월 29일 허정許政을 수반으로 하는 과도 정권하에서 총선거가 실시되었다. 총선거 결과 다수파가 된 민주당에 의해 8월 23일 내각책임제의 새 정권이 출범했다. 4월혁명의 직접적인 원인은 3월에 실시된 정·부통령 선거에서의 부정이었는데, 이러한 부정선거는 이승만 정권에 의한 민주주의 억압으로 간주되었다. 따라서 총리로 취임한 장면張勉은 9월 30일 시정방침 연설에서 "행정부 내의 기강 확립" 및 "법질서 확립에 의해 국민의 권리와 자유를 보장"할 것을 약속하고, 먼저 부정선거 관련자의 처단, 경찰의 중립화, 군대 내의 기강 확립, 국민 문화의 고양과 사회 복지의 증진 등을 내세웠다.[1]

이와 함께 장면 정권이 중요 시책으로 내건 것은 "급속한 경제 성장을 꾀하는 경제 제일주의" 정책이었으며, 국제연합UN 가입과 국제연합 감시하의 남북한 총선거에 의한 국토 통일, 한일관계의 정상화라는 외교 정책을 함께 제시했다.[2] 미국의 한국 원조는 미국의 재정 악화에 따라 1957년을 정점으로 줄어드는 추세였다. 이는 한국에 심각한 경제 위기를 불러왔다. 때문에 장면 정권의 성패는 국제적 지위를 높이는 일, 특히 일본과의 관계를 개선하면서 경제 성장을 실현시킬 수 있을지 여부에 달려 있었다.

이에 대해 조선민주주의인민공화국은 한국의 새 정권에 통일과 남북 교류에 대한 독자적인 제안을 제시했다. 1960년 8월 해방 15주년 축하대회에서 김일성은 "외국의 어떠한 간섭도 없는 민주주의적 기초 위에 자유로운 남북 총선거의 실시"를 제안하고, 나아가 한국이 그것을 수용할 수 없을 경우 대안으로 "남북 조선의 연방제 실시"를 아울러 제안했다.[3] 또한 11월에는 최고인민회의에서 연방제의 대안으로 "남북 간의 경제 교류와 협력"을 호소했다.[4] 그러나 민주당 정권의 정일형鄭一亨 외무부장관은 "괴뢰들의 남북 교류 등 제의는 신정부 수립 후 아직 일천한 제2공화국의 국내 교

1 「張勉의 施政方針 演說」, 『京鄕新聞』 1960년 9월 30일 자; 神谷不二 編, 『朝鮮問題戰後資料 第2卷』, 日本國際問題硏究所, 1978, 391~394쪽.

2 위와 같음.

3 「解放十五周年祝賀大會における金日成の演說」, 『勞動新聞』 1960년 8월 15일 자; 앞의 『朝鮮問題戰後資料 第2卷』, 377~378쪽.

4 「南北の經濟·文化交流に關する北朝鮮最高人民會議の意見書」, 『勞動新聞』 1960년 11월 23일 자; 앞의 『朝鮮問題戰後資料 第2卷』, 673~690쪽.

란을 기도하는 것"[5]이라고 하여 이들의 제안을 전혀 받아들이지 않았다.

한편 4월혁명 이후 한국정부의 대일 정책에 변화가 보였다. 5월 3일 과도정부는 일본인 기자의 한국 입국을 허가했다.[6] 또한 8월에는 주일 한국대표부가 미쓰이三井 물산과 미쓰비시三菱 상사 직원에 대해 입국비자를 발급했다.[7] 한편 일본에서도 경제단체연합회 부회장인 우에무라 고고로植村甲午郎, 일본상공회의소 회장인 아다치 다다시足立正 등 재계 인사와 재일조선인 실업가를 중심으로 한일 경제교류 촉진을 목적으로 '일한협회'를 발족시키기 위한 움직임이 가시화되었다.[8] 정계에서는 5월 미일안전보장조약[역주 ①] 개정안을 중의원에서 강행 채결한 기시 노부스케岸信介 내각이 7월 15일 총사직하고 19일 이케다 하야토池田勇人 내각이 성립했다. 이케다는 연평균 9퍼센트의 경제 성장을 내건 소득 배증 계획을 세우고 지지를 호소했다.

그리하여 9월 6일 고사카 젠타로小坂善太郎 외상이 전후 일본 각료로는 처음으로 한국을 방문했다. 고사카 외상은 윤보선尹潽善 대통령, 장면 총리와 면담한 후 정일형 외무부장관과 회담했다. 이 회담에서 10월 하순에 한일회담을 재개하기로 합의한 후 양국 외상은 "평등과 주권 존중의 기초 위

5 「北朝鮮側南北文化交流對韓國外務部長官談話」, 『京鄕新聞』 1960년 11월 25일 자; 앞의 『朝鮮問題戰後資料 第2巻』, 691쪽.

6 『朝日新聞』 1960년 5월 3일 자(석간).

7 같은 신문, 1960년 8월 17일 자; 『日本經濟新聞』 1960년 8월 18일 자.

8 『日本經濟新聞』 1960년 5월 7일 자. 이 움직임은 같은 해 12월 27일의 日韓經濟協會 발족으로 결실을 맺었다. 이 협회는 회장에 植村甲午郎, 부회장에 安藤豊祿(小野田시멘트 사장), 李康友(三亞약품 사장), 徐甲虎(阪本紡績 사장), 고문으로 足立正가 취임했다. 회원은 일본인과 재일한국인 각 30명씩이었다(『日本經濟新聞』 1960년 12월 28일 자). 한일회담에 대한 일한경제협회 및 關西재벌의 동향에 대해서는 木村昌人의 분석이 있다(木村昌人, 「日本の對韓民間經濟外交—國交正常化をめぐる關西財閥の動き」, 『國際政治』 제92호, 1989년 10월).

에 상호 이해의 정신을 가지고 양국 간 여러 현안의 해결을 기하고 협조의 기초에 입각하여 한일관계를 수립하기 위해 노력한다."는 한일 공동성명을 발표했다.[9] 회담 후 기자회견에서 고사카는 "일한 양국에 있어서 현재 가장 중요한 것은 양국이 경제적으로 번영하는 것"으로 "경제 발전이야말로 공산주의에 대한 가장 좋은 대책"[10]이라고 말해 한일 경제협력의 필요성을 강조했다. 고사카가 방한했을 때 한국정부는 10월 1일에 있을 윤보선 대통령의 취임식에 맞추어 부산 수용소에 억류되어 있는 일본인 어부 전원의 특사를 실시한다고 발표했다.[11]

한국 방문을 마친 고사카 외상은 뒤이어 워싱턴으로 날아가 미국의 허터Christian A. Herter 국무장관과 회담했다. 미국은 6월에 이미 아이젠하워Dwight D. Eisenhower 대통령이 한국을 방문하고 한미관계를 재확인하는 공동성명을 발표했다. 9월 12일의 신문 공동발표에서 미일 외상은 한일관계의 조속한 개선에 대한 희망을 표명했다.[12]

주목해야 할 것은 이케다 정권이 한일관계의 개선을 위해 노력하겠다고 미국에 제시했다는 점이다. 외무성 아시아국이 작성한 8월 11일 자 정책방침서에서 일본은 한국 새 정권의 대일對日 태도에 대한 기대감과 함께 한일 국교정상화 조기 실현에 대한 의욕을 보였다. 여기서 일본은 "한국은

9 『朝日新聞』 1960년 9월 7일 자.
10 『日本經濟新聞』 1960년 9월 7일 자.
11 『朝日新聞』 1960년 9월 6일 자.
12 같은 신문, 1960년 9월 13일 자. 공동 발표의 해당 내용을 보면 9월 5일 자 일본 案에서는 "양자는 한국에서 신정권의 성립을 계기로 일한관계가 조속하게 개선될 것이라는 희망을 표명했다."고 되어 있다. 그러나 9일 자 電信에 따르면 "일한관계에 대해 신정권을 언급한 것은 제3국의 일이기도 하고 또한 구정권에 대한 비판을 의미하는 것이 되기 때문에 생략하는 것으로 하고 싶다."는 이유로 "한국에서 신정권의 성립을 계기로"라는 부분이 삭제되었다(「小坂外務大臣米國カナダ訪問關係一件」, 外務省外交史料館 所藏 日本外交文書 第14回 公開分, リール番號 A'0361, No 292—293, 299).

경제적 안정 없이는 정치적 안정도 얻을 수 없다고 생각한다. 우리 쪽에서도 한국의 경제 안정을 위해 협력을 아끼지 말아야 한다고 생각하기 때문에 금후 한국은 물론 미국과도 이 문제에 관해 충분히 상담하고 가능한 한 성과를 거두고 싶다."[13]고 피력했다. 일본정부는 안보투쟁[역주 ②]으로 인해 아이젠하워 대통령의 일본 방문이 중단된 것을 해명하고 미일관계의 개선을 도모하는 동시에 한일관계의 개선에도 노력하는 자세를 보였다. 고사카의 한국 방문은 이와 같은 일본의 대미외교의 일환이었다.

한국과 일본의 새 정권에 의해 우호적인 한일관계가 피력된 반면, 특히 한국 국내에서는 여전히 한일관계 개선에 신중한 움직임을 보였다. 입국허가가 내려진 직후 한국에 들어온 『아사히신문』 기자는 한국 여론의 관심이 재일조선인의 귀국사업에 있다는 것을 전했다.[14] 고사카 방한 때에도 한국 여론의 반응은 냉담하여 "양국 관계의 개선은 바라지만, (고사카가 묵은 반도호텔에—필자) 일장기를 내건 것은 너무 이르지 않나"[15]라는 분위기였다고 한다. 나아가 변영태卞榮泰, 김병로金炳魯 등 이승만 정권의 요인이 중심이 되어 열린 '시국간담회'에서는 9월 10일 일본 문제에 대해 "40년

13 위의 「小坂外務大臣米國カナダ訪問關係一件」, リール番號 A'0361, No 205—206. 또한 이 문서에는 "통계 그 밖의 자료에 의하면 한국의 경제 상태는 북조선에 비해 열세인 것으로 생각되는데, 이것은 천연자원이 빈약한 탓도 있겠으나 역시 정치나 정책에 문제가 있다고 생각된다."는 단서가 있다. 일본정부는 한국에서 경제의 안정만으로 정치적 안정이 실현된다고 생각하지 않았다. 경제 일변도가 아니라 한국의 정치적 안정이라는 측면에서도 일본정부는 한일관계의 개선을 고려했던 것이다. 나아가 이 문서에는 재일조선인 귀국사업에 대한 언급도 있다. 그것은 "미국정부가 각 개인의 귀환 선택권의 자유라는 국제적으로 인정된 기본원칙에서 북조선 귀환문제 처리에 관한 우리의 입장에 대해 종래부터 보내 준 지지와 협력에 깊이 감사한다. 현재로서는 북조선에로의 귀환을 희망하는 사람이 상당수 남아 있는 것과 같은 현상이기 때문에 귀환협정 연장의 문제가 있는 상황이지만, 우리로서는 될 수 있는 한 단기간 내에 현재 방식의 귀환을 완료시킨다는 방침하에 논리 정연한 방법으로 연장 문제를 처리하고 싶다."는 것이었다.

14 『朝日新聞』 1960년 5월 17일 자.

15 같은 신문, 1960년 9월 7일 자.

에 걸친 조선의 제국주의적 통치를 사죄할 것" 등을 요구하는 성명을 발표했다.[16]

같은 해 말 한국 국무원 사무처(구 총무처)가 실시한 '여론조사'에서는 일본과의 국교 회복에 "반대" 17.6퍼센트, "시기가 이르다" 24.6퍼센트, "즉시 국교 개시" 18.5퍼센트, "모르겠다" 38.9퍼센트를 보였다.[17] 한일 국교정상화의 즉시 실현을 바라는 목소리는 전체의 20퍼센트가 되지 않은 반면 반대와 신중파가 전체의 40퍼센트 이상임을 알 수 있다. 이승만 정권 붕괴 후 민주당 정권은 남북관계보다 대일관계의 개선을 우선했다. 그러나 한국의 여론은 여전히 조급한 한일 국교정상화에 대한 경계심을 늦추지 않고 있었던 것이다.

(2) 제5차 한일회담의 개시

한일회담은 10월 25일부터 재개되었다(제5차 회담, 당시에는 한일예비회담이라고 불렀다). 제5차 회담에서는 기본관계, 어업, 청구권, 재일한국인의 법적 지위에 대한 위원회가 설치되었고, 청구권위원회 아래 일반청구권, 선박, 문화재 소위원회가 설치되었다. 한일회담 재개 이틀 후인 27일 일본과 북한의 적십자사는 재일조선인 귀환협정을 1년 연장한다는 데 합의했다. 다음 날 주일 한국대표부는 항의의 내용을 담은 구상서를 전달했다. 그러

16 그 내용은 다음과 같다. ① 40년에 걸친 조선의 제국주의적 통치를 사죄할 것, ② 강제적으로 가져간 한국의 국보 기타의 자산을 반환할 것, ③ 제2차 세계대전 중 징집 또는 사망한 조선인에 대한 보상, ④ 재일조선인의 정치, 사회, 경제 활동의 자유를 보장할 것, ⑤ 조선에 대한 정치적, 경제적 침략을 기도하지 않는다는 약속, ⑥ 재일조선인의 북조선 송환을 시급히 정지할 것, ⑦ 일본공산당의 비합법화(『朝日新聞』 1960년 9월 11일 자).

17 『朝日新聞』 1960년 12월 29일 자. 전국에서 추출한 3천 명을 대상으로 했다. 유효 회답은 2,393명.

나 한국정부는 한일회담 대표단을 철수시키는 등의 조치는 취하지 않았다. 이후 귀환협정이 연장될 때마다 한국정부는 일본정부에 항의했지만, 이승만 정권 때처럼 한일회담을 중단하거나 귀국사업을 저지하기 위한 실력 행사를 하지는 않았다.

제5차 회담은 한일 간 의견 대립 때문에 재일한국인의 법적 지위 문제를 제외하고는 용이하게 진전되지 못했다. 어업 문제에서는 한국이 이승만라인의 존속을 주장한 반면 일본은 철폐를 주장했다. 또한 청구권 문제에서는 대일청구권의 규모와 시기를 둘러싸고 양측의 주장이 대립했는데, 이 점에 대해서는 후술한다. 이와 같은 상황에서 부상한 것이 중요 현안의 '일시 미뤄 두기' 방식과 일본의 경제시찰단 방한 문제였다.

중요 현안의 '일시 미뤄 두기' 방식이 일본 외무성 내에서 검토되고 있다는 보도가 있었다. 그것은 한일 국교정상화를 먼저 실현시키고 이승만라인이나 청구권 등 조기 타결이 어려운 문제는 나중에 토의한다는 방식이다.[18] 나아가 당시 외무성은 청구권 문제의 '일시 미뤄 두기'와 경제협력을 연계시키려 했다.[19] 12월 11일 『동아일보』에서 "일본은 한국이 재산청구권을 포기하는 것을 전제로 약 6억 달러에 해당하는 자본과 기술 원조를 공여할 용의가 있다는 뜻을 제시해 왔다."고 보도한 것에도 주목할 필요가 있다.[20]

또한 1960년 말 후지정밀富士精密 사장 단 이노團伊能(일한무역협회 회장)

18 같은 신문, 1960년 12월 12일 자.

19 新延明, 「條約締結に至る過程」, 『季刊青丘』 第16號, 1993, 41쪽. 이 자료에 대해서는 제4장에서 상술한다.

20 『東亞日報』 1960년 12월 11일 자(석간); 『朝日新聞』 1960년 12월 12일 자. 또한 『讀賣新聞』은 한국의 『韓國日報』가 일본이 한국에 7억 달러의 경제 원조를 제공하겠다고 제시했다는 설을 실었다고 보도했다(『讀賣新聞』 1960년 11월 26일 자).

를 단장으로 하는 경제시찰단의 방한이 계획되었는데, 한국정부는 일단 시찰단의 입국을 거부했다. 그러나 1961년 1월 11일 한국 상공부 차관은 시찰단의 입국을 승인한다고 발언했다. 그 후 13일에 한국에서 김용주金龍周 참의원 의원을 중심으로 하는 환영준비위원회가 발족하여 시찰단을 받아들일 준비가 진행되었다.

그러나 일본의 경제시찰단을 받아들이는 문제에 대해 한국의 야당과 재계는 일본의 경제 진출 의도를 경계하며 강하게 반발했다. 이에 한국정부는 시찰단의 입국 허가를 취소하지 않을 수 없었다. 더욱이 중요 현안의 '일시 미뤄 두기' 방식과 관련해서도 2월 3일 한국의 민의원에서 「한일관계에 관한 결의안」이 결의되었다. 이 결의안은 민주당의 반주류파가 결성한 신민당이 제출한 것이다. 이 결의에는 "정식 국교는 양국 간의 역사적으로 중요한 현안 문제의 해결, 그중에서도 특히 일본의 강점에 의한 우리의 고통의 청산이 있은 후에만 성립할 수 있다."고 되어 있다.[21]

이와 같이 한국 국회는 현안 해결보다 한일 국교정상화를 우선하는 '일시 미뤄 두기' 방식에 대해 명확히 반대하여 한국정부의 대일교섭을 견제했다.

(3) 민주당 정권의 위기와 일본 의원단의 방한

그 후 2월 7일 한일 수석대표 회담에서 양쪽 대표는 3월까지 예비회담을 끝내고 4월부터 본회담에 들어간다는 방침에 합의했다.[22] 그러나 한일회담은 진전되지 않았고, 한국정부는 통일사회당 등 혁신정당, 학생, 노동조

21 大韓民國 國會事務處, 『國會史』(제4차 국회, 제5차 국회, 제6차 국회), 1971, 492~493쪽. 이 자료에 대해서도 제4장에서 상술한다.

22 『朝日新聞』 1961년 2월 7일 자.

합이 주체가 된 반정부 시위에 골머리를 앓고 있었다.[23] 이렇게 한일회담 진행이 더욱 어려워진 상황에서 미국과 일본은 다시 한 번 한일관계의 개선 의지를 표명했다. 우선 4월 25일 미국을 방문한 정일형 외무부장관은 미국의 러스크Dean Rusk 국무장관과 회담하고 한미공동성명을 발표했다. 이 성명에서 한국과 미국 양국은 한일 간 국교의 조기 정상화가 "관계된 두 국가에 이익이 있으며 또한 아시아에서 해당 지역의 평화와 안전에도 이익이라는 점"[24]을 확인했다. 그리하여 일본에서는 자민당 내 친한파 의원들이 정조외교조사회政調外交調査會 안에 일한문제간담회를 설치했다. 4월 27일의 첫 회합에서 이시이 미츠지로石井光次郎가 좌장이 되고 기시 노부스케, 사토 에이사쿠佐藤榮作, 후나다 나카船田中, 노다 우이치野田卯一, 다나카 가쿠에이田中角榮 등의 유력 의원들이 회원이 되었다.[25] 회원 중 노다 우이치, 다나카 가쿠에이 등 여덟 명은 의원단을 결성하고 5월 6일부터 12일까지 한국을 방문했다.[26] 일본 의원단이 한국을 방문한 것은 해방 후

23 반정부 시위에서는 반정부적 행동을 규제하는 「국가보안법」 개정안과 데모 규제 법안이라는 '2대 악법'에 대한 반대 및 정부의 '친미, 친일' 노선의 대안으로 중립통일 노선을 주장했다(『朝日新聞』 1961년 4월 4일, 19일 자; 『讀賣新聞』 1961년 3월 13일 자).

24 앞의 『朝鮮問題戰後資料 第2巻』, 287~288쪽.

25 이 회의 구성원은 다음과 같다. 石井光次郎(좌장), 岸信介, 佐藤榮作, 藤山愛一郎, 三木武夫, 賀屋興宣, 船田中, 野田卯一, 千葉三郎, 田中角榮, 井出一太郎, 北澤直吉, 田中龍夫, 床次德二, 福田一, 大石武一, 松本俊一, 竹內俊吉, 田中榮一, 櫻內義雄, 金子岩三(이상 중의원), 野村吉三郎, 木村篤太郎, 井上清一, 秋山俊一郎(이상 참의원)(『讀賣新聞』 1961년 4월 27일 자).

26 1961년 1월 14일에 野田卯一, 田中角榮, 田中龍夫 등이 주일 한국대표부에 방한을 타진했다. 또한 2월에 일본에서 중의원 의원 네 명의 방한을 요청했는데, 한국정부는 "여러 가지 사정 때문에 어렵다."고 하여 일단 단념했다. 또한 이 무렵 中保與作의 방한도 문제가 되었는데, 실현되었는지는 분명하지 않다(「마에다前田 일본외무성 동북아과장 방한, 1961. 8. 7~16.」, 한국 외교사료관 소장 한국정부외교문서, 등록번호 864, 롤번호 C—0009, 파일번호 39(이하 한/864/C—0009/39로 표기), 프레임번호 4~5; 「日本衆議院議員團 訪韓」, 한/858/C—0009/33, 프레임번호 4~7). 한편 의원단의 구성은 다음과 같다. 野田卯一, 田中角榮, 田中龍夫, 田中榮一, 福田一, 金子岩三, 床次德二, 田口長治

처음이었다.

일본 의원단의 방한은 정치적 차원에서는 '양호한' 한일관계를 보여 준 것이었다. 다만 그 직후 군사 쿠데타가 발생함으로써 한일회담도 중단되었다. 그럼에도 불구하고 한일회담을 고려한 일본 의원단의 방한은 대단히 중요한 의미를 갖는다.

일본 의원단이 한국을 방문한 목적은 한국인의 일본에 대한 감정 및 한국 경제의 실정을 파악하여 한일회담 및 한국으로의 경제 진출에 따르는 각종 정책을 수립하는 데 참고하기 위해서였다.[27] 의원단은 방한 일정 동안 윤보선 대통령, 장면 국무총리를 비롯한 내각의 각 부처, 한국 국회, 서울, 부산, 휴전선의 판문점 등을 방문했다. 한국은 일본 의원단의 방한이 "원만하게 이루어지지 않을 경우 그 영향은 적지 않다."[28]고 인식하여 이들을 최대한 환대했다. 그 결과 한국 국민의 부정적인 대일감정을 각오했던 의원단은 "한국에 도착한 후 여야를 망라한 환대를 접하고 전연 의외라는 감정을 숨길 수 없었다." 그리고 "일본에 대한 한국인의 좋지 않은 감정은 생각했던 것보다는 낮으며 일부 인사를 제외하고 (반일 감정이) 일반 국민의 뇌리에서 이미 사라졌다는 결론을 얻었다."고 할 정도였다.[29]

단장의 소임을 맡았던 노다 우이치는 일본에 돌아간 후 "무엇보다도 놀라웠던 것은 의외라고 할 정도로 대일 감정이 완화된 것이다."[30]고 말했다. 또한 의원단의 일원이었던 다나카 가쿠에이도 자신의 일기에 "그들은

郞(이상 여덟 명). 이외 외무성 아시아국장인 伊關佑二郞 등이 수행했다(동, 프레임번호 27~28).

27 政務局 亞州課 이범석, 「日本衆議院議員團 訪韓에 대한 報告書」(동, 프레임번호 83).

28 1961년 4월 20일 자, 발언: 주일공사대리, 수신: 외무부장관(동, 프레임번호 11).

29 앞의 「日本衆議院議員團 訪韓에 대한 報告書」(동, 프레임번호 83~84).

30 『朝日新聞』 1961년 5월 13일 자.

일본을 그리워하는 기색이 뚜렷했다. 반일 감정, 그런 것은 정치적 수단으로 포장된 것이 아닌가 하는 생각이 들 정도이다."[31]라고 썼다. 무엇보다도 다나카는 독립운동가였던 양일동梁一東 원내총무의 투옥 경험에 대해 "당시 법률로 금지된 사항을 귀하가 어겼기 때문에 구속을 당해도 어쩔 수 없지 않은가"[32]라고 말했다. 이와 같이 의원단 전체가 다나카처럼 조선 식민지 지배에 대한 비판적 관점이 결여된 인식을 공유하고 있었던 것으로 보인다.

의원단은 재무부, 부흥부, 농림부, 상공부 각 장관과의 회담에서 일본의 대한 투자나 한일 간 무역의 증진에 대한 의견을 교환했다.[33] 또한 정일형 외무부장관과의 회담에서는 한일 양국이 "반공 우방으로 운명공동체"라는 점을 확인했다.[34] 그 자리에서 의원단의 다구치 조지로田口長治郎와 정일형 외무부장관은 이승만라인에 대해 한일 양국이 일본 어선의 이승만라인 침범 및 한국정부의 일본 어선 나포를 자제한다는 데 의견을 같이했다.[35] 이상과 같이 한국과 일본의 정치가가 직접 만나 한일 우호 분위기를 연출하고 정치·경제적 영역에서 한일관계의 방향성을 제시한 것은 대단히 큰 의의를 갖는다고 할 수 있다.

한편 5월 10일 의원단을 수행한 이세키 유지로伊關佑二郎 외무성 아시아 국장과 김용식 외무부차관은 회담을 가졌다. 이 회담에서는 앞에서 본 정

31 『新潟日報』 1999년 11월 10~13일 자. 이 기사는 鈴木久美 씨의 후의에 의해 입수할 수 있었다.

32 위와 같음.

33 「日本衆議院議員團 訪韓報告: 단기 4294(서기 1961)년 5월 6~12일」(앞의 「日本衆議院議員團 訪韓」, 프레임번호 76~78).

34 「日本 衆議院 訪韓團과 外務部長官과의 面談: 단기 4294년 5월 8일」(동, 프레임번호 61~62).

35 위와 같음, 프레임번호 90~91.

치가 그룹의 교류와는 달리 한일회담에서의 청구권 교섭의 방향을 둘러싸고 한일 양국의 의견이 격렬하게 대립했다.

이세키는 외무성이 검토해 온 '일시 미뤄 두기' 방식과 경제협력에 의한 청구권 문제의 '해결'을 제안했다. 이세키는 다음과 같이 말했다. "일본정부로서는 우선 국교를 정상화하되, 청구권과 평화선 문제는 후일에 해결할 문제로 일단 shelve('일시 미뤄 두기'—필자)하는 것이 좋겠다. 이 경우 일본정부는 정부나 민간의 차관을 한국에 제공하는 것을 고려할 수 있다."[36] 청구권 문제의 '일시 미뤄 두기'와 대한 경제협력을 연계한다는 안은 제5차 회담이 시작되는 1960년에 검토된 것으로 생각된다. 다만 그것이 외교문서에서 처음 확인되는 것은 1961년 5월의 이 발언이다. 더욱이 이세키는 "일본이 경제적으로 한국을 원조하려고 해도 일본 어선의 나포 사건이 속출하는 상황에서는 어렵다고 생각한다."[37]고 말하여 한국정부가 일본 어선 나포를 중지하는 것이야말로 경제협력 실시의 전제조건이 될 것임을 시사했다.

이에 대해 김용식은 다음과 같이 반론했다. "경제협력 문제에 대해서는 우리나라의 국회 결의를 상기하기 바란다. 국교정상화 문제에 대해서는 일본의 의견대로 어업 문제와 청구권 문제의 해결을 shelve(보류)하여 우선 국교를 정상화한다고 해도, 가장 어려운 문제를 해결하지 않은 채 방치하고 국교를 정상화한다면 양국 간의 관계가 원만하게 될 것이라고 기대하기는 어려울 것이다."[38] 여기서 "우리나라의 국회 결의"는 앞에서 서술한 한국 민의원에서 결의된 「한일관계에 관한 결의안」을 말한다. 요컨대

36 1961년 5월 15일 자, 발언: 외무부장관, 수신: 한일회담 수석대표(동, 프레임번호 70).
37 위와 같음.
38 위와 같음, 프레임번호 71.

김용식은 이 결의를 방패 삼아 일본의 '일시 미뤄 두기' 제안을 거절한 것이다.

또한 이세키는 무상 원조에 의한 청구권 문제의 '해결'도 제안했다. 그러나 이에 대해서도 김용식은 다음과 같이 반론했다. "일본으로서는 예산 조치가 어렵기 때문에 무상 원조의 형식을 취한다고 하는데, 내 생각으로는 오히려 일본 국회에서 한국에 지불할 금액의 내용을 명확히 해두는 쪽이 좋지 않을까 생각한다."[39] 이와 같이 김용식은 어디까지나 일본이 한국에 제공하는 금액은 대일청구권을 근거로 해야 한다고 함으로써 이세키의 제안을 받아들이지 않았다.

이상과 같이 한국과 일본의 여당 정치가 그룹의 회의에서 나타난 한일우호, 한일관계 촉진 분위기와는 달리, 한일 간의 사무 수준 협의에서는 의견 대립이 심해 타결의 실마리가 보이지 않았다. 이러한 정치가와 외무 관료에 의한 두 개의 교섭은 상대방과의 우호관계를 중시하는 '정치적 노선'과 자신들의 입장을 강하게 내세우려는 '실무적 노선'의 표출이라고 이해할 수 있다. 다만 양자의 노선은 경제를 기조로 하는 한일관계를 구상하고 있다는 점에서 공통적이었다. 원칙적 대립, '인도적 외교'라는 1940, 1950년대의 한일관계를 대신하여 1960년에 나타난 한국과 일본의 새 정권에 의한 한일관계는 이와 같은 여러 요소를 포함하여 전개되었다.

2. 제5차 회담에서의 토의: 대일청구권의 전체적 성격

앞에서 서술했듯이 제5차 회담은 재일한국인의 법적 지위 문제를 제외한 여러 의제에서 타결의 실마리를 찾지 못했다. 그 여러 의제 가운데 가장 중

39 위와 같음, 프레임번호 72.

시된 것이 청구권 문제였다. 원래 한국이 청구권 문제를 중요하게 생각했으며, 일본은 어업문제, 특히 이승만라인의 철폐를 중시해 왔다. 그러나 1960년 들어 양국이 경제협력의 필요성에 대한 인식을 공유하는 쪽으로 한일관계의 방향이 바뀌면서 일본은 한국의 대일청구권 문제에 적극적으로 대처하게 되었다. 다만 일본에서 준비한 안은 문제의 해결을 우선 연기하는 '일시 미뤄 두기' 방식으로, 금액의 근거를 명시하지 않는 무상 원조에 의한 '경제협력' 방식이었다. 어느 쪽의 안도 일본의 식민지 지배의 청산과는 성격을 달리하는 해결 방식이었다.

어쨌든 제5차 회담부터 청구권 문제가 초점이 된 것은 사실이다. 그러면 이 문제에 대해 어떤 논쟁이 벌어졌는지 검토해 본다. 제5차 회담에서 일반청구권소위원회는 1960년 11월 10일 첫 회의 이후 13회에 걸쳐 회의를 가졌다. 제2차 회의(1960년 11월 18일)에서 한국은 제1차 회담에서 제시한 「한일 간 재산 및 청구권 협정 요강」(이른바 「대일청구 8항목」, 이하 「요강」)을 수정해 다시 제출했다. 그 내용은 다음과 같다.

1. 조선은행을 통해 반출된 지금地金 67,541,771,2그램(제5차 회담 때 제시) 및 지은地銀 249,633,198,61그램(제5차 회담 때 제시)의 반환 청구
2. 1945년 8월 9일 현재 일본정부의 대조선총독부 채권의 반제返濟 청구
3. 1945년 8월 9일 이후 한국으로부터 진체振替 또는 송금된 금품의 반환 청구
4. 1945년 8월 9일 현재 한국에 본사 본점 또는 주된 사무소가 있던 법인의 재일재산의 반환 청구
5. 한국 법인 또는 한국 자연인의 일본국 또는 일본 국민에 대한 일본국채, 공채, 일본은행권, 피징용 한국인의 미수금, 보상금 및 기타 청구권의 반제 청구
6. 한국인(자연인, 법인)의 일본정부 또는 일본인에 대한 개별적 권리 행사에 관한 항목

7. 전기 여러 재산 또는 청구권에서 발생한 여러 과실果實의 반환 청구
8. 전기의 반환 및 결제의 개시 및 종료 시기에 관한 항목[40]

이 내용 가운데 수정된 것은 제1항으로, 당초 포함되었던 "고서적, 미술품, 골동품, 기타 국보 지도원판"은 앞에서 서술한 제4차 회담에서부터 문화재소위원회에서 토의하게 되었다. 또한 제2항은 주로 우편저금 등의 체신국 관계에 한정되고, 제6항은 당초 「요강」에는 없었던 것이다.[41] 그리고 제7항 및 제8항은 결국 토의되지 않았다.

제5차 회담에서는 청구 항목의 내용에 대한 검토도 이루어졌는데, 보다 중요한 논점은 대일청구권의 규모 및 시기라는 전체적 성격에 관한 것이었다. 주된 논점은 네 가지였다. 우선 첫째로 한국정부의 재조일본인 재산 취득이 대일청구권을 어느 정도 충족시키는가라는 이른바 '관련' 문제였다. 일본은 미 국무성 각서의 기본정신은 '상쇄'에 있는 것으로, 한국이 제출한 「요강」 가운데 일부는 한국정부가 재조일본인 재산을 취득하면서 이미 충족된 것이라고 주장했다.[42] 앞에서 서술한 1957년 예비교섭의 말미에 조인된 한일 합의문서에 재조일본인 재산의 처리와 대일청구권은 별개의 문제라는 조문을 삽입해야 한다는 한국의 주장에 대해 일본이 완강하게 거부한 것도 이 '상쇄' 방침을 견지하고 있었기 때문이었다.[43] 이러한 일본의 논리는 앞선 회담에서 주장했던 대한청구권의 논리 그 자체였다.

그러나 한국은 이와 같은 일본의 주장에 반대하여 「요강」의 상쇄는 있

40 대한민국정부, 『한일회담백서』, 1965, 44~46쪽.
41 같은 자료. 제1차 회담 시 제6항은 "한국 법인 또는 한국 자연인 소유의 일본 법인의 주식 또는 기타 증권은 법적으로 인정할 것"으로 되어 있다.
42 大韓民國 政務局 亞洲課, 『韓日會談의 概觀 및 諸問題』, 1961(필자 추정), 122쪽.
43 앞의 『韓日の和解』, 125쪽.

을 수 없다고 반론했다. 한국은 "한국이 일본에 청구해야 하는 재산은 8개 항목 이외에도 막대하지만 강화조약 제4조에 의해 일본이 한국 내의 구 일본재산을 포기하지 않으면 안 된다는 점을 충분히 고려하여 처음부터 중요한 것만 8개 항목으로 선별하여 제출한 것"이라고 주장했다.[44] 제1장 제2절 제3항의 (2)(60쪽)에서 언급했듯이, 한국의 대일청구권은 한국정부가 연합국 자격으로 대일강화조약에 서명할 수 없게 된 상황을 수용하여『대일배상요구조서』의 내용을 대폭 철회한 것이었다.

결국 이 문제는 1961년 3월 9일 한국과 일본에서 대일강화조약 제4조 (b)항에 대한 미국의 해석이 공표된 후에도 여덟 차례 열린 청구권소위원회에서 문서의 교환이라는 형태로 논쟁이 계속되었다. 그러나 양쪽의 주장에 눈에 띄는 변화는 보이지 않았다.

두 번째 논점은 미군정청에 의한 재조일본인 재산의 처분, 구체적으로는 미군정 법령 제33호[45]의 해석을 둘러싼 문제였다. 1945년 12월 6일 공포된 법령 제33호는 같은 해 8월 9일 이래 남한에 있는 일본인 재산을 미군정청의 관리하에 둘 것을 정한 같은 법령 제2호[46]가 발령됨에 따라 이러한

44 앞의『韓日會談의 概觀 및 諸問題』, 120~121쪽.

45 미군정 법령 제33호(1945년 12월 6일 공포) 제2조에는 "1945년 8월 9일 이후 일본정부, 그의 기관 또는 그 국민, 회사, 단체, 조합, 기 정부의 기타 기관 혹은 기 정부가 조직 또는 취체한 단체가 직접 간접으로 혹은 전부 또는 일부를 소유하거나 관리하는 금, 은, 백금, 통화, 증권, 은행감정, 채권, 유가증권 또는 본 군정청의 관할 내에 존재하는 기타 전 종류의 재산 및 그 수입에 대한 소유권은 1945년 9월 25일부로 조선 군정청이 취득하고 조선 군정청이 그 재산 전부를 소유함. 누구를 불문하고 군정청의 허가 없이 그 재산에 침입 또는 점유하고 그 재산의 이전 또는 그 재산의 가치, 효용을 훼손함을 불법으로 함"으로 되어 있다〔高麗大學校 亞細亞問題硏究所 日本硏究室 編,『韓日關係資料集』(제1집), 1976, 19쪽〕.

46 미군정 법령 제2호(1945년 9월 25일 공포) 제1조에는 "1945년 8월 9일 이후 일본, 독일, 이탈리아, 불가리아, 루마니아, 헝가리, 타이 등 제국의 정부나 또는 그 대리기관이나 그 국민, 회사, 단체, 조합, 기타 기관과 또는 해당 정부 등이 조직 또는 조정하는 기관에 직접 간접 또는 전부 혹은 일부를 소유하거나 관리하는 금, 은, 백금, 통화, 증권, 예금, 채

재산을 모두 미군정청이 취득하여 소유한다는 점을 명문화한 것이다. 토의의 초점은 미군정청이 재산을 취득한 날짜를 1945년 8월 9일로 할 것인가, 아니면 같은 해 12월 6일로 할 것인가에 있었다.

「요강」 중 세 항목(제2, 3, 4항)에 걸쳐 이 문제와 관련된 청구권을 주장한 한국은 재조일본인 재산의 현상 유지 및 해외 이동의 금지를 결정한 태평양미국육군최고사령부 포고 제1호(1945년 9월 7일 포고)[47] 등을 논거로 하면서 8월 9일 현재의 재조일본인 재산이 미군정청의 취득의 대상이 된다고 주장했다. 예를 들면, 그날 이후 조선에서 귀환한 일본인이 조선 내의 은행에서 인출한 예금액도 당연히 그 대상이 된다는 것이었다.[48] 한국의 이러한 주장은 재조일본인의 재산 처리와 관련된 여러 법령의 관련성을 중시하여 "조선에서 설비를 철거하는 것은 있을 수 없다."고 한 미국의 초기 대일배상 방침을 엄밀하게 원용한 것이라고 할 수 있다.

한편 일본은 우선 법령 제33호의 해석에 대해 다음과 같이 반론했다. "군령 제33호를 공포한 1945년 12월 6일에 (미)군정부의 관할권 및 지역에 존재한 재산이 미군정부로 소속 변경되었다."(괄호 안은 필자, 이하 같음)는 것으로, '8월 9일'이라는 날짜는 "이 법령의 대상이 되는 재산의 '일본성日本性'을 결정하는 기준"이며, 또한 일본인에 의한 예금 인출에 대해 그것은 개인의 권리이며 "만약 예금 인출에 관해 (총독부의) 행정적 책임이 있

권, 유가증권, 기타 재산을 매매, 취득, 이동, 지불, 인출, 처분, 수입, 수출 기타 취급과 권리, 권력, 특권의 행사는 이 법령에 규정한 이외의 사람에게 이를 금지함"으로 되어 있다(같은 자료, 16쪽).

47 태평양미국육군총사령부 포고 제1호(1945년 9월 7일 포고) 제2조에는 "정부, 공공 단체 또는 기타의 명예 직원과 고용인과 또는 공익사업 공중위생을 포함한 공공사업에 종사하는 직원과 고용인은 유급 무급을 불문하고 또 기타 제반 중요한 직업에 종사하는 자는 별도의 명령이 있을 때까지 종래의 직무에 종사하고 또한 모든 기록과 재산의 보호에 임할 것"으로 되어 있다(같은 자료, 16쪽).

48 大韓民國外務部 政務局, 『제5차 韓日會談豫備會談 會議錄』, 104~105쪽.

다면 미국이 이미 (예금 인출의 정지를) 요청했을 것"이라고 주장했다.[49]

이 문제는 「요강」의 항목별 토의에서 혹은 문서의 교환에 의해 제5차 회담에서 격렬하게 토의되었다. 그러나 제6차 회담에서는 한국이 새로 이 '날짜' 문제를 언급하지 않았기 때문에 구체적인 토의는 전개되지 않았다. 그 이유는 명확하지 않으나 회담의 전개 과정에서 추측해 보면, 한일 국교정상화의 조기 실현을 목표로 하는 한국의 군사정권이 「요강」에 대한 토의를 빨리 종결시키기 위해 이 문제를 아예 회피했기 때문이 아니었을까 생각된다.

세 번째 논점은 우편저금이나 미지불 임금 등 민사상의 개인청구권에 대한 지불 방법을 둘러싸고 나타났다. 예를 들면 1961년 4월 28일 제12차 회의에서는 제5항의 청구권에 대해 다음과 같은 토의가 이루어졌다.

일본: 이 항목은 사적인 청구가 대부분이라고 생각하며 종래 이러한 청구는 국교가 정상화되지 않았기 때문에 해결을 보지 못한 것으로, 앞으로 국교가 회복되고 정상화되면 일본의 일반 법률에 따라 개별적으로 해결하는 방법도 있다고 생각하는데, 이 점 어떻게 생각하는가.

한국: 해결 방법으로는 여러 가지가 있을 수 있으나 우리는 나라가 대신하여 해결하고자 하는 것이며, 또 여기에 제시한 청구는 국교 회복에 선행해서 해결되어야 할 것으로 생각한다.

일본: 청구 내용에도 따르겠지만, 종래 일본이 여러 외국과의 관계 해결에서 종전 재산에 대하여는 개별적으로 해결한 것이 많다. 물론 그것은 정부 간의 교섭을 계기로 하지만 이러한 방법에 의해 사권私權의 길을 터놓는 방법도 있다.

한국: 우리로서는 국교 회복에 선행해서 해결하고 싶다.[50]

49 같은 자료, 108쪽.

50 같은 자료, 192~193쪽.

이 토의에서 분명히 알 수 있듯이, 일본은 민사상의 개인청구권에 대해서는 국교가 정상화된 뒤 일본의 법률에 따라 개별적으로 해결한다는 방법을 제시했다. 일본은 패전국이 전승국에, 또는 옛 종주국이 식민지화된 나라에 지불하는 국가 간의 배상과 국가의 과오 때문에 발생한 개인의 손해에 대한 보상에는 응하지 않았지만, 영토의 분리에 따라 발생하는 민사상의 개인청구권에는 전향적으로 대응했다. 다만 선행 연구에서 야마다 쇼지山田昭次 등이 지적한 대로, 이 제안은 일본이 개인청구권의 입증을 한국에서 해야 한다는 증거주의에 의해 그 금액을 가능한 한 낮게 잡으려고 한 것이었다.[51] 무엇보다도 이와 같은 일본의 자세가 제5차 회담에서 처음 나타난 것은 아니다. 제1장 제2절 제4항의 (1)(72쪽)에서 검토했듯이, 제3차 회담의 구보타 간이치로久保田貫一郎 일본 측 수석대표의 발언에서 일본은 한국이 요구하는 청구권 가운데 군인이나 징용자에게 지불되지 않은 금액 등 "일본에 법률적 의무가 있는 것"에 대해서는 고려하고 있었던 것이다. 그러므로 일본의 이와 같은 태도를 '증거주의'라고 부른다면 이 점에서 청구권 문제에 대한 일본의 교섭 자세는 수미일관하다고 볼 수 있다.

한편 한국은 개인청구권에 대해 국교정상화에 앞서 국가 간에 해결한다는 주장을 되풀이했다. 한국은 일본의 증거주의적 자세를 보면서 청구권의 명목으로 일본으로부터 제공될 자금을 가지고 경제개발을 추진하기 위해서도 정치적 해결이 유리하다고 판단한 것이다.

마지막으로 네 번째 논점은 한국정부의 관할권 문제이다. 즉 한국정부가 한반도 북부의 대일청구권을 주장할 수 있는가 하는 점이 토의되었다. 앞에서 서술한 제12차 회의에서 일본은 "한국법인 또는 자연인"의 범위,

51 山田昭次, 「日韓條約の今日の問題點」, 『世界』 제567호, 1992.

보다 구체적으로는 한반도 북부에 있는 자연인을 어떻게 다루어야 하는가에 대해 문제를 제기했다. 이에 대해 한국은 "한국 법인은 한국 내에 본점이 있는 법인을 말하고, 자연인은 이론상 어디에 있든 청구 범위에 들어간다."고 답변했다. 일본이 거듭해서 한국에 답변을 요구하자 한국은 "이 문제는 우리 내부의 문제"라며 명확한 대답을 피했다.[52]

다시금, 시기는 뒤이지만, 제6차 회담의 일반청구권위원회 제11차 회의(1962년 3월 6일)에서 한국 측 김윤근金潤根 대표는 "한국의 주권은 남북한 전 영역에 미친다."고 발언함으로써 한반도 북부의 청구권도 주장한다는 점을 분명히 했다. 이에 대해 일본 측 우라베 도시오卜部敏男 대표는 한국의 관할권은 한반도 남부에 한정된다고 한국의 주장에 반론했다.[53]

이상과 같이 한국정부는 관할권이 한반도 전체에 미치기 때문에 한반도 북부의 대일청구권도 주장할 수 있다는 입장을 보였다. 이에 대해 일본정부는 한국정부의 관할권이 남부에 한정된다고 해석하여 한국정부에 의한 한반도 북부의 대일청구권을 인정하지 않았다. 한국정부가 일본으로부터 보상금을 받아 조선민주주의인민공화국의 국민에게 보상하는 것은 불가능했다는 점을 상기하면 한국의 주장은 비현실적이었다고 할 수 있을지 모른다. 그러나 제1장 제2절 제3항의 (2)(60쪽)에서 검토했듯이 초기 한일회담에서 일본은 한국에 한반도 북부의 재조일본인 재산에 대한 청구권을 주장하려고 했다. 이런 측면에서 볼 때 한일 간의 청구권 교섭에서 한반도

52 앞의 『제5차 韓日會談豫備會談會議錄』, 183~184쪽.

53 대한민국외무부 정무국, 『제6차 韓日會談會議錄(II)』(이하 『會議錄(II)』라고 함), 182쪽. 이날 회의에서는 이외에 청구권을 달러화에서 엔화로 환산할 때의 환율 문제 등이 토의되었다. 환율 문제는 예를 들어 上海 달러를 확정 채권으로 반환 청구할 경우 한국은 당시의 비율로 1달러=15엔에 의한 환산을 주장했다. 그러나 이 문제는 충분히 토의되지 않았다(같은 자료, 187~190쪽).

북부의 사람들이 행사해야 할 권리도, 이 지역에 있던 일본인 재산에 대한 '권리'도 자국의 주장을 유리하게 하기 위한 '교섭기술'로 이용되었다고 말할 수 있지 않을까.

이상의 검토를 통해 한국은 미국의 초기 대일배상방침을 엄밀하게 채용하면서 재조일본인 재산의 취득과 분리하여 청구권을 주장했고, 일본은 증거주의를 전제로 민사상의 개인청구권을 인정하면서도 법률논리에 의해 대일청구권 전체의 범주를 좁히려 했음이 명확해졌다. 이러한 구도는 다음 절에서 검토할 「요강」의 항목별 토의에서도 마찬가지였다.

II. 한국 군사 쿠데타 이후의 한일회담

1. 한국 군사 쿠데타 이후의 한일관계

(1) 한국 군사 쿠데타와 미국과 일본의 대응

1961년 5월 16일 새벽, 박정희朴正熙 소장이 이끄는 한국군 일부가 쿠데타를 일으키고 군사혁명위원회를 조직했다. 군사혁명위원회가 발표한 혁명공약 제1조에는 "반공을 국시의 제일의로 삼고 지금까지 형식적이고 구호에만 그친 반공태세를 재정비 강화한다."고 되어 있다.[54] 18일 장면 내각이 총사직한 후 19일 군사혁명위원회는 국가재건최고회의로 개칭하고 스스로 국가의 최고기관이라고 선언했으며, 21일에는 장도영張都暎 중장을 수반으로 하는 내각을 발족시켰다. 이렇게 성립한 군사정권에 대해 조선민주주의인민공화국 정부의 김일金一 제1 부수상은 쿠데타를 '파쇼적 군

54 神谷不二 編,『朝鮮問題戰後資料』(제3권), 日本國際問題硏究所, 1980, 18쪽.

사사변'이라 부르며 군사정권을 강하게 비난했다.[55] 한편 미국정부는 5월 19일 국무성 대변인 성명을 통해 군사정권 지지를 정식으로 표명했다.

일본정부도 한국 정세에 민감하게 반응했다. 그 움직임은 6월로 예정되어 있던 미일 수뇌회담의 준비 과정에서 명확하게 나타났다. 이케다의 미국 방문 준비는 한국의 군사 쿠데타 이전부터 추진되었다. 4월 13일 자 일본 외교문서에 의하면, 일본정부는 "아시아, 특히 극동의 정세는 강대한 중공이 존재하고 그 주변에 있는 신흥 여러 나라의 기초는 연약하기 때문에 현저하게 불안정하다."고 평가한 뒤, "극동의 여러 나라, 특히 라오스, 베트남, 한국 등 여러 나라의 정치적, 경제적 안정을 꾀하는 것이 불가결"하기 때문에, 이 시점에서 미일 간 협력이 필요하다고 인식했다.[56] 그리고 군사 쿠데타 직후 일본은 한국의 정정에 대해 "실로 우려를 금할 수 없다."고 하면서 미국, 영국, 프랑스, 서독, 이탈리아, 일본 등이 "국제적 기구를 조직"하고 이 조직을 통해 한국 등 여러 나라에 경제 원조를 한다는 안을 구상했다.[57]

그 후 5월 28일에 하코네箱根에서 외무성 관료가 대미방침에 대해 이케다 수상에게 브리핑을 했다. 여기서 주목할 것은 이세키 아시아국장이 "베트남에 3천만 달러, 한국에 5천만 달러 정도의 원조"를 제안했다는 것이다. 다케우치 류지武內龍次 사무차관은 여기에 덧붙여 당시 지원 중이던 인도와 파키스탄에 추가 지원하려던 원조금을 "한국, 베트남 쪽으로 돌리는 방안이 타당"하다고 언급했다. 이에 대해 이케다는 "한국, 베트남은 일본

55 같은 자료, 32쪽.
56 「池田總理米國カナダ訪問關係一件」(外務省外交史料館 所藏 日本外交文書 第一四回 公開分, 릴번호 A'0361, No2225~2234).
57 위와 같음.

에도, 또한 자유주의 진영에도 최후의 전선이다. 따라서 인도에 대한 추가 원조는 그만두고 한국, 베트남에 대한 원조를 해야 한다."고 답변했다.[58]

또한 미야자와 기이치宮澤喜一 참의원 의원이 한국과 베트남의 공산화 가능성을 고려하여 원조에 신중해야 한다고 발언하자, 이케다는 "물론 한국, 베트남 등에 원조를 할 경우에는 당연히 미국의 의중을 들어 미국이 긍정적이면 일본이 원조를 하는 방법을 취하는 것이 적당할 것"이라고 말했다. 이와 같이 이케다는 미국의 방침에 따르는 형식을 중시하면서 한국에 대한 적극적인 경제 원조를 고려했던 것이다.[59]

이리하여 5월 31일 작성된 일본의 정책방침서는 세 개의 요점을 포함하고 있다. 첫째로 일본정부는 군사정권이 민주적 절차를 밟아 국제적으로 인정받는 정부에 정권을 이양하기를 바랐다. 이 때문에 둘째로 일본정부는 잠정적이며 비합헌적인 정권과 한일 국교정상화 교섭을 재개하는 데 신중했다. 그러나 일본정부가 "일한회담의 타결을 서두른 것도, 신속하게 국교를 정상화한 뒤에 한국과 경제협력을 실시하여 한국 경제를 재건할 수 있도록 원조하는 것에 있었다." 따라서 셋째로 일본정부는 "군사정권이 일정하게 안정되기를 기다려 이 정권이 응하면 국교정상화 이전이라도 신속하게 경제협력을 실시한다."는 방침이었다.[60]

58 위와 같음.
59 위와 같음.
60 앞의 「池田總理米國カナダ訪問關係一件」, No 2309~2328. 세 번째의 국교정상화 이전의 경제협력에 대해 일본은 이 시점에서 「對韓緊急援助借款(案)」을 제안하려고 했다. 이 안은 다음의 세 가지로 되어 있다. ① 군사정권의 경제 행정을 유도하기 위한 "이면공작에 의해" 일본에서 '경제 고문'을 초청하게 한다, ② 일본의 한국으로부터의 수입량을 배가시킨다, ③ 인플레이션 증가와 재고용 증가를 목적으로 하는 차관을 공여한다. 그 조건은 2년간 5천만 달러를 해외경제협력기금에서 지출하는 것으로 하고, 5년 거치 30년 상환, 금리 4퍼센트로 한다. 그리고 이 차관의 '이용 방법 내지 대상 프로젝트'로 거론되고 있는 것은 ① 유휴 공장의 재가동, ② 일본으로부터의 반제품半製品 위탁 가공, ③

그 후 6월 1일 총리 관저 회합에서는 위와 같은 방침에 대해 다음과 같은 논의가 이루어졌다. 첫째로 이세키 아시아국장 및 오노 카츠미大野勝巳 주영대사는 한국에는 군사정권이 필요하다고 생각했다. 이에 대해 이케다는 이들의 생각을 인정하면서 "일본이 좋다고 생각하는 정치가가 정권에 참여하도록 보다 노력 지도하는 등 일본이 원하는 방향으로 끌고 가는 것도 하나의 방법"이라는 견해를 피력했다. 아울러 이케다는 군사정권의 합법성에 대해 검토하도록 외무성에 지시했다. 둘째로 한일회담에 대해 오노 대사가 한일회담을 재개할 것을, 오카자키 가쓰오岡崎勝男 유엔대사가 예비회담에 응할 것을 각각 진언했다. 이에 대해 이케다는 한국에서 요청이 온다면 "어쩌면 예비회담 정도는 하는 편이 좋을지도 모르지요", 다만 "가령 예비회담이 바로 끝난다 해도 뭔가 조인하는 것은 문제 외"라고 답변했다. 셋째로 고사카 외상이 한국에 3천만 달러의 경제협력을 실시하고 싶다고 발언한 데 대해 이케다는 "아직 그 시기가 아니"라고 답변했다.[61]

이상의 논의에서 분명히 알 수 있는 점을 정리하면 다음과 같다. 첫째로 이케다는 민주적 절차를 밟은 불안정한 정권보다는 안정된 군사정권에 기대하게 되었다. 둘째로 한일회담을 재개해야 한다는 목소리가 있었음에도 불구하고 상대방이 군사정권인 채로는 그 합법성에 의문이 있다. 그래서 이케다는 한일회담을 예비회담으로 재개하려 했다. 셋째로 이케다는 국교정상화 이전에 한국과 경제협력을 실시하는 것에 강한 의욕을 보였으나 미국의 의향에 부응한다는 조건을 우선함으로써 미국보다 먼저 한국에 경제협력을 제의하는 것은 피하려 했다.

이상과 같은 논의를 거쳐 6월 20일 이케다는 미국을 방문하여 케네디

발전소 건설 및 수리, ④ 원자재 수입 등 네 가지였다.

61 위의 「池田總理米國カナダ訪問關係一件」, No 1157~1164.

John F. Kennedy 미 대통령과 회담했다. 이때 이케다는 한반도 전체의 공산화는 일본에 위협이 된다는 생각을 피력하면서 한국에 대한 미국의 지원에 협력하는 형태로 "응분의 기여"를 하겠다고 말했다. 이케다의 발언은 미국에 대해 일정한 배려를 하면서도 일본이 한국을 지원하겠다는 뜻을 강하게 주장한 것이었다. 이에 대해 케네디는 한일관계의 개선과 일본이 한국을 지원하는 것에 대한 "간절한 바람"을 표명했다.[62]

다만 한일회담에 대해서는 미일 간에 온도 차가 있었다. 23일 열린 세 번째 수뇌회담에서 케네디는 "한국 군사정권에 대해 하루속히 합헌정부로 돌아가고 동시에 한일관계 타개에 노력하도록 압력을 가할 것"이라고 말했다. 이에 대해 이케다는 "이 문제는 특별히 하루를 다툴 정도의 긴급한 문제는 아니기 때문에 차분하게 준비해 보고 싶다."고 답변했다.[63] 케네디가 한일회담 재개를 위해 한국의 군사정권에 "압력을 가할 수 있다"고 발언한 것에 대해 이케다는 군사정권의 합법성 문제가 해결될 때까지 한일회담 재개에 여전히 신중했던 것이다.

(2) 제6차 한일회담의 개시

그 후 7월 4일 최덕신崔德新을 단장으로 한 친선사절단이 일본을 방문했다. 최덕신은 3일 국가재건최고회의 의장에 취임한 박정희의 친서를 이케다에게 전달하고 한일회담의 조기 재개 의사를 전했다. 다만 이때 일본정부는 아직 한일회담 재개에 신중한 입장이었던 것으로 보인다.

62 發信: 朝海駐米大使, 受信: 小澤大臣臨時代理, 1961년 6월 20일 자(위의 「池田總理米國カナダ訪問關係一件」, No 1837~1838).

63 外務審議官, 「池田, ケネディー大統領第三次(暇乞)會談(電報報告代)」, 1961년 6월 29일 자(동, No 1909~1910).

일본정부는 일단 군사정권을 '혁명정부'로 승인한다는 방침이었다. 그 요건은 "신정부가 해당 국가 영역의 대부분에 유효한 통치를 확립할 것" 및 "이 정부가 국제적 의무를 준수할 의사와 능력을 가질 것" 등이었다.[64] 다만 동시에 일본정부는 "신정부가 한국 헌법상 합법적인 절차에 따라 성립하는 형식을(예컨대 사후에 있어서라도) 갖출 것인가, 또는 적어도 한국 국민의 자유롭게 표명된 의사에 따라 구성되는 형식을 취하지 않는 한, 종래의 유엔결의에서 말하는 합법정부로 볼 수 있는가에는 의문이 생기지 않을 수 없다."고 생각한 것이다.[65]

그러나 7월 6일 「조소朝蘇 우호협력상호원조조약」, 11일 「조중朝中 우호협력상호원조조약」이 체결되어 중국과 소련의 조선에 대한 지원 체제가 마련되면서 한일관계 개선의 필요성은 한층 높아졌다. 이와 같은 한반도 정세에 따라 27일 러스크 미 국무장관이 다시 군사정권에 대한 지지를 표명했다. 또한 8월 12일 박정희는 민간정부로의 정권이양 계획을 발표했다. 특히 이 발표는 일본정부가 국회 등에서 한일회담을 설명하는 데 대단히 중요한 의미를 가졌다.[66] 그리고 8월 7일부터 15일까지 한국 정세를 시찰한 마에다 도시이치前田利一 북동아시아과장은 군사정권이 안정의 방향으로 향하고 있으며, 당연히 현재의 정권을 상대로 교섭을 추진해야 한다

64 「韓國革命參考資料」(동, No 2309~2328).

65 위와 같음.

66 이 점에 대해 10월 27일 중의원 본회의에서 池田는 일본사회당 松本七郎 의원의 질문에 대해 다음과 같이 말했다. "아시는 대로 1948년 12월의 유엔 총회에서 지금의 한국정부는 합법적인 정부로 인정받은 것입니다. 이에 따라 34개국의 유엔 회원국이 이것을 승인했습니다. 그리하여 지금의 박정희 정권은 2년 뒤에 문민정부로 복귀한다고 선언하여 유엔헌장의 원칙을 지킨다는 것을 약속한 것입니다. 따라서 우리는 다음의 합법적인 문민정권으로 이양하는 잠정 정권으로서, 이를 상대로 교섭하려고 하는 것입니다."(『第39國會衆議院本會議會議錄』, 1961년 10월 27일 자)

고 보고했다.[67] 이와 같이 긴박한 한반도 정세, 미국의 군사정권 지지 재표명, 그리고 군사정권의 신정권에로의 권력이양 계획 발표라는 상황이 전개되면서 일본정부는 군사정권과의 교섭에 나선 것이다.

군사정권은 한일회담에 의욕적이었다. 8월부터 시작된 한일회담 재개를 위한 예비교섭과 병행하여 8월 30일 김유택金裕澤 경제기획원 장관이 일본을 방문했다. 김유택은 이케다 수상을 비롯한 일본의 각료, 기시 전 수상과 이시이 미츠지로 등의 친한파 의원들을 방문한 후 9월 7일 고사카 외상과 회담했다. 그 회합에서 한일회담은 사무적 절충과 병행하여 정치적 절충도 추진하는 것으로 합의했다. 또한 한국은 일본 측 수석대표에 기시나 이시이가 임명될 것으로 생각해 당초 허정 전 국무총리를 수석대표로 임명하여 이들이 정치적 결단력을 가지고 회담을 이끌어 나갈 수 있도록 했으며 국제법적인 법 이론에 구속되어 회담 타결이 지연되지 않도록 배려했다. 그러나 일본이 스기 미치스케杉道助 일본무역진흥회 이사장을 수석대표로 임명했기 때문에 한국은 급히 배의환裵義煥 전 한국은행 총재를 수석대표로 임명했다.[68]

이렇게 10월 20일부터 시작된 제6차 회담에서는 제5차 회담에서 계속된 청구권 문제가 최대 초점이 되었다. 한국은 22명이라는 대규모 대표단을 구성했고 이 중 일반청구권위원회에는 항상 열 명 전후의 위원이 출석했다. 일본도 이 위원회에 항상 열 명 이상의 위원을 출석시켜 이에 대응했다. 1962년 3월까지 일반청구권위원회는 11회, 자료 검토 등을 논의한 전

67 8월 15일 前田의 발언. 발신: 駐日公使, 수신: 외무부장관, 1961년 8월 16일 자(앞의 「마에다前田 일본외무성 동북아과장 방한」, 프레임번호 93).
68 김동조, 앞의 책, 254쪽.

문위원회는 4회 열렸다.[69]

(3) 한일 수뇌회담의 합의 내용

제6차 회담에서 청구권 교섭의 전개를 고려할 때 1961년 11월의 한일 수뇌회담은 특히 중요하다. 박정희는 의장 취임 후 처음으로 미국을 방문하던 길에 일본에 들러 11월 12일 이케다 수상과 회담했다. 회담 내용을 외교문서 등을 통해 공식적으로 확인할 수는 없지만 신문보도 등을 종합해 봄으로써 그 핵심에 접근하는 것은 가능하다. 일본의 보도를 통해 한일 수뇌회담에서 합의한 내용을 살펴보면, 다음의 세 가지이다. (1) "한국의 대일청구권이란 개개의 한국인이 일본에 대해 갖고 있는 은급恩給, 미지불금 등을 중심으로 하는 청구권으로 배상적인 것이 아니다. 따라서 그 액수는 한국이 말하는 것처럼 몇 억 달러는 되지 않는다는 일본의 주장을 한국이 인정한다.", (2) "청구권 문제는 자료를 조사하고 계산하여 사무적으로 처리해야 하는 것이므로, 갑작스러운 정치적 절충으로 '대충 어림잡은 금액'을 결정해야 하는 사안은 아니라는 일본의 입장이 인정된다.", (3) "청구권

69 한국 재류 일본인의 귀국이 시작된 것도 이 시기였다. 일본 패전 후에도 한국에 재류한 일본인은 약 2천 명으로 언급되었는데, 정확한 숫자는 밝혀지지 않았다. 그들의 다수가 한국인 남성과 결혼한 '일본인 처'였다. 1961년 8월 1일에 한국정부가 이들의 귀국을 정식으로 허가하여 같은 해 12월부터 영주, 일시 귀국이 시작되었다(『讀賣新聞』 1961년 8월 1일 자 석간, 동년 12월 23일 자 석간). 특히 '일본인 처'와 자녀의 경우, 남편과 사별 또는 이혼 하거나 생활비 보증이 없는 경우 한국인의 內妻(내연의 처, 첩)로 되는 경우가 많고 생활 상황도 대단히 고통스러웠다. 厚生省援護局, 『引揚げと援護30年の步み』(ぎょうせい, 1978)에서는 지금까지 이들이 일본행을 망설였던 이유를 다음과 같이 적고 있다. "그녀들의 대부분이 부모형제의 반대를 무릅쓰고 한국인과 결혼하여 한국에 잔류하고 또 한국으로 건너갔다는 배경이 있어서 어떠한 소식조차 없이 전후 30년이 경과한 지금 극빈의 상태로 부모형제의 곁으로 귀국할 수는 없다는 수치심이 있다는 점, 귀국에 즈음해서는 일본어를 할 수 없는 한국 국적의 아이를 여럿 동반하지 않으면 안 된다는 점, 기타 일본의 신원 인수인의 문제, 한국 여권 입수를 위해 서울까지 가는 교통비를 마련할 수 없다는 점 등이었다."(같은 책, 120쪽)

을 엄밀하게 적용하는 대신 한국의 경제재건 5개년 계획에 부응하는 경제 협력을 한국에 아주 유리한 조건으로 제공한다."[70]는 것이었다.

기존의 연구에서는 이 내용이 그대로 합의 내용으로 이해되었다.[71] 그러나 이에 대해서는 한국의 반론도 감안하여 신중하게 검토할 필요가 있다. 우선 1961년 11월 한미 수뇌회담 당시 국가재건최고회의가 작성한 한국의 정책방침서에 대일청구권에 관한 기술이 있다. 그에 따르면, 한국은 미국에 "한국의 대일 재산청구권은 사법상의 채무 변제, 탈취물의 반환 등에 그 법적 근거를 둔 것이므로, 정당한 것"이라고 주장할 예정이었다. 나아가 한국은 "일본은 상기 한국의 재산청구권에 대해 전면적으로 응하지 않을 뿐만 아니라 그것을 경제 원조에 결부시키려는 태도를 취하고 있다."고 서술하여 일본의 태도를 비판하고 있다.[72] 또한 12월 7일 한국 외무부 대변인은 앞에서 합의 내용이라고 정리한 사항에 대해 다음과 같이 반론했다.

70 『朝日新聞』 1961년 11월 13일 자.

71 예를 들면 高崎宗司, 『検證 日韓會談』, 岩波書店(新書), 1996, 125쪽; 太田修, 『新裝新版 日韓交渉—請求權問題の研究』, クレイン, 2015, 182쪽.

72 「對美交涉資料」(國家再建最高會議, 1961년 1월, 「朴正熙 國家再建最高會議議長 美國訪問, 1961. 11. 12~25」 韓/787/C-0006/5, 필름번호 184). 그런데 11월 14일의 박정희·러스크 회담에서, 박정희는 이케다와의 회담에 대해 다음과 같이 말했다. "두 사람은 두 나라가 가능한 한 빠른 시기에 국교를 정상화시키지 않으면 안 된다는 점에 합의했다. 이것을 달성하기 위해 해결해야 할 두 개의 문제(청구권 문제와 어업 문제를 지칭한다—필자)의 행정적 및 기술적 부분은 사무 수준에서 해결하지 않으면 안 된다. 이것이 이루어진 후에 한일 간의 경제관계가 고려될 것이다." 이에 대해 러스크 국무장관은 "일본과의 화해가 미국의 원조를 대신하는 것이라기보다 보조적 자원 a supplementary resource을 제공하는 것이기를 기대한다."고 말했다. 요컨대 박정희가 청구권 문제의 타결 후에 한일 경제관계 수립을 고려한 것에 대해, 러스크는 미국이 대한對韓 원조를 일본에 대신하게 하려는 것이라는 한국의 불안을 불식시키고자 노력했던 것이다(246. Memorandum of Conversation, Washington, November 14, 1961, 10 a.m. "FOREIGN RELATION OF THE UNITED STATES 1961-1963, Volume XXII, China, Korea, Japan"). 이와 같이 미국의 한국에 대한 지원이 강조되고 한일관계에 대해서는 전혀 언급되지 않았다.

박 의장은 이케다 수상과의 회담에서 한국의 청구권은 배상의 성격을 갖는 것이 아니며 전부가 확실한 법적 근거에 의한 것이라고 분명하게 지적했다. 그 내용에 다음의 지금地金, 지은地銀, 우편 저금, 피징용자의 미지불금, 연금 등을 예로 들어 설명했다. 여기서 지적한 지금, 지은의 반환만도 개인청구권에 속하지 않는 성질의 것이라는 점은 명확하다. 둘째 한국은 일본으로부터 무상 원조 대신에 장기 저리 차관을 받아들이려 한다는 보도가 있지만 이것도 사실과 다르다. 박 의장은 청구권과 경제협력은 별개의 것이며 분리하여 논의되어야 한다고 강조했다.[73]

이러한 반론을 감안해 앞에서 한일 수뇌회담의 합의 내용이라고 정리한 것에 대해 살펴보고자 한다. 우선 첫째로 이케다와 박정희는 한국의 대일청구권이 "배상적인 것은 아니"라는 점에 합의하고 있다. 그러나 그 내용과 규모에 대해 한국과 일본의 주장은 분명하게 엇갈린다. 즉 일본이 개인청구권, 즉 영토의 분리에 따르는 민사상의 청구권에 국한하기 때문에 "몇억 달러씩이나 될 리가 없다"고 해석하고 있는 데 반해, 한국은 대일청구권의 "전부가 확실한 법적 근거에 의한 것"이며 그것에 상응하는 금액이 될 수도 있다고 주장하고 있는 것이다. 이 점에 대해 이세키 유지로도 12월 4일 중의원 외무위원회에서 일본사회당의 오카다 하루오岡田春夫 의원의 질문에 대해 한일 수뇌회담에서 대일청구권을 "이론적으로 근거가 있는 것에 국한하는" 것으로 합의한 것이며, 그것을 "일본 쪽에서 보면 개인의 청구권이 이론적으로 근거가 있는 것의 대부분"[74]이라고 설명하고 있다.

둘째로 "청구권 문제는 사무적으로 근거 자료를 조사하여 계산해야만 한다"는 점에 대해 한국은 반론하지 않았다. 또한 일본은 충분한 토의를

73 『朝日新聞』 1961년 12월 7일 자(석간).
74 『第39國會衆議院外務委員會會議錄』, 1961년 12월 4일 자.

거치지 않고 "갑작스러운 정치적 절충으로" 금액을 결정하는 것에 반대한 것이며 정치적 절충의 필요성 자체는 인정하고 있다. 이상으로 미루어 보면, 한국과 일본은 정치적 절충에 들어가기 전에 대일청구권의 내용에 대해 충분한 토의를 하는 데 합의한 것이다. 다만 어느 시점에서 '충분'이라고 판단할 수 있는지는 교섭 담당자에 의해 결정된다고 볼 수 있을 것이다.

셋째로 경제협력에 대해 한국과 일본의 수뇌가 "청구권과 '경제협력'을 결부시키는 '경제협력' 방식에 합의했다."[75]는 견해가 있다. 그러나 한국은 이 점에 대해서도 "청구권과 경제협력은 별개의 문제로 분리하여 논의해야 한다."는 입장을 표명했다. 또한 앞의 보도 내용에서도 알 수 있듯이 "청구권을 엄밀하게 적용한다"는 것이지 "청구권을 포기하는" 것은 아니다. 요컨대 교섭의 결과 청구권의 규모가 대폭적으로 축소되어도 일본은 한국의 경제계획에 부응하는 경제협력을 실시한다는 것이 한일 수뇌회담에서 합의된 내용이었다. 합의의 중점은 경제협력을 실시하는 데 있었고, 그것이 청구권에 대한 금액에 더해지는 것이 될지, 한국이 청구권을 포기한 결과가 될지는 명확하지 않다.

요컨대 한일 수뇌회담에서 합의한 것은 한국의 대일청구권에 대해 충분한 토의를 거친 후에 청구권 문제 해결을 위한 정치적 절충을 한다는 한일회담의 진행 방식에 대해서였다. 후술하는 일반청구권위원회의 토의는 이 합의에 따라 진행된 것이다. 다만 한국에서 주장한 대일청구권의 '법적 근거'에 대해 한국과 일본의 주장은 크게 달랐다. 게다가 청구권 문제의 타결 방식에 대해서는 청구권 토의가 끝난 후에 정치적 절충으로 논의하는 것으로 되었다. 이상을 살펴보면, 이 시점에서는 청구권 문제의 타결을 향

75 앞의『新裝新版 日韓交渉—請求權問題の硏究』, 182쪽.

한 대강의 도정이 제시된 것뿐이며, 논의의 여지는 다분히 남아 있었다고 할 수 있다.

그런데 한일회담의 재개 및 한일 수뇌회담을 전후한 시기부터 한일 국교정상화와 한일 경제협력을 추진하려는 움직임이 눈에 띄기 시작했다. 일한문제간담회를 중심으로 하는 자민당 내의 친한파는 한일 수뇌회담을 맞아 "일본으로서도 이때 청구권 처리를 위한 금액 등 구체적인 형태로 성의를 보일 필요가 있으며, 추상적인 논의가 계속되면 한국을 실망시켜 일한 국교정상화를 위해서는 도리어 마이너스가 된다."는 의견을 제시했다.[76] 또한 12월 21일 열린 친한파 회합에서도 "청구권 문제 등에 대한 사무적인 절충은 거의 해결되어 가고 있다."는 판단하에 정치적 절충을 추진하기 위해 당의 체제를 강화해야 한다는 의견이 나왔다.[77]

또한 1961년 9월 일한경제협회의 초대로 한국방일공업경영생산성韓國訪日工業經營生産性 시찰단이 일본에 왔다. 12월에는 일한경제협회 멤버인 서갑호徐甲虎 등 재일한국인 실업가 60명이 한국정부의 초대로 한국을 방문했다.[78] 그리고 1962년 1월 한국정부가 제1차 경제개발 5개년 계획을 확정한 후 2월 3일 박정희는 일본인 기자단과의 회견에서 "일본과의 국교정상화 이전에라도 민간 경제협력을 거부할 이유는 없다. 또한 민간경제조사단의 한국 방문을 환영한다."고 말했다.[79] 이 발언 후 2월 20일 한국공

76 『朝日新聞』 1961년 11월 9일 자.

77 같은 신문, 1961년 12월 22일 자. 청구권 문제의 타결을 향한 이러한 움직임에 대해, 1962년 1월 16일 자 『朝日新聞』 사설은 "청구권 문제에 대해서는, 더욱 사무적 절충을 거듭해야 할 단계라고 생각한다."고 못을 박았다. 그 이유로 든 것은 "금후 한국 이외의 지역으로부터 청구권이 청구될 가능성도 있기 때문"이라는 것이었다. '한국 이외의 지역'이란 북한을 상정한 것으로 생각된다.

78 『朝日新聞』 1961년 12월 20일 자(석간).

79 같은 신문, 1962년 2월 4일 자.

업진흥회사 사장인 유카와 야스히라湯川康平[80]를 단장으로 하는 한국광공업보세가공조사단韓國鑛工業保稅加工調査團이 한국을 방문했다. 유카와는 "한국에서 보세가공 형식으로 일본의 투자를 희망하는 업종이 아주 많고 선정이 어렵기 때문에 조사단의 조사 결과와 의향을 전하고 결정은 한국에 일임한다."고 말했다고 한다.[81]

그런데 일본사회당과 일본공산당, 일한회담대책회의 등은 한일회담 저지 방침을 내세웠다. 또한 평양에서도 한일회담에 대한 항의 집회가 열려 백남운白南雲 최고인민회의 상임위 부위원장은 "남조선의 박정희 매국도당이 미 제국주의에 조종되어 일본 제국주의와 결탁하여 체결하는 어떠한 협정도 모두 무효이며, 전 조선인민은 또한 박정희 도당이 일본 제국주의와 '한일회담'을 행하는 매국적인 행위를 결코 허락하지 않는다."고 말했다.[82]

이상과 같이 군사 쿠데타 이후 한국의 군사정권은 일본정부에 한일회담의 조기 재개를 호소했다. 일본정부는 군사정권이 '혁명정부'로 승인될 수 있음을 확인한 후에 한국의 호소에 응했다. 이리하여 재개된 한일회담에서는 청구권 문제가 계속 중시되었다. 1961년 11월 한일 수뇌회담의 결과 한국의 대일청구권에 대해 충분한 사무적 검토를 거친 후 청구권 문제 해결을 위한 정치적 절충을 하는 것으로 합의가 성립되었다. 그리고 한일회담이 재개되면서 한국과 일본의 정·재계는 한일회담 타결을 향해 움직이기 시작했다. 이에 대해 한일회담에 반대하는 세력의 움직임도 활발해지기 시작한다.

80 湯川는 日韓貿易協會 사무이사로, 1936년의 2·26사건 때 육군 소위로 연루된 적이 있다.
81 『朝日新聞』 1962년 3월 6일 자(석간).
82 같은 신문, 1961년 11월 26일 자.

2. 제6차 회담에서의 토의: 대일청구권의 항목별 내용

앞에서 서술한 바와 같이 한일 수뇌회담 결과에 따라 제6차 회담에서는 우선 대일청구권의 내용이 토의되었다. 한국에서 제기한 청구권에 대한 항목별 토의는 이미 제5차 회담에서부터 시작되었다. 그러나 10월 26일의 제6차 회담 제1차 회의에서 한국은 제1항부터 「대일청구 8항목」(「요강」)을 다시 토의할 것을 제안했다. 일본이 이 제안을 받아들여 11월 2일의 제2차 회의부터 한국에서 제출한 「요강」에 대한 토의가 시작되었다.

그런데 한국이 「요강」 전체에 '법적 근거'가 있다고 주장한 데 대해, 일본은 '개인청구권'만을 '법적 근거'가 있는 청구권으로 간주했다. 앞에서 제시한 「요강」 중 한국인 개인의 청구권에 해당하는 것은 제2항 및 제5항이 대부분이다. 그 밖의 항목에도 개인의 청구권이 포함될 수 있는지는, 결론부터 말하면 일본은 그러한 청구권의 '법적 근거'를 일체 인정하려 하지 않았다. 여기서는 개인청구권과 그 밖의 청구권으로 대별하여 논의를 검토한다.

(1) 개인청구권을 둘러싼 토의: 은급, 기탁금, 피징용자의 피해에 대한 보상금을 중심으로

우선 개인이 가진 청구권인데, 그 대부분은 영토의 분리에 따른 민사상의 청구권이다. 제2항인 체신국 관계의 청구는 (1) 우편저금, 진체振替저금, 위체爲替저금 등, (2) 국채 및 저축채권 등, (3) 간이생명보험 및 우편연금 관계, (4) 해외 위체저금 및 채권, (5) 태평양 미육군사령부 포고 제3호[역주 ③]에 의해 동결된 한국 수취금 등의 세목으로 나뉘어졌다. 요컨대 이것들은 태평양전쟁 전에 조선인 개인이 갖고 있던 조선총독부 혹은 일본정부 채권의 미처리 부분이다. 또한 제5항의 청구도 (1) 유가증권, (2) 일본계 통화, (3) 피징용 한국인의 미수금, (4) 전쟁에 의한 피징용자의 피해에 대한 보상, (5) 한국인의 일본정부에 대한 청구(은급 관계 및 기타), (6) 한국인의 일본인 또는 법인에 대한 청구(한국인의 일본 생명보험회사에 대한 청구)로 나뉘어졌다. 제5항은 유가증권 일부와 한국은행 보유분을 청구한 일본계 통화를 제외하고는 개인의 청구권이다.

일본은 이 청구권 가운데 지불할 의무가 있는 것을 선별했다. 예를 들면, 제5항의 (1)에 있는 유가증권에 대해 한국인 개인 혹은 법인의 소유분과 그 외의 부분(폐쇄 기관, 일본의 재외 회사, 조선총독부 산하 체신부의 소유 지분으로 간주되는 것)으로 구분하여 전자의 경우 본인이 유가증권 소유 사실을 증명하든지 현물 증권을 제시하는 경우에만 응한다는 자세를 취했다. 그리고 일본이 지불할 의무를 인정하는 청구에 대해서는 1962년 2월 13일부터 열린 전문위원회에서 한일 양측이 소지하고 있는 자료를 검토하도록 했다. 그러나 청구권 문제의 빠른 해결을 위해 추진된 최덕신 · 고사카 외상회담이 3월 중순에 예정되어 있었기 때문에 이 위원회는 2월 27일까지 겨우 4회밖에 열지 못했고, 한국이 제시한 청구권을 확정시키기 위한 충분한 자료의 검토와 토의도 이루어지지 않았다.

한편 1962년 2월 8일 제10차 회의에서 일본은 옛 군인, 군속에 대한 은급, 피징용자의 피해에 대한 보상금, 기탁금 등에 대한 한국의 청구권을 부인했다. 실제로 이들 항목에 대한 한일 양국의 개인청구권 주장은 명확히 차이가 났다.

우선 옛 군인 및 군속의 은급에 대해 일본은 다음과 같이 설명했다. 대장성 이재국장인 미야가와 신이치로宮川新一郎 위원은 조선인도 "일본인과 같이 취급해야 한다고 생각한다."고 전제하면서 "종전 후, 군인은급이 폐지되었다가 부활한 것이 한국이 독립한 후이며 강화조약의 발효가 1952

년이었다는 시기 관계를 감안하면 증가한 은급 이외에는 지급의 여지가 없으며, 미제대자에 관해서는 「미복원자급여법」에 따르는 것 이외에 생각할 수 없다."고 말했다. 더욱이 외무성 아시아국의 우라베 도시오 위원은 여기에 덧붙여 "은급법은 입법의 근본이 일본인 국적을 가진 자라는 제한이 있고 또 수취자에게 직접 주는 것으로 되어 있어서 이러한 점에 문제가 있다."고 말했다.[83] 결국 일본은 은급법이 근본적으로 일본 국적 소유자를 대상으로 하는 것이며, 은급은 수취인에게 직접 주는 것으로 되어 있다는 것을 이유로, 옛 군인, 군속인 한국인에 대한 은급의 지불을 인정하지 않은 것이다.

이에 대해 한국 측 김윤근金潤根 위원은 "은급법의 국적 규정은 개인의 사정으로 일본 국적을 이탈한 경우를 고려할 수 있다."고 말하고 "은급법의 국적 규정은 한국인과 같이 전후 처리의 과정에서 일본 국적을 이탈한 자를 상정하고 있지 않다."고 주장했다. 이에 대해 우라베는 "법에는 일본 국적자로 되어 있기 때문에……"라고 되풀이하기만 했다.[84]

또 한국은 「요강」의 제5항에서 은급과 마찬가지로 일본에서 남한으로 귀환한 사람들의 기탁금 반환을 요구했다. 이에 대해 미야가와 위원은 세관 보관분과 일본정부가 남한으로 귀환한 자의 일본은행권을 조선은행권과 교환하여 세관에서 보관하고 있는 것만 지불한다고 말했다. 그러나

83 앞의 『會議錄(II)』, 171~176쪽. 「미복원자급여법」은 1947년 12월 15일 공포. 증가 은급은 공무 중 傷病에 의해 장애가 된 경우에 지급되는 것이다. 다만 1962년 10월 29일 자 후생성 원호국 원호과장이 각 都道府縣 민생부장들 앞으로 보낸 통지에 의하면, 조선인에 대한 「傷病者 戰歿者 유족 등 원호법」의 적용은 그들의 일본 귀화를 조건으로 했다(田中宏, 『在日外國人 第三版—法の壁, 心の溝』, 岩波書店(新書), 2013, 114~115쪽). 또한 구 군인과 군속에 대해 일본은 문관, 관·공립학교 교원, 경무관, 순사, 도순사, 초등학교 교원 등 國庫의 지불에 속하는 자를 대상으로 한 은급은 인정했으나, 道 이하 지방자치단체의 지불에 속하는 자는 제외했다(『會議錄(II)』, 175쪽).

84 위와 같음.

미야가와는 재일조선인연맹(조련)에 맡긴 기탁금에 대해서는 "사실관계가 분명하지 않는바, 설사 조련 재산 중에 혼재되어 있다 하더라도 이것은 SCAP(연합군 최고사령부) 지시에 의해 처분한 것이고, 처분 대금은 일본 각의의 양해 사항에 의해 재일조선인의 생활 보호비로 썼기 때문에 새삼스럽게 한국 측 청구에 응해 반환할 수 없다고 생각한다."고 말했다.[85] 그러나 일본은 조련이 관리한 기탁금을 재일조선인의 생활 보호에 사용했다는 증거를 제시하지 않았다.

마지막으로 전쟁으로 인한 피징용자의 피해에 대한 보상금에 대해서이다. 한국은 이미 1961년 5월 10일 제5차 회담 제13차 회의에서 「국민징용령」 제19조 등을 들어, 징용자의 유족에 대한 부조금이나 매장료를 요구했다. 그때 한국은 이 청구가 "다른 나라 국민을 강제적으로 동원함으로써 입힌 정신적, 육체적 고통에 대한 보상을 의미한다."고 말했다. 이하 다음과 같은 대화가 오갔다.

일본: 여러 가지 문제가 있으나, 징용될 때에는 일단 일본인으로서 징용된 것이므로 당시의 원호 같은 것, 즉 일본인에게 지급한 것과 같은 원호를 요구하는 것인가.

한국: 우리는 새로운 입장에서 요구하고 있다. 그 당시 일본인으로서 징용되었다고 하지만, 우리는 그렇게 생각하지 않는다. 일본 사람은 일본을 위해 일했겠지만 우리는 강제적으로 동원되었다. 이 점에서 사고방식을 고쳐 주기 바란다.[86]

그 후 일본은 조선인이 "징용 당시는 외국인이 아니고, 종전 후 외국인

85 『會議錄(II)』, 176~177쪽.
86 앞의 『제5차 한일회담 예비회담 회의록』, 222쪽.

이 되었다."고 반론했다. 이에 대해 한국은 다음과 같이 재반론했다. "그 당시 일본인이었다고 하지만 좀 더 사실관계를 정확히 하면 이해할 수 있다고 생각한다. 일본에서는 어떻게 동원되었는지 모르지만 한국에서는 길 가는 사람을 붙잡아 트럭에 실어 탄광에 보냈다. '카이로' 선언이나 '포츠담' 선언에도 명시되어 있는 것과 같이 일본은 한국인을 노예 취급했는데, 그 당시 일본인이었다는 것은 사실을 은폐하는 것이다."[87]

위 논의에서 나타나는 한국의 논리는 대단히 중요하다. 조선인의 전시 징용에 대해 일본이 "일본인으로서 징용되었다"고 주장하고 있는 데 대해, 한국에서는 외국인으로서 "강제적으로 동원되었다"고 주장한 것이다. 이 점은 앞에서 서술한 기본관계나 한국인의 국적에 대한 사고방식, 즉 일본의 식민지 지배하에서도 한국 국민은 잠재적으로 존재했다는 논리와 궤를 같이하고 있다. 이와 같은 논리를 내세워 한국은 민사상 청구권의 범위에서 전시 징용에 대한 보상금을 요구한 것이다.

1961년 12월 15일의 제6차 회담 제7차 회의에서 김윤근은 이 점을 근거로 전시 징용으로 인한 피해에 대한 보상금 청구에 대해 다음과 같이 설명했다.

> 이것은 과거 일본에 강제 징용된 한국인이 그 징용으로 말미암아 입은 피해에 대해 보상을 청구하는 것이다. 태평양전쟁을 전후하여 다수의 한국인이 노무자로서 또는 군인·군속으로서 일본에 강제 징용되었다. 우리가 조사한 바에 의하면, 태평양전쟁 전후를 통해 일본에 강제 징용된 한국인 노무자가 667,684명, 군인·군속이 365,000명으로 그 합계는 1,032,684명에 달하며, 그중 노무자 19,603명과 군인·군속 83,000명, 합계 102,603명이 부상 또는 사망했다.

87 같은 자료, 224~225쪽.

우리 국민은 일본인과는 달리 단지 일본의 전쟁 수행을 위한 희생으로서 강제 징용되었던 점에 비추어 사상자에 대한 보상은 물론 생존자에 대하여도 그 피해에 대해 보상을 청구하는 것이다.[88]

이와 같이 김윤근은 청구의 근거로 당시의 조선인이 "일본인과는 달리 단지 일본의 전쟁 수행을 위한 희생으로서 강제 징용되었다."는 점을 다시 강조한 것이다.

이에 대해 일본의 대장성 이재국장인 미야가와 신이치로 위원은 1962년 2월 8일 제10차 회의에서 다음과 같이 답변했다. "징용자 보상금에 관해서는 한국은 생존자에 대해 정신적 고통에 대한 보상을 청구하고 있으나, 그 당시 한국인의 법적 지위가 일본인이었다는 점에 비추어 일본인에게 지불된 적이 없는 보상금은 지불할 수 없다고 생각한다. 그러나 사망자 및 상병자傷病者에 대해서는 당시의 국내법에 의해 급여금이 지불되었을 것이나, 지불되지 않은 것이 있으면 피징용자 미수금으로 정리될 것이므로, 그쪽 항목에서 검토하는 것이 좋다고 생각하므로 피징용자 보상금이라는 독립된 항목으로서는 응하기 어렵다."[89]

요컨대 일본은 당시 조선인이 "일본인이었다"는 이유로 일본인에게 지불되지 않는 징용자에 대한 보상금 지불을 거부했다. 또한 징용된 조선인 가운데 사망자 및 상병자에 대해서는 당시의 국내법, 요컨대 1941년 12월에 제정된 「국민징용부조규칙」 등에 의해 급부금을 지불한다는 것이다. 앞에서 썼듯이 우라베가 개진한 은급법의 논리를 적용하면, 일본이 독립

88 大韓民國 外務部 政務局 亞洲課, 『第6次 韓日會談 (평화선·일반청구권·선박)委員會 會議錄[12월 22일 현재]』(이하 『會議錄(I)』이라고 함), 220~221쪽.
89 앞의 『會議錄(II)』, 174~175쪽.

직후에 제정한 「전상병자 전몰자 유족 등 원호법」은 한국인에게는 적용되지 않는다는 것이다.[90]

이와 같이 한국이 '강제 징용'에 의한 조선인의 피해에 대한 보상을 요구한 것에 대해, 일본에서는 식민지 지배하에 있었던 당시 조선인의 상황을 전혀 고려하지 않고 당시의 법률관계를 그대로 적용하여 "일본인이었다"는 이유만으로 보상금의 지불을 거부한 것이다. 더욱이 옛 군인·군속과 마찬가지로 "종전 후 외국인이 되었다"는 이유로 '강제 징용'으로 인한 사망자 및 상병자는 「유족원호법」을 필두로 하는 전후 일본의 원호법 체계의 대상에서 제외되었던 것이다.

(2) 개인청구권 이외의 항목

개인청구권 이외의 항목에 대해서는 한일 양쪽의 주장이 정면으로 대립했다. 우선 제1항의 지금 및 지은의 반환 청구이다. 1961년 11월 2일 제2차 회의에서 한국은 이 청구에 대해 설명했다. 이에 따르면, 식민지 시기 조선에서 중앙은행의 역할을 담당한 조선은행이 조선은행권을 발행할 때 그 기금으로 일본 지폐나 조선에서 산출된 금은을 사용했다. 그리고 당시 조선에서 산출된 금은의 대부분이 일본 은행과의 거래를 통해 일본으로 반출되었다는 것이다. 이 점에 대해 한국의 김윤근 대표는 다음과 같이 말했다.

> 한국(식민지 조선을 말함—필자) 산금량의 대부분을 일본으로 반출해 간 것은 결국 한국 경제를 일본에 예속시키기 위해 취해진 것이라고밖에 볼 수 없다. 금은 또한 가치 저장 수단으로서의 기능을 가지고 있다는 것을 우리가 다 아는 바

90 1952년 4월 30일 제정. 이 법의 「부칙」 제2항에 '국적 조항'이 있는데, 일본 국적을 상실한 자는 이 법의 적용 대상자에서 제외되었다(앞의 『在日外國人 第三版』, 114쪽).

인데, 한국 내에 조선은행이라는 중앙은행을 두면서 한국의 산금을 한국에 두지 않고 그 대부분을 일본으로 반출했다는 사실은 일본의 이익만을 중심으로 행해졌다고 아니할 수 없다. 지금 말한 바와 같이 지금은地金銀의 반출은 그 반출의 목적 자체가 부당하다고 하지 않을 수 없다. 따라서 이와 같은 부당한 목적을 달성하기 위해 여러 가지 법을 제정하여 금을 일본으로 반출한 이상 그 반출 행위가 매매라는 합법적인 형식을 취했다 하더라도 그 매매는 합법을 가장한 것이므로 그 매매 행위는 무효라고 하지 않을 수 없다.[91]

김윤근은 이와 같이 말하고 일본에 의한 조선의 금은 반출 때문에 식민지 시기 조선 경제가 일본 경제에 예속되었다는 점을 강조했다. 그리고 조선 경제의 대일 예속이라는 부당한 목적을 위해 제정된 법 아래에서 행해진 행위는 "합법을 가장한 것"으로, 그 행위 자체가 무효라고 주장한 것이다. 한국이 지금은의 반환을 제1항으로 내건 것에는 이 청구에 일본의 조선 지배의 부당성에 대한 추궁이 포함되어 있기 때문이었다.[92] 이 주장에는 일본이 당시의 식민지 지배하에서 '합법'을 주장한 것에 대해 그 입법 취지를 고려해야 한다는 비판도 포함되어 있다. 이러한 의미를 감안하면 김윤근의 주장은 일본의 조선 식민지 지배의 본질을 묻고자 한 것이었다고 할 수 있다.

이에 더해 같은 해 11월 16일 제3차 회의에서 한국은 조선은행과 일본은행의 금은 매매에서 (1) 금은이 부당하게 싼 가격으로 거래된 것과 (2) 그와 같은 매매가 "자유롭지 않은 분위기" 속에서 조선인의 자유의지에 의하지 않고 이루어진 점을 들어 그 거래의 부당성을 주장하고 조선으로

91 앞의 『會議錄(I)』, 109~111쪽.
92 같은 자료, 131쪽.

부터 일본에 반출된 금은의 반환을 요구했다.[93]

이에 대해 일본의 우라베 대표는 한국에서 말하는 "자유롭지 않은 분위기"에 대해 1930년대부터의 전시통제경제에 대해서만 인정했는데, "당시에는 금 이외에 다른 상품도 통제되어 있었다. 금 매각자에게는 일본은행권을 주었는데, 금 매각자는 금 매각 대금으로 가격이 싼 다른 물건을 살 수 있었으므로 가격의 불균등은 없었다고 본다."고 말했다.[94] 이와 같이 일본은 통제경제에서는 금은 이외의 상품도 통제되었다는 점과 일본은행권에 구매력이 있었다는 점을 들어 금은의 거래 자체가 정당했다고 주장했다. 나아가 미야가와 대표는 한국의 주장에 대해 법적 근거가 없는 정치적인 것이라고까지 단정했다.[95]

제1항에 대해 한국은 조선에서 산출된 금은의 일본 반출이라는 문제를 통해 일본의 조선 지배가 조선 경제의 대일 예속을 가져왔다는 문제를 제기했다. 그러나 일본은 당시 조선 금은의 산출량과 일본에의 반출량, 「조선은행법」 등의 여러 법률 등을 들어 일본이 행한 경제 행위의 정당성을 주장했다.[96] 앞에서 서술한 징용자에 대한 보상금과 마찬가지로 이 청구

93 같은 자료, 126~127쪽.

94 같은 자료, 138쪽.

95 같은 자료, 133쪽.

96 大藏省理財局外債課, 『日韓請求權問題參考資料(第二分册)』 1963년 6월, 73~107쪽. 이 자료는 高崎宗司 씨의 후의에 의해 참고할 수 있었다. 이것은 한일회담에서 청구권 문제를 담당한 대장성이 이 문제에 대해 어떤 생각을 가지고 있었는지를 알 수 있는 귀중한 자료이다. 다만 대장성은 한국이 금은 반환을 청구한 '진의'에 대해, ① 한국이 "현재 한국 화폐제의 기초를 구축하기 위해(현행 「한국은행법」에는 통화의 발행 준비에 대한 규정이 존재하지 않음), 혹은 대외 지불 준비를 확보하기 어렵기 때문에 그럴싸한 구실을 내걸어 일본으로 반출된 地金銀을 되찾겠다고 하는 것", 또는 ② 미군정 당국이 조선은행을 접수했을 때 "地金銀을 내지(일본—역자 주)로 반출한 것의 '부당성'에 대해 한국 측에 시사했을" 것이라고 추측했다(같은 책, 90쪽). 요컨대 이와 같은 대장성의 '조사'를 근거로 宮川는 "한국의 청구는 정치적"이라고 발언한 것 같다.

항목을 둘러싼 토의에서도 일본의 식민지 지배에 대한 한일의 인식 차이가 명확했다고 할 수 있다.

제3항은 앞에서 서술했듯이 미군정 법령 제33호에 대한 해석의 문제로, 제5차 회담에서 토의되었으나 제6차 회담에서는 한국이 설명을 유보했기 때문에 토의되지 않았다.

제4항은 식민지 시기 한반도에 본사가 있었던 법인의 재일지점 재산에 대한 반환 청구이다. 한국의 설명에 의하면, 태평양전쟁 이전의 한반도에 있던 법인은 모두 한국 국적을 갖는 법인이며, 일본에서 SCAP의 지령 등에 의해 처분된 재산 가운데 그와 같은 법인의 재산으로 인정되는 것은 한국에 반환되어야 한다는 것이었다. 그러나 1961년 12월 7일 제6차 회담 제6차 회의에서 일본은 제4항에 대한 견해를 문서화하여 전면적인 반론을 전개했다. 즉 (1) 법인의 재산은 궁극적으로 그 구성원(주주 등)의 사유재산이다. 일본은 국제법에서 사유재산 존중의 원칙을 따르고 있으므로, 예컨대 법인의 국적이 한국으로 이전했다 해도 그 재일지점의 재산을 한국으로 반환해야 한다고는 생각하지 않는다, (2) 남한에서 미군정청 법령에 의한 일본 재산의 처분 및 일본에서 SCAP 지령에 의한 재일 재산의 처분은 상호 영역에 효력이 미치는 것은 아니라고 주장한 것이다.[97]

이에 대해 한국은 12월 15일 제7차 회의에서 다시 제4항의 청구권을 주장했다. 한국은 문서를 통해 (1) 식민지 시기 한반도는 내지법 적용 범위의 밖에 있었기 때문에 '한국법인'은 조선에서 시행된 법률에 기초하여 설립되었던 것이며, 이 법인의 재일 재산에 대한 소유권은 전쟁 이전부터 존재하고 있다, (2) 미군정청 법령 제33호는 재조일본인 재산의 처분에 관한

97 같은 자료, 192~196쪽.

것으로, 이 문제에 영향을 미치지 않는다, (3) SCAP 지령에 의한 특정 기관의 폐쇄 또는 청산은 전쟁 수행에 협력한 기관을 대상으로 한 것이며, 일본에 이득을 주기 위한 조치는 아니기 때문에, 이 지령에 의해 재일 재산이 일본에 귀속하는 것은 있을 수 없다고 주장했다.[98] 여기서 한국은 (2)에 의해 청구의 근거로 미군정청 법령 제33호를 들고 나와서는 안 된다는 점을 명확히 했다. 또한 (3)의 주장에서는 패전국 일본의 전후 처리에서 일본이 이익을 얻어서는 안 된다는 한국의 일본 전후 처리에 대한 기본인식을 엿볼 수 있다.

그러나 식민지 시기 한반도에 본사를 두었던 법인을 해방 때부터 소급하여 한국 국적의 법인으로 하고 그 재일지점 재산은 한국의 재산으로 반환을 청구한다는 논리는 억지이며, 그 점은 미국도 인정했다. 이종원에 의하면, 제1차 회담에서 일본의 대한청구권에 격노한 한국이 미국에 대일강화조약 제4조에 대한 공식 해석을 의뢰했을 때 대한청구권이 대일강화조약 제4조 (b)항에 위반한다는 견해를 미국이 공식화할 수 없었던 중요한 이유는, 그로 인해 역으로 일본이 미국에 한국의 「요강」 제4항 청구의 타당성을 조회할 경우 미국이 그 부당성을 명확하게 하지 않을 수 없었던 점에 있었다고 한다.[99]

결국 이 청구에 대해서는 앞에서 서술한 전문위원회에서 한국의 청구권 대상이 되는 법인의 재산 처분 상황에 대해 일본이 제출한 자료가 검토되었으나, 끝까지 토의다운 토의는 이루어지지 않았다.

마지막으로 제6항은 "한국인(자연인 및 법인)의 일본정부 또는 일본인(자

98 같은 자료, 227~229쪽.

99 李鍾元, 「韓日會談とアメリカ―'不介入政策'の成立を中心に」, 『國際政治』 第105號, 1994, 168~169쪽.

연인 및 법인)에 대한 권리 행사에 관한 원칙"이라는 항목이다. 이 항목은 현재 전후 보상 운동과 관련하여 주목할 만한 문제를 제기하고 있다. 김윤근은 이 항목에 대해 "한국인(자연인, 법인)의 일본정부, 또는 일본인(자연인, 법인)에 대한 권리로서 요강 제1항에서 제5항까지에 포함되지 않은 것은 한일회담 성립 후라 할지라도 이것을 개별적으로 행사할 수 있는 것으로 한다. 이 경우에 있어서는 양국 간의 국교가 정상화될 때까지는 시효를 진행하지 않는 것"이라고 설명했다.[100]

나아가 김윤근은 이에 덧붙여 다음과 같이 말했다. "회담은 의제로 되어 있는 것, 즉 여덟 개 항목에 들어 있는 것을 해결하자는 취지로 이해하고 있다. 따라서 여덟 개 항목에 들어 있지 않은 개인 청구는 주장할 수 있게 하고, 재판소에서 주장할 수 없는 것이라면 몰라도 (주장 가능한 청구를—필자) 주장조차 할 수 없게 한다면 그것도 곤란한 문제이다."[101]

결국 한국은 한일회담에서 제1항부터 제5항까지에 포함된 청구권의 문제가 해결된 후에도 한일회담에서 제기되지 않은 한국인의 개인청구권을 재판소에서 행사할 수 있도록 해야 한다고 주장한 것이다. 특히 김윤근은 시효를 언급함으로써, 국교정상화의 시점에서 한국인 개인의 권리 자체가 소멸할 가능성에 우려를 표명했다.

이에 대해 일본의 우라베 대표는 다음과 같이 답변했다. "일본의 입장도 있으므로 그 점은 신중히 생각해 주기 바란다. 우리로서는 역시 자연인이나 법인 관계의 청구권 일체가 이 회담에서 해결되었으면 하는 희망이다. 또 일본에서는 개인 관계의 사유재산권은 보호한다는 입장을 취하고 있으므로 이러한 항목을 넣지 않는다 하더라도 그와 같은 권리는 남게 될 것이

100 앞의 『會議錄(I)』, 263쪽.
101 같은 자료, 257~258쪽.

다."[102] 이 발언의 요점은 두 가지이다. 첫째로 일본은 한국의 모든 청구권이 한일회담에 의해 '해결'되기를 바라고 있다. 둘째로 일본은 "개인 관계의 사유재산은 보호한다"는 입장을 보이고 있다. 다만 두 번째 점에 대해 좀 더 생각해 보면 앞의 개인청구권에 대한 일본의 입장을 고려할 필요가 있다. 즉 이 발언은 일본정부가 일본의 식민지 지배 책임과는 직결되지 않는 민사상의 청구권만을 보호하려 한 것이라고 이해할 수 있다.

한일 국교정상화 후 일본정부는 "일한조약으로 보상 문제는 해결 완료"라는 입장을 일관되게 견지하고 있다. 이때 우라베가 언급했듯이 "이와 같은 항목을 두지 않아도" 한국인 개인의 권리가 남아 있는 것이라고 하면, 어째서 현재에 이르기까지 미지불금 청구 등 한국인의 민사상 개인청구권조차 전혀 구제되지 않고 있는 것일까.

이상으로 한국 측 청구권에 대한 항목별 토의를 검토하면서 다음과 같은 점이 명확해졌다. 한국의 대일청구권은 전체로서는 "식민지 지배의 청산"을 목적으로 한 것이라고 해도 구체적으로 보면 개인의 청구권으로 간주할 수 있는 것(제2항, 제5항), 징용자에 대한 보상금과 같이 개인 보상을 요구하는 것, 일본의 식민지 지배에 의한 조선으로부터의 경제적 수탈을 지적하여 그 부당성을 주장하는 것(제1항), 나아가 장래 예상되는 개인의 청구권 행사를 보호하는 것(제6항) 등 그 '법적 근거'는 다양했다. 이와 같이 대일청구권은 일본의 한국 지배 및 전후 보상 문제에 대한 중요한 문제 제기를 포함하고 있다.

이에 대해 일본은 식민지 지배의 책임을 지지 않고 영토의 분리에 따른 민사상의 개인청구권 중 자료에 의해 충분히 뒷받침될 수 있는 것에 대해

102 같은 자료, 256~257쪽.

서만 지불에 응했다. 그래서 조선에서 산출된 금은의 반환, 징용자에 대한 보상금 청구 등 식민지 지배 책임을 고려해야 할 항목에 대해 일본은 식민지 지배의 법률 체계를 통해 자신들의 정당성을 주장하고 한국의 청구권을 전혀 인정하지 않았다. 또한 한일 국교정상화 이후에 한국인이 개인청구권을 행사하려는 것에 대해서도 일본은 인정하지 않았다. 기타의 청구권에 대해서도 일본은 전혀 응하지 않았다.

결국 이러한 논의를 통해 모든 청구 항목에 대해 '법적 근거'를 주장한 한국과 민사상의 개인청구권 중 자료를 충분히 갖춘 것만 지불할 의무를 주장한 일본 사이의 의견 대립은 전혀 해소되지 않았다. 이러한 한일의 입장 차이는 일본이 한국에 제공하는 금액과 그 항목을 둘러싼 1962년 3월 이후의 한일회담에 그대로 이어졌다.

소결

1960년에 성립한 한국과 일본의 새 정권은 미국을 끌어들이면서 한일관계의 개선을 적극적으로 추진했다. 그 결과 같은 해 10월부터 한일회담이 재개되었다. 이 시기 한·미·일 간의 한일회담 추진 세력은 반공 및 민생 안정의 관점에서 한국의 경제개발을 중시했다. 그런 의미에서 정치가와 관료뿐만 아니라 재계가 한일관계의 개선을 강력하게 지지한 것은 중요하다.

그러나 특히 한국의 여론은 한일관계의 개선에 신중했다. 또한 한일회담이 재개되기는 했으나, 재일한국인의 법적 지위 이외의 여러 문제, 특히 청구권 문제에 대해 한국과 일본은 의견 조정에 난항을 겪었다. 이와 같은 상황에서 일본 외무성에서는 중요 현안의 '일시 미뤄 두기'가 검토되었다. 또한 같은 시기에 일본 경제시찰단의 한국 방문이 예정되어 한국정부는 이를 받아들일 준비를 진행했다. 그런데 한국 여론의 반발로 인해 경제시찰단 방한은 성사 직전에 저지되었다. 게다가 1961년 2월 3일 한국의 민의원은 「한일관계에 관한 결의안」을 채택하여 '일시 미뤄 두기' 방식을 거절하고 한일관계를 조급하게 개선하려는 움직임을 견제했다.

5월의 일본 의원단 방한은 한일회담의 진전이 위태로워진 상황을 타개하기 위해 실현되었다. 이를 기회로 한국과 일본의 여당 정치인들은 한일관계의 개선을 열심히 호소했다. 한편 동시에 행해진 사무적 수준의 협의에서는 한일 간 의견 대립이 여전히 심했다.

이와 같이 1960년부터의 한일관계는 정 · 관계 모두 한일회담 추진을 향해 움직이기 시작했다. 반면 특히 한국의 여론은 조급한 한일관계 개선에 대해 신중한 모습을 보였다. 그리고 한일회담의 최대 초점인 청구권 문제도 타결의 실마리가 보이지 않았다.

한국에서는 일본 의원단의 방한 직후 군사 쿠데타가 일어나 군사정권이 발족했다. 군사정권은 발족 당시부터 대일관계 개선에 적극적이었다. 이케다 정권은 미국의 대한정책에 따라 한국에 대한 적극적인 경제 원조를 고려했다. 이에 이케다 정권은 미국에 의한 군사정권의 승인, 군사정권의 안정성 확인, 군사정권에 의한 민정이양 계획 발표 등 조건이 정돈된 단계에서 한일회담 재개에 나섰다.

10월에 한일회담이 재개되었다. 한일회담의 초점은 청구권 문제였다. 11월 이케다 수상과 박정희 의장이 회담하여 한국의 대일청구권에 대해 충분한 토의를 거친 후에 정치적으로 절충한다는 '진행 방식'에 합의했다. 또한 한일 수뇌는 양국의 경제협력 실시에 대해서도 합의했다. 이와 같이 한일회담의 전망이 제시되자 한일의 정 · 재계에서 한일관계 개선을 향한 움직임이 다시 활발해졌다. 반면 한일회담에 반대하는 세력의 움직임도 눈에 띄게 늘어났다.

이상과 같이 1960년 4월부터 1962년 3월까지 한국, 미국, 일본의 정·관·재계가 모두 참여해 한일회담을 추진하게 되었다고 할 수 있다. 이러한 정치 상황의 특징은 다음의 세 가지로 정리할 수 있다. 첫째, 한일의 여당 정치 세력은 상대방과의 우호관계를 중시하여 한일관계 촉진을 위해 적극적으로 활동했다. 일본에서는 기시 정권 무렵부터 형성된 '친한파' 세력이 이케다 정권하에서 일한문제간담회를 결성하고 한일회담 추진을 위해 활동했다. 한국의 민주당 정권 및 박정희 정권은 일본의 '친한파'에 기대하면서 일본정부와 교섭했다. 이와 같이 한일 간의 우호관계를 조성하면서 한일 국교정상화를 실현하려고 한 움직임을 "정치적 노선"으로 부르기로 한다. 둘째, 이와는 대조적으로 한일회담에서 사무적 교섭을 담당한 관료들은 한일 간의 현안, 특히 이 시기에는 청구권 문제를 둘러싸고 첨예하게 의견이 대립했다. 관료들은 한일관계의 개선을 중시하면서도 자국 정부의 입장을 강력하게 내세워 쉽게 타협하지 않았다. 이와 같은 움직임을 "실무적 노선"이라 부르기로 한다. 셋째, 한·미·일에서 한국 경제개발의 필요성에 대한 인식이 높아졌고, 한국과 일본의 재계는 한일관계의 개선을 열망하여 경제시찰단 파견 등의 한일교류를 추진했다. 그래서 1960년대의 한일회담은 한일 국교정상화 후에 일본이 한국에 경제협력을 실시한다는 커다란 목표를 향해 나아가게 되었다.

바로 이와 같은 상황에서 한국의 대일청구권이 토의된 것이다. 토의 내용은 크게 대일청구권의 규모 및 시기, 「요강」의 항목별 토의로 나누어 볼 수 있다.

전자의 논점으로는 (1) 한국정부의 재조일본인 재산 취득이 대일청구권을 어느 정도 만족시킬 수 있는가 하는 '관련'의 문제, (2) 미군정청에 의한 재조일본인 재산의 처분, 구체적으로는 미군정 법령 제33호의 해석을 둘러싼 문제, (3) 민사상의 개인청구권에 대한 지불 방법, (4) 한국정부가 한반도 북반부의 대일청구권을 주장할 수 있는가 하는 문제가 거론되었다. 이들 문제에 대해 한국은 미국의 초기 대일배상방침을 엄밀하게 원용하면서 재조일본인 재산의 취득과 분리하여 청구권을 주장했다. 한편 일본은 증거주의를 전제로 민사상의 개인청구권을 인정하면서도 법 이론에 의해 대일청구권 전체의 범위를 좁히려 했다. 결국 한국과 일본의 주장은 평행선을 달렸다.

또한 후자의 경우 한국은 모든 청구 항목에 대해 '법적 근거'를 주장했다. 한국의 대일청구권은 전체로서는 "식민지 지배의 청산"을 목적으로 했다. 다만 그 내용으로는 일본의 조선 지배나 전후 보상 문제에 대한 중요한 문제 제기를 포함했다. 그러나 일본은 식민지 지배의 책임은 고려하지 않고 영토의 분리에 따른 민사상의 개인청구권 가운데 자료로 충분히 증명할 수 있는 것에 대해서만 지불에 응했다. 그리고 식민지 지배의 책임을 묻는 항목에 대해 일본은 식민지 지배의 법률 체계를 가지고 자신들의 정당성을 주장하고 한국의 청구권을 전혀 인정하지 않았다. 나아가 한일 국교정상화 이후에 한국인 개인이 일본에 대해 권리를 주장하는 것도 인정하지 않았다. 그리고 기타의 청구권에 대해서도 일본은 전혀 응하지 않았다.

이와 같이 제5차 회담 및 제6차 회담에서는 대일청구권에 대한 구체적 토의를 통해 일본의 식민지 지배 청산과 관련한 다양한 문제가 논의되었다. 한일회담에서 일본의 식민지 지배를 둘러싸고 자료와 법 이론을 대조하여 토의할 기회를 가진 역사적 의의는 일단 인정해야 할 것이다. 그러나 이 토론의 결과 일본의 식민지 지배에 대해 한일 간에 주장이 근접하거나 어떤 합의점을 도출할 계기를 얻지는 못했다. 그래서 이 토의는 구체적인 결론을 보지 못한 채 중단되었고, 정치적 절충으로 이행해 버렸다.

다시 말하면 대일청구권에 대한 구체적 토의는 1961년 11월 한일 수뇌회담에서 합의한, 정치적 절충을 하기 위한 준비 작업이었다. 요컨대 이 토의는 다가올 정치 절충에서 양국이 취할 수 있는 한 유리한 금액을 제시하기 위해 개최된 것이었다. 정치적 절충에서는 일본이 한국에 지불할 '금액'과 그 '명목'이 초점이 되었는데, 그와 같은 타결 방법 자체가 일본 식민지 지배의 청산을 실현하는 적절한 방법이라고는 말하기 어렵다. 따라서 이 토의에서 어느 정도 의의가 있는 논의가 전개되었다고 할지라도 그 논의가 정치적 절충의 장에 반영될 가능성은 없었다.

이 점에 대해 청구권 문제를 담당한 대장성은 "청구권 문제를 새로운 방안으로 해결을 꾀하는 것으로, 무상·유상의 경제협력을 제공함으로써 풀어 간다는 것에 일한 양국이 큰 줄기에서 합의를 보게 된 결과, 종래의 한국 측 청구(이른바 8항목의 대일청구) 자체를 검토하는 것은 금후 일한회담을 진전시키기 어렵다 하여 단순한 교섭 경위의 한 장면에 불과하게 되어 버렸다."고 서술하고 있다.[103]

이상에서 살펴본 바와 같이 1960년대의 한일회담은 1950년대의 원칙적 대립 및 '인도외교'의 단계에서 새로운 단계로 접어들었다고 할 수 있다. 즉 이 시기는 한국의 경제개발에 초점을 맞춰 한·미·일 3국의 교섭 당사자가 한일회담을 추진한 단계이다. 그것은 '경제 기조'에 따라 한일

103 앞의 『日韓請求權問題參考資料(第二分册)』, 1쪽. 한일회담에서 검토의 중요성이 떨어지는 對日請求權 기록을 남긴 것에 대해 대장성은 "日韓交涉妥結의 계기에 청구권 문제의 해결이 얼마나 곤란했는지를 국민 앞에 밝히기 위해", 또한 "한국 측 청구권을 소멸시키는 것과 함께 국내 전후 처리의 관계"부터라는 두 가지 이유를 제시하고 있다(같은 자료).

회담 타결을 향한 프로세스가 시작된 것을 의미한다. '경제 기조'에 의한 한일회담 타결이란, 말하자면 한일 간에 놓여 있는 중요한 문제를 경제적 수단으로 얼버무리게 된 것을 의미한다. 청구권 문제는 그 전형적인 사례였다.

서론에서 필자는 '전후 한일관계'에 대해 "1945년 8월의 일본 패전을 기점으로 오늘에 이르기까지 식민지 지배의 청산이라는 과제를 마주하지 않을 수 없는 한일 양국의 관계"라고 정의했다. 이러한 의미에서 식민지 지배의 청산이라는 과제, 그것이 말하는 청구권 문제가 한 · 미 · 일 3국 교섭 당사자의 '경제 기조'에 의해 얼버무려지게 된 것이라면 한일관계의 '전후'를 끝내기 위해서는 우선 이 프로세스를 심각하게 반성하는 것부터 시작하지 않으면 안 될 것이다.

4

한일회담에서 청구권 문제의 정치적 타결

—1962년 3월부터 12월까지—

I. 일본의 대한 경제협력과 청구권 문제: 한국, 미국, 일본의 입장

1. 일본의 대한 경제협력 구상의 부상

이 장에서는 1962년 3월부터 12월까지 열린 한일회담에서 청구권 문제가 일본의 대한 경제협력으로 타결되는 과정을 살펴본다. 앞 장에서 청구권 문제를 둘러싼 한일관계의 상황에 대해 살펴봤는데, 이 장에서는 특히 일본의 대한 경제협력이라는 문제가 어떻게 부상했으며, 한·미·일의 교섭 담당자가 대일청구권과 대한 경제협력을 어떻게 관련지어 생각했는가라는 문제에 대해 좀 더 깊게 검토해 보기로 한다.

우선 일본의 대한 경제협력 문제가 대두한 배경으로, 1950년대 후반 한국에 대한 미국의 원조가 감소하기 시작하고 1960년대에 더욱 심각해진 것을 들 수 있다. 한국에 대한 원조를 삭감하게 된 주요 원인은 역시 미국의 재정 악화이다. 1953년 1월 성립한 아이젠하워Dwight D. Eisenhower 정권의 제일 중요한 재정적 목표는 트루먼Harry S. Truman 정권 시기에 팽창 일로였던 군사비를 삭감하고 적자 재정을 개선하는 것이었다. 그래서 아이젠하워는 2월 발표한 일반교서에서 외국에 대한 원조의 삭감과 자유무역 장려를 대외 경제 정책의 기초로 내걸었다. 그럼에도 불구하고 1950년대 미국의 국제수지는 적자 기조였고 게다가 1958년경부터는 미국이 보유한 달러화의 유출이 심각해지면서 이른바 달러 위기가 문제가 되었다. 이와 같은 상황으로 인해 미국의 대한 원조는 1957년 3억 2천만 달러를 정점으로 1958년 2억 6천만 달러, 1959년 2억 1천만 달러, 1960년 2억 4천만 달러, 1961년 2억 달러로 감소하는 경향을 보였다.[1]

미국의 원조 삭감은 곧바로 한국 경제에 심각한 위기를 가져왔다. 한국전쟁 휴전 이후 미국의 원조는 오로지 휴전이라는 준전시 상태에서 한국의 군사력을 유지하고 그것을 지탱하기 위한 정치적, 경제적 안정을 확보하는 것을 당면 과제로 했다. 그로 인해 1953년부터 1964년까지의 기간 동안 대한 원조 대충對充자금[원조 물자를 국내에서 매각하여 얻은 달러화 금액과 등가의 환(圜: 구 화폐 단위) 자금-필자] 총액의 43퍼센트가 국방 예산에 직접 투여되었다.[2] 반면 산업 자본의 기초가 되는 설비 부문에 대한 투여는 전체 원조액의 15퍼센트를 넘지 않았다.[3] 한국 경제는 이와 같은 근시안적인 미국의 원조로 지탱해 오면서 자립적인 산업 기반을 제대로 형성하지

1 대한민국 경제기획원, 『1962년 경제백서』, 438쪽.
2 李鍾元, 『東アジア冷戰と韓米日關係』, 東京大學出版會, 1996, 163쪽.
3 앞의 『1962년 경제백서』, 295쪽.

못하고 대외적 위기에 취약한 체질을 갖게 되었다. 따라서 미국의 원조 삭감에 의해 한국에서 '자립 경제', 즉 국제수지의 균형을 필요조건으로 한 경제 발전의 실현이라는 과제가 급부상했다.

1960년 4월혁명 후 '경제 제일주의'를 내건 민주당 정권은 경제개발 5개년 계획의 수립 작업을 추진했다. 또한 1961년 5월 쿠데타 이후 군사정권은 「혁명공약」에 "절망과 기아선상에서 허덕이는 민생고를 시급히 해결하고 국가 자주경제 재건에 총력을 경주한다."[4]는 점을 내걸고 경제계획의 수립 작업을 계승했다. 이리하여 1962년 1월 군사정권이 발표한 제1차 경제개발 5개년 계획은 4월혁명 이후의 한국정부가 '자립 경제' 확립을 모색해 온 성과다. 이 계획은 "한국 경제의 자립적 성장"과 "공업화의 기반 조성"을 기본 목표로 하여 경제성장률을 연평균 7.1퍼센트로 설정했다.[5] 당면한 한국 경제의 과제는 이와 같은 의욕적인 경제 계획을 실행하는 데 필요한 자본을 확보하는 것이었다. 그 결과 민주당 정권 및 군사정권은 대일관계를 개선하여 일본으로부터 적극적으로 자본을 도입하려 했다.[6]

아이젠하워 정권은 성립 초기부터 자유주의적 자본주의 체제의 유지와 확립이야말로 최선의 반공 정책이라는 이념을 견지하면서 대외 원조 등에 따른 재정 부담을 동맹국에 분담시키는 것을 대외 정책의 기조로 삼았다.[7] 그것은 미국 재정이 악화되자 보다 절실한 문제가 되었다. 이에 미국은 아시아에서 동맹국으로서 가장 중요하게 여긴 일본에 한국에 대한 원조의

4 神谷不二 編, 『朝鮮問題戰後資料 第三卷』, 日本國際問題硏究所, 1980, 18쪽.

5 「資料 韓國第一次經濟開發五カ年計劃概要」, 『外務省調査月報』, 1962년 4월, 50쪽.

6 한국정부는 일본으로부터의 자본 도입 외에, 통화 개혁 등에 의한 내자 동원과 서독을 비롯한 서구 여러 나라로부터의 차관 도입도 꾀했다. 그러나 전자는 실패하고 후자도 1961년 7월 발표된 제1차 경제개발 5개년 계획의 필요 자금(약 7억 달러)에 훨씬 미치지 못했다(예를 들면 서독으로부터의 자본은 겨우 4천만 달러였다).

7 앞의 『東アジア冷戰と韓米日關係』, 6쪽.

분담 문제를 제기한 것이다. 미국의 경제부흥 우선 정책 아래 순조롭게 경제 성장을 이룩한 일본도 미국의 대한 정책에 따라 "응분의 기여"를 함으로써, 미일 안보 문제로 악화된 미일관계를 개선하고 외교 정책의 기초로서 미국과의 동맹관계를 유지하려 했다.

또한 한국의 4월혁명 이후 일본 재계가 대한 무역 및 경제 진출에 적극적이 된 점도 중요하다. 1955년 이래 일본의 경제 성장은 수출과 설비 투자가 주도해 왔는데, 그것이 수입의 급증을 불러와 국제수지가 악화되면서 도리어 경기를 억제하는 양상을 되풀이했다. 때문에 재계는 일본 경제 성장의 한계를 "국제수지의 천장"이라 부르며 그 천장을 높이는 것을 중요한 과제로 삼았다. 일본 재계는 당시 일본의 경제 상황에 비추어 한국정부가 민주당 정권 이후 대일관계 개선에 나선 것을 좋은 기회로 여겨 한국의 경제적 가치를 재평가한 것이다.[8]

이와 같이 1960년경부터 미국의 대한 원조 삭감을 계기로 한국에서 '자립 경제'의 확립 및 한국정부의 일본 자본 도입의 움직임, 그리고 일본정부의 대미 협조 외교와 일본 재계의 한국 재평가가 서로 호응하여 일본의 대한 경제협력은 현실적인 의미를 갖기 시작했다. 이상과 같은 맥락으로 한 · 미 · 일 3국은 일본이 한국과 경제협력을 실시하여 한국 경제를 원조한다는 목표를 가지고 한일 국교정상화의 조기 실현을 꾀한 것이다. 1960년대 한일회담이 '경제 기조'로 전개된 배경이 여기에 있다.

8 한국과의 경제관계 구축에 열심히 활동한 것은 간사이 지방 재계이며, 그 구체적인 움직임이 앞에서 서술한 일한경제협회 설립에 의한 한국 정세의 조사 분석, 한일 재계 인사 교류 등이었다(木村昌人, 「日本の對韓民間經濟外交—國交正常化をめぐる關西財界の動き」, 『國際政治』 제92호, 1989년 10월, 117~118쪽). 더욱이 한국의 일본 자본 도입 및 일본의 대한 경제협력에 대한 논의는 1950년대부터 있어 왔다(앞의 『檢證 日韓會談』, 71, 75쪽).

2. 한·미·일 각국에서 청구권과 경제협력의 관련

앞에서 서술한 대로 4월혁명 이후 한·미·일 3국은 한일 간 경제협력을 실시하기 위해 한일 국교정상화의 조기 실현을 추구했다. 한일 국교정상화를 실현하기 위해서는 한일 간의 여러 현안, 특히 대일청구권 문제를 우선적으로 '해결'할 필요가 있었다. 다만 당시까지의 한일회담에서 대일청구권을 둘러싼 한국과 일본의 의견은 완전히 대립하고 있어 타결의 여지가 보이지 않았다. 이와 같은 상황을 배경으로 1960년대 초 한·미·일 3국 정부에서 대일청구권과 한일 간 경제협력을 어떻게 관련지을 수 있을까라는 문제가 검토되었다.

대일청구권은 식민지 지배의 청산을 목적으로 한 것이다. 반면 경제협력은 한국의 경제 개발을 목적으로 하는 동시에 일본 기업의 시장 확대라는 효과도 기대되었다. 이와 같이 두 문제는 본래 성격을 달리하고 있다. 그럼에도 불구하고 이 두 문제가 연결된다는 것은 무엇을 말하는 것인가. 이하에서 그 구체적인 내용에 대해 각국 정부의 내부 자료를 검토하면서 살펴보기로 한다.

(1) 일본

일본정부가 청구권 문제 같은 '전후 처리' 문제에 부딪힌 것은 한국이 처음은 아니다. 대부분의 연합국은 대일강화조약에 규정된 대일청구권을 포기했다. 그러나 아시아·태평양전쟁에서 전쟁터가 되었던 동남아시아의 여러 나라는 구상권求償權[역주 ①]을 행사했다. 이렇게 일본은 독립 이후 이들 정부와의 배상 교섭에 들어갔다. 그 결과 일본은 1954년에 버마(미얀마)와, 1956년에 필리핀과, 1958년에 인도네시아와, 1959년에 남베트남(월남)과 각각 배상협정을 체결했다. 이들 협정에서는 공통적으로 일본이 '역무 및 생산물'을 '배상으로서' 구상국에 공여한다는 방식을 취했다.[9] 또한 일본은 라오스, 캄보디아와 경제기술협력 협정을 체결했다. 이들 협정에서는 구상국의 배상요구권 포기와 경제협력 실시가 병기되었다.[10] 그 외 타이와 특별 엔 협정을 체결했다.

그런데 일본은 이러한 배상협정 및 '준準배상'협정에 대해 어떻게 생각했을까. 외무성 안에 설치된 배상문제연구회에서 간행한 『일본의 배상—그 현상과 문제점』이라는 책자에 '현행 배상의 의의와 성격'이라는 항목이 있다.[11] 그 요점을 정리하면 다음과 같다. 우선 "애초 배상은 전쟁 중 우리 나라가 준 손해와 고통에 대한 보상으로, 배상의 실시는 우리 의무의 이행"이었다. 그러나 배상은 그것만으로 그친 것이 아니고 "장래를 위해 금후 일본과 구상국 간에 정치적, 경제적 관계의 기초를 구축하는 것"이었다. 즉 "배상 지불이 끝났을 때에는 구상국에 우리 나라의 수출 시장이 확립되는 것은 물론 경제 제휴도 긴밀하고 강고하게 될 수 있다는 것이 배상 실시의 이상"이라는 의미이다.

그런데 여기서 간과해서 안 되는 것은 "구상국 경제의 회복에서 나아가 그 발전에 적극 기여함으로써 구상국 국민의 대일 감정을 호전시킴과 동

9 예를 들면 「日本國とフィリピン共和國との間の賠償協定」(1956년 5월 9일 서명) 제1조는 다음과 같다. "일본국은 현재 1,980억 엔으로 환산된 5억 5천만 합중국 달러와 동등한 엔화의 가치를 갖는 일본인의 역무 및 자본재 등 일본국의 생산물을, 이하에 정하는 기간 내에 및 이하에 정하는 방법에 의해, 배상으로서 필리핀공화국에 공여하는 것으로 한다."(賠償問題研究會 編, 『日本の賠償—その現狀と問題點』, 外交時報社, 1959, 200쪽).

10 예를 들면 「日本·カンボディア經濟技術協力協定」(1959년 3월 2일 서명)의 前文은 다음과 같다. "일본정부 및 캄보디아왕국 정부는 캄보디아에 의한 전쟁 배상 청구권의 자발적 방기 및 1955년 일본국과 캄보디아 간 우호조약의 체결에 의해 분명하게 제시된 양국 간의 우호 관계를 강화하고, 아울러 상호 경제 및 기술 협력을 확대할 것을 희망하여 이 협정을 체결할 것을 결정하고 이를 위해 다음과 같이 전권위원을 임명했다.(이하 생략)"(같은 자료, 242쪽)

11 같은 자료, 20쪽.

시에 여기에서 생기는 올바른 대일 이해를 기초로 금후 양국 국민 간 우호 관계와 경제 교류의 긴밀화에 도움이 되려 한다는 것을 목표로 하고 있다."는 점이다. 요컨대 일본정부에 배상이란 단순한 '보상'에 그치는 것이 아니라 구상국과 정치적, 경제적 관계의 기초를 구축하는 것으로 구상국에 일본의 수출 시장을 확립하는 것이며, 구상국의 경제 발전에 '기여'함으로써 "구상국 국민의 대일 감정을 호전시키는" 행위였다.

대일청구권에 대한 일본정부의 자세는 이러한 배상에 대한 인식의 연장선 위에 있었다. 외무성은 1960년 10월부터의 제5차 한일회담을 앞두고 「대한 경제기술협력에 관한 예산 조치에 대하여」라는 제목의 내부 문서를 작성했다. 문서에는 "재산청구권 문제는 일종의 일시 미뤄 두기로 하는 편이 적당하다. 한편으로 한일회담 타결을 위해 한국에 무엇인가 경제협력을 할 필요가 있다. 우리 나라의 입장에서도 과거에 대한 보상의 의미가 아니라 한국의 장래에 기여한다는 취지라면 이러한 경제적 원조를 행하는 의의가 있다고 인정된다."는 내용이 있다.[12] 더욱이 여기에는 문서를 살펴본 외무성 간부가 "무상 원조는 한국 측 청구를 모두 포기시키지 않으면 국내에서 지지를 얻을 수 없다."고 한 의견이 부기되어 있다. 이것이 앞에서 서술한 '일시 미뤄 두기' 방식의 진의였다. 요컨대 외무성은 최종적으로 한국이 대일청구권을 포기하는 것을 조건으로 사죄의 의미를 포함하지 않는 경제협력을 실시하려 한 것이다.[13]

본서에서는 청구권 문제를 토의하지 않은 채 국교정상화를 실현하여 경

12 新延明, 「條約締結に至る過程」, 『季刊青丘』 제16호, 1993, 41쪽.

13 같은 논문, 41쪽. 이 일본 案의 발안자로 알려진 中川融 외무성 조약국장은 NHK와의 인터뷰에서 "나는 일본의 돈이 아니라 일본의 생산품, 기계, 일본인의 서비스, 역무로 지불한다고 하면, 이것은 장래 일본의 경제 발전에 오히려 도움이 된다고 생각했다."고 말했다.

제협력을 실시하는 타결책을 '일시 미뤄 두기' 방식이라 부르고, 한국이 대일청구권을 포기하는 것을 조건으로 경제협력을 실시한다는 타결책을 '경제협력' 방식이라 부르기로 한다. 즉 이 내부 문서는 '일시 미뤄 두기' 방식의 진의가 '경제협력' 방식에 의한 청구권 문제의 타결에 있다는 점을 보여 주는 것이라고 할 수 있다.

그러나 일본정부는 1961년 5월 김용식金溶植·이세키伊關 회담(151~153쪽)을 통해 한국이 쉽게 '일시 미뤄 두기' 방식을 받아들이지 않을 것이라는 점을 확인했다. 그래서 일본정부는 대일청구권에 상당하는 금액을 제시하고 한국이 요구하는 금액에서 부족한 부분은 경제협력으로 보충한다는 방식을 검토했다. 본서에서는 이것을 '패키지' 방식이라 부르기로 한다.

같은 해 8월 김유택金裕澤 경제기획원 장관이 일본을 방문했을 때 8억 달러를 제시한 데 대해 일본정부는 "5천만 달러의 청구권에 금액 미상의 경제 원조를 제안했다."고 한다.[14] 일본의 이러한 제안이 '패키지' 방식이다. 또한 11월 한일 수뇌회담의 합의에 기초하여 일본은 일단 한일회담에서 대일청구권에 대해 토의하기로 했다. 그리고 대일청구권을 민사상의 개인청구권으로 한정하고 거기에 "사무적으로 자료를 가지고 계산"함으로써 가능한 한 그 규모를 좁힌다는 전략을 세웠다.

대일청구권에 대한 항목별 토의가 종료된 1962년 1월 오히라 마사요시大平正芳 관방장관은 외무성과 대장성에 대일청구권 금액을 어림 계산하도록 지시했다. 그 금액은 외무성의 어림 계산으로는 7천만 달러, 대장성의 계산으로는 1천 6백만 달러였다.[15] 대장성이 제시한 금액은 "제6차 한일

14 「米國務省 韓國關係報告書(1961년 11월)」, 李度晟, 『朴正熙와 韓日會談—5·16에서 調印까지』, 寒松圖書出版, 1995, 39쪽.
15 앞의 『日韓請求權問題參考資料(第二分册)』, 72쪽.

회담이 시작된 무렵 정부 고위층에서 금액에 대한 견적을 제시하라는 강한 요망이 나타난"[16] 것을 받아들인 것이다. 이와 같이 대일청구권에 상당하는 금액은 견적을 적게 잡아 소액의 청구권 금액을 지불하고 다액의 경제협력 자금을 보충한다는 것이 일본 측 '패키지' 방식의 특징이었다.

다만 정치적 절충의 경위에 비추어 보면, 일본정부가 '경제협력' 방식을 완전히 버렸다고 할 수는 없다. 오히려 이 '패키지' 방식이야말로 일본정부가 한국정부에 대일청구권을 포기할 것을 제안하고 그것을 조건으로 경제협력 공여를 약속하기 위해 준비한 것이었다고 보아도 좋을 것이다.

(2) 한국

사실 대일청구권 또는 일본으로부터 받는 배상을 경제 개발 자금으로 충당한다는 발상은 대한민국 성립 이전부터 존재해 왔다. 예를 들면 1947년 10월 『조선은행조사월보』에 게재된 「대일 통화보상 요구의 관철」이라는 제목의 소논문은 먼저 "조선 경제의 재건에는 외국 자재의 주입이 불가결하다."고 서술한 뒤 "외국 자재의 수입은 외화의 획득을 선결 문제로 한다. 무역 등 조선의 국제수지 현상을 볼 때 이와 같은 건설재의 일방적 수입 자금을 조달하는 방법은 결국 배상(대일)이나 차관(대미)을 획득하는 방법밖에 없다."고 주장하고 있다.[17]

오타 오사무太田修에 의하면, 이승만 정권은 1949년 4월 체결된 「한일

16 같은 자료, 71쪽. 이때 대장성 외채과는 "다소 딱딱한 추정에 의한 것(약 3백만 달러)", "느슨한 추정에 의한 것(1천 5백만 달러)", "대폭 느슨한 추정에 의한 것(5천 1백만 달러)" 등 세 가지의 試算表를 작성하여 11월 9일 대장성 논의에 상정했다. 이 논의는 흐지부지되었다. 그러나 앞에서 본 안 중 "느슨한 추정에 의한 것(1천 5백만 달러)"은 1962년 1월 대장성 계산의 토대가 되었다(같은 자료, 71~72쪽).

17 「對日通貨補償要求의 貫徹」, 『朝鮮銀行調査月報』 6, 1947년 10월, 56쪽.

통상협정」에 의한 한일 무역을 통해 한일 경제 '재결합'에 의한 경제 부흥 정책을 추진했다. 이러한 정책을 추진한 가장 중요한 이유는 이승만 정권이 1945년 이전의 일본과 한반도의 경제 관계를 활용해 경제 건설을 도모하려 한 데 있다. 그러나 1950년 6월 한국전쟁이 발발하고 이로 인한 '조선 특수'가 일본의 경제 부흥을 지탱한 반면 전쟁터가 된 한국은 일본의 상품을 대량으로 수입하는 상황이 이어졌다. 이러한 한일 경제 관계가 한국에 불리하다고 판단한 이승만 정권은 미국의 원조에 의존한 국가 주도의 공업화 노선으로 전환했다.[18]

1960년 4월혁명으로 이승만 정권이 붕괴된 이후 새로 수립된 한국정부는 일본과의 관계 개선을 외교의 최우선 과제로 내걸고 한일 무역의 진흥 및 일본으로부터의 자본 도입에 적극적인 자세를 보였다. 그러나 한국은 청구권 문제와 경제협력 문제는 어디까지나 별개의 문제라는 자세를 견지했다. 앞에서 서술한 대로 1961년 2월 3일 한국의 민의원은 「한일관계에 관한 결의안」을 가결했다. 모두 4개 항으로 된 결의안 중 제3항은 "정식 국교는 양국 간에 역사적으로 중요한 현안 문제의 해결, 그중에서 특히 일본의 강점으로 인한 우리의 손해와 고통 · 채무의 청산이 있은 후에야만 성립된다."로 되어 있으며, 제4항은 "현행 통상 이외의 한 · 일 경제 보조는 어떠한 형태임을 막론하고 정식 국교가 개시된 후부터 국가 통제하에 우리의 경제 발전 계획에 비추어 국내 산업이 침식당하지 않는 범위 내에서만 실시되어야 한다."고 되어 있다.[19] 요컨대 국교정상화 이전의 경제협력

18 太田修, 「大韓民國樹立と日本—日韓通商交涉の分析を中心に」, 『朝鮮學報』 제173호, 1999년 10월.

19 大韓民國 國會事務處, 『國會史 제4차국회 제5차국회 제6차국회』, 492~493쪽. 결의안의 제1항은 "복잡 다단한 국내외 정세에 감하여 對日 국교는 '제한 국교'로부터 점진적으로 '전면 국교'로 진전시켜야 한다."이며, 제2항은 "평화선은 국방 및 수산자원의 보존

을 검토해 온 민주당 정권에 대해 한국 국회는 청구권 문제를 해결하고 나서 경제협력 문제를 검토해야 한다는 의지를 명확히 한 것이다. 그래서 그해 5월 열린 김용식·이세키 회담에서도 한국은 「한일관계에 관한 결의안」을 제시하며 일본이 제안한 '일시 미뤄 두기' 방식을 거절한 것이다.

반면 군사정권은 대일청구권 문제에 대해 매우 냉정한 전망을 가지고 있었다. 군사정권은 다가올 대미교섭 준비 작업의 일환으로 1961년 7월 18일 내각수반 송요찬宋堯讚의 지시에 의해 재정부장관 이한빈李漢彬을 위원장으로 하고 외무부차관 박동진朴東鎭, 전 건설부차관 차균희車均禧 등을 비롯하여 농림부, 상공부, 국방부, 경제기획원 소속의 인원으로 '대미교섭안 작성 특별위원회'를 구성했다. 이 위원회는 7월 26일 『대미교섭안 내용 각 항에 대한 연구보고서』라는 소책자를 작성했다. 외무부는 이 중 자신들이 담당한 '한일관계의 재조정'이라는 항목에서 청구권 문제에 대한 전망을 제시했다.

이에 따르면, 우선 외무부는 대일청구권 문제의 '목적'에 대해 "한일회담 현안 문제의 하나인 한국의 대일청구권 문제가 해결됨으로써 한국이 받을 변제액을 한국 경제 재건을 위해 사용코자 함"[20]이라고 명기하고 있다. 요컨대 외무부는 '청구권'으로 받는 금액을 경제 개발에 사용한다는 점을 명확히 한 것이다.

덧붙여 외무부는 제5차 한일회담에서 일본의 태도를 근거로 청구권 문제의 '현황'을 분석했다. 그 요점은 다음과 같이 정리할 수 있다. 첫째, 외

과 어민의 보호를 위하여 존중되고 수호되어야 한다."이다.

20 對美交涉案作成特別委員會, 「對美交涉案 內容 各項에 대한 硏究報告書」 1961년 7월 26일 자, 95쪽(「對美國 經濟關係 交涉案 內容 各項에 대한 硏究報告書」, 韓/1271/M-0002/3, 프레임번호 103).

무부는 대일청구권 중 "법적 근거가 불확실하거나" "미국의 견해와 상반되는 항목", 더욱이 "증빙 자료가 충분치 못한" 항목이 있다는 점을 인정했다. 둘째, 대일강화조약 제4조의 해석에 관한 미 국무성 각서를 둘러싼 문제에서도 외무부는 일본의 주장에 양보하지 않으면 안 된다고 생각했다. 셋째, 외무부는 이승만라인 문제의 해결 방식이 청구권 문제에 영향을 줄 것이라고 전망하고 있다.[21] 이상과 같은 분석을 통해 외무부는 청구권 문제에 관해 일본에 상당한 양보를 할 수밖에 없다는 냉정한 전망을 제시한 것이다.

나아가 외무부는 청구권 문제에 관한 한국정부의 입장에 대해 다음과 같이 결론지었다. 먼저 "한국에 약한 청구 항목이 있으므로 청구 액수가 감소되는 것은 필연적임을 감안하여 그 감소 한도를 최소한으로 한다."는 입장을 취하지 않으면 안 된다. 그러나 "아직까지의 토의에서 일본의 태도를 짐작할 만큼 구체적인 논의는 되지 않았으므로 현재 단계에서는 실제와 근사한 액수를 산출하기 곤란한 것이다."[22] 요컨대 첫째, 청구권 문제로 일본에 상당한 양보를 하는 것이 필요하다고 해도 그 감소 한도를 최소한으로 하는 것을 목표로 한다. 둘째, 한일회담에 임하는 일본의 태도를 검토하여 대일청구권에 상당하는 금액을 산정한다. 이것이 외무부가 제안한 한국정부가 취해야 할 입장이었다.

다만 한국정부는 이와 같은 냉정한 전망을 하면서도 대일청구권의 포기는 물론 대일청구권을 경제협력과 관련지어 해결하는 것조차 선택하지 않았다. 1961년 8월 마에다 도시카즈前田利一 일본 북동아시아 과장의 한국 방문에 맞추어 외무부는 정책방침서를 작성했다. 여기서 외무부는 "한국

21 같은 자료, 95~99쪽(같은 자료, 프레임번호 103~107).
22 같은 자료, 100~101쪽(같은 자료, 프레임번호 108~109).

의 대일청구권 문제와 경제 원조 문제는 구별하여 별도로 검토되어야 한다는 점을 강조"하라고 제의하고 있다. 더구나 외무부는 "한일회담의 조속한 결말을 위해서는 일본의 재산청구권 문제에 대한 성의 표시가 중요한바, 일본의 태도 여하에 따라 우리도 평화선 문제에 관해 융통성 있는 태도를 취할 수 있음을 암시"하라고도 제의했다.[23]

나아가 11월 한미 수뇌회담에 임하면서 한국정부는 청구권 문제를 경제협력에 연계시키려는 일본의 태도를 비난했다. 12월에는 앞의 한일 수뇌회담의 합의 내용을 둘러싸고 외무부가 "청구권과 경제협력은 별개의 것으로 분리하여 논의되지 않으면 안 된다."고 반론했다.

이상의 논의를 토대로 제6차 한일회담 시 한국정부의 입장은 다음과 같이 정리할 수 있다. 우선 한국정부는 대일청구권의 "감소 한도를 최소한"으로 하기 위해 모든 항목의 '법적 근거'를 주장했다. 더욱이 청구권 문제에 대한 일본의 '성의'를 이끌어 내기 위해 한국정부는 일본의 태도 여하에 따라 이승만라인 문제에 대해 유연한 대응을 취할 수 있다는 점을 시사했다. 한국정부는 이와 같은 자세로 청구권 교섭에 임해 일본의 태도를 추측하고자 한 것이다. 한국정부는 일본의 태도를 추측하여 대일청구권 금액을 산정할 수 있는 단계까지는 이 문제와 경제협력 문제를 분리하여 검토한다는 방침을 견지했다.

(3) 미국

마지막으로 청구권 문제에 개입하기로 결정한 미국의 입장을 확인해 본다. 1961년 5월 케네디John F. Kennedy 정권은 극동 담당 국무차관보 아

23 외무부 작성의 품의서, 1961년 8월 5일 자(앞의 「마에다前田 日本外務省 東北亞課長 訪韓」, 프레임번호 37~38).

래 특별위원회를 설치했다. '한국특별위원회Korea Task Force'라 부르는 이 위원회는 대한 정책 수립을 임무로 했다. 다만 케네디 대통령이 베트남 이외의 아시아 문제에는 관심이 덜했기 때문에 한국특별위원회는 부처 간 기구로 발족했음에도 기본적으로 국무성에 의해 운영되었다.[24]

같은 해 8월 24일 한국특별위원회는 대한 정책에 대한 중간 보고서를 작성했다. 보고서에서 위원회는 한국의 제1차 경제개발 계획에 대해 다음과 같이 서술했다. "우리는 적어도 한국이 일본의 원조를 받아들이는 것이 확실하지 않는 한 일본이 이 건으로 움직이도록 하는 것은 이르다고 생각한다. 적어도 한일 간에 존재하는 기본적인 문제, 특히 한국의 대일청구권이 해결될 때까지 혹은 해결되지 않는 한 한국정부가 일본의 경제 원조 의사 표시를 환영할지 의문이다."[25] 요컨대 당초에 미국정부는 청구권 문제가 해결되지 않은 상태에서 한국정부가 일본으로부터의 경제 원조를 받아들일지 의문시한 것이다.

그러나 앞에서 서술한 6월의 미일 수뇌회담 당시 미국의 태도에서 볼 수 있듯이, 미국은 한일회담을 재개하도록 한국정부에 "압력을 가하는" 것도 마다하지 않는 태도를 보였다. 이와 같은 미국의 의욕은 11월 한국특별위원회가 케네디 대통령에게 건의한 「미 국무성 한국관계보고서」에 잘 나타나 있다. 이 보고서는 같은 달에 예정되어 있던 박정희朴正熙의 미국 방문에 앞서 작성된 미국의 정책방침서이다. 이 보고서가 건의한 '한일관계에서 취해야 할 미국 측 입장'[26]의 요점은 다음과 같이 정리할 수 있다. 첫째,

24 212. Editorial Note, "FOREIGN RELATIONS OF THE UNITED STATES 1961-1963, Volume XXII, China, Korea, Japan"; 李鍾元, 「韓日國交正常化の成立とアメリカ」, 『年報·日本現代史』 제16호, 1994, 276쪽.

25 242. Progress Report, Washington, August 24, 1961, ibid.

26 앞의 「美國務省 韓國關係報告書(1961년 11월)」, 앞의 『朴正熙와 韓日會談』, 37~38쪽.

미국은 1961년 11월을 한일회담이 "타결될 수 있는 절호의 기회"라고 생각했다. 둘째, 미국은 한국의 대일청구권이 재조일본인의 재산을 취득함으로써 "어느 정도는 충족되었다"고 생각했다. 다만 재조일본인의 재산 문제는 한일 간의 교섭에 의해 결정되어야 한다고 하여 타결 방식에 직접적으로 관여하는 것은 피했다.[27] 또한 한국의 대일청구권에 한반도 북부를 포함하는 것은 지지할 수 없다는 견해를 보였다. 셋째, 미국은 "대일청구권 문제의 타결과 병행하여", 한국정부가 일본으로부터의 경제 원조를 받아들여야 한다고 생각했다. 넷째, 미국은 이승만라인의 설정을 지지하지 않으며 어업 문제의 해결 없이 '경제적 청산', 즉 대일청구권 문제의 '타결'도 있을 수 없다고 생각했다. 다섯째, 미국은 '공식적인 중재자'가 아닌 형식으로 한일회담을 지원하고자 했다.[28]

이 가운데 둘째의 재조일본인 재산 취급에 대한 미국의 견해는 대일강화조약을 기초할 때부터 일관되어 온 것이라고 볼 수 있다. 더구나 이 조약 제4조에서 '청구권'에 대한 정의를 명확히 하지 않고 청구권 문제의 최종적인 해결을 한일 간의 교섭에 위임하려 한 점에 대해서도 미국의 입장은 일관되어 있다고 할 수 있다.

나아가 주목을 끄는 것은 '경제적 청산'이라는 표현이다. 명시된 것은 아니지만 전단의 문맥으로 알 수 있듯이 '경제적 청산'이 청구권 문제의

27 미국은 해방 직후 북위 38도선 이남을 지배한 미 군정청의 추계를 근거로 在조선 일본 재산이 한반도 북반부에 29억 달러, 한반도 남반부에 23억 달러가 되는 것으로 생각했다(같은 자료, 39쪽).

28 이 점에 대해 러스크 국무장관은 박정희 방미 직전인 11월 5일 서울을 방문하여 박정희와 회담했다. 이때 러스크는 "미국정부는 한일회담의 조정자 또는 중개자로 직접 관여할 수 없으며 관여하지 않는다. 그러나 혹시 우리가 할 수 있는 역할이 있다면 기꺼이 받아들일 것이다."라고 말했다(245. Memorandum of Conversation, Seoul, November 5, 1961, 9:30 a.m. "FOREIGN RELATIONS OF THE UNITED STATES 1961-1963, Volume XXII, China, Korea, Japan").

핵심을 지칭한다고 생각해도 좋을 것이다. 요컨대 미국에 청구권 문제는 "식민지 지배의 청산"이 아니라 단순히 경제적 문제에 지나지 않았던 것이다.

한편으로 미국은 청구권 문제의 타결과 병행하여 한국이 일본의 경제 원조를 받아들여야 한다고 생각했다. 8월 미국은 한국을 종용하는 데 신중했다. 그러나 11월에는 이러한 자세가 바뀌었다. 이 점에 대해 이종원은 미국정부가 "한국이 배상적 성격의 청구권을 포기하는 대신에 한국의 경제개발을 위한 응분의 부담을 일본에 요구한다는 구도를 상정했다."고 논했다.[29] 그러나 이 보고서에서 미국의 입장이 한국에 대일청구권의 포기를 압박한 것이었는지는 분명하지 않다. 또한 이 보고서는 같은 해 8월 일본정부가 김유택 경제기획원 장관에게 제안한, 청구권에 경제협력을 보충한다는 '패키지' 방식의 타결안에 대해 "이 숫자들은 협상 가능"한 것이라는 인식을 보였다.[30] 앞에서 서술한 대로 이 안은 일본이 청구권 문제 타결을 위한 금액과 함께 한국에 대해 경제 원조를 공여한다는 것이었다.[31] 이상으로 볼 때 미국은 대한 정책과 관련하여 청구권 문제와 경제협력 문제를 일단 별개의 것으로 검토했다고 볼 수 있을 것이다. 다만 "식민지 지배의 청산"에 대한 미약한 관심, 재조일본인 재산에 의해 대일청구권이 어느 정도 충족되었다는 견해, 그리고 어업 문제의 해결 없이 대일청구권 문제의 타결이 어렵다고 하는 견해 등 미국정부는 일본정부의 입장에 보다 이해를 보였다고 할 수 있다. 이와 같은 미국의 입장이 실제 청구권 교섭의

29 앞의 「韓日國交正常化の成立とアメリカ」, 283쪽.
30 앞의 「美國務省 韓國關係報告書(1961년 11월)」, 앞의 『朴正熙와 韓日會談』, 39쪽.
31 재론이 되겠으나, 이 제안이 있었다고 해서 외무성 안에서 청구권 포기에 의한 대한 경제협력을 검토하고 있던 사실은 부정할 수 없다.

정치적 타결 과정에서 일본에 유리한 형태로 '비공식적'인 개입 활동을 전개한 하나의 요인이 되었다고 할 수 있을 것이다.

이상과 같이 1960년 10월부터 한일회담에서 대일청구권에 대한 항목별 토의가 이루어지고 있던 단계에서, 일본은 '패키지' 방식에 의한 타결안을 고안하면서 한국이 대일청구권을 포기한다는 것을 전제로 한 경제협력 실시를 목표로 했다. 한편 한국은 대일청구권의 약점을 고려하면서 경제협력과는 분리시킨다는 방침으로 대일청구권의 전면적인 '법적 근거'를 주장했다. 그리고 미국은 대일청구권 문제에 대한 일본의 주장에 이해를 보이면서 일본으로부터의 경제 원조를 받아들이도록 한국을 압박하고자 했다. 이와 같이 청구권 교섭이라는 정식 무대에서 식민지 지배의 청산이라는 본질적인 성격을 갖는 대일청구권의 항목별 토의가 진행되고 있던 시기에, 한 · 미 · 일 각 정부에서는 일본의 대한 경제협력 문제를 실현해야 할 과제로 보고 각각의 입장에서 비밀리에 또한 착착 이에 대해 검토하고 있었던 것이다.

II. 최덕신·고사카 외상회담: '관료적 공세'와 '정치적 수세'의 구도

1961년 10월 이후 청구권 교섭의 전개에 대해, 예를 들면 이종원은 "한국 군사정권 = 정치적 공세", "이케다池田 정권 = 관료적 수세"라는 구도[32]

32 예를 들면, 앞의 「韓日國交正常化の成立とアメリカ」, 277쪽. 또한 '정치적 공세', '관료적 수세'라는 용어는 吉川洋子, 『日比賠償外交交渉の研究』(勁草書房, 1991)에서 처음 사용된 것으로 보인다. 日比賠償交渉은 1951년 9월부터 1956년 5월까지 행해졌다. 그 전반

를 제시했다. 확실히 군사 쿠데타 이후 박정희 정권이 한일회담에 대해 실무적 절충과 병행하여 정치적 절충을 행할 것을 일본에 제시한 결과 1961년 11월 러스크Dean Rusk 미 국무장관의 방일·방한, 박정희 의장의 방일·방미가 실현되었다. 또한 1962년 1월 스기 미치스케杉道助 일본 측 수석대표와 배의환裵義煥 한국 측 수석대표의 회합에서 그해 5월까지 한일조약 조인을 목표로 하는 조급한 내용의 합의가 성립된 것도 한국이 먼저 시도한 것이었다고 할 수 있다.[33] 그렇기는 하지만 앞에서 서술한 대로 한국정부가 이와 같은 '정치적 공세'를 취한 배경에는 대일청구권에 대한 냉정한 인식과 청구 금액의 감소를 최소화한다는 의도가 있었던 것이다. 동시에 일본정부는 법 이론과 '증거주의'를 구사하여 한국으로 하여금 대일청구권을 포기하도록 하는 것을 대한 경제협력의 전제로 삼았다. 그리고 미국은 일본의 입장에 보다 이해를 보였다. 따라서 청구권 교섭에서 경제 개발이 시급한 과제였던 한국에 자금을 공여하는 입장에 있던 일본이 명백히 유리했다. 이와 같이 생각하면 1962년 3월부터 시작된 청구권 교섭이 정치적으로 타결되는 과정은 오히려 "한국 군사정권 = 정치적 수세", "이케다 정권 = 관료적 공세"로 이해되어야 할 것이다.

1962년 3월 6일 열린 청구권위원회 제11차 회의는 같은 달 12일에 있었던 외상회담의 준비 작업으로 한일 간의 의견을 조정하는 자리가 될 수밖에 없었는데, 실제로는 한일 양국이 각각의 청구권에 대한 원칙적 입장을 주고받는 자리가 되었다. 먼저 일본은 대일청구권이 한국 관할권의 범

기에 해당하는 1953년 4월까지에 대해 吉川는 일본 외교를 '관료적 수세형', 필리핀 외교를 '정치적 공세형'이라고 했다.

33 「朴正熙의 政治折衝 諒解確認書(1961년 1월 18일 자)」, 앞의 『朴正熙와 韓日會談』, 48~49쪽.

위에 한정된다고 주장하는 동시에 제5차 회담에서 해결되지 못한 한국정부의 재조일본인 재산 취득과 대일청구권의 관련 문제relevant clause를 또다시 제기했다. 이에 대해 한국은, 한국정부는 한반도 유일의 합법 정부라는 전제에서 대일청구권에 대해서도 한반도 북부의 청구권을 함께 주장했다. 또한 「요강」이 한국정부의 재조일본인 재산 취득을 고려한 것이라는 기존의 주장을 되풀이했다. 나아가 한국은 대일청구권은 배상적인 것이 아니며 모두 '법적 근거'를 갖고 있다고 재론하여 대일청구권의 포기를 촉구하는 일본의 자세를 비판했다.[34]

이와 같이 법 이론을 통해 대일청구권의 포기를 압박하는 일본에 대해 청구권의 포기를 논외로 하려는 한국의 대립이 시종일관 이어져, 1960년 10월부터 계속되어 온 대일청구권 토의는 아무런 합의도 이루지 못한 채 끝나 버리고 말았다. 이는 '경제 기조'에 의해 추진된 청구권 교섭이 가져온 결과였다. 왜냐하면 한일 양국의 교섭 담당자는 일본의 식민지 지배 청산을 위해서가 아니라 다가올 정치 회담에서 가능한 한 자국에 유리한 '금액'과 조건을 주장하기 위해 청구권 교섭을 진행했기 때문이다.

3월 12일부터 도쿄에서 최덕신崔德新・고사카小坂 외상회담이 개최되어 17일까지 다섯 차례의 회의가 열렸다. 그러나 이 외상회담에서는 6일 벌어졌던 토론이 되풀이되고 일본에서 독도 문제를 제의하는 등 한일 간의 원칙적 입장이 충돌했다. 다만 주목할 것은 이 회담에서 일본이 처음으로 경제협력에 의한 해결 방안을 제시했다는 점이다. 즉 일본은 "순전한 청구권 지불에 장기 저리 차관의 형식을 보강하여 한국의 요구에 응하겠다."고

34 大韓民國外務部 政務局 亞洲課, 『제6차 韓日會談 會議錄(I)』, 1962(필자 추정), 187~190쪽.

주장한 것이다.[35] 배의환의 회고록에 의하면, 그 금액은 "(1) 순수 청구권 변제 7천만 달러, (2) 일반차관 2억 달러"였다. 이때 한국은 무상 원조로 7억 달러라는 숫자를 요구했다.[36]

일본이 제시한 7천만 달러라는 숫자는 1962년 1월 외무성이 어림잡아 계산해서 제출한 것과 동일한 액수다. 일본은 이 숫자를 청구권으로 지불할 금액의 상한선으로 하고 한국의 요구에 맞춰 장기 저리 차관을 공여한다는 '패키지' 방식을 제시한 것이다. 이에 대해 한국은 '청구권'으로 받을 금액의 감소를 최소한으로 할 수단으로 순 변제에 경제 원조를 합해 '무상 원조'로 일괄하는 방식을 내세운 것으로 보인다. 다만 한국의 입장은 자료상 명확하지 않다.

결국 이 외상회담은 결렬되었다. 다만 3월 22일 배의환이 박정희에게 보낸 보고서가 보여 주듯이, 한일 양국이 상대방 청구권 문제의 타결안을 확인한 것이 이 회담의 유일한 성과였다고 할 수 있다.[37]

III. '공백 기간' 동안 한·미·일의 움직임

최덕신·고사카 외상회담 이후 8월 예비절충이 이루어지기 전까지 청구권 교섭은 일본정부와 한국정부가 각각 타결안의 내부 조정에 집중하는

35 「裵義煥이 朴正熙에게 보낸 外相會談 結果報告書(1962년 3월 22일 자)」, 앞의 『朴正熙와 韓日會談』, 53~58쪽.

36 裵義煥, 『보릿고개는 넘었지만(裵義煥 回顧錄)』, 코리아헤럴드·내외경제신문, 1991, 161쪽. 다만 이 금액은 인용 기사에 의한 것이라고 생각되는데, 근거가 제시되어 있지는 않다.

37 앞의 「裵義煥이 朴正熙에게 보낸 外相會談 結果報告書(1962년 3월 22일 자)」.

'공백 기간'[38]에 들어갔다. 특히 같은 해 7월 일본에서는 참의원 의원선거와 자민당 총재선거가 예정되어 있었다. 이에 이케다 정권은 한일 문제가 일본사회당 등 야당이나 자민당 내 반이케다파(즉 기시岸·이시이石井 등 '친한파' 세력)에게 이용되는 것이 두려워 한일회담의 재개에 신중했다. 따라서 한·미·일의 교섭 담당자들은 적어도 7월 이후에나 한일회담이 재개될 것으로 전망했다.

그런데 이 시기에 주목해야 할 것은 한일회담 재개를 향한 움직임이 나타난 것으로, 한국정부 및 일본정부 내부에서 최덕신·고사카 외상회담에서 제시된 상대방의 교섭 방침에 대해 강경한 대응과 유연한 대응이 함께 나타난 것이다. 이것은 앞 장에서 서술한, '실무적 노선'과 '정치적 노선'이 다시 표출된 것이라고 할 수 있다. 이하에서 그 내용을 검토한다.

일본정부에서는 최덕신·고사카 외상회담에서 제시된 한국의 제안에 대해 두 개의 노선이 나타났다. 배의환이 최덕신에게 보낸 4월 21일 자 전보 및 같은 달 30일 자 회담 상황 보고서에 의하면, 외무성과 대장성이 청구권과 무상 원조를 합해 최대 1억 5천만 달러부터 2억 달러, 또한 오히라 마사요시 관방장관이 청구권과 무상 원조를 합해 1억 달러(이 중 7천~8천만 달러가 청구권 부분)에 장기 저리 차관으로 3~4억 달러(계 4~5억 달러)의 안을 검토했다고 한다. 한국 안에 대해 외무성과 대장성은 무상 원조 차원에서 가능한 한 서로 양보하여 주장을 접근시키려 했다. 한편 오히라는 차관을 대폭 증액함으로써 한국이 요구하는 금액에 응하려 한 것이다.[39]

38 「朴正熙가 裵義煥에게 보낸 親書(1962년 4월 27일 자)」, 앞의 『朴正熙와 韓日會談』, 58~60쪽.

39 「國交正常化 以前의 韓日 經濟協力 政策, 1961~64」, 韓/1270/M-0002/2, 프레임번호 5~8; 「韓日會談에 관한 報告」(1962년 4월 30일 자, 發信: 裵義煥, 受信: 外務部長官, 「제6차 韓日會談: 제1차 政治會談 以後의 交涉, 1962. 3-7」, 韓/734/Re- 0006/4, 프레임번

여기서 중요한 것은 외무성 안에 '청구권'이라는 명목을 사용하지 않는다는 조건이 있었다는 것이다. 같은 해 5월 18일 배의환이 박정희에게 보낸 서한에 의하면, 이세키 아시아국장과 면담할 때 배의환이 그에게서 받은 느낌은 한국에 지불할 금액에 대해서는 요구하는 액수에 응할 가능성이 농후한 반면 "다만 청구권 명목으로 지불하는 것은 곤란하니 이러한 문구의 철회를 강조"했다고 한다.[40] 요컨대 외무성 안은 한국이 청구권을 포기하게 하여 경제협력을 실시한다는 '경제협력' 방식이었던 것이다.

또한 오히라의 안과 관련하여 배의환의 회고록에 흥미로운 기술이 있다. 그에 의하면 최덕신·고사카 외상회담을 전후하여 자민당 내에서 다음과 같은 세 가지 각본의 타결안이 검토되었다고 한다. 즉 그것은 (1) "순수 청구권 변제 형식으로 일정액을 한국에 준다", (2) 이 금액에 대해 "한국이 분명히 불만을 가질 것을 예상하여 이를 무마하는 목적으로 무상 원조 형식으로 일정액을 한국에 제공한다", (3) "상기 두 가지 방식의 무상 공여 외에 한국이 만족할 만한 선까지 일정액의 상업 차관을 실시한다"는 것이었다.[41] 오히라의 안은 이 제안에 대단히 근접한 것이라 할 수 있다. 즉 이 안은 청구권으로 일정액을 지불하고 경제협력을 추가로 덧붙인다는 '패키지' 방식이었다.

여기서 말하는 '자민당'이 어떤 인물인지 자료상 분명하지 않다. 다만 앞에서 서술한 대로 한국의 요구에 가능한 한 접근하는 형태로 타결하도

호 202~217). 이 정보는 같은 해 4월 19일 兒玉譽志夫가 大平와 회담한 내용을 최영택 참사관에게 전한 것이다.

40 李元德 교수가 제공한 미공개된 한국 외교문서에 의함(이하 「李元德 교수 提供文書」, 이 자료에 대해서는 제6장을 참조). 伊關의 발언에 대해, 배의환은 "우리나라의 국민감정에서는 용인할 수 없다."고 서술하고, 반대로 일본정부가 청구권 지불에 대해 국민이 납득하도록 계몽해야 한다고 반론했다.

41 앞의 『보릿고개는 넘었지만(裵義煥 回顧錄)』, 162쪽.

록 움직인 사람들은 기시 노부스케岸信介, 사토 에이사쿠佐藤榮作, 다나카 다쓰오田中龍夫, 다나카 가쿠에이田中角榮 등 이른바 친한파였다. 따라서 이 제안도 일한문제간담회 회원으로부터 나왔을 가능성이 높다.

한편 한국이 어떠한 타결안을 검토하고 있었는지는 자세하게 알 수 없지만, 7월 5일 배의환이 박정희에게 보낸 보고서를 보면 차관을 보강하게 하여 유연하게 타결하자는 박정희, 김종필金鍾泌 등 최고회의 중추부의 방침과 강경하게 순 변제와 무상 원조에 의한 타결을 주장하는 최덕신 등 외무부의 방침이 있었던 것은 확실하다. 이 보고서에 의하면, 일본은 한국 외무부를 "대일 문제에 관해 강경론자", 박정희와 김종필을 "일본과 의견 조정이 용이"한 세력으로 보고 있었다.[42]

배의환은 제6차 한일회담 개시에 맞추어 1961년 12월 주일대사로 부임했다. 그는 부임 후 항상 박정희와 긴밀하게 연락하면서 일본과 교섭을 추진했다. 배의환의 회고록에 의하면, 최덕신·고사카 외상회담 이후 그는 박정희로부터 "청구권과 경제협력을 합쳐서 5억 달러 선이 된다면 합의를 하도록" 한다는 지시를 받았다.[43] 이것은 외상회담에서 한국이 제시한 "무상 원조로 7억 달러"와 비교하여 금액으로나 명목상으로나 일본에 양보한 타결안이다.

또한 배의환은 한일회담과 관련하여 최덕신 외무부장관과 최영택崔英澤 참사관에 대해 비판적이었다. 예를 들면 배의환은 회고록에서 최덕신을 다음과 같이 혹평했다. "지금 생각해 보면 최덕신은 외무부장관으로서는

42 「裵義煥이 朴正熙에게 보낸 日本情勢報告書(1962년 7월 5일 자)」, 앞의 『朴正熙와 韓日會談』, 72~74쪽.

43 앞의 『보릿고개는 넘었지만(裵義煥 回顧錄)』, 168쪽. 배의환에 의하면 이 5억 달러라는 숫자는 라이샤워 주일대사가 일본에 제시한 금액이라고 한다.

정말 무능했고 외교적 감각이란 조금도 갖지 못한 사람이었다. 이때의 양국 외상회담이 오히려 회담 진전에 역효과만 가져다주었던 데에도 최덕신의 책임이 컸다고 볼 수밖에 없다. 그는 나(주일대사)나 다른 직업 외교관들의 충고를 귀담아 듣지 않고 자기 기분에만 빠져 중요한 회담을 그르치고 말았다."[44] 배의환은 또한 뒤의 일이지만 1963년 3월 4일 박정희에게 보낸 서한에서 최영택의 경질을 진언하고 있다. 이때 그는 "유능, 온건한 다른 인물을 주일대표부에 근무토록 지시해 주시면 본 대표부 인화문제 선화善化에 많은 도움이 되겠습니다."라고 부언했다.[45] 이와 같이 배의환은 외무부의 대일 강경파를 강하게 비판했다.

다만 배의환은 일본에서 받는 자금의 명목이 '청구권'이어야 한다는 최저선의 방침을 견지했다. 이 점에 대해 앞에서 나온 7월 5일 자 보고서에는 다음과 같은 기술이 있다. "일 측으로서는 청구권이란 명목을 사용치 않고 무상 원조와 차관 형식으로 보상을 주창하나 소직小職(배의환을 말함-필자)의 입장은 청구권과 무상(액수의 분별을 양국의 의견에 따라 정함)으로 양국이 합의할 수 있는 선을 발견하고, 차관 문제는 국교 수립 전이라도 토의할 수 있으나 차관 액수와 무상 액수로 청구권 문제를 해결할 수 없다고 주장합니다."[46] 이와 같이 배의환(및 그와 직접 연락을 취하고 있던 박정희 등)은 대일 유연노선이면서도 '청구권'이라는 명목은 쉽게 포기할 수 없었던 것이다.

마지막으로 미국의 움직임을 알아본다. 3월 한일 외상회담이 결렬되자 미국은 한일회담을 재개시키기 위해 움직이기 시작했다. 케네디 대통령

44 같은 자료, 159쪽. '중요한 회담'이란 1962년 3월의 崔德新·小坂 외상회담을 말한다.
45 「박정희의 계속집권의 당위성 피력(1963년 3월 4일 자)」, 앞의 『朴正熙와 韓日會談』, 449쪽.
46 앞의 「裵義煥이 朴正熙에게 보낸 日本情勢報告書(1962년 7월 5일 자)」, 앞의 『朴正熙와 韓日會談』, 74쪽.

은 4월 24일 자 국가안전보장행동각서NSAM 제151호를 통해 러스크 국무장관에게 미국이 한일 양국에 대해 취할 행동 계획을 작성하도록 지시했다.[47] 지시를 받은 러스크는 5월 17일 자 각서를 통해 케네디에게 다음과 같이 보고했다. "현재 한일 간의 주요한 장애는 일본의 식민지 지배 때문에 발생한, 비현실적으로 높은 한국의 대일청구권과 비현실적으로 낮은 일본의 금액이다. 한국은 미국에 타결을 위해 청구권을 상당히 낮추려 한다는 의지를 암시했다. 그러나 일본은 작년 말에 비해 타결의 의지가 보이지 않는다."[48] 러스크는 이와 같이 서술하여 한국과 일본이 주장하는 금액의 차이와 일본의 소극적 자세를 문제 삼았다. 러스크가 일본의 자세를 소극적이라고 비판한 이유는 이 시기에 이케다 정권이 한일 문제에 신중해진 것과 일본정부 관료가 대일청구권에 대한 금액을 둘러싸고 양보하는 자세를 보이지 않았기 때문이었을 것이다.

따라서 러스크는 "현 시점에서 미국은 한국보다도 일본에 대해 타결하도록 영향력을 행사해야 한다."고 판단했다. 그러나 동시에 러스크는 "한

47 256. National Security Action Memorandum No. 151, Washington, April 24, 1962("FOREIGN RELATIONS OF THE UNITED STATES 1961-1963, Volume XXII, China, Korea, Japan"). NSAM(Nation Security Action Memorandum)은 대외 정책 및 국가 안전보장 문제에 관한 대통령의 정책적 결정을 관계자에게 인식시키기 위한 기록. NSAM은 미국의 최고 수준의 정책을 알려 주는 것으로, 일반적으로 국가안전보장회의 또는 국가안전보장 대통령 보좌관에 의해 발행된다. 그런데 이 각서는 주일·주한대사로부터의 보고와 국가안전보장회의에서의 논의를 반영시킨 것이었다. 일례로 국가안전보장회의의 구성원인 코머Robert W. Komer는 케네디 대통령 앞으로 보낸 4월 23일 자 각서 중, 한일회담의 '장애'로 한국의 청구권이 터무니없을 정도로 높다는ridiculously high 것과, 이케다 정권의 국내 사정에 더해 미국의 對韓 원조를 일본이 대신 떠맡는 것에 대한 일본 측의 의심을 들었다(255. Memorandum From Robert W. Komer of the National Security Council Staff to President Kennedy, Washington, April 23, 1962, ibid).

48 260. Memorandum From Secretary of State Rusk to President Kennedy, Washington, May 17, 1962, ibid.

국과의 관계에 대해 미국이 일본에 가할 수 있는 영향력은 한정되어 있다."고 판단했다. 여기서 러스크가 대일 정책으로 제안한 것은 일본 정계에 영향력을 가진 요시다 시게루吉田茂에게 이케다 하야토池田勇人를 설득시킬 것과, 한일 이외의 제3국이 한국의 시장을 노리고 있다고 암시함으로써 "일본이 놓치지 않기 위해 결심"하도록 유도하는 것이었다.[49]

무엇보다도 국무성은 전체적인 상황에 대해 낙관하고 있었던 것 같다. 즉 국무성에 의하면 한국은 자신들의 요구액을 어느 정도 낮춰서 청구권 문제를 타결하고자 했다. 따라서 국무성은 만약 일본의 수뇌가 자신들의 제시액보다 높은 금액을 제시하면 타결이 가능하다고 생각했던 것이다.[50]

그래서 자민당 총재선거를 코앞에 둔 7월 13일 러스크가 라이샤워Edwin O. Reischauer 주일대사에게 보낸 전보는 미국의 개입 정책을 단적으로 보여 주는 것으로 주목된다. 러스크의 전보에 따르면, 우선 미국의 목적은 "서태평양의 긴장 완화 및 안전 보장을 촉진하고 한국의 경제성장률을 높이기 위해 한일 간에 분명하게 나타난 의견의 차이를 해소하고 정상적인 외교적, 나아가 경제적인 관계를 확립한다."는 것이었다. 나아가 러스크는 주한 미국대사에게 한국정부의 수뇌부를 설득하도록 다음과 같이 지시했다. "(a) 청구권 문제에 대해 청구권에 대한 지불, 무상 원조, 그리고 장기 저리 차관을 포함하여 (금액적으로—필자) 받아들이는 것이 가능하다면, 청구권을 강조하지 말고without emphasis on claims 패키지에 의한 합리적인

49 ibid. 국제개발국AID이 일본의 對韓 원조 필요성을 언급한 것도 이와 같은 러스크의 제안에 영향을 주었다(257. Memorandum From Harold H. Saunders of the National Security Council Staff to President Kennedy, Washington, April 25, 1962, ibid).

50 261. Memorandum Prepared in the Department of State, Washington, May 17, 1962, ibid.

제안으로 타결하도록 고려할 것, (b) 일본과 교섭할 때 유능하고 합리적이며 권위 있는 개인을 수석대표로 임명할 것". 동시에 러스크는 주일 미국 대사에게 "구미의 기업이 한국의 경제 발전에 관심을 갖고 있다고 일본정부의 관료에게 조언"하도록 지시했다.[51]

이와 같이 미국정부는 한일회담을 재개시키기 위해 다음의 세 가지 점을 한일 양측에 종용했다. 첫째, 한국과 일본이 주장하는 금액으로, 미국은 한일 양국이 상대방의 금액에 접근하기를 바랐다. 둘째, 일본이 한국에 공여하는 자금의 명목으로, 미국은 분명히 한국에 '청구권'이라는 명목을 고집하지 않도록 종용했다. 셋째, 한일회담에 대한 '열의'로, 미국은 일본의 태도가 소극적으로 되어 간다고 판단하여 일본의 대한 경제 진출과 관련하여 제3국과의 경쟁 의욕을 북돋우려 했다.

다만 미국은 한일 문제에 필요 이상으로 직접 개입하는 것을 피했다. 그것은 미국의 공공연한 행동이 한국과 일본 국내의 반대파가 한일회담을 비판하는 구실이 되기 때문이었다. 그러나 한일 양국이 상대방에 대해 미국이 영향력을 행사하게 만든 것도 사실이다. 그래서 미국은 주일, 주한 대사에게 한일 간 "은밀한 정보 제공자confidential informants"의 역할을 부과하여 개입 정책을 추진한 것이다.[52]

이상으로 한국 및 일본에서 일어난 외교 방침의 내부 조정 움직임과 미국의 한일회담 재개를 향한 정책을 검토했다. 우선 한국 및 일본에서 상대방의 제안에 대해 강경한 '실무적 노선'과 비교적 유연한 '정치적 노선'이

51 267. Telegram From the Department of State to the Embassy in Japan, Washington, July 13, 1962, 8:30 p.m., ibid.

52 Ibid. 'confidential informants'의 번역은 앞의 「韓日國交正常化の成立とアメリカ」, 287쪽에 의함.

이 시기에 확실하게 나타났다. 즉 일본에서는 외무성 및 대장성이 청구권의 금액을 치밀하게 정한 다음 한국으로 하여금 청구권을 포기하도록 하여 경제협력을 제공한다는 '경제협력' 방식을 구상한 것에 대해, 오히라는 청구권의 금액을 낮추면서도 차관을 증액시켜 한국의 요구에 응하도록 하는 '패키지' 방식을 구상했다. 또한 한국에서는 최덕신과 외무부가 어디까지나 '청구권'으로서 순 변제 및 무상 원조에 의한 해결을 주장한 것에 대해, 박정희, 김종필, 배의환 등은 '청구권'이라는 명목을 견지하면서도 금액에 대해서는 일본에 접근하여 경제협력에 의한 보강도 받아들이려 했다. 이와 같이 한국과 일본의 실무자 수준에서는 자국의 원칙적 입장을 견지하고, 수뇌 및 각료 수준에서는 상대방의 요구에 유연한 대응을 검토하고 있었던 것이다.

한편 미국은 한일회담의 재개를 위해 청구권을 둘러싼 금액과 명목의 문제와 한일회담에 대한 '열의'를 문제시했다. 이에 더해 미국은 주일대사와 주한대사에게 한일 간의 의견을 조정하는 역할을 부과했다. 여기서 주목할 것은 미국의 개입은 당연히 '경제 기조'에 의한 청구권 문제의 타결을 촉진한 것이었다는 점이다. 요컨대 미국은 한국에 '청구권'이라는 명목을 포기할 것을 촉구했다. 한국정부의 입장에서 '청구권'이라는 명목하에 일본으로부터 자금을 도입하는 것은 형식적이라 해도 일본 식민지 지배의 청산을 의미했다. 미국은 그것조차도 포기하라고 한국을 압박한 것이다.[53] 미국은 또한 일본에 대해 한국으로의 경제 진출에 대한 의욕을 촉

53 1962년 4월 18일 라이샤워 주일대사는 小坂 외상과 면담했다. 라이샤워는 청구권 문제에 대해 "진짜 문제는 3억이냐 4억이냐의 문제가 아니다. 양국 간의 문제는 기본적으로 심리적인 것이다. 일본은 한국에 대해 뭔가 성의 표시를 보여 주지 않으면 안 된다. 한국인은 일본에 대해 불안감을 품고 있으며, 일본인은 자신들을 대등하게 보고 있지 않다고 생각한다."고 말했다. 小坂는 인도와 버마가 독립했을 때 영국의 재산이 보전되었던

진했다. 이것은 일본으로 하여금 "식민지 지배의 청산"이라는 과제를 점점 망각하게 하는 작용을 했다고 할 수 있다.

IV. 예비절충에서의 논의: '실무적 노선'에 의한 조정

앞에서 서술한 한·미·일 간의 의견 조정 끝에 8월 21일부터 도쿄 외무성에서 제2차 정치회담을 위한 실무자들의 예비절충이 이루어졌다. 그러나 이 예비절충에서 제시된 한국과 일본의 타결안은 최덕신·고사카 외상회담의 대립을 극복할 수 없었다. 우선 8월 21일 제1차 회의에서 일본은 (1) 1961년 11월 박정희·이케다 회담에서 청구권은 충분히 법적 근거가 있는 청구로 한정한다고 확인되었다, (2) 청구권의 범위는 한반도 남부로 한정된다, (3) 미국의 대일강화조약 해석에 기초하여 한국정부의 재조일본인 재산 취득과 대일청구권의 관련을 고려해야 한다, (4) 청구권의 법률관계와 사실관계는 충분히 입증될 필요가 있으며, 입증의 책임은 청구하는

사례를 인용하면서 한국의 在朝일본인 재산 취득에 의해 보상은 완료된 것이라고 말했다. 이에 대해 라이샤워는 "영국은 인도와 버마의 독립을 스스로 인정했지만 일본은 전쟁에 패해 한국을 상실했다."고 반론했다. 계속해서 "일본은 또 영국이 보여 준 것 같은 관용의 자세를 보여 주지 않았으므로 오랜 식민지 시대의 아픈 추억을 불식시키기 위해서는 아무래도 이러한 종류의 성의 표시가 필요한 것"이라고 역설했다. 그러자 小坂는 "이 문제로 심하게 일본에 압력을 가하면 국민들은 한국에 있는 일본의 자산을 몰수한 미군 조치의 합법성에 의문을 품게 될 것"이라고 경고하고, "그것은 금후 일·미 관계에도 좋지 않다."고 지적했다고 한다(에드윈. O. 라이샤워, 할 라이샤워, 『라이샤워 大使日錄』, 講談社 學術文庫, 2003, 76쪽). 이 대화를 통해 小坂 외상이 여전히 한국 소재 일본인 재산 문제를 꺼내고 나아가 그것을 미국에 대한 견제책으로 활용하고 있음을 알 수 있다. 한편 라이샤워는 청구권 문제에 대해 일본이 한국에 '관용의 제스처'를 보일 필요가 있다고 생각했다. 이 제스처의 내용은 분명하지 않다. 다만 확실히 라이샤워는 일본이 식민지 지배의 청산이라는 과제에 이해를 보일 것을 바랐던 것이다. 그러나 이와 같은 견해가 미국의 개입 정책에 포함된 흔적은 확인할 수 없다.

한국 측에 있다는 점을 들어 제2차 세계대전 후의 혼란이나 한국전쟁에 의한 관계 서류 소실 등의 사정을 고려해도 일본이 청구권으로 지불할 금액은 수천만 달러에 그칠 것이라고 주장했다.[54]

이에 더해 일본은 청구권이 아니라 "한국의 독립을 축하하고 민생 안정에 기여하며 경제를 원조한다."는 명목으로 한국에 무상 경제원조 자금을 제공한다는 안을 제시했고, 8월 24일 제2차 회의에서 다시 일본은 무상 원조로 1억 5천만 달러, 그 외에 장기 저리 차관을 고려한다는 구체안을 제시했다.[55]

또한 일본은 제1차 회의에서 한국이 주장한 '청구권'과 '무상 원조'의 명목을 병용하는 안에 대해, 이 경우 무상 원조가 "청구권의 변형 내지 위장"이며, 일본 국민들에게 경제협력이라고 설명해도 납득시킬 수 없을 것이라고 말하며 이를 반대했다.[56]

이와 같이 일본은 외무성 및 대장성 안을 기초로 청구권이라는 명목을 사용할 수 없다는 조건으로 무상 원조 1억 5천만 달러에 장기 저리 차관을 추가한다는 '경제협력' 방식을 제시했다. 한국의 요구액에 장기 저리 차관을 더해 응한다는 부분은 오히라 안에서 나온 요점이었다.

한편 한국은 8월 24일 제2차 회의에서 일본의 제안을 전면적으로 반박했다. 우선 대일청구권에 대해서는 (1) 청구권의 범위는 한반도 전역이며, (2) 한국정부의 재조일본인 재산 취득은 이미 청구권 주장에서 고려된 것

54 韓國政府 政務局, 『제6차 韓日會談 會議錄(III) 제2차 政治會談 豫備折衝(1962. 8. 22~1962. 12. 25)』(이하 『會議錄(III)』이라고 함), 28~34쪽.

55 같은 자료, 42~43쪽. 그때 伊關는 장기 저리 차관에 대해 "장기 저리 차관은 거치 기간이 있으므로 한국에 유익할 것이다. 거치 기간이 5년으로 되면 이 5년 동안은 무상으로 받는 돈과 동일한 효과가 있는 것이다." 등으로 설명하면서 차관의 이점을 역설했다.

56 같은 자료, 28~34쪽.

이고, (3) 청구는 법적 근거에 기초한 것이며 입증이 불가능한 부분은 "조리條理에 의한 추산으로 보완할" 것이며, (4) 청구권의 변제에는 금액의 청산이라는 의미만이 아니라 "과거를 청산"한다는 의미도 있다고 하여 그 정당성을 주장했다.[57]

따라서 청구권의 해결은 '순 변제' 방식 이외에는 있을 수 없지만, 일본 측 사정을 고려하여 한국은 "청구권의 범위 내"에서 청구권의 순 변제로 3억 달러, 무상 원조 3억 달러라는 안을 주장했다. 이어 일본이 차관 공여를 논의하자는 말을 꺼내려 하자 한국은 "지금은 아직 차관을 논의할 단계가 아니다."라고 말하여 이를 물리쳤다.[58]

결국 한국의 제안은 청구권이라는 명목으로 실제로는 무상 원조 6억 달러로 타결하려는 것이었다. 3월의 한일 외상회담에 비하면 요구액을 1억 달러 내린 것이지만, 일본 안에 다가간 것이라고 볼 수는 없다.

이렇게 하여 '공백 기간'에 이루어진 한·미·일 간 의견 조정의 결과 예비절충으로 드러난 논의는 명백히 한국 및 일본 양국의 '실무적 노선'의 제시였다. 그리고 10월 20일 제1차 김종필金鍾泌·오히라大平 회담 직전의 제11차 회의까지 '경제협력'의 명목으로 무상 원조 1억 5천만 달러에 차관의 보충을 주장하는 일본과 '청구권' 명목으로 사실상의 무상 원조 6억 달러를 주장하는 한국의 논의는 평행선을 달렸다.

다만 이 예비절충에서 한일 양국이 상대방의 안에 전혀 다가서지 않은 것은 아니다. 8월 29일 제3차 회의에서는 명목에 대한 논의가 이루어졌다. 우선 한국이 '순 변제'와 '무상 원조'의 금액을 구분하지 않고 해결하자는 안을 제시했다. 배의환은 그 취지에 대해 "일본은 일본대로 국회나

57 같은 자료, 52~58쪽.
58 같은 자료, 37~41, 46쪽.

국민들에게 설명할 수 있고, 한국은 한국대로 국민을 납득시킬 수 있을 것이다."라고 기술했다. 그러나 일본이 최종적으로 '청구권'이라는 단어가 협정문에 들어가는 것을 거부함으로써 이 제안은 받아들여지지 않았다.[59]

한편 일본은 "무상 원조라는 명목으로 일정한 금액을 지불하는데, 그 금액 안에는 청구권 명목이 포함되어 있다는 것을 밝히는 방식으로 하면 어떤가"라고 제안했다. 그러나 한국은 "우리가 말하고 있는 것은 청구권 문제의 해결이라는 테두리 안에서 순 변제와 무상을 합쳐서 해결하는 방법"이라고 주장하며 이 제안을 거부했다.[60]

금액에 대해서도 절충이 계속되었다. 9월 17일 배의환이 최덕신에게 보낸 「입장조정건의서」와 예비절충 논의의 내용을 검토해 보면, 일본은 무상 원조 금액에 대해 (1) 일본 측 1.5억 달러 대 한국 측 6억 달러 안 외에 (2) 일본 측 1.7억 달러 대 한국 측 5억 달러, (3) 일본 측 2억 달러 대 한국 측 4억 달러라는 안을 준비하여 한국의 반응을 기다렸다. 그리하여 일본은 최종적으로 무상 2억 5천만 달러, 차관 2억 5천만 달러, 합계 5억 달러로 최종적으로 타결하려고 생각했다.[61]

이에 대해 한국은 박정희의 훈령에 따라 (1) 일본 측 1.5억 달러 대 한국 측 6억 달러로부터, (2) 일본 측 2억 달러 대 한국 측 5억 달러, (3) 일본 측 2.5억 달러 대 한국 측 4.5억 달러로 접근하여 (3)의 단계에서 일본에 차관에 관한 논의를 제의할 계획이었다. 그리하여 한국은 최종 선으로 순 변제와 무상 원조를 합해 4억 달러 안을 준비했다.[62] 그러나 9월 13일 제6차

59 같은 자료, 62~64쪽.
60 같은 자료, 73~74쪽.
61 「裵義煥이 外務長官에게 보낸 立場調整建議書(1962년 9월 17일 자)」, 앞의 『朴正熙와 韓日會談』, 110~113쪽.
62 앞의 「裵義煥이 外務長官에게 보낸 立場調整建議書」, 112쪽.

회의에서 한국이 비공식적으로 5억 달러 안을 제시했고 일본은 1억 7천만 달러 안을 제시했는데, 양자는 타협되지 않았다.[63] 당시 배의환은 앞에서 이 건의서에서 세 번째 안보다 조건이 좋지 않은 "일본 측 2억 달러 대 한국 측 4.5억 달러", 다만 그때 "청구권 문제를 해결하는 테두리 안"에서 한국에 유리한 조건의 차관을 추가한다는 안을 최덕신 외무부장관에게 건의했다.[64] 다만 이 안은 예비절충에서 제시되지 않았다.

결국 이들 논의를 통해 한일의 제안은 접근하지 못했다. 즉 예비절충에서 한국과 일본은 양측의 '실무적 노선'을 격렬하게 주고받음으로써 다가올 정치회담에 대비하여 상대방의 복안에 대한 탐색을 계속했던 것이다. 제5차 회담에서 시작된 청구권의 구체적 토의, 그리고 3월의 최덕신·고사카 외상회담, '공백 기간'을 거쳐 예비절충에 이르기까지 청구권 교섭은 '실무적 노선'을 축으로 진행되었다. 그리고 1962년 10월의 시점에서 이 노선에 의한 절충의 한계가 명확해진 것이다.

다만 여기서 유의해야 할 것은 '예비절충'은 다가올 정치회담 이전에 한일 양국의 실무자가 의견을 조정하는 무대였다는 점이다. 다시 말하면 '실무적 노선'에 따른 이 예비절충은 '정치적 노선'에 따른 교섭과 대립하는 것이 아니라 오히려 그 타결을 위해 필요한 과정이었다는 것이다.[65]

63 앞의 『會議錄(III)』, 133쪽.

64 앞의 「裵義煥이 外務長官에게 보낸 立場調整建議書」, 112쪽.

65 이 점에 대해, 필자는 졸고 「日韓會談における請求權交涉の政治的妥結—1962年3月から12月までを中心として」(『朝鮮史研究會論文集』 第三六集, 1998年 10月)에서 다음과 같이 서술했다. "1962년 10월까지 미국의 적극적인 개입 활동에도 불구하고 교섭에서 '실무적 노선'에 의해 청구권 문제의 타결이 모색되었지만 결국 정지 상태에 빠지자 그 대안으로 '정치적 노선'이 교섭의 전면에 부상한 결과 처음으로 미국으로부터 제시된 제안을 받아들이는 형태로 결국 '오히라·김종필 합의'가 성립하기에 이른 것이다."(190쪽) 그러나 '정치적 노선'이 '실무적 노선'의 대안이었던 점만을 강조한 것은 예비절충의 시점에 대한 평가로서는 적절하지 않다. 太田修 씨의 비판을 수용하여, 본서를 통해 견해

V. 김종필·오히라 회담: 정치적 노선에 의한 타결

예비절충이 시작되자 한일회담을 추진하는 움직임이 나타나기 시작했다. 자민당 외교조사회(회장 후나다 나카船田中)는 예비절충의 진행에 맞추어 한일회담의 조기 타결을 위해 적극적으로 홍보 활동을 할 의향을 보였다.[66] 9월 14일 박정희 의장은 문경시멘트 공장 만찬회 자리에서 "긴박한 국제 정세를 고려하여 한일회담을 성공시키기 위해서는 양국의 정치가가 어느 정도 국민으로부터의 비난을 각오하고서라도 강력하게 추진해야 한다."[67]고 언명하여 한일 국교정상화 의욕을 다시 보였다. 나아가 9월 17일부터 22일까지 우에무라 고고로植村甲午郎 일본경제단체연합회(경단련) 부회장을 단장으로 하는 경제사절단이 방한하여 울산과 인천 등의 공업 지역을 시찰하고 박정희 등과 회담했다. 귀국 후 우에무라 단장은 이케다 수상과 면담하고 "대국적으로 보아 이 예비절충으로 일한회담을 어느 정도 매듭지어야 한다."[68]고 진언했다.

이와 같은 움직임을 배경으로 이 시기에 한국정부와 일본정부는 '정치적 노선'을 기초로 하는 타결 방안을 검토했다. 초점은 '타결선'의 금액이었다. 7월 자민당 총재로 재선된 이케다는 내각 개조를 단행했는데, 오히라 마사요시가 외상으로 취임했다. 그리고 8월 17일 이케다 수상과 오히라 외상, 다나카 가쿠에이 대장상 등이 한일회담 재개에 임하는 정부의 기본 방침을 협의했다. 그때 오히라가 "순수 청구권, 무상 공여, 장기 차관(경

를 수정했다.

66 『朝日新聞』 1962년 9월 8일 자.

67 같은 신문, 1962년 9월 15일 자(석간).

68 같은 신문, 1962년 9월 25일 자.

제협력)을 합해 총액으로 3억 달러에 가까운" 금액을 제시했다고 보도되었다.[69] 이후 한국과 일본의 언론은 이러한 '패키지' 방식의 3억 달러라는 타결안에 주목했다. 후술하듯이 제1차 김종필·오히라 회담에서 오히라는 청구권에 대한 지불을 포함하지 않는 '경제협력' 방식을 제시했는데, 그 금액이 3억 달러였다. 따라서 이 시기에 오히라가 이 복안을 구상했을 가능성이 높다.

한국에서도 3억 달러라는 타결안에 큰 관심을 보였다. 8월 30일 배의환은 박정희에게 서한을 보냈다. 서한에서 배의환은 이세키 유지로伊關佑二郎 아시아국장과 최영택 참사관의 비공식 회담을 통해 일본에 "정치회담에서 3억 달러 무상 지불(명칭은 아직 미해결)로 낙착할 의향이 있는 것으로 보이며, 오히라 외상과 이케다 수상에게도 이 선을 목표로 양해를 구할 의도인 양상입니다. 차관에 관해서는 ○○ 동액 정도로 2억 내지 3억이 가능할 양상입니다."[70]라고 보고했다. 여기서 외무성의 이세키가 무상 원조만으로 3억 달러라는 안을 제시하고 있는 점이 주목된다. 배의환은 "만일 최종적으로 일본이 무상 3억, 차관 2억 정도로 나온다면 저의 견해로서는 이 선으로 청구권 문제를 낙착시킴이 한국에 유리할 줄 사료됩니다."[71]라고 진언했다. 요컨대 배의환은 정치회담에서 일본이 무상 3억 달러를 제시할 가능성을 고려하면서 예비절충을 추진했던 것이다.

배의환의 보고를 받은 박정희는 최덕신 외무부장관 등과 타결선에 대해

69 같은 신문, 1962년 8월 18일 자.

70 1962년 8월 30일 자에서 裵義煥이 朴正熙 앞으로 보낸 서간(「미공개문서」). ○○ 부분은 자료상 해독이 불가하다. 앞의 『보릿고개는 넘었지만(裵義煥 回顧錄)』, 204쪽에 그 요약이 기재되어 있는데, 이 부분은 발견되지 않는다.

71 위와 같음.

협의한 것 같다. 그 자리에서도 3억 달러라는 타결선이 초점이 되었다.[72] 9월 30일 최덕신 외무부장관은 "양국은 이제 종래의 입장을 고집해서는 안 된다."고 언급한 뒤 "청구권 문제의 해결을 위해 한국은 결국 3억 달러 내지 3억 5천만 달러의 수준에서 일본과 타협을 맺을 가능성도 있다."고 발언했다.[73] 이상의 내용으로 보아 한국정부는 무상 3억 달러를 목표로 정치회담에 임했다고 할 수 있다.

더욱이 미국도 3억 달러라는 타결선에 주목했다. 9월 24일 러스크 국무장관은 뉴욕에서 오히라 외상과 회담했다. 후술하듯이 그때 러스크는 오히라에게 '순수 청구권 방식'으로 3억 달러라는 숫자를 시사했던 것이다.[74] 미국은 일본의 "무상 공여와 차관을 합한 일괄 해결 방식"에 반대하면서도 일본에서 3억 달러라는 금액이 검토되고 있는 점에 주목하여 이것을 평가한 것이다. 무엇보다도 '순수 청구권 방식'에 대해 미국이 구상한 것은 청구권에 대한 지불이 아니라 무상 원조일 것이다. 요컨대 미국은 가능한 한 한국정부가 받아들이기 좋은 조건으로 일본정부가 경제협력을 실시하기를 바랐다.[75]

72 앞의 『보릿고개는 넘었지만(裵義煥 回顧錄)』, 196쪽.

73 한국의 일요지 『선데이 뉴스』가 보도한 것이라고 한다(『朝日新聞』 1962년 10월 1일 자).

74 『朝日新聞』 1962년 9월 30일 자(석간). 이 신문은 한국 『東亞日報』의 기사로 오히라·러스크 회담 때 오히라가 "3억 달러의 선으로 해결할 수 있다."고 서술한 데 대해, 러스크는 "한국의 요구가 반드시 3억 달러 선에서 크게 차이가 나는 것은 아니다."라고 답했다고 보도했다.

75 미국이 3억 달러를 평가한 또 하나의 근거로 한일 간의 청구권 문제에 대해 1951년 7월 3일 나온 미 국무성의 견해를 들 수 있다. 그에 의하면, 국무성은 GHQ의 견해 등을 근거로 地金·地銀, 문화재, 조선인 노동자의 미지불 임금, 사망한 피징용 조선인 등을 대상으로 한 한국의 대일청구권 총액을 약 3억 달러로 계산한 것이다[State Department Comment on JAPQ D-2/7, "Korean Claims Under Korean Vesting Decrees to Property in Japan"(1951/7/3), 戰後補償問題硏究會 編, 『戰後補償問題資料集 第8集 GHQ關聯文書集(朝鮮人未拂金政策等)』 1993, 233쪽]. 케네디 정권이 이 숫자를 참고했을 가능성은 있다.

이상과 같이 예비절충과 병행하여 한·미·일의 교섭 담당자는 3억 달러의 타결선을 최종 목표로 조정을 계속했던 것이다. 그리고 1962년 10월과 11월에 김종필 중앙정보부장과 오히라 외상의 회담이 열렸다. 공식적으로 한국과 일본의 '정치적 노선'에 따른 교섭이 진행된 것은 이 회담뿐이다. 여기서 김종필·오히라 회담의 토의 내용을 정리해 보기로 한다.

10월 20일 도쿄에서 제1차 김종필·오히라 회담이 열렸다.[76] 우선 금액에 대해 오히라는 3억 달러 안을 제시했다. 오히라는 이 금액이 "이케다 수상과 합의된 액수는 아님"[77]을 밝혔다. 후술하듯이 오히라 안은 뉴욕에서 러스크가 오히라에게 제시한 무상 3억 달러 안이었다. 김종필이 오히라에게 다른 방법은 없느냐고 묻자 오히라는 민간 차관 또는 은행 차관으로 보충하는 방법을 제시하면서 "차관은 국교정상화 후에 하는 것이 좋다."고 덧붙였다.[78] 다만 오히라는 일본이 공여하는 자금을 '배상'(FRUS 자료에는 reparations라고 되어 있는데, 여기서는 '청구권'을 뜻한다. 이하 같음—필자)이라고 부르지 않고 대신에 "한국 독립을 승인하고 축하한다congratulatory in recognition of Korean independence"[79]는 명목을 제안했다.

이에 대해 김종필은 3억 달러 선은 도저히 납득할 수 없는 것으로, 6억

76 제1차 김종필·오히라 회담에 대해서는 다음의 자료를 참조했다.「金鍾泌·大平一次會談記錄(1962년 10월 20일 자)」, 앞의『朴正熙와 韓日會談』, 127~129쪽;「金鍾泌特使日本訪問, 1962. 10-11」(韓/796/Re-0013/7), 90~99쪽, 282; Memorandum of Conversation, Washington, October 29, 1962, 4 p.m.("FOREIGN RELATIONS OF THE UNITED STATES 1961-1963, Volume XXII, China, Korea, Japan"). 전자는 김종필의 구술을 배의환이 기록한 것. 후자는 10월 29일 김종필이 러스크와 회담했을 때의 기록이다. 이 자리에서 김종필은 러스크에게 오히라 및 이케다와의 회담 내용을 이야기했다.

77 앞의「金鍾泌·大平一次會談記錄(1962년 10월 20일 자)」, 128쪽.

78 오히라는 일본 안을 제시할 때, "일본은 배상으로 연간 총액 8천만 달러를 지불하고 있다."고 변명했다(282. Memorandum of Conversation, ibid).

79 ibid.

달러 이하의 선은 양보할 수 없다고 주장했다. 이때 그 금액 가운데 절반 이상을 '배상'으로 해야 한다고 말했다고 한다. 이 6억 달러는 무상 원조일 것이다. 또한 김종필은 "이승만 정권부터 품어 온 한국인의 반일 감정으로 보면 6억 달러는 받아들일 수 있는 최저선"[80]이라고 주장했다. 다만 명목에 대해서는 "배상이 총액에 포함되어 있다는 것이 분명하다면 한국 국민은 '배상'이라는 표현에 구애받지 않는다."[81]라고도 말했다. 명목 문제에서 한국이 유연한 자세를 보인 것은 이것이 처음이다.

즉 오히라가 무상 3억 달러 지불에 국교정상화 후 차관 공여를 추가하는 안을 제시한 것에 대해, 김종필은 총 6억 달러의 무상 원조 중 청구권에 대한 순 변제로 3억 달러 이상을 요구한 것이다. 김종필의 안은 예비절충 당시 안보다도 강경하게 보인다. 다만 교섭의 전체를 보면 이 안은 일본으로부터 '무상 3억 달러'를 이끌어 내기 위한 방안이었다고 할 수 있다. 또한 명목에 대해서는 오히라가 '독립 축하금'에 가까운 호칭을 제안한 것에 대해, 김종필은 실질적으로 대일청구권에 대한 순 변제를 포함하는 것을 조건으로 유연한 태도를 보인 것이라고 할 수 있다.

이 회담 후 예비절충을 통해 회담에서 오간 논의에 관해 실무자 간에 기록을 대조하여 확인하는 작업이 이루어졌다. 이때 일본은 오히라가 제시한 3억 달러에 대해, 그것은 9월 24일 유엔총회에서 이루어진 오히라・러스크 회담 시 러스크가 언급한 금액에 지나지 않는다고 변명하고 일본 안은 아니라고 말했다. 일본은 '무상 3억 달러' 안이 자신들의 공식 입장은 아니라고 밝힌 것이다. 한편 한국은 오히라가 "한국의 독립을 축하하는 명목" 또는 "경제 자립을 위한 원조금 명목"으로 자금을 지불한다고 말한 것

80 ibid.
81 ibid.

에 대해 김종필이 특별히 반대하지 않았다는 일본의 기록을 부정했다. 이는 한국이 '청구권'에 대한 지불 요구를 포기하지 않았다고 일본에 분명히 밝히는 발언이었다.[82] 이와 같이 한국과 일본의 실무자는 정치회담에서의 상대방에 대한 '과도한 양보'를 견제하면서 공식 입장을 조정한 것이었다. 이렇게 청구권 문제가 정치회담에 위임되고 있는 단계에서도 일본은 무상 원조의 증액에, 한국은 청구권에 대한 지불 요구를 취하하는 것에 여전히 신중했다.

이와 같은 절충의 결과 한국과 일본의 실무자는 다시 정치회담을 개최하기로 결정했다. 제2차 김종필 · 오히라 회담에 앞서 다시 한일 양국에서 내부 조정이 추진되었다. 일본에서는 11월 4일부터 있을 이케다의 유럽 7개국 방문을 앞두고 이케다와 오히라 간에 의견 조정이 이루어졌다. 이케다는 10월 22일 김종필과 회담할 때 "1억 5천만 달러의 청구권을 정부 대 정부의 저리 차관으로 보충하여 총액 6억 달러까지 지불이 가능"하다고 말했다고 한다.[83] 무상 원조 1억 5천만 달러에 차관을 더한다는 것은 예비절충에서 일본이 제시한 안으로, '실무자 노선'이다. 앞에서 본 대로 오히라는 무상 원조 금액에 대해 이케다보다도 한국에 가까운 안을 구상했다. 다만 오히라는 국교정상화 이후의 차관 공여를 고려했다. 어쨌든 양자의 안은 청구권에 대한 순 변제는 전혀 포함하지 않는 '경제협력' 방식이었다. 다만 이케다와 오히라는 총액과 지불 방식을 둘러싸고 의견이 일치하지 않았다. 이 때문에 일본정부는 내부 조정에 난항을 겪었다.[84]

82 「金鍾泌에 對한 大使館 브리핑(1962년 11월 10일 자)」, 앞의 『朴正熙와 韓日會談』, 132~137쪽.

83 김종필이 러스크에게 말한 내용(282. Memorandum of Conversation, ibid.).

84 앞의 『會議錄(III)』, 221~222쪽.

한편 한국은 11월 8일 박정희가 김종필에게 긴급훈령을 보내 (1) 명목은 어디까지나 "청구권에 대한 변제 내지 보상"으로 할 것, (2) 금액은 6억 달러를 견지하고 순 변제와 무상 원조의 합계액이 유상 원조액보다 상회하지 않으면 안 된다는 것, (3) 한국은 차관의 수용을 검토하지만, 그것은 "청구권을 해결하기 위한 하나의 보충적 방법으로" 정부 대 정부에서 또한 조건이 특별히 유리하지 않으면 안 된다는 것 등을 강조하라고 지시했다. 여기서 주목되는 것은 박정희가 앞의 회담에서 오히라가 3억 달러를 제시한 것에 대해 "과거의 일본 측 제시액보다 훨씬 진보된 액수"라고 평가하고, 오히라에게 "이 액수를 우선 일본이 회담에서 공식으로 제의하는 것이 앞으로의 회담을 촉진시키는 계기가 될 것임"을 강조하도록 김종필에게 지시하고 있다는 점이다.[85] 이와 같은 박정희의 판단은 앞에서 본 배의환의 진언을 고려한 것이라고 생각된다. 박정희는 한국이 제시한 금액에 타협적인 오히라의 자세에서 교섭 타결의 가능성을 발견한 것이다.

이와 같은 배경에서 11월 12일 도쿄에서 다시 제2차 김종필 · 오히라 회담이 이루어졌다. 이 회담에서 한일 각각의 타결안 및 합의 내용에 대해서는 1992년 6월 22일 자 『동아일보』에 공개된 「김金 · 오히라大平 메모」에 제시되어 있다. 이에 따르면, 당초 일본은 무상 2.5억 달러, 유상 1억 달러, 민간 차관 1억 달러 이상, 한국은 무상 3.5억 달러, 유상 2.5억 달러, 민간 공여는 청구권과 별개로 취급한다는 안을 제시했다. 그리하여 결국 (1) 무상 3억 달러, (2) 유상(해외경제협력기금) 2억 달러, (3) 나아가 수출은행에 의한 민간 신용 공여를 "국교정상화 이전에라도 바로 협력하도록 추진할

85 「對日折衝에 관한 訓令」 1962년 11월 8일 자, 발신: 國家再建最高會議議長, 수신: 中央情報部長. 앞의 「金鍾泌特使日本訪問, 1962. 10-11」, 150~160쪽.

것"을 양국 수뇌에게 건의한다는 합의가 성립했다.[86]

또한 김동조의 회고록에 따르면, 자금 공여의 명목에 대해 양자는 '경제협력'으로 합의하되 한국은 국내에서는 '청구권'으로 받아들인다고 설명하는 것으로 합의했다고 한다.[87] 그러나 이 문제의 최종적인 결말은 청구권 교섭의 합의 사항을 조문화하는 작업 때까지 미루어졌다.

김종필 · 오히라 회담 이후 김종필 부장과 오히라 외상은 합의 사항을 각각 자국 수뇌에게 건의했다. 박정희 의장은 즉석에서 승인했으나 이케다 수상은 승인을 당분간 보류했다.[88] 합의의 내용이 무상 원조의 증액에 부정적인 이케다가 볼 때 일본이 크게 양보한 것이었기 때문이다. 그러나 12월 17일 이케다는 최종적으로 '김종필 · 오히라 합의'를 승인했다. 그리하여 김종필 · 오히라 회담 이후에 진행된 예비절충에서 경제협력 자금에 대한 세부 조건이 검토되고 12월 26일 청구권 교섭이 최종적으로 타결되었다.

이와 같이 청구권 교섭은 '실무자 노선'에 따른 의견 조정 후 최종적으로 한일 양국의 '정치적 노선'에 따라 타결되었다. 무상 원조 3억 달러에, 유상 원조와 합하여 5억 달러라는 금액은 일본의 양보였다. 한편 '경제협력'이라는 명목은 한국의 양보였다. 그리고 김종필 · 오히라 회담에서 가장 중요한 점은 '무상 3억 달러'라는 타결 금액이었다. 위에서 서술한 대로 예비절충과 병행하여 한국과 일본의 교섭에 미국도 가세하면서 '무상

86 「金 · 大平메모(メモ)」(앞의 『朴正熙와 韓日會談』에 게재된 사진에 의함); 앞의 「金鍾泌特使日本訪問, 1962. 1-11」, 172~173쪽.

87 앞의 『韓日の和解』, 273~274쪽.

88 11월 28일 이케다 · 오히라 회담에서 오히라가 유럽 외유에서 귀국한 이케다에게 제2차 김종필 · 오히라 회담의 결과를 보고했다. 그러나 이케다는 「오히라 · 김종필 합의」를 "내각 내 대장성과 자민당 일부의 동의를 받기 어려울 만큼 파격적인 양보"라고 말하면서 재가를 보류했다(앞의 『韓日會談30年』, 236쪽).

3억 달러'는 회담 타결의 목표가 되었다. 그리하여 한일 간 정치적 회담을 통해 그 목표가 달성된 것이다.

소결

1960년경부터 미국의 대한 원조 삭감을 계기로 한국에서 '자립 경제'의 확립 및 한국정부의 일본 자본 도입의 움직임, 거기에 일본정부의 대미 협조 외교와 일본 재계의 한국 재평가 같은 요소에 의해 일본의 대한 경제협력 문제가 부상했다. 그래서 한·미·일 3국은 일본의 대한 경제협력을 통해 한국 경제를 원조한다는 목표를 가지고 한일 국교정상화의 조기 실시를 도모하려 했다. 여기에 1960년대 한일회담이 '경제 기조'로 전개된 이유가 있다.

또한 같은 해 10월부터 한일회담에서 대일청구권의 항목별 토의가 이루어지고 있던 단계에서 일본은 '패키지' 방식에 의한 타결 방안을 고안하여 한국의 대일청구권 포기를 전제로 한 경제협력 실시를 지향했다. 한국은 대일청구권 요구가 갖고 있는 약점을 고려하면서 이를 경제협력과는 분리시킨다는 방침으로 대일청구권에 분명한 '법적 근거'가 있다는 주장을 계속했다. 한편 미국은 대일청구권 문제에 대한 일본의 주장에 이해를 보이면서 한국이 일본의 경제 원조 제안을 받아들이도록 작용하려 했다. 청구권 교섭이라는 정식 무대에서 식민지 지배의 청산이라는 본질적인 성격을 가진 대일청구권의 항목별 토의가 진행되고 있던 시기에, 한·미·일의 각국 정부 내부에서는 한국에 대한 일본의 경제협력 문제가 각각의 입장에서 비밀리에 착착 검토되고 있었던 것이다.

대일청구권의 구체적 토의가 중단된 후 1962년 3월 12일부터 최덕신·고사카 외상회담이 열렸다. 그러나 이 외상회담은 지금까지의 '실무적 노선'에 따른 협의의 연장전으로, 한국과 일본의 원칙적인 입장이 충돌하는 자리가 되었다. 다만 주목할 것은 이 회담에서 일본이 처음으로 경제협력에 의한 해결 방안을 제시했다는 점이다. 즉 일본은 청구권으로 지불하는 금액의 상한을 7천만 달러로 하고, 한국의 요구를 합해 장기 저리 차관을 공여한다는 '패키지' 방식을 제시했다. 이에 대해 한국은 '청구권'으로 받는 금액이 줄어드는 것을 최소한으로 하기 위해 순 변제에 경제 원조를 합해 7억 달러를 '무상 원조'로 일괄하는 방식을 내세웠다.

최덕신·고사카 외상회담 이후 8월의 예비절충에 이르기까지 청구권 교섭은 한국정부와 일본정부가 각각의 타결안을 내부 조정하는 데 집중하는 '공백 기간'에 들어갔다. 이 시기에 한국과 일본에서 상대방의 제안에 대해 강경한 '실무적 노선'과 비교적 유연한 '정치적 노선'이 분명하게 드러났다. '실무적 노선'으로 대응한 것은 한국과 일본의 실무자들이었으며, '정치적 노선'으로 대응한 것은 수뇌 및 각료급들이었다. 그리고 미국은 한일회담의 재개를 위해 청구권을 둘러싼 금액과 명목, 한일회담에 대한 '열의'를 문제 삼았다. 나아가 미국은 주한대사와 주일대사를 통해 한국에 '청구권'이라는 명목을 포기할 것을 촉구하고 일본에는 한국에 대한 경제 진출 의욕을 자극했다. 이와 같은 미국의 개입은 확실히 '경제 기조'에 의해 청구권 문제를 타결하도록 촉진하는 것이었다.

이와 같은 한·미·일 간의 의견 조정 끝에 8월 21일부터 제2차 정치회담을 위해 실무자들 간에 예비절충이 이루어졌다. 그러나 예비절충에서 제시된 한국 및 일본 측의 타결안은 최덕신·고사카 외상회담에서 있었던 한일 간 대립을 해결할 수 있는 것은 아니었다. 일본은 외무성 및 대장성

안을 기초로 청구권이라는 명목을 사용하지 않는다는 조건으로 무상 원조 1억 5천만 달러에 장기 저리 차관을 추가한다는 '경제협력' 방식을 제시했다. 한편 한국은 청구권의 명목으로 순 변제 3억 달러, 무상 원조 3억 달러, 총액 6억 달러를 요구했다. 이렇게 예비절충에서 나타난 논의는 한국과 일본에서 '실무적 노선'의 제시였다.

이와 같이 제5차 회담에서 시작된 청구권의 구체적 토의, 그리고 3월의 최덕신 · 고사카 외상회담, '공백 기간'을 거쳐 예비절충에 이르기까지 청구권 교섭은 '실무적 노선'을 축으로 추진되었다. 그리고 1962년 10월 시점에서 이 노선에 의한 절충의 한계가 명확해진다. 무엇보다도 이 예비절충은 다가올 정치회담 전에 한일 양측의 실무자가 의견 조정을 하는 자리였다. 즉 '실무적 노선'에 따른 이 절충은 '정치적 노선'에 따른 교섭과 대립하는 것이 아니라 오히려 그 타결을 위해 필요한 과정이었던 것이다.

한편 예비절충과 병행하여 한 · 미 · 일의 교섭 담당자는 3억 달러라는 타결선을 최종 목표로 하고 조정을 계속했다. 그리고 1962년 10월과 11월에 김종필 중앙정보부장과 오히라 외상의 회담이 열렸다. 제1차 회담에서 오히라가 무상과 유상을 합해 3억 달러를 지불하고 국교정상화 이후에 추가로 차관을 실시하는 안을 제안하자 김종필은 총액 6억 달러 중 무상 3억 달러 이상을 요구했다. 또한 명목에 대해서는 오히라가 '독립 축하금'에 가까운 호칭을 제안한 것에 대해 김종필은 실질적으로 대일청구권에 대한 순 변제를 포함하는 것을 조건으로 유연한 태도를 보였다. 그리고 제2차 회담에서 청구권 문제에 대해 한일 합의가 성립했다. 그 내용은 무상 3억 달러, 유상(해외경제협력기금) 2억 달러, 그리고 민간 신용 공여를 국교정상화 이전에 추진할 것을 양국 수뇌에게 건의한다는 것이었다. 이 합의는 양국 수뇌의 재가 및 실무자에 의한 세부 조정을 거쳐 12월 26일 최종적인

'타결선'이 되었다.

이상과 같이 한일회담에서 정치적 타결의 과정을 정리했는데, 이와 관련해 주요한 세 개의 논점에 대해 고찰한다. 첫째, '정치적 노선'과 '실무적 노선'의 관계이다. 청구권 문제는 제5차 회담에서부터 예비절충까지 '실무적 노선'에 의한 토의를 거쳐 김종필 · 오히라 회담의 '정치적 노선'에 의한 교섭의 결과로 타결에 이르렀다. 오타 오사무가 지적한 대로 그 합의 내용에 대해 김종필과 오히라 개인의 힘을 과대평가해서는 안 된다. 요컨대 그 합의 내용은 말하자면 '실무적 노선'에 의한 토의를 통해 준비되어 '정치적 노선'에 의한 토의로 정리된 것이었다.[89] 다만 제3장부터 논의해 온 대로 제5차 회담 단계에서 한국과 일본의 외무 관료들은 '실무적 노선'을, 여당 정치인(일본에서는 특히 '친한파' 정치인)들은 '정치적 노선'을 각각 추구했다. 그러나 한국 군사 쿠데타 이후, 구체적으로는 1961년 11월 한일 수뇌회담에서 청구권 교섭의 진행 방식에 대한 합의가 성립했을 때 이 두 개의 노선은 정식으로 상호 보완 관계가 된 것이다.

이것은 한국정부가 그 즉시 '청구권'(이라는 명목)의 포기를 결단했다는 것을 의미하지는 않았다. 실제로 박정희는 오히라와의 정치회담에 임하는 김종필에게 "명목은 어디까지나 '청구권에 대한 변제 내지 보상'으로 할 것"을 지시하고 있다. 앞에서 서술한 대로 군사 쿠데타 직후 한국정부는 대일청구권이 감액될 가능성을 고려했다. 다만 한국정부는 "김종필 · 오히라 합의" 직전까지 '청구권'(이라는 명목) 주장을 계속했다. 그리고 후술하듯이 한국정부는 조문 작성 과정에서 1965년 6월 한일조약이 조인되기 직전까지도 '청구권'이라는 세 글자를 계속해서 주장한 것이다.[90]

89 앞의 『新裝新版 日韓交涉 請求權交涉の研究』, 213쪽.
90 본서에서는 한국이 대일청구권을 포기하는 것을 조건으로 경제협력을 실시한다는 타

둘째, 청구권 문제의 정치적 타결 과정에서 미국정부의 역할에 대해서이다. 이 점에 대해서는 '무상 3억 달러'의 타결선을 둘러싼 한 · 미 · 일의 교섭 과정부터 살펴본다. 우선 '3억 달러'라는 타결선은 당초 일본에서 구상되었다. 다만 오히라가 제안한 '3억 달러' 타결 방안은 "순수 청구권, 무상 공여, 장기 차관(경제협력)"에 의한 '패키지' 방식이었다. 이에 대해 이세키 아시아국장이 이케다와 오히라에게 건의한 것은 '무상 3억 달러' 타결안이었다. 배의환이 이 금액을 박정희에게 전한 후 한국정부는 이를 수긍할 만한 금액으로 생각하고 검토했다.

이 과정에 미국이 개입했다. 앞에서 서술한 대로 미국은 한국에 '청구권'이라는 명목을 포기할 것을 촉구했고, 일본에 대해서는 한국에 대한 경제 진출 의욕을 자극하여 청구권 문제를 타결시키고자 했다. 또한 1962년 9월 러스크는 오히라와의 회담에서 한국정부가 기대하는 '무상 3억 달러' 타결안을 내걸었다. 다만 김두승金斗昇이 지적하듯이 이 시기 청구권 교섭에 대한 미국의 개입은 "한일교섭을 조기에 타결시키기 위한 직접적인 압력은 아니고 양국 간의 교섭을 촉진한다는 간접적인 것"이었다. 또한 미국 자신도 스스로를 조정자로 보고 그 영향력의 한계를 인식했다.[91]

결책을 '경제협력' 방식이라고 부른다. 실현 가능성은 없었지만 동남아시아 여러 나라와의 배상 교섭처럼 일본이 대일청구권의 대가로 대한 경제협력을 실시하는 타결 방식도 검토되었다. 한국의 구상은 바로 이 방식이었다고 할 수 있다. 만약 이것을 '경제협력' 방식이라고 한다면 그 구상 자체는 해방 직후까지 거슬러 올라간다. 앞에서 쓴 대로 제5차 회담의 회의록에서도 한국은 개인청구권에 대해 "국가가 대신 해결"한다고 언명했다. "국가가 대신 해결"한다는 것은 결국 전체 금액을 일본으로부터 받는 것을 지칭하는 것으로, 무상 경제협력의 수용과 동일한 의미이다. 따라서 '경제협력' 방식을 논할 때는 한국정부가 대일청구권을 포기한 것인지 아닌지가 초점이 된다. 그래서 '대일청구권의 포기'는 실제의 교섭에서 한국정부가 청구권이라는 명목은 아닌 형태로 일본으로부터의 경제협력 실시를 받아들였다는 것을 의미한다.

91 金斗昇, 「池田政権の安全保障政策と日韓交渉―'經濟安保路線'を中心に」, 『國際政治』 제128호, 2001년 10월, 201쪽.

'김종필 · 오히라 합의'에 대해 필자는 졸고에서 "러스크 미 국무장관이 무상 3억 달러라는 타결안을 제안하고 일본 및 한국이 이를 최종적으로 받아들였다."고 서술했다.[92] 즉 필자는 청구권 문제의 정치적 타결 과정에서 미국의 압력을 강조한 것이다. 그러나 이 견해는 수정되어야 한다. '3억 달러'라는 타결선 자체가 미국이 제안한 것이 아니라 당초 일본에서 구상된 것이다. 따라서 '무상 3억 달러'에 의한 청구권 교섭의 정치적 타결은 미국의 제안을 받아들인 것이라고 단언할 수 없다.[93]

다만 주목해야 할 것은 미국은 명확히 '무상 3억 달러' 타결 방안에 따른 청구권 교섭의 타결을 원했다는 점이다. 일본정부에서 이 안이 검토되었지만, 이것은 공식적인 입장은 아니었다. 또한 9월 22일 한국을 방문했던 경제시찰단은 귀국 후 기자 회견에서 "한국에 대해서는 아메리카를 비롯하여 서독, 이탈리아, 덴마크, 네덜란드 등 서구 여러 나라가 차관의 공여 등 경제 진출의 움직임을 보이고 있다. 일본의 진출이 늦어지면 이들 나라에 진출의 기회를 빼앗기게 된다."[94]고 말했다. 이 발언은 미국의 대일 개입 방침과 같은 것이다. 이러한 요소들을 고려하면 '김종필 · 오히라 합의'에 이르기까지 미국의 역할 내지 영향력을 결코 과소평가해서는 안 될 것이다. 미국의 외교 수법이 직접적인가 간접적인가라는 문제와 미국의 개입이 청구권 교섭의 정치적 타결 과정에 어느 정도 영향을 주었는가라는 문제는 다르다.

첫 번째 의미로 말하면 '김종필 · 오히라 합의'에 따른 청구권 교섭의 정

92 앞의 「日韓會談における請求權交涉の政治的妥結」, 189쪽.
93 이 점은 김두승 씨의 앞의 논문에 의한 비판을 받아들인 것이다. 다만 앞의 졸고의 논지는 김두승 씨가 말한 것처럼 "일한교섭이 일본의 일정한 자주성에 기초하여 수행되었던" 점을 부정한 것은 아니니다.
94 『朝日新聞』 1962년 9월 23일 자.

치적 타결은 청구권 교섭이 시작될 때부터 한국정부 및 일본정부에 존재했던, 경제협력 내지 경제 개발을 염두에 둔 교섭 방침이 서서히 구체화되는 과정의 귀결이었다. 동시에 그것은 미국정부가 청구권 교섭의 과정에 확실히 개입하고 자신들이 바라는 방향으로 교섭을 이끈 결과였다는 것이다.

그래서 셋째로 청구권 문제가 본래 가지고 있던 "일본의 식민지 지배의 청산"이라는 과제와 관련하여 청구권 교섭의 정치적 타결 과정을 평가하지 않으면 안 된다. 한국의 경제 부흥 및 일본의 대한 경제협력 문제가 현실의 과제로 부상하면서 청구권 교섭의 중점은 일본의 식민지 지배에 대한 평가에서 청구권과 경제협력의 연결 방식으로 이행했다. 제3장에서도 언급했듯이 이것은 '경제 기조'에 의해 "일본 식민지 지배의 청산"이라는 한일 간의 과제가 흐지부지하게 된 과정이었다.

한국정부는 국민적 비판을 피하기 위해 '청구권'이라는 명목을 주장함으로써 조금이라도 청구권 교섭이라는 본래적 성격의 흔적을 남기려고 했다. 그러나 이 시기 교섭에서 일본이 한국에 공여해야 하는 것으로 여겨진 것은 명목이야 어떻든 경제협력 자금이었다. 그리고 그 규모는 일본 '식민지 지배 책임'의 무게나 한국인에 대한 보상의 필요성이 아니라, 오로지 한국의 경제개발 계획이나 일본의 자금 공여 능력이라고 일컬어진 경제적 요소만 고려된 것이다.

그러므로 이 시기에 한국정부가 주장한 '청구권'은 이미 본래적 성격을 상실하고 경제협력을 수용하는 측의 '정당성'을 간신히 나타내는 것으로 변질되었다고 할 수 있다. 그리하여 일본정부는 이 있으나 마나 한 '청구권'조차도 인정하지 않았다. 더욱이 대일강화조약에 '청구권'을 집어넣었던 미국정부도 '과거의 청산'보다 일본의 대한 경제협력 조기 실현을 향해 한일회담에 개입한 것이다.

이렇게 한일회담에서 청구권 교섭은 과거의 청산이라는 의미를 전혀 포함하지 않는 형태로 타결되었다. 이로 인해 일본정부와 일본인은 한국정부와 한국인에 대해 국가적 배상을 통해 '식민지 지배 책임'을 지고 그 과거를 청산할 결정적 기회를 잃어버렸다. 아울러 그것은 일본의 식민지 지배에 의해 침해된 한국인의 권리가 구제될 수 있는 중대한 기회도 상실했음을 의미한다. 이것이야말로 "일본 식민지 지배의 청산"이라는 과제에서 바라본 청구권 교섭의 정치적 타결의 본질이다.

5

한일 국교정상화 이전의 차관교섭

—1963~1964년 한·미·일의 외교활동을 중심으로—

I. '김종필·오히라 합의' 이후의 한일회담

한일회담에서 청구권 문제는 1962년 12월 「김종필金鍾泌·오히라大平 메모」를 바탕으로 원칙적인 합의(이하 김종필·오히라 합의)가 한일 간에 성립함으로써, 말하자면 고비를 넘었다. 그렇지만 이후 한일기본조약 및 여러 협정이 조인되기까지 무려 3년이 걸렸다.

1963년부터 1965년에 걸쳐 한·미·일의 교섭 담당자들은 아래의 네 가지 점을 염두에 두고 한일회담을 추진했다. 첫째로 베트남전쟁의 격화, 프랑스의 중국 승인과 중국의 핵실험 성공 등에 의해 야기된 동아시아 냉전 구조의 긴장 격화이다. 둘째로 한국에서 한일회담 반대 운동이 일어나면서 발생한 대일관계를 둘러싼 정치적 긴장이다. 셋째로 자금 부족 등에 의한 한국의 경제개발 계획 실행 곤란이다. 넷째로 국제통화기금IMF 제8조 국가[역주 ①]로의 이행, 경제협력개발기구OECD 가맹 등에 따른 개방 체제가 초래한 일본의 경제적 정체, 즉 불황이다.

이러한 점들에 기초하여 1963년부터 1965년까지의 한일관계를 개관해 보고자 한다. 이 시기 한일회담은 먼저 어업 문제를 중심으로 진전을 보였다. 1963년부터의 정치회담은 어업 문제를 주제로 했다. 1963년 7월에 김용식金溶植·오히라 외상회담, 이듬해 3월에 원용석元容奭·아카기赤城 농상회담이 이루어졌다. 이 사이에 여러 현안을 토의하는 사무적 절충도 계속되었다. 그 결과 이승만라인의 철폐를 전제로 한 12해리의 전관수역 및 한국과 일본이 공동 관리하는 공동규제수역의 설치, 한국에 대한 일본의 어업협력 공여 등이 결정되었다. 다카사키 소지高崎宗司가 지적했듯이 어업 문제에서도 경제협력에 의한 해결이 제안된 것이다.[1] 또한 재일한국인의 법적 지위 문제에서는 일본이 패전하기 전부터 일본에 거주하고 있던 한국인(협정 1세)의 자녀(협정 2세)까지 영주권을 취득할 수 있는 방향으로 토의가 진전되었다. 그 외 문화재, 선박 등의 여러 문제에 대해서도 토의가 진행되었다.[2]

한편 한일관계를 둘러싼 정치적 상황을 살펴보면, 1963년에는 한국에서 대통령선거가 있어서 미일 양국은 잠시 한국의 정황을 지켜보았다. 그러나 1963년 말 제3공화국 발족 전후부터는 다시 한·미·일 간의 외교활동이 활발해졌다. 이 시기 주된 외교 활동으로는 12월 10일 김용식 외무부장관의 미국 방문, 16일부터 20일까지 오노 반보쿠大野伴睦의 방한,[3] 다음

1 高崎宗司,『檢證 日韓會談』, 岩波書店(新書), 1996, 142쪽.
2 같은 책, 140~150쪽에서 이때의 한일회담의 내용을 간결하게 설명하고 있다.
3 大野伴睦는 1962년 12월 10일에도 방한하여 12일 박정희와 회담했다. 원래 大野는 韓國問題에 소극적이었다. 그러나 讀賣新聞社의 渡邊恒雄가 최영택 참사관 등의 요청에 응해 大野의 방한을 설득했다고 한다. 渡邊는 大野의 '마음에 드는 기자'였다(魚住昭,『渡邊恒

해인 1964년 1월 러스크Dean Rusk 미 국무장관의 방일(27, 28일)과 방한(29일) 등을 들 수 있다. 한·미·일은 이러한 외교 활동을 통해 민정 이양 후 그 즉시 박정희 정권에 대한 지원을 확인함과 동시에 한일 어업 문제 등의 현안에 대해 의견을 조정했다. 그리고 1964년 3월이 되면서 10일 한일 농상회담 개시, 12일 한일회담 재개, 16일부터 23일까지 한국 국회의원단의 일본 방문[4] 등이 잇따랐다. 같은 해 1월 3일 라이샤워Edwin O. Reischauer 주일대사가 전망했듯이 한일회담은 최종적으로 타결될 전망이 보였다.[5]

그런데 제3공화국, 즉 박정희 정권은 성립 초기부터 국내에서 격렬한 한일회담 반대 운동에 직면했다. 결국 1964년 6월 한일회담 반대 운동이 반정부 운동으로 바뀌자 계엄령이 발포되었다. 이른바 '6·3사태'가 발생하면서 한일회담은 중단되었다. 한국의 정치 운동에 의한 한일회담의 중단은 1960년 4월혁명 이래 두 번째였다. 그러나 4월혁명과 달리 6·3사태는 한일회담 그 자체가 원인이었다. 따라서 6·3사태 이후 한국정부는 국내 문제로서의 '한일문제'를 고려하지 않으면 안 되었고, 미국과 일본도 한국의 정치 상황에 관심을 기울이지 않을 수 없었다. 1964년 8월 17일 브라운Winthrop G. Brown 주한 미국공사와 이동원李東元 외무부장관의 회담, 번디William Bundy 미 국무성 극동담당 차관보의 방일(9월 28~30일)과 방

雄メディアと權力』, 講談社, 2000, 131~162쪽).

4 이것은 1961년 5월과 1962년 12월 자민당 의원이 방한한 것을 받아, 大野 등이 한국 국회의원의 방일을 요청했기 때문이다. 야당 의원도 초청했으나 고사했기 때문에 여당 의원만으로 의원단이 구성되었다.

5 1964년 1월 3일 러스크 국무장관에게 보낸 전신에서 라이샤워는 "아무래도 낙관적으로 진행될 경우 1월 말까지는 합의하기를 바랍니다. 그러나 현재의 높은 긴장을 유지한다면 늦어도 3월 초는 되어야 합의가 가능하지 않을까 하고 우리는 전망하고 있습니다."(347. Telegram From the Embassy in Korea to the Department of State, Seoul, August 19, 1964, 6 p.m., "FOREIGN RELATIONS OF THE UNITED STATES 1964-1968, Volume XXIX, Korea")

한(10월 1~3일) 등을 통해 한 · 미 · 일의 교섭 담당자들은 한일회담 재개의 실마리를 계속 모색했다. 한편 베트남전쟁과 중화인민공화국의 움직임 등 아시아 정세도 다시 긴박해졌다.

그리하여 1964년 11월 사토 에이사쿠佐藤榮作가 수상에 취임하고 12월 3일 제7차 한일회담이 개시되자 같은 달 11~15일 우시바 노부히코牛場信彦 외무심의관이 방한했고, 1965년 2월에는 시이나 에쓰사부로椎名悅三郎 외상의 방한 및 한일기본조약 가조인이 실현되었다. 그 후 4월 한일협정의 가조인, 6월 한일기본조약 및 여러 협정의 조인, 다시 한국에서는 8월, 일본에서는 12월에 비준되는 상황이 연달아 전개되어 한일 국교정상화가 실현되었다.

이와 같이 1963년에 열린 한일회담에서는 어업 문제를 비롯한 여러 문제가 사무적 수준에서 진전되었다. 그러나 1964년이 되자 한국의 '6 · 3사태' 때문에 한일회담은 중단되었다. 그러다 1964년 말에 한일회담이 재개되자 이듬해 1965년까지 한국과 일본에서 격렬한 반대 운동이 일어났음에도 불구하고 현안이 일거에 타결되어 한일기본조약과 여러 협정의 조인 및 비준이 이루어졌다. 1963년부터 1965년의 한일 국교정상화까지의 과정은 이상과 같이 정리할 수 있다. 문제는 이 3년을 어떤 방법으로 어떻게 이해하는가이다.

앞에서 서술한 대로 1963년부터 한일회담의 초점이 어업 문제로 옮겨졌으나 한일회담이 '경제 기조'로 추진된 것은 변함이 없었다. 그 점을 구체적으로 명확히 하기 위해 이 장에서는 국교정상화에 앞서 한일 간에 검토된 민간 차관의 정부 승인을 둘러싼 교섭(이하 '차관교섭'으로 약기함)에 주목한다.

한일 국교정상화 이전의 차관교섭에 주목하는 이유는 다음의 세 가지 때문이다. 우선 첫째로 자료의 공개라는 현실적인 문제이다. 한국 외교사료관이 소장하고 있는 한국정부 외교 문서 중 특히 김종필 · 오히라 합의 이후 한일교섭의 안건으로 차관교섭에 관한 자료가 비교적 잘 정리되어 있어 실증적 고찰이 가능하다고 판단했다. 둘째로 차관교섭은 청구권 문제와 상당히 깊은 관련이 있다. 김종필 · 오히라 합의는 청구권 문제의 해결 및 일본의 대한 경제협력 실시에 대한 원칙적인 가이드라인이었고, 민간 차관의 실시는 김종필 · 오히라 합의와 관련하여 1963년 이래 청구권 문제의 전개를 고찰하는 데 중요한 내용을 포함하고 있다. 셋째로 청구권 이외의 여러 문제와 관련해서도 비교적 정리된 자료가 있는 차관교섭의 동향을 정리하면서 단편적인 자료에 의해 알 수 있는 여러 사례를 거기에 연결시키면 1963년부터 1965년까지의 한일관계를 보다 역동적으로 포착할 수 있다.

II. 1963년의 차관교섭

1. 국교정상화 이전의 민간 차관에 대한 기본 정책

김종필 · 오히라 합의를 전후한 시기부터 일본 재계에서는 한국과의 경제협력에 대한 관심이 고조되었다. 1962년 12월 5일부터 15일 동안 안도 도요로쿠安藤豊祿 오노다小野田 시멘트 사장을 단장으로 하는 경제시찰단이 한국을 방문했다. 일본으로 돌아간 후 기자회견에서 안도 단장은 "미국이나 서독, 프랑스의 진출이 놀라웠고 일본은 다소 늦게 출발한 감이 있다."고 언급하는 등 일본 기업이 한국의 경제계획에 대응하여 경제 진출을 할 필요가 있다고 제언했다.[6] 또한 간사이關西 재계에서도 같은 해 11월 하순

6 『朝日新聞』 1962년 12월 16일 자.

스기 미치스케杉道助를 회장으로 하는 아시아무역협회 시장조사단이 한국을 방문하여 건어물, 우무 등 식료품의 수입 계약을 체결하고 귀국했다. 이외 야마구치, 나가사키 등 서일본 각 현에서도 5월부터 10월에 걸쳐 각각 시장조사단을 한국에 파견했다.[7]

또한 11월 20일 자민당은 일한문제 PR위원회를 발족하고 12월 8일 「일한회담추진 PR 요강」을 작성하여 한일 국교정상화의 필요성을 선전하기 시작했다. 한편 일본사회당과 일본공산당을 중심으로 하는 한일회담 반대운동도 김종필·오히라 회담을 계기로 고양되었다. 그리고 조선민주주의인민공화국도 성명 등을 통해 한일회담 반대를 여러 차례 호소했다.[8] 이와 같이 김종필·오히라 회담과 병행하여 정·재계를 불문하고 한일회담을 둘러싼 움직임이 활발해졌다.

이상과 같은 상황을 토대로 우선 한국정부 및 일본정부가 국교정상화 이전의 차관 실시에 대해 어떻게 생각했었는가 하는 점을 검토하고자 한다. 일본에서 연불수출延拂輸出[역주 ②]이 검토되기 시작한 시기에 대해서는 명확하지 않다. 다만 늦어도 1963년 3월 즈음 일본 국회에서 이 문제를 다루었다.[9] 배의환裵義煥 주일대사의 보고에 의하면 일본정부는 "직접적으로

7 같은 신문, 1962년 12월 10일 자.

8 1962년 10월 23일, 김일성 수상은 사회주의 건설의 성과에 대한 보고 중에서, 일본과 한국 사이에 "군사적 또는 경제적인 어떠한 협정이 체결된다 해도 조선 인민은 결코 이것을 인정하지 않을 뿐만 아니라 배격한다", "일본과의 모든 정치적, 경제적 문제는 남북 조선이 통일되어 통일 정부가 수립한 후에 협정이 체결될 수 있다."고 말했다(『朝日新聞』 1962년 10월 24일 자). 또한 12월 13일 조선민주주의인민공화국은 한일회담에 반대하는 성명을 발표했다(제8장에서 자세히 서술). 이 성명에서 조선정부는 일본과 조선반도의 문제를 해결하기 위해 조선, 한국, 일본에 의한 3자 회담을 언급했다. 그 후 12월 25일 조선의 중국 주재 대사는 베이징에서 기자회견을 열어 한일회담을 즉시 중지할 것을 호소함과 동시에 일조日朝 문제에 대해 3자 회담을 열어야 한다고 말했다(『朝日新聞』 1962년 12월 26일 자).

9 예를 들면 1963년 3월 5일 제43회 국회 참의원 예산위원회에서, 참의원동지회 大竹平八

한일회담과 관련되었다기보다는 대한 경제협력을 할 시기가 되었다."고 판단하여 "김·오히라 합의 사항에 1억 달러 이상의 민간 베이스에 의한 경제협력을 케이스별로 추진하려는 것"이었다.[10]

한편 한국정부는 일본의 연불수출 계획을 수용하기 위해 당시 추진 중이던 제1차 경제개발 5개년 계획과 국교정상화 이전에 민간 경제협력을 받아들이기 위한 국내 법규의 정비 등을 검토하기 시작했다. 그 구체적 움직임으로 4월 11일 외무부 경제협력과는 국교정상화 이전의 한일 경제협력에 관한 원안[11]을 작성했다. 경제협력과는 20일 자로 그 성안을 관계 부처(경제기획원, 재무부, 농림부, 상공부)에 배포하고 23일 경제외교조정위원회를 소집하여 각 부처 간의 의견을 조정했다.

이 「경제외교조정위원회 회의자료」 내용은 다음과 같다. 우선 경제외교조정위원회의 개최 취지는 "정부에서는 경제개발 5개년 계획의 사업을 촉진시키고 국내의 경제적인 난관을 타개하기 위한 하나의 방책으로 「장기결제 방식에 의한 자본재 도입에 관한 특별조치법」을 개정하여 일본으로부터 수출 신용에 의한 자본재의 도입을 가능"하게 하는 것을 발판으로 "국교정상화 전 한일 경제협력의 범위와 대상, 그리고 이에 대한 정부의 방침을 명확히 함으로써 우리의 대외교섭을 보다 강력히 전개할 수 있도록 하고 동시에 이에 부수되어 발생될 우려가 있는 악영향을 사전에 방

郞 의원의 질문에 답하여 池田 수상은 "역시 이웃 나라의 어려운 상황을 보게 되면, 만약 상대방의 요구가 있으면 저는 연불 등 기타의 방법으로 경제 위기를 완화할 수 있도록 이쪽도 협력하는 것이 적당한 방법이 아닐까 이렇게 생각하여 외무성 등에 조사를 하도록 한 것이었습니다."라고 답변하고 있다(『第43國會參議院豫算委員會會議錄』 1963년 3월 5일 자).

10 1964년 3월 9일 자, 발신: 裵義煥 주일대사, 수신: 金溶植 외무부장관(앞의 「국교정상화 이전의 韓·日 經濟協力政策」, 프레임번호 15).

11 「經濟外交調整委員會 會議資料(問題: 國交正常化 前의 韓日經濟協力)」 1963년 4월 20일 자, 작성자: 경제협력과 이창수(같은 자료, 프레임번호 25~32).

지"[12]하는 데 있었다. 요컨대 이 위원회는 한국정부가 국교정상화 이전에 일본으로부터의 경제협력을 받아들이는 데 필요한 준비 작업에 집중했다.

다음으로, 경제협력과는 일본이 대한 경제 정책에 적극적인 배경으로 다음의 여섯 가지를 들고 있다. "(1) 생산 과잉에 의한 체화滯貨를 소화하자는 것, (2) 공업 국가의 부란트(플랜트) 수출 경쟁이 치열해지고 있으므로 대한 수출 시장을 미리 확보하자는 것, (3) 서구 제국의 한국 진출에 자극되었다는 것, (4) 한국의 대일 부채를 확대시킴으로써 한일회담을 보다 유리하게 유도하자는 것, (5) 미국을 중심으로 한 자유 진영 국가의 일원으로 한일 양국의 경제협력은 불가피하다는 것, (6) 일본 국내 민간 기업체 간에 한일 경제협력에 대한 기운이 고조되고 있다는 것"[13]이다. 이 중 첫째 항목은 일본의 고도 경제 성장이 한계 상황에 도달해 있었다는 것을 보여 준다. 둘째와 셋째 항목은 앞에서 서술한 미국의 대일 방침에 합치하는 것임과 동시에 일본 재계의 요망을 반영하고 있다. 넷째 항목은 경제협력이 한일회담과 관련하여 한국에 어떤 영향을 미칠지에 대한 추측이다. 다섯째 항목은 미국의 동아시아 정책을 의식한 것이다. 그리고 여섯째 항목은 한일 경제협력에 대한 양국 재계의 기대를 고려한 것이다.

또한 경제협력과는 미국의 대외 경제원조 정책에 대해 미국이 "장기적인 경제 안정과 발전이 궁극적으로 공산화를 방지하는 데 가장 효과적인 방안이 될 것"이라는 관점에서, "아시아 지역 자유 진영 국가 상호 간의 제휴와 협력에 의한 경제적인 성장과 안정을 희망하고 있으며, 특히 이에 있어서 일본의 경제적인 기여와 역할을 중요시하고 있다."[14]고 지적했다. 그

12 같은 자료, 프레임번호 26.
13 같은 자료, 프레임번호 29.
14 위와 같음.

러고 나서 경제협력과는 다음과 같이 결론지었다. "일본은 콜롬보 계획과 D.A.C(OECD의 개발원조위원회—필자)를 위시한 각종 국제기구에서 원조 국가로서의 역할을 하고 있으며, 특히 아시아 지역 국가 간의 경제협력에 있어서 차지하는 비중은 매우 큰 것이다. 따라서 아시아에 위치하는 우리나라가 경제 개발 및 확대를 기하기 위해서는 일본과의 협력은 불가피한 것이다."[15] 이와 같이 경제협력과는 일본과의 경제협력의 필요성을 강조했다.

경제협력과의 이러한 견해에 대해 경제기획원은 「국교정상화 이전의 대일본 외자도입 방침(안)」[16]이라는 문서로 회답했다. 그 요점은 두 가지이다. 첫째, "정부 사업 및 정부 기업체의 사업을 위한 대일 외자 도입은 경제각의(경제각료회의)의 의결에 따라 그 사업의 적격 여부 및 대일 외자교섭을 승인받아야 한다."[17]는 것이고, 둘째, "민간사업의 외자 도입은 대일청구권과 관련시키지 않으며, 이를 계약상에 명문으로 삽입해야 한다."[18]는 것이었다.

상공부 역시 「국교정상화 이전의 한일 경제협력」[19]이라는 제목의 문서에서 같은 의견을 제시했다. 그 내용은 다음의 네 가지로 정리할 수 있다. 첫째, 자본 도입을 위해서는 국내법의 정비가 선결인데, 일본만을 특별 취급할 수 없다.[20] 둘째, 관계 법률의 적용에 "적절한 한계를 두어" 이전의 식민지 시기 같은 "일본에의 의존도 또는 예속성이 생길 수 있는 개연성을

15 같은 자료, 프레임번호 30.

16 「國交正常化 以前의 對日本 外資導入 方針」 1963년 5월 23일 자, 발신: 元容奭 경제기획원장, 수신: 金溶植 외무부장관(프레임번호 33~36).

17 같은 자료, 프레임번호 34.

18 같은 자료, 프레임번호 35.

19 「國交正常化 以前의 韓日 經濟協力」 1963년 5월 27일 자, 발신: 朴忠勳 상공부장관, 수신: 金溶植 외무부장관(같은 자료, 프레임번호 37~41).

20 같은 자료, 프레임번호 36.

충분히 고려"[21]해야 한다. 셋째, 일본 자본이 한국 시장을 석권할 수 없도록 일본 자본을 도입하는 데 있어 "(1) 국내용 소비재 생산을 목적으로 하되 수입 원자재, 수입 중간 제품을 생산하는 것, (2) 특허가 있는 시설 및 기재, (3) 국내 노후 시설 및 기재의 대체"[22]로 일컫는 '우선순위'를 고려해야 한다. 그리고 마지막으로 넷째, '청구권'을 명목으로 받는다고 설명되고 있는 자금('배상')과 민간 차원의 차관을 구별하여 "배상에 의한 투자 자본 도입은 공공 투자 부문에 한하도록 한다."고 하여 "민간 차원에 의한 투자 또는 자본 도입은 배상과 연관시키지 말고 민간 차원에서 결제되도록"[23] 할 필요가 있다는 것이었다. 더욱이 상공부는 경제기획원과 마찬가지로 민간 차원의 차관은 "배상 문제와는 확연히 분리해야 할 것"[24]이라고 부언했다.

이와 같이 한국정부에서는 외무부 경제협력과가 중심이 되어 국교정상화 이전에 일본으로부터 민간 차관을 도입할 준비를 진행했다. 그런데 경제기획원과 상공부는 민간 차관을 대일청구권과 관련시킬 수 없다는 점에서 의견이 일치했다. 이와 같은 의견을 반영하여 한국정부는 청구권 교섭의 결과로 김종필 · 오히라 합의에 기초한 1억 달러 이상의 민간 차관과는 구별하여 일본으로부터 차관을 받아들이려 한 것이다.[25] 후술하듯이 이 방

21 위와 같음.
22 같은 자료, 프레임번호 40.
23 같은 자료, 프레임번호 41.
24 위와 같음.
25 이 점에 대해 太田修는 한일회담 제2차 정치회담 예비절충회의록을 검토하여 한일회담에서도 국교정상화 이전에 민간 차관의 실시가 논의되고 있었던 사실을 명확히 했다. 더욱이 太田는 본서에서도 사용된 외교안보연구원 소장 한국정부 외교 문서 등을 검토한 뒤 "여하튼 전체적인 흐름으로 보아 한국정부는 일·한 간의 '경제협력'을 추진하는 방향으로 움직이고 있었던 것이며, 적어도 1963년 전반경에는 일·한 간의 경제적 상호의존관계를 촉진하는 것에 의해 '수출지향형 공업화 전략'을 본격적으로 추진해 갈 의

침은 1964년의 차관교섭에서도 한국정부의 기본적 입장으로 유지되었다.

2. 차관교섭의 구체적 사례

다음으로 1963년 시점에서 이미 진행되고 있던 민간 차관의 사례를 검토하기로 한다. 우선 울산 제3비료공장[26]의 경우, 1962년 12월에 고베제강神戶製鋼과 차관교섭이 진행되었다. 1962년 12월 11일 자 배의환 주일대사의 보고[27]에 의하면 같은 날 오후 3시 반, 고베제강 전무 이사 야스나미 마사미치安並正道 외 두 명은 주일 한국대표부의 이문용 경제과장을 방문하여 고베제강과 일본 외무성 경제협력국의 회담 내용에 관한 확인서를 전달했다. 이 확인서에 의하면, 같은 날 야스나미 등이 외무성 가이 후미히

지를 명확히 하고 있었다."고 논했다(太田修, 『新裝新版 日韓交涉 請求權問題の硏究』 クレイン, 2015, 218~224쪽). 필자도 같은 견해를 갖고 있다.

26 당초 이 공장의 건설을 맡은 울산비료공장주식회사는 1961년 5월 李秉喆에 의해 설립되었는데, 후술하듯이 고베제강과 차관 계약을 맺었다. 그러나 1963년 5월 31일 한국정부가 이 공장 건설에 대한 투자 희망자를 공모한다고 세계 각국에 공표했기 때문에 고베제강과의 계약은 자연 해소되었다(『朝日新聞』 1963년 6월 2일 자). 그 후 울산비료공장주식회사도 1963년 말에 해체되어(『三星五十年史』, 삼성비서실, 1988, 167쪽), 울산 제3공장 건설은 미국 기업으로부터 투자를 받아 영남화학주식회사가 추진했다. 李秉喆(1910. 2. 12~1987. 11. 19)은 1951년 부산에서 三星物產을 설립한 이래 삼성그룹의 중심적 존재로 활동했으며, 1961년 한국경제인협회(현 전국경제인연합회) 초대 회장으로 선출되었다. 李秉喆은 1964년 8월 한국비료공업주식회사를 설립했는데, 이 회사는 1967년 4월 비료공장 준공과 동시에 정부 관리 기업이 되었다. 1976년 4월 한국의 비료회사로는 처음으로 주식을 공모, 1994년 三星精密化學株式會社로 상표를 변경하여 현재에 이른다. 한국비료공업주식회사가 추진한 제5비료공장 건설에 대해서는, 1964년 8월 20일 삼성물산과 三井物產이 차관 및 건설 계약을 체결, 같은 날 삼성물산과 미국의 Inteners Co.가 요소비료 수출 계약을 체결했다. 그리고 27일 한국비료공업 설립 후 1965년 5월 15일 이 사업은 한국 외자도입촉진위원회의 승인을 얻어 같은 해 8월 14일 국회에서 승인되었다. 1966년 1월 착공, 같은 해 말에 준공, 1967년 1월부터 가동에 들어갔다(經濟開發計劃評價敎授團, 『제1차 經濟開發5個年計劃 評價報告書』, 기획조정실, 1967, 429쪽).

27 「蔚山肥料工場建設計劃」 1962년 12월 11일 자, 발신: 裵義煥 주일대사, 수신: 崔德新 외무부장관(「對日本肥料工場建設借款導入」, 韓/1291/M—0002/23, 프레임번호 5).

코甲斐文比古 경제협력국장에게 한국과 교섭 중인 울산비료공장 건설 프로젝트가 '김종필 · 오히라 합의'에 규정된 민간 차관에 해당하는지 아닌지를 질문했다. 그때 가이는 이 차관 협정이 상기한 민간 차관으로 적당하며 "한국정부에 대해 이 프로젝트에 대한 차관 적용을 호의적으로 고려할 용의가 있다."[28]고 회답했다고 한다.

그러나 그로부터 일주일 후 배의환의 보고에 의하면, 앞의 확인서에 대해 주일 한국대표부가 일본의 외무성 경제국 아시아과에 조회한 바로는 "외무성 당국으로서는 이 문제가 한일회담과 관련성이 있는 것으로, 한일회담 성립 이전이라도 차관을 공여할 수 있는지의 가능성 여부에 대하여는 확인하기 어려운 입장에 있으며, 대장성, 통산성 등이 직접 관련되는 문제이므로 외무성 단독으로 태도 표명을 할 수 없다."는 회답이 있었다고 한다.[29]

결국 이 교섭은 1963년 4월 15일 오후 8시 울산비료공장 이병철李秉喆 사장이 고베제강과 차관 계약을 맺는 것으로 일단락되었다.[30] 그 후 4월

28 같은 자료, 프레임번호 7. 이 건에 대해 배의환은 "현재(1962년 12월 11일-필자), 경제시찰단원으로 방한 중인 고베제강 사장이 경제기획원장에게 설명한 바 있다."라는 정보를 부기하여, 이 건을 경제기획원장에게 전달하도록 지시하고 있다(같은 자료, 프레임번호 5).

29 「蔚山肥料工場建設計劃」 1962년 12월 18일 자, 발신: 裵義煥 주일대사, 수신: 崔德新 외무부장관(같은 자료, 프레임번호 9).

30 1963년 4월 16일 자, 발신: 裵義煥 주일대사, 수신: 崔德新 외무부장관, 제목: 울산비료 건설 및 연지불 거래계약 체결(앞의 「對日肥料工場建設借款導入」, 프레임번호 13). 더욱이 배의환의 보고에 따르면 그 내용은 "뇨소尿素 연산 25만 톤 규모의 푸란트 대금 약 41.5백만 불을 선불금 20%(약 1백만 불은 계약 시 지불, 약 7백만 불은 선적 때마다 분할 지불하는 CG 발급), 나머지 80%는 최종 선적 후 1년 반 거치로 5년간 원리균등(연리 6%) 지불하는 것으로 되어 있으며 건설 기간은 계약 후 2년 반, 추정 생산원가는 톤당 73~75불"이고, "일본 측 수출상사는 미쓰이물산이며(단독), 메이카는 신호제강 외 5사"라는 것이었다(같은 자료, 프레임번호 13. CG란 확인 취소 불능 신용장을 의미. 그 후 배의환이 追記하듯이 플랜트 대금은 4,400만 달러로 보고했다. 같은 자료, 프레임번호 18). 더욱이 이 계약에는 추가 계약이 존재했다. 그것은 李秉喆 사장이 자기 책임으

30일 주일 한국대표부의 이규성李圭星 참사관이 외무성의 가이 경제협력국장을 방문하여 울산 제3비료공장 건설에 대한 일본정부의 태도를 비공식적으로 타진했다. 가이는 일본정부가 당시 한일회담에서 토의되고 있던 재산청구권 관련 미해결 과제[31]를 해결하기 전에 민간 차관을 실질적으로 추진하는 것은 불가능하다고 회답했다. 다만 가이는 이러한 문제가 해결되면 이 건을 즉시 승인할 것이라고도 말했다.[32] 이와 같이 김종필·오히라 합의에 기초한 경제협력의 실시 조건으로 한일 간 합의가 이루어지기까지 일본정부는 민간 차관 계약의 승인에 신중했다.

앞에서 서술한 대로 이 시기에 일본정부가 김종필·오히라 합의에 기초한 1억 달러 이상의 민간 차관을 사례별로 추진하려 한 것은 사실이다. 그러나 울산 제3비료공장의 사례에 대해 일본정부는 김종필·오히라 합의에 기초해 경제협력을 실시하기 위한 조건이 해결되기 전에 민간 차관을 시작할 수는 없다는 입장을 명확히 했다. 일본정부가 이와 같은 신중한 자세를 취한 것은 김종필·오히라 합의에 기초한 대한 경제협력 금액이나 대한 연불차관 공여를 둘러싸고 당시 국회에서 야당이 정부와 자민당을 비판한 것에도 원인이 있었을 것이다.[33]

로 한국정부의 승인을 얻는 한편 일본 측 수출상사 및 메이커 등이 일본정부의 승인을 얻도록 노력한다는 것으로, 최악의 경우에는 神戶製鋼이 자기 자금으로 실시한다는 것을 약속한 것이었다(같은 자료, 프레임번호 24~25).

31 1963년 4월 30일 자 裵義煥 주일대사가 외무부장관 앞으로 보낸 전보에 있는 "대일청구권에 부수하는 2개 문제"(주 32의 자료)가 무엇인지는 분명하지 않으나, 1962년 12월 5일 배의환이 외무부장관 앞으로 보낸 전보에 의하면 청구권 문제와 관련하여 한국이 대일 무역을 통해 진 채무를 무상 원조 금액에서 공제하는 방법과 유상 원조의 재원(해외경제협력기금이나 수출입은행) 및 이율 등이 미해결의 문제로 남겨져 있다는 것을 알 수 있다(앞의 「金鍾泌特使日本訪問, 1962. 10~11」, 183~184쪽).

32 「蔚山肥料建設 및 연지불 거래 契約締結」 1963년 4월 30일 자, 발신: 裵義煥 주일대사, 수신: 崔德新 외무부장관(앞의 「對日肥料工場建設借款導入」, 프레임번호 27).

33 예를 들면 1963년 3월 27일 일본 중의원 외무위원회에서 일본사회당의 岡田春夫 의원

1963년에 진행되고 있던 민간 차원의 차관교섭으로 소양강발전소[34]에 관한 차관 계획을 들 수 있다. 1963년 4월 소양강발전소 건설에 필요한 민간 차관 도입(1,500만 달러)을 위해 일본으로 출장을 간 한국전력주식회사 상무이사는 「출장경위보고서」를 작성해 배의환 주일대사에게 제출했다. 이에 따르면, 그들은 일본의 몇 개 회사에 민간 차관 계약에 대해 말을 꺼냈는데, 마루베니丸紅의 조건이 좋았기 때문에 일본정부의 승인을 얻은 후에 마루베니와의 민간 차관을 사무적으로 진척시키기로 했다.[35]

이상과 같이 '김종필 · 오히라 메모'에 기초해 한일 합의가 이루어지던 시기를 전후하여 한국정부 및 일본정부는 각각 국교정상화 이전에 경제협력을 추진하기 위한 방법을 모색했다. 그때 일본은 김종필 · 오히라 합의의 내용을 확정할 것을 중시한 데 대해, 한국은 이 시기의 민간 차관에 대해 김종필 · 오히라 합의와 분리하는 방안을 검토했다. 그리하여 더욱 중요한 것은 정부보다도 오히려 민간 차원에서 경제협력에 대한 논의가 구체적으로 진행되고, 민간 기업이 한국 및 일본 정부의 승인을 구하는 과정에서 양국 정부가 구체적인 대응으로 나아간 것이다. 이와 같은 민간 기업의 활동이 한일회담을 '경제 기조'로 추진하는 원동력이 되었다.

은 新潟鐵工에 의한 디젤기관차 52량의 對韓 연불수출에 대해 일본정부의 자세를 추궁했다(『第43國會衆議院外務委員會會議錄』, 1963년 3월 27일 자).

34 소양강 수력발전소 건설계획은 원래 제1차 경제개발 5개년 계획의 일환으로 예정되어 있었으나, 결국 제2차 경제개발 5개년 계획으로 이행되었다. 이 사업에 대해서는 한국전력과 丸紅 등 사이에 1967년 4월 12일 정식으로 계약이 성립되었으나, 그 후 정부 방침(다목적댐 건설계획)에 의해 1967년 10월 한국전력으로부터 정부 건설부로 사업이 이관됨과 함께 같은 해부터 한국수자원공사가 일체의 업무를 담당하는 것으로 되었다. 이 발전소는 1970년 1월 착공하여 1973년 10월 준공되었다(大韓電氣協會, 『電氣年鑑(1971년판)』 1971, 92쪽; 같은 『電氣年鑑(1974년판)』 1974, 95쪽).

35 「出張經緯報告書」 1963년 4월 26일 자, 작성자: 李載仁 · 金善集(한국전력주식회사 상무이사)(「對日本重工業施設建設借款導入」, 韓/1290/M-0002/22, 프레임번호 7~8).

III. 1964년의 차관교섭

1. 오정근 전 국가재건최고회의 최고위원의 교섭

1964년이 되면서 차관교섭은 다양한 형식으로 진행되었다. 여기서 살펴보는 오정근吳定根[역주 ③] 전 국가재건최고회의 최고위원의 일본에서의 활동은 한국정부 및 일본정부가 민간 차원으로 진행해 온 차관 계약에 대한 승인을 주저하던 시기에 있었던, 말하자면 막후교섭의 사례로 주목된다. 1964년 1월 14일 오정근은 배의환 주일대사와 면담했다. 배의환 주일대사의 보고에 의하면, 오정근은 3천만 달러 상당의 원자재를 정부 간 차원에서 도입하여 3년 거치 후 한국의 농수산물로 3년간 분할해 상환한다는 내용[36]의 차관을 진행하고자 했다. 그 후 23일 오정근은 다나카 가쿠에이田中角榮 대장상을 방문하고 단독으로 회견했다. 그때 다나카 대장상은 이 차관의 필요성을 인정하여 일본 외무성에서 이 건에 대해 대장성에 제안하기를 바랐다. 또한 다나카 대장상은 "한국이 좀 더 신속하게 행동해 주기를 바란다."는[37] 발언을 하여 한일회담과 이 차관에 대해 한국정부에 적극적인 자세를 요구했다고 한다.

다나카 대장상과의 면담에서 좋은 감정을 갖게 된 오정근은 "(주일 한국) 대표부가 정부 훈령 아래 일본 외무성과 접촉, 교섭함이 좋겠다."[38]고 말하여 한국정부의 방침으로 국교정상화 이전에 정부 간 차원의 차관교섭을 진행해야 한다는 의견을 제시했다. 이에 대해 한국정부는 각 정부 부처의 의

36 1964년 1월 17일 자, 발신: 裵義煥 주일대사, 수신: 丁一權 외무부장관(「原資材 導入을 위한 對日本 緊急借款 導入交涉」, 韓/1292/M-0002/24, 프레임번호 6).

37 1964년 1월 23일 자, 발신: 裵義煥 주일대사, 수신: 丁一權 외무부장관(참조: 경제기획원장)(같은 자료, 프레임번호 12).

38 위와 같음.

견을 조정했다. 이때 한국 외무부 통상국은 "정부 대 정부 베이스로 약 3천만 달러에 해당하는 원자재를 대일對日 도입하게 되면 현안 중인 대일 재산청구권 문제를 포함하여 대일교섭 전체에 영향을 가져올 것"[39]이라는 견해를 표명하여 여전히 한일회담에 미칠 영향을 고려하는 신중한 자세를 보였다. 그 결과 25일, 정일권丁一權 외무부장관은 정부가 "정식 교섭 지시를 내릴 수 없으므로 계속하여 개별적 교섭을 진행토록" 하라고 회답하여 주일대사에게 당분간은 오정근의 움직임을 지켜보겠다는 방침을 전달했다.[40]

그러나 이것이 한국 외무부가 오정근을 무시했다는 의미는 아니다. 배의환은 "오정근 씨에 의한 정치가 레벨만의 교섭으로는 결론을 얻을 수 없을 것으로 생각하며 경제 안정을 위한 제반 국내 정세에 비추어 본 건 거래의 실현이 꼭 필요하다면 실무 레벨의 교섭이 병행되어야 할 것"[41]이라고 진언했다. 이에 대해 외무부 아주국도 오정근이 추진하고 있는 교섭에 대해 대일청구권 문제와는 별개의 문제라고 판단하기에 이르렀다.[42] 이때 외무부는 청구권과 분리된 형태라면 국교정상화 이전에라도 일본과 차관교섭을 추진할 수 있다는 생각을 가지고 있었다고 추측된다.

그 후 2월 1일 박정희 대통령은 배의환에게 오정근이 막후교섭을 주장하게 만든 미우라 기이치三浦義一[43]를 만나 보도록 지시했다. 10일 배의환

39 1964년 1월 24일 자, 발신: 외무부 통상국장, 수신: 외무부 아주국장(같은 자료, 프레임 번호 11).
40 1964년 1월 25일 자, 발신: 丁一權 외무부장관, 수신: 裵義煥 주일대사(같은 자료, 프레임 번호 13).
41 1964년 1월 29일 자, 발신: 裵義煥 주일대사, 수신: 丁一權 외무부장관(같은 자료, 프레임 번호 15).
42 1964년 1월 30일 자, 발신: 외무부 아주국장, 수신: 외무부 통상국장(같은 자료, 프레임 번호 14).
43 1898년 2월 27일 大分에서 출생. 1935년 津久井龍雄, 御手洗辰夫, 矢次一夫 등과 國策

은 오정근, 방환方煥 공사, 이규성 참사관, 경제기획원 주재원과 함께 미우라를 만났다.[44] 배의환은 긴급 차관 문제에 관한 미우라의 당시 발언에 주목했다. 즉 배의환에 의하면, 미우라는 긴급 차관 문제에 대해 "'다나카' 대장대신이 이미 양해하고 있으며 '다나카' 대장대신과 '오히라' 외무대신은 각료 중에서도 극히 친근한 사이이니만큼 이 문제를 정식으로 (배의환 주일)대사가 '오히라' 외무대신에게 요청하면 실현이 가능하다."고 했다. 더욱이 미우라는 "만일 여의치 않으면 자기가 또다시 얘기하겠다." 나아가 "'오히라' 외무대신에게 (배의환 주일)대사가 정식으로 요청하면 각의와 같은 자리에서 얘기가 나올 것이며 그렇게 되면 '다나카' 대장대신이 그 필요성을 지원하는 발언을 할 것"[45]이라고 말했던 것이다. 이에 대해 오정근은 "일본정부의 재정을 장악하고 있으며 오히려 대외 차관의 공여에 항상 신중한 태도로 임하는 대장대신이 외무대신을 통해 한국이 요청하도록 시사하고 있으므로 (배의환 주일)대사가 '오히라' 외무대신에게 정식으로 요청하는 것이 좋을 것"이라고 하면서 이케다 수상과도 접촉하여 그 심중을 파악하지 않으면 안 된다고 진언했다.[46]

이들의 발언을 근거로 배의환은 "현안의 한일회담 관계의 제반 문제와 비료 구매 문제 등 복잡한 문제가 있고 따라서 시기적으로 다소의 의구가 없지는 않으나 경제 안정을 위한 제반 국내 정세에 비추어 본 건 거래의 실

社를 창설했다. 1945년 패전 후 전범으로 東條英機가 수용된 뒤 그 가족을 보살폈다. 1948년 사무소를 일본 橋室町의 三井 본관, 이어 별관으로 옮겼다. 정·재계의 흑막으로 간주되어 室町將軍으로 불렸다(堀幸雄, 『右翼辭典』, 三嶺書房, 1991, 556~557쪽). 河野一郎 등과 돈독한 관계를 맺고 있는 것으로 알려졌다.

44 「對日緊急借款」, 1964년 2월 11일 자, 발신: 裵義煥 주일대사, 수신: 丁一權 외무부장관(참고 및 사본: 경제기획원장)(같은 자료, 프레임번호 19~20). 나아가 이 문서는 1964년 2월 17일 자로 경제기획원장에 회부되었다.

45 위와 같음.

46 위와 같음.

현이 꼭 필요하다는 전제에 선다면 우선 '오히라' 외무대신의 의중을 타진하고 추진해 봄이 가할 것으로 생각됩니다. 물론 '오히라' 외무대신의 의중 타진을 위한 접촉은 (배의환 주일)대사에 의한 접촉이 적당치 않다고 판단될 때에는 재차 오정근 씨에 의한 접촉도 가능할 것이며 일본 외무성과의 실무자 레벨의 내밀적인 타진도 고려할 수 있을 것으로 생각합니다."[47]

라고 보고하여, 이 건의 추진에 전향적인 자세를 보였다.

이후 오정근이 주도한 차관교섭에 관한 자료를 확인할 수 없기 때문에 이 교섭의 최종적인 결말은 불분명하다. 아마 이 교섭 자체는 흐지부지되었던 것으로 보인다. 다만 후술할 한국의 제1차 경제개발 5개년 계획과 관련된 사업에 대한 차관교섭과 병행하여 일본정부로부터의 2천만 달러 긴급 원조를 추진하면서 한국이 내세운 주장이 이 교섭 내용과 유사한 점은 주목해야 한다.

2. 한국에 대한 일본정부의 2천만 달러 긴급 원조

한국에 대한 일본정부의 긴급 원조는 '6·3사태' 후 "이케다 수상에게 요시다吉田 전 수상이 강력하게 요청"하여 "한국 경제의 위기를 구원하기 위해" 일본이 제안한 것이다.[48] 이에 대해 한국은 원재료를 중심으로 5천만

47 같은 자료, 프레임번호 21.

48 『朝日新聞』 1964년 6월 11일 자(도쿄, 조간 12판). 요시다는 1962년 봄 케네디 미국 대통령과 회견했을 때, 케네디로부터 "한국 및 자유중국에 대한 물심양면의 적극적인 후원과 원조를 요망"하며, "특히 한국에서 정치, 경제 양 방면의 안정이 시급히 요망되므로 이케다 수상에게도 수차 이에 관하여 말한 바 있다."는 내용을 들었다고 한다(1964년 6월 30일 裵義煥이 大磯에서 요시다와 면담했을 때의 정보, 1964년 7월 11일 자, 발신자: 裵義煥 주일대사, 수신자: 丁一權 외무부장관, 「長期決濟 方式에 의한 對日本資本財 導入」, 韓/1293/M-0003/1, 프레임번호 49). 그 때문에 앞의 PVC공장 및 시멘트공장 플랜트에 관한 교섭에서 요시다에게 한국의 요망을 전하는 역할이 기대되었다(1964년 6월 25일 자, 발신자: 裵義煥 주일대사, 수신자: 丁一權 외무부장관, 같은 자료, 프레임번호 47).

달러 규모를 요구했다. 그러나 결국 8월 14일 각의에서 원재료를 중심으로 2천만 달러 정도의 상품 원조를 하는 것이 승인되었다.[49] 차관의 조건은 "1년 거치, 연불 2년, 연리 5.75퍼센트"로 정해졌는데, 한국은 보다 유리한 조건을 요구했다. 이 때문에 교섭이 길어져 최종적으로 한국과 일본은 "1년 거치, 연불 4년, 연리 5.75퍼센트"라는 조건으로 합의하고 12월 11일 서한을 교환했다.[50]

그런데 이 차관에 대한 일본정부의 의도에 대해 『아사히신문』은 외무성이 "생활필수품, 기계 부품, 원재료 등을 연불로 수출하는" 것과, "쌀 15만 톤, 혹은 그에 상당하는 다른 식료품을 2년 거치, 3년 연불로 공급하는" 것을 검토하고 있다고 전했다.[51] 요컨대 일본정부는 한국 국민이 직면한 생활고를 구제하기 위해 식료품 및 소비재를 중심으로 긴급히 원조할 것을 고려하고 있었던 것이다.

이에 대해 한국은 6월 11일 한일회담 수석대표 비공식 절충(이하 '비공식 절충'으로 약기함)에서 "단기적인 소비재 수입은 국내 시장을 혼란스럽게 할 뿐만 아니라 그 구원 물자적인 성격이 한국민의 대일감정을 자극하여 오히려 역효과가 날 우려가 있기 때문에 공장 시설이나 어선 등 넓은 의미에서의 생산재를 연불로 사들여 한국 경제의 체질 개선을 꾀하고 싶다."고 요망했다.[52] 요컨대 한국정부는 즉효적이고 일시적인 소비재 원조보다 지속적이고 생산 활동에 필요한 원자재에 의한 원조를 요구한 것이다.

또한 한국정부는 6월 24일 비공식 절충을 통해 "수출 진흥의 일환으로

49 『朝日新聞』 1964년 8월 14일 자(도쿄, 석간 3판).
50 같은 신문, 1964년 12월 11일 자(석간).
51 같은 신문, 1964년 6월 11일 자.
52 같은 신문, 1964년 6월 12일 자.

주력하고 있는 보세 가공무역의 의류, 조화造花, 미싱, 통조림 등의 원재료를 완만한 조건으로 연불 수출할" 것 등과 아울러 "한국의 무연탄, 몰리브덴, 해산물 등의 1차 산품에 대한 수입을 늘리고 관세를 인하할" 것을 요구했다.[53] 이 중 한국은 특히 김, 말린 오징어 등 해산물의 수입 물량 증가를 일본에 요구했다.

원자재에 의한 차관 제공과 한국 해산물 수입 물량의 증가라는 일본에 대한 한국의 요구는 어쨌든 앞에서 오정근이 일본에서 요구했던 내용과 상당히 유사하다. 즉 한국정부는 오정근의 대일 교섭이 무언가의 이유로 흐지부지되었기 때문에 '6·3사태' 이후 일본정부의 긴급 원조 제안에 대해 다시 종래의 요구를 들고 나온 것이다.

한국정부의 요구 가운데 원자재에 의한 차관에 대해서는 당초 한국정부의 기대와는 어긋난 결과가 나왔다. 1965년 4월부터 한국에서 긴급차관의 수입 신청이 시작되고 시설분 9백만 달러에 대해서는 7백만 달러나 상회하는 신청이 있었다. 그러나 원자재분의 1,100만 달러는 전혀 실현되지 않았다. 그러자 같은 해 7월에 일본정부는 한국정부의 요청을 수용하여 2천만 달러 중 1,900만 달러를 기계, 부품 등의 시설재로 충당하도록 방침을 변경했다.[54] 한편 한국의 해산물 수입에 대해서는 1965년 4월 3일 한일 농상農相 공동 코뮤니케에 따라 일본정부가 수입 물량을 늘리게 되었다.[55]

53 같은 신문, 1964년 6월 25일 자.

54 같은 신문, 1965년 4월 1일 자; 『日本經濟新聞』 1965년 6월 12일 자(도쿄, 12판) 및 7월 16일 자.

55 1965년 4월 3일에 발표된 「赤城·車均禧兩農相共同コミュニケ」 가운데, 한국 해산물에 관한 부분은 다음과 같다. "車 장관은 일본국 정부가 대한민국의 어선 및 어구 수출에 가하고 있는 제반 금지 및 제한 조치를 즉시 철회하고, 김을 비롯한 각종 한국 수산물의 수입 증대를 위한 조치를 취할 것을 요망했다. 이에 대해 赤城 대신은 양국의 국교정상화와 관련하여 對韓 어선 수출을 해금할 것을 고려하고, 또한 금후에도 가능한 한 한국 수산물의 수입 증대를 꾀하고, 이로써 양국 간 무역의 균형화에 공헌하고 싶다는 뜻을

3. PVC공장 및 제5시멘트공장 건설과 일본으로부터의 자본재 도입

다음으로 국교정상화 이전에 실현된 민간 차관 계약에 대해 검토해 보기로 한다. 여기서 거론하는 PVC공장[56]도, 제5시멘트공장도 1962년부터 시작된 제1차 경제개발 5개년 계획에 의해 건설이 예정된 것이다. 우선 이곳들이 일본으로부터 차관을 도입하게 된 경위를 확인한다.

PVC공장은 1962년 당초 미국 국제개발국AID 차관에 의해 미국의 Blaw-Knox사와 계약을 추진했는데, "건설비가 고가라는 이유로 일본으로부터의 산업 차관으로 전환"[57]되었다. 그리하여 1963년 12월 12일 제43회 외자도입촉진위원회는 대한플라스틱공업주식회사와 신일본질소비료주식회사의 3백만 달러 건설계약 차관(연불 도입)을 승인했다. 또한 경원산업주식회사[58]와 일본 이토추伊藤忠 상사 사이에 제5시멘트공장 건설 계약이 체결되었다. 이것도 앞에서 본 외자도입촉진위원회에서 거치 기간 5년을 7년으로 변경한다는 조건부로 승인된 것이다. 이러한 경위를 거쳐 1964년 1월 28일 경제기획원은 외무부에 일본정부가 이들 사업을 승인하도록 요

말했다."(『國際問題』 제62호, 1965년 5월, 59쪽)

56 PVC란 Polyvinyl chloride(폴리 염화비닐)의 약칭이다. 여기서는 PVC 및 가성소다·플랜트를 지칭한다. 대한플라스틱공업주식회사는 1962년 7월 대한생명과 락희화학의 공동투자에 의해 설립되었다. 이 사업에 대해서는 같은 해 12월 이 회사와 新日本窒素株式會社가 자본재 도입 및 기술 협력을 위한 가계약을 체결했다. 1966년 두 회사가 차관계약을 체결했으며, 공장은 1966년 11월 준공되었다(1962년 1월 기공, 『第1次 經濟開發5個年計劃 評價報告書』, 447~449쪽).

57 「PVC 工場建設 및 第5씨멘트(工場) 建設을 위한 對日 연지불 導入」 1964년 3월, 작성자 이름 없음(앞의 「長期 決濟方式에 의한 對日 資本財 導入」, 프레임번호 9). 이 자료는 1964년 3월 현재 이들 사업이 對日 借款에 의해 추진되게 된 경위를 보여 주고 있다.

58 이 회사는 1965년 6월에 충북시멘트로 상호를 변경하고 그 후 1973년 11월에는 아세아시멘트공업주식회사로 상호를 변경하여 현재에 이른다. 제5시멘트공장에 대해서는, 1964년 11월 25일에 이 회사와 伊藤忠商事株式會社 사이에 본 계약이 체결된 후 1965년 3월 정부 지원 보증 승인을 받아 1965년 4월 1일 제천공장 기공식을 하고, 1966년 11월 13일 준공식을 거행했다(앞의 『第1次 經濟開發5個年計劃 評價報告書』, 416쪽).

구할 것을 요청했다. 그러나 일본정부는 "전도금이 없다", "(타국에 비해) 차관 기관이 장기다"라는 이유로 이에 대한 계약 승인을 일단 유보했다.

그런데 한일 양국 및 미국과의 정부 차원의 교섭에서 이들 차관교섭을 둘러싼 최대의 초점은 김종필·오히라 합의와 관련되어 있었다. 우선 1964년 4월 20일 한국정부는 외무부 훈령을 통해 배의환 주일대사에게 차관을 추진하는 기본자세를 전달했다. 훈령의 내용은 "1. 국교 전 장기결제 방식에 의한 일본의 자본재 도입은 현재 또는 장차 이를 청구권(무상 3억 달러, 유상 3억 달러)[59]과 관련시키지 않는다는 점에 관해 양국 정부는 명문상으로 이를 확인하는 조치를 취하도록 할 것", "2. 청구권 중 1억 달러 이상의 상업 차관에 관하여도 지금까지의 입장대로 김·오히라의 합의 내용에 따라 이를 청구권의 테두리 안에 포함시킨다는 입장을 계속 유지할 것"이라는 점이었다.[60] 여기서 주목해야 할 것은 한국정부가 김종필·오히라 합의의 '민간 차관'도 '청구권'이라고 설명하고 있는 점이다. 이에 더해 한국정부는 국교 전 차관을 '청구권'과 관련시키지 않는다는 입장을 취하고 있었던 것이다. 한국정부는 이 점을 훈령의 세 번째 항목에서 "김·오히라의 합의에서 '1억 달러 이상의 상업 차관은 …… 양국 정부 합의하에 추진한다'는 원칙에 입각하여 동 상업 차관이 국교정상화 전에도 실시된다는 사실을 형식화된 형태로 양국 정부가 확인 조치를 취할 때까지(국교정상화 시 또는 그전을 막론하고) 그전에 성립되는 모든 민간 연불 거래는 순수 민간 경제협력으로 간주되어야 하며"[61]라고 서술하여 일본정부의 입

59 아마 여기서 '유상 3억 달러'라는 것은 민간(산업) 차관 1억 이상을 포함한 금액일 것이다.

60 「國交 前의 韓日經濟協力(長期決濟方式) 方針施行에 관한 訓令」 1964년 4월 20일 자, 발신: 丁一權 외무부장관, 수신: 裵義煥 주일대사(앞의 「長期決濟方式에 의한 對日資本財導入」, 프레임번호 14).

61 같은 자료, 프레임번호 14~15.

장을 확인하도록 배의환에게 명하고 있다.

그러나 앞에서 서술한 대로 일본정부는 김종필·오히라 합의에 기초한 경제협력 실시 조건과 관련된 문제가 해결되기 전에 민간 차관을 개시하는 것은 안 된다는 입장이었다. 게다가 일본정부는 이 민간 차관을 김종필·오히라 합의의 범주에 포함시켰다. 그 때문에 청구권 교섭에서 사무차원의 협의가 계속되는 동안 일본정부는 한국정부가 여러 번 요청했음에도 불구하고 이 사업의 승인을 계속 유보했다. 그리고 '6·3사태'로 인해 한일회담이 완전히 중단되자 일본정부는 이 문제로 진퇴유곡에 빠져 버린 것이다.

6월에 한일회담이 중단된 뒤에도 한국정부는 주일 한국대표부를 통해 이 문제에 대해 요시다 시게루吉田茂 등 거물급 정치가에게 정치적 압력을 요청하는 등 활발한 외교 활동을 전개했다.[62] 다만 정부 차원의 교섭은 전혀 진전되지 않았다. 이와 같은 일본정부의 신중한 태도에 초조해진 경제기획원은 일본정부의 결단을 촉구하는 문서를 작성하여 외무부로 보냈다.

즉 경제기획원은 한국정부가 "시멘트, PVC, 폴리아크릴 공장[63] 건설을 위해 대일본 연불수입을 허가한 후 7개월 이상이 경과한 현재까지도", 일본정부가 "해당 사업에 대한 대한對韓 수출을 허가하지 않고" 있다고 기술했다. 나아가 일본정부가 "경제협력에 성의가 없다"는 이유로 "7월 31일까지 일본정부가 승인하지 않을 경우 해당 사업을 계속 추진하기 위해서는 그 재원을 타국으로 변경토록 조치할" 것이라고 단언했다. 그리고 "한

62 1964년 6월 25일 자, 발신: 裵義煥 주일대사, 수신: 丁一權 외무부장관(같은 자료, 프레임 번호 47~48) 등.

63 폴리아크릴 섬유 공장을 말한다. 1964년 5월경 한국정부가 일본정부에 요청한 세 번째 사업이다.

편 국교정상화 이전의 대일본 장기 결제 방식에 의한 자본재 도입은 상기한 점을 고려하여 당 원에서 재검토 또는 중지할 것을 고려하고 있다."[64]고 덧붙였다.

그러자 외무부는 이 '최후 통고'성 문서에 빠르게 대응했다. 우선 경제기획원에 대해서는 반드시 일본정부의 승인을 받겠다고 하여 한국정부의 승인 기한인 7월 25일을 조금 넘긴 것에 대한 이해를 요청하면서 아울러 외무부를 무시하는 대외적 발언을 삼가 달라고 쓴소리를 했다.[65] 다른 한편으로는 배의환 주일대사에게 이 발언이 한국정부의 공식적인 입장은 아니라는 것을 확인시키면서 "일본정부가 계속해서 지지부진하고 소극적인 태도를 취한다면 정부 승인이 취소될 수도 있다는 암시를 주어도 무방할 것"[66]이라고 지시했다. 요컨대 외무부는 초조해진 경제기획원을 달래는 동시에 경제기획원이 작성한 '최후 통고'성 내용을 일본에 대한 압력으로 이용한 것이다.

이와 같은 한국의 강력한 요청에 대해 일본 외무성은 7월 25일 구상서를 주일 한국대표부에 보냈다. 외무성은 구상서에서 시멘트, PVC, 폴리아크릴 중 앞의 두 건(시멘트, PVC)의 계약만 승인할 의향을 내비쳤다. 이것은 종래 일본정부의 방침이 바뀐 것이다. '6·3사태'로 인해 한일회담이 중단된 이후 청구권 문제의 사무적 수준의 회합은 재개될 전망이 없었다. 이에 일본정부는 청구권 문제의 진전을 기다린다는 방침을 바꿔 기다리지

64 「長期決濟方式에 의한 對日 연지불 거래」 1964년 7월 16일 자, 발신: 張基榮 경제기획원장관, 수신: 丁一權 외무부장관(같은 자료, 프레임번호 65).

65 1964년 7월 23일 자, 발신: 외무부, 수신: 張基榮 경제기획원장관(같은 자료, 프레임번호 67~68).

66 1964년 7월 15일 자, 발신: 丁一權 외무부장관, 수신: 裵義煥 주일대사(같은 자료, 프레임번호 66).

않고 민간 차관 계약을 승인하기로 한 것이다. 다만 외무성은 차관 계약의 승인 조건으로 아래의 세 가지를 제시했다.

1. 이들 2건의 사업은 한국 5개년 계획에 포함하여 한국 경제 건설을 위한 중요한 사업이라는 것.
2. 이들 2건의 연불수출은 올해 5월 28일 일한회담 수석대표 제7회 비공식 회합에서 배(의환) 대표가 말했던 대로, 1962년 말 일한 간에 대강의 합의를 본 청구권 해결과 관련한 경제협력 중 이른바 통상 코머셜 베이스의 민간 차관의 범주에 속하는 것으로 산입되어야 할 것.
3. 이들 2건이 위의 2항대로 통상 코머셜 베이스의 민간 차관인 이상 그 지불 조건은 최근 타국에 대해 같은 종류의 플랜트를 수출하면서 인정된 실례(예를 들면 계약금 15% 9년 반제 및 계약금 10% 8년 반제)에 비추어 그 선까지 개정될 것.(밑줄은 인용자)[67]

여기서 특히 문제가 된 것은 두 번째 내용이다. 요컨대 이 차관교섭이 김종필·오히라 합의에 추가로 들어간 "이른바 통상 코머셜 베이스의 민간 차관 범주에 속하는 것"[68]이라고 한 점에 있다. 일본정부는 김종필·오히라 합의의 범위 안에 이 차관교섭을 포함시키려 했던 것이다.

일본정부가 김종필·오히라 합의에 구애를 받은 이유는 오로지 경제협

67 「長期決濟方式에 의한 對日資本財 導入(경제장관 회의 안건)」, 1964년 7월 30일 자, 제출자: 張基榮 경제기획원장관(같은 자료, 프레임번호 116~117), 원문은 일본어. 이 중 "올해 5월 28일 일한회담 수석대표 제7회 비공식 회합에서 배(의환) 대표가 말한 대로"라는 부분은 한국정부의 확인 요청에 의해 일본정부가 그 사실관계의 오류를 인정하여 취소되었다.

68 더욱이 폴리아크릴 섬유 공장에 대해서는 이 두 건의 추진 상황을 보아 검토 결정된다고 부기되어 있다(같은 자료, 프레임번호 106). 후술하듯이 이 조건은 대장성이 강력하게 주장한 것이었다(1964년 8월 27일 자, 발신: 裵義煥 주일대사, 수신: 丁一權 외무부장관, 같은 자료, 프레임번호 165).

력의 실시 절차와 관련된 것이었다. 8월 27일 한일 수석대표 비공식 회담에서 일본은 위에서 서술한 세 가지 조건은 대장성이 강력하게 주장한 것이라고 하면서 다음과 같이 말했다. "대장성이 특히 걱정하고 있는 것은 민간 차관 '1억 이상'에는 '이상'이라는 알파는 있으나 청구권 해결 시에 같이 결정한 것인데 한국이 통상 코머셜 베이스의 민간 차관과는 다른 것이라는 개념을 가질 염려가 있으며, 또한 이와 별도로 제4의 범주가 생기면 이후의 경제협력이 전부 제4의 범주에 속하게 되어 한국이 제3의 범주(김종필·오히라 합의에 의한 민간 차관—필자)는 전혀 이해하지 않고 있으므로 (대장성이) 이를 이해하라고 요구할 가능성"[69]이 있다는 것이다. 즉 일본정부는 김종필·오히라 합의에 의한 민관 차관이 특별한 것이 아니고 '통상의' 상업차관이라고 주장했다. 나아가 일본정부는 김종필·오히라 합의와는 별도로 '제4의 범주'에 의한 대한 경제협력 실시를 경계했던 것이다.

다만 이와 같은 경제협력의 조건에 대한 관료적 신중론이 결코 일본정부가 한국과의 경제협력 자체에 소극적이라는 것을 의미하지는 않는다. 실제로 대장성이나 외무성 경제협력과에는 한국의 요구대로 교섭해야 한다는 의견이 있었다.[70] 그럼에도 일본정부는 이와 같은 의견을 묵살하고 관

69 같은 자료, 프레임번호 165~166.

70 1964년 7월 29일 자(석간) 『毎日新聞』은 鈴木善幸 관방장관의 발언으로, 금회의 플랜트에 대해 일본정부가 순수한 산업 베이스로 수출할 것을 검토하고 있으며, 외무성이 낸 口上書에 대장성으로부터 반대 의견이 제기되었다고 보도했다(1964년 7월 29일 자, 발신: 裵義煥 주일대사, 수신: 丁一權 외무부장관, 앞의 「長期決濟方式에 의한 對日資本財導入」, 프레임번호 100). 또한 8월 26일, 배의환 등과 면담한 黃田多喜夫 외무성 사무차관은 사견으로 다음과 같이 말했다고 한다. "1억 달러 이상이라 함은 일본정부가 직접 책임을 지는 것이 아니며, 민간업자 간의 商談이 성립되어야 비로소 실시 가능한 것이므로 오히려 플랜트가 이에 포함된다는 입장은 일본 측으로 보아 1억 달러 이상이 청구권적 성격을 띠고 있는 듯한 인상을 주어 불리한 입장에 서게 되는 것으로 생각된다."(1964년 8월 26일 자, 발신: 裵義煥 주일대사, 수신: 丁一權 외무부장관, 같은 자료, 프레임번호 162)

료적 신중론을 내세웠던 것이다.

이에 대해 한국정부는 경제장관 회의를 소집하여 경제기획원이 작성한 「장기결제 방식에 의한 일본으로부터의 자본재 도입(경제장관 회의 안건)」을 기본으로 토의했다. 이 문서의 '의결주문議決主文'에는 제5시멘트공장 및 PVC공장 등 "본 2건은 대일청구권과는 분리하여 추진한다."[71]로 되어 있다. 이 점에 대해 이 문서는 "청구권과의 관련에 대해서는 본 건이 순수한 민간 상업 거래에 의한 것이고, 청구권에 관한 한일 간의 합의가 완결되지 않고 있으므로 이를 분리하여 처리토록 하고"[72]라고 설명하고 있다. 요컨대 경제기획원은 김종필·오히라 합의에 기초한 경제협력의 조건에 대해 완전한 합의가 성립할 때까지 이 차관을 청구권과는 분리하여 취급한다는, 종래부터의 한국정부의 입장을 재확인했다.

이와 같은 한국정부의 입장은 정치적인 이유 때문이었다. 8월 4일 정일권 외무부장관이 배의환 주일대사에게 보낸 전신에는 다음과 같은 문구가 있다. "(일본 외무성에 의한) 동 구상서에 기술된 바와 같이 명백히 청구권과 '링크'시킨 '플랜트'의 연불수입을 받아들인다면 종래 국민에게 '피알'(PR)해 온 '선국교·후협력'의 원칙에 일대 전환을 가져와 특히 종래에 대일청구권의 일부를 국교정상화 이전에 이미 도입, 사용했다는 일부의 비난이 있었음을 고려할 때 청구권과 결부된 플랜트 수입을 이 시기에 받아들인다면 국내에 새로운 물의를 일으켜 정국의 안정에 차질을 가져올

71 「議決主文」은 "제5쎄멘트 및 P.V.C. 공장 건설을 위한 대일 자본재 도입에 관하여 다음과 같은 방침으로 추진할 것을 의결한다. 가, 본 2건은 대일청구권과는 분리하여 추진한다. 나, 일본정부에서 요구하는 상환 조건에 대하여 일단 확인 조치하되 우리 정부에서 요구하는 조건으로 교섭하도록 아 측 업자에 지시하여 그 결과에 따라 최종적으로 결정한다."고 되어 있다(같은 자료, 프레임번호 103).

72 같은 자료, 프레임번호 107~108.

우려가 있음".[73] 앞에서 서술했듯이 한국정부는 김종필 · 오히라 합의에 의한 무상 3억 달러, 유상 2억 달러의 정부 간 차관과 마찬가지로 1억 달러 이상의 민간 차관에 대해서도 국내에서는 '청구권'(또는 '배상')이라고 설명해 왔다. 1961년 2월 민의원 결의를 상기할 필요도 없이 '선국교 · 후협력'이 한국정부의 원칙적인 입장이었다. 따라서 한일 국교정상화 이전 김종필 · 오히라 합의에 기초한 민간 차관의 실시는 이러한 원칙을 바꾼다는 것을 의미했다. 더욱이 1964년 3월부터 4월에 걸쳐 한국에서 한일회담 반대 운동이 격화되었을 때 한국 국회에서는 군사정권이 이미 '대일청구권 자금'을 받았다는 의혹이 일어났다.[74] 이와 같이 한국정부의 입장에서 국교정상화가 이루어지기도 전에 김종필 · 오히라 합의에 기초한 민간 차관을 도입하는 것은 정치적 입장을 불리하게 할 우려가 있었던 것이다.

이와 같이 청구권 교섭이 중단되고 있는 상황에서 일본정부는 김종필 · 오히라 합의에 기초한 경제협력으로 이 민간 차관 계약을 위치 지으려 했다. 이에 대해 한국정부는 김종필 · 오히라 합의와는 별도의 "순수한 민간 상업 거래"로 이 민간 차관 계약을 승인하려고 했다. 이렇게 한일 간의 차관교섭은 김종필 · 오히라 합의와의 관련 여부를 둘러싸고 교착 상태에 빠졌다.

1964년 9월 이래 한국과 일본의 교섭 담당자는 이 문제의 타결 방안을

73 1964년 8월 4일 자, 발신: 丁一權 외무부장관, 수신: 裵義煥 주일대사(같은 자료, 프레임 번호 126).

74 1964년 3월 26일, 야당 三民會의 金俊淵 의원은 국회 본회의에서 "군사정부는 일본으로부터 1억 3천만 달러의 청구권 자금을 이미 받았다."고 발언했다. 나아가 4월 2일 김준연은 성명을 내고, "朴正熙-金鍾泌 라인은 선거 자금으로 일본으로부터 2천만 달러를 받았다."고 새로운 스캔들을 폭로했다. 이 건에 대해 한국 국회에 조사위원회가 설치되었으나 이러한 발언들을 뒷받침하는 증거는 나오지 않았다(尹景徹, 『分斷後の韓國政治』, 木鐸社, 1986, 292쪽).

모색했다. 덧붙여 미국정부가 이 교섭에 개입했다. 교섭에서는 일본정부의 「구상서」 수정문안이 초점이 되었다. 먼저 9월 3일 니시야마 아키라西山昭 외무성 경제국장과 이규성李圭星 주일 한국대표부 참사관이 회담할 때 니시야마의 사안私案(이하 니시야마 사안)으로 구상서 제2항에 대해 "상기 2건의 플랜트의 수출에 대한 연지불은 1962년 말 양국 간에 합의된 가假양해에 예정되어 있는 상업 베이스에 의한 통상 민간 신용 범주의 것이다."[75]라는 문안을 전달했다. 이 안은 7월의 구상서에 비해 김종필 · 오히라 합의에 따른 경제협력의 범주라는 점에서 애매하다. 이에 대해 외무부 경제협력과 윤영교 과장, 박건우 직원 등이 라마키아LaMacchia 주한 미국 대사관 일등 서기관과 마주 앉아 협의했다. 이때 한국은 구상서 제2항을 완전히 삭제하든지, 니시야마 사안을 "연불 플랜트는 한국의 청구권과 하등의 관계도 없는, 코셜 베이스에 의한 것이다."라는 문안으로 대체하는 방안 등을 대안으로 제시했다.[76]

그렇지만 이와 같이 타결안을 주고받았음에도 불구하고 한국과 일본의 원칙적인 입장에 변화는 없었다. 이렇게 교착 상태가 계속되자 10월 5일 외무부 통상국장실에서 이루어진 협의에서 라마키아 일등서기관은 '미국의 견해'로 (1) 구두로 일본이 우려하는 "제4의 카테고리를 설정할 의도가 없다는 점"을 전하고,[77] (2) 문제의 문안을 "상기 두 플랜트의 수출에 대한

75 1964년 9월 3일 자, 발신: 裵義煥 주일대사, 수신: 李東元 외무부장관(앞의 「長期決濟方式에 의한 對日資本財 導入」, 프레임번호 170~171). 일본어 번역은 「口上書」 최종안의 일본어판(같은 자료, 프레임번호 290)에 따른다. 원안은 영문.

76 「會談記錄」, 1964년 9월 21일 자, 작성자 불명(같은 자료, 프레임번호 202). 원안은 영문. 나아가 한국은 대체 문안 중 "한국 측의 청구권과 어떤 관계도 없다."는 부분의 삭제도 제안하고 있다.

77 일본정부는 이 점을 가장 문제로 생각했다. 특히 부처 간 협의에서 대장성의 동의를 얻은 후에, 金鍾泌·大平 합의의 범주를 엄밀하게 지킨다는 전제가 있었던 것으로 추측된다.

연불은 코머셜 베이스에 의해 공급되는 통상의 민간 신용이다."라고 제안했다.[78] 이때 라마키아는 '청구권 자금'을 국교정상화가 이루어지기 전에 도입하는 것에 대해 한국정부가 비난받을 수 있다는 점을 이해한다고 부언했다.

이 제안은 한국과 일본이 각자 우려하고 있는 문제에 대해 양측이 이해를 보이는 것임과 동시에 이번의 플랜트가 김종필·오히라 합의에 기초한 경제협력이라는 점을 문서화하지 않는다는 것이었다. 덧붙여 말하면 이보다 앞선 9월 30일 외무부 아주국은 「장기결제 방식에 의한 일본으로부터의 플랜트 수입에 관해 한국 측이 취할 입장」이라는 정책방침서를 작성하고 이 제안의 내용을 '해결 방안'으로 제시하고 있다. 요컨대 한국 외무부는 라마키아가 제안한 선에서 이 문제를 해결하려고 했다. 이와 같이 차관교섭은 미국이 중개하는 형태로 진전을 보였다.

그런데 10월 13일 박정희 대통령은 앞에서 서술한 니시야마 사안을 승인했다. 이에 따라 한국정부는 니시야마 사안에 기초한 일본의 수정안을 받아들임과 동시에 일본정부에 외무성이 작성한 구상서를 확인하는 취지의 각서[79]를 전하기로 했다. 이상과 같은 경위로 PVC공장 및 제5시멘트공장 건설을 둘러싼 차관교섭이 타결되었다. 결국 한국과 일본은 당시의 플랜트가 김종필·오히라 합의에 기초한 민간 차관이라는 것을 확인한 것이다.

박정희는 원래 일본이 제시한 조건을 받아들여야 한다는 입장이었다. 8월 24일 청와대에서 열린 회의에서 박정희는 김종필·오히라 합의에 따른

78 「會談記錄」, 1964년 10월 5일 자, 작성자 불명(앞의 「長期決濟方式에 의한 對日資本財 導入」, 프레임번호 233~234). 원안은 영문.

79 「플랜트 연지불 輸入交涉 經緯」, 1964년 11월 14일 자, 작성자 불명(같은 자료, 프레임번호 294~296).

경제협력 중 민간 차관에 대해 "국교정상화 전에라도 받아들일 수 있다." 고 발언했다.[80] 또한 배의환 주일대사는 일본의 강경한 자세에 대해 자주 보고했는데, 그것이 박정희의 정치적 판단에 영향을 주었을 가능성이 높다.[81] 일본의 강경 자세에 대해서는 에머슨John K. Emmerson 주일공사도 인정했다고 한다.[82] 박정희는 이상의 상황을 감안하여 일본이 앞에서 서술한 수정된 한국의 제안을 받아들일 가능성이 적다고 판단한 것이다. 무엇보다 박정희가 염려한 것은 이 교섭이 예상 이상으로 오래 걸리면 경제개발 계획에 지장을 초래한다는 것이었다.

차관교섭이 타결되자 한국정부는 이 플랜트를 자국민들에게 어떻게 설명해야 하는가라는 문제에 직면하게 된다. 12월 3일 이동원 외무부장관은 야당인 민정당 의원 세 명에게 「김종필 · 오히라 메모」의 원본을 공개했다. 이러한 조치는 이 메모에 있는 "국교정상화 이전이라도 바로 협력하도록 추진할 것"이라는 부분을 야당에 확인시킨 것이었다.[83] 나아가 12월 29일 정일권 국무총리는 차관 문제에 대해 "야당이 문제시하고 있는 염화비닐 제조, 시멘트 등의 플랜트, 계 830만 달러의 일본 민간 베이스 차관은

80 「韓 · 日 經濟問題에 관한 會議」(1964년 8월 24일 자, 같은 자료, 프레임번호 155).

81 예를 들면, 1964년 9월 24일 자 李東元 외무부장관 앞으로 보낸 문서에서 裵義煥은 9월 22일 외무성의 岡田 경제협력과장과의 비공식 회담 내용에 대해 보고할 때, "현재의 일 측 태도로 보아 일 측 입장의 변경이 상당히 어려운 것으로 관측되는 바임"이라고 적고 있다(같은 자료, 프레임번호 209).

82 裵義煥에 따르면, 10월 1일 에머슨 주일공사는 西山 경제협력국장을 만나, 플랜트 수출 문제에 대해 "좋은 각도로 해결하도록 요청"했다고 한다. 이에 대해 西山는 "일본 외무성은 한국의 입장을 이해하고 있으므로 좋은 방향으로 해결하도록 노력 중이며 다만 'CLARIFY'해야 할 점이 있어서 한국정부와 협의 중"이라고 말했다. 이 회답을 받고 에머슨은 "자기로서는 그 이상 강력히 일본정부에 대해 요구할 처지에 있지 않으므로 솔직히 이야기해서 이 이상 어느 각도로 협력해야 좋을지 모르겠다."고 했다(1964년 10월 1일 자, 발신: 裵義煥 주일대사, 수신: 丁一權 외무부장관, 같은 자료, 프레임번호 230).

83 『朝日新聞』 1964년 12월 4일 자.

김·오히라 합의에 기초한 것으로, 민간 차관은 국교정상화 전이라도 받아들일 수 있다."[84]고 말했다. 이처럼 한국정부는 김종필·오히라 합의 내용을 전면에 내세워 한일 국교정상화 이전 민간 차관 실시의 '정당성'을 주장한 것이다.

이상과 같이 차관교섭을 통해 한일 양국은 국교정상화 이전에 민간 차관을 실시할 환경을 정비했다. 말할 나위도 없이 이것은 청구권 문제를 '해결'한 김종필·오히라 합의에 의한 경제협력이 실행되었다는 것을 의미한다.

4. 한국 여론에 대한 대응: 차관교섭의 또 하나의 목적

1964년 11월 14일 자 「플랜트 연불수입 교섭 경위」라는 문서에 따르면, PVC 및 시멘트 공장 관련 차관에 신중했던 일본이 적극적 자세를 보인 계기는 "한국의 정치 불안"[85]이었다. 즉 일본정부는 한국의 경제적 (그리고 정치적) 안정의 실현을 목표로 국교정상화 이전의 차관교섭을 추진한 것이다. 이와 같은 일본정부의 정치적 의도는 이른바 2천만 달러의 대한 긴급 원조에서도 나타난다. 일본정부가 대한 긴급 원조를 실시하는 취지에 대해 제47회 국회 중의원 예산위원회에서 외무성의 우시로쿠 도라오後宮虎郞 아시아국장은 "올해(1964년—필자) 봄 이래 한국에서 학생 시위 등 정정 불안이 있는데, 근본 원인으로 한국의 경제 불안, 공장의 조업률이 6할 이하로도 떨어지고 있는 상황에 있기 때문에 이것을 구제하여 고용관계를 어느 정도라도 좋게 하기 위해 이 공장을 재개하는 데 필요한 원재료 또는 보수기계 등을 제공하려"[86] 하는 것이라고 설명했다. 이와 같이 2천만 달

84 같은 신문, 1964년 12월 30일 자.
85 앞의 「長期決濟方式에 의한 對日資本財 導入」, 프레임번호 294.
86 第四七國會衆議院豫算委員會會議錄, 1964년 12월 2일 자. 앞의 'PVC·시멘트' 차관과

러의 대한 긴급 원조는 학생 시위에 의한 한국의 '정정 불안' 및 '경제 불안'을 구하기 위한 '인도적' 조치였다.

그러나 일본정부의 의도는 여기에 그치지 않고 차관 공여를 통해 대일 감정의 호전을 꾀하는 것도 겨냥했다. 예를 들면 '6·3사태'가 일어난 지 얼마 되지 않은 1964년 6월 30일 배의환이 오이소大磯에 머물고 있는 요시다 시게루를 방문했을 때 요시다가 "금번의 데모를 통해 한국민의 대일 감정이 좋지 않다는 보도가 많았는데 한국의 국민감정을 완화시킬 방책이 없는가?"라고 묻자 배의환은 "일본의 대한 어선 수출 금지 조치, 수산물 수입 제한 조치 등 한일 간 무역상의 불균형을 시정해야 할 것"을 역설했다고 한다.[87] 이와 같은 일본의 관심은 그 후에도 배의환이 한국정부에 보낸 전신 등에 나타난다. 같은 해 9월 8일 자 전신에서 배의환은 "국교정상화 전이라도 일본으로부터 차관이 도입되어 한국 경제 재건에 도움이 되는 것이 한국 국민의 대일감정 완화에 좋은 영향을 주지 않을까 하는 점"을 외무부에 보고했다.[88]

당시 일본정부는 차관교섭을 추진하면서 어업 문제의 진전에도 관심을 보였다. 이 시기 외교 문서에 특히 차관교섭과 병행하여 이승만라인 해역에서 일본 어선의 상황에 관한 정보가 종종 보인다.[89] 이것은 일본정부가

이 2천만 달러 긴급 원조는 종종 혼동되는데, 2천만 달러 긴급 차관에 대해 같은 해 11월 28일 이 예산위원회에서 椎名悅三郞 외상이 「大平·金鍾泌 메모」에 의한 상업 차관의 범주라고 발언하여 일본 및 한국 국회가 혼동한 것이었다. 이날 田中角榮 대장상이 이들 차관의 성격을 구별하는 정부의 통일된 견해를 발표하여 사태는 수습되었다.

87 1964년 7월 1일 자, 발신: 裵義煥 주일대사, 수신: 丁一權 외무부장관(앞의 「長期決濟方式에 의한 對日資本財 導入」, 프레임번호 50).

88 1964년 9월 8일 자, 발신: 裵義煥 주일대사, 수신: 李東元 외무부장관(같은 자료, 프레임번호 184).

89 1964년 8월 제28 源福丸가 나포되는 등 특히 같은 해 8월부터 9월 성어기에 한국의 이승만라인 경비가 강화되어 한일 양국의 국민감정이 악화한 것이 裵義煥이 한국정부에

한국의 여론에 관심을 가진 큰 이유 중 하나였다.

한편 일본정부만이 아니라 한국정부, 그리고 미국정부도 한일 국교 수립을 추진하면서 한국 여론의 움직임을 깊이 고려했다. 이 점에 대해 그들의 정치적 의도가 단적으로 나타난 것이 시이나 에쓰사부로 외상의 방한이었다. 이 방한은 1964년 7월 취임한 이동원 외무부장관이 추진한 것으로 알려져 있다. 당초 한국과 미국은 일본의 식민지 지배에 대한 '사죄특사'로 요시다 전 수상이 한국을 방문하는 것으로 의견을 조정했다. 그 후 10월 3일 번디·이동원 회담에서 한·미는 시이나 외상이 방한하는 것으로 합의했다. 이때 이동원이 "한일 외교에서 귀하의 발언은 우리 발언보다 더 큰 영향력을 미치고 있는데, 지난번에 우리는 일본의 요시다 씨가 내한(소위 사과 목적)토록 이야기가 되었는데, 이번에 말을 들으니 일본의 외무장관(외상) 또는 차관이 온다고 하는데 차관으로는 곤란"하다고 말했다. 이에 번디 미 국무차관보가 "본인 생각으로도 일본의 외무장관이 오면 대단히 도움이 될 것으로 생각된다. 이것은 브라운 대사와 라이샤워 대사에게 위임" 한다고 말하자 이동원도 "만약에 일본에서 그 정도의 인물이 (사과차) 내한한다면 우리도 책임 있는 각료를 일본에 보낼 수도 있을 것"[90]이라고 답변했다. 이렇게 하여 번디와 이동원은 일본 외상의 방한을 실현시킨 것이다.

이 문제와 관련하여 한국과 미국이 관심을 보인 것은 무엇보다 한국의 여론이었다. 이동원 외무부장관이 "일부 야당 정치가들은 국민을 선동해서 거리에서 시위를 하게 만들고 있다. 이런 점에서 우리 국민이 가지고 있

보낸 전보에 자주 나타났다(같은 자료, 프레임번호 178, 163, 197).

90 「外務部長官과 번디會談」(1964년 10월 3일 서울에서 열린 동 회담 회의록, 「미국 국무성 동부아시아 및 태평양담당 차관보 방한, 1962~64」, 韓/867/C-0009/42, 프레임번호 95).

는 과거의 나쁜 추억을 잊기 위해 일본이 혹종의 '제스처'가 필요할 것"[91] 이라고 언급하자, 번디 차관보는 "과격한 야당 인사에 대해서는 브라운 대사가 긴밀한 접촉을 갖고 설득할 것"과 "학생 문제에 있어서는 한국 학생 대표를 도쿄에 파견하여 일본 학생들과 의논을 시키는 것"[92] 등을 한국과 미국이 추진해야 할 과제로 제시했다.

그 후 10월 20일 주일대사로 임명된 김동조金東祚가 시이나 외상을 초대하는 친서를 가지고 일본에 도착했다.[93] 11월 21일 라이샤워 주일 미국대사가 시이나에게 '사죄'를 권고하자 시이나는 "일본인의 반발을 불러오고 한국인에게 불만족스러운, 아니 그 이상의 것을 줄 수 있다."[94]면서 이를 거부했다. 그러나 3일 후인 24일 시이나는 러스크 미 국무장관과 회견하면서 "한일 간 분위기 개선을 위한 순수한 친선 방문"이라면 "내년에 가능한 한 이른 시기에 실현하고 싶다."[95]고 발언하여 방한 의지를 표명했다.

91 같은 자료, 필름번호 93. 이 발언 후 李東元은 국내 여론에 대해 '학생', '야당', '신문', '압력단체'로 구분하여 그 대책을 논하고 있다(같은 자료, 프레임번호 93~94).

92 같은 자료, 프레임번호 94. 미국은 한일회담 개입에 대해, 특히 일본에 악영향을 준다는 이유로 신중했다. 그러나 한국의 여론 상황에 대한 분석 및 그 대책에 대해서는 자주 외교 문서상으로 언급했다. 예를 들면 5월 12일 브라운 주한대사에게 보낸 문서에서, 국무성은 한국의 반대 세력이 갖고 있는 '두려움'에 대해 (1) 일본의 지배에 대한 두려움과 (2) 미국의 일본에의 對韓 부담 전가(그리고 미국이 한국도 버린다는 것)를 들고, 그런 것들에 대한 대책으로 전자에 대해서는 교육을, 후자에 대해서는 미국이 무언가 행동을 할 필요성을 설명하고 있다(341. Telegram From the Department of State to the Embassy in Korea, Washington, May 12, 1964. "FOREIGN RELATIONS OF THE UNITED STATES 1964-1968, Volume XXIX, Korea").

93 350. Letter From the Ambassador to Korea(Brown) to the Assistant Secretary of State for Far Eastern Affairs(Bundy), Seoul, October, 23, 1964, "FOREIGN RELATIONS OF THE UNITED STATES 1964-1968, Volume XXIX, Korea".

94 353. Telegram From the Embassy in Japan to the Department of State, Tokyo, November 21, 1964, 0357Z, "FOREIGN RELATIONS OF THE UNITED STATES 1964-1968, Volume XXIX, Korea".

95 「椎名大臣, ラスク米國務長官會談における大臣發言要旨」〔外務省外交史料館所藏, 「椎名外務大臣訪米關係一件」(1964년 9~12월), 릴번호 A-0362, No 1859〕.

이상과 같은 과정을 거쳐 1965년 2월 17일 방한한 시이나 외상은 김포공항에 도착하여 외무성이 작성한 「도착성명」[96]을 소리 내어 읽었으며 20일에는 한일기본조약에 가조인했다.[97]

이상의 여러 사실을 감안하면 한국과 일본, 그리고 미국의 교섭 담당자들은 특히 '6·3사태' 이후의 한국 여론에 대해 각별한 관심을 기울였음을 알 수 있다. 다만 이들의 발상에는 미묘한 온도 차가 있었던 것 같다. 즉 한국과 미국은 일본의 '사죄 특사' 파견이야말로 한국 여론의 대일 감정을 호전시킬 계기가 될 것으로 여겨 일본을 움직이려 했다. 그러나 일본은 한국 여론의 문제를 '경제 불안' 문제로 규정하고 경제 원조를 통해 경제를 안정시키는 것으로 한국 여론을 진정시켜 어업 문제를 최우선으로 하는 한일회담의 현안을 해결하려고 했다. 또 한편으로 '사죄 특사' 파견에 대해 일본은 자국민에게는 반발, 한국인에게는 불만족을 준다고 하여 소극적으로 대응한 것이다.

소결

1963년 한일 양국에서는 민간 차관의 실시가 검토되었다. 일본정부는 늦어도 같은 해 3월에 김종필·오히라 합의에 기초해 민간 베이스에 의한 대한 경제협력의 실시에 대해 논의했다. 한편 한국정부도, 이 차관이 대일청

96 그 핵심 부분은 다음과 같다. "일한 양국은 옛날부터 一衣帶水의 이웃 나라로 사람의 교류는 물론 문화적으로도 경제적으로도 깊은 관계가 있습니다. 양국 간의 긴 역사에서 불행한 기간이 있었다는 것은 참으로 유감스러운 일로 깊이 반성하고 있습니다."(『記錄椎名悅三郎 下卷』 椎名悅三郎追悼錄刊行會, 1982, 49쪽)

97 椎名 방한 및 한일기본조약 가조인에 대해서는 제6장에서 재론한다.

구권과 관련되어서는 안 된다는 논의가 대세이기는 했지만, 국교정상화 이전에 일본에서 민간 차관을 도입할 준비를 추진했다. 더욱이 민간 기업이 한국 및 일본 정부에 승인을 요구하는 과정에서 두 나라 정부는 구체적 대응에 나서게 되었던 것이다.

나아가 1964년이 되자 오정근 전 국가재건최고회의 최고위원은 일본으로부터 3천만 달러의 차관 공여를 실현시키기 위해 일본 정계의 요인들과 회담했다. 이 차관교섭은 흐지부지되고 말았는데, 당시 한국의 요구는 '6·3사태' 이후 2천만 달러 긴급 차관에 반영되었다. 한편 '6·3사태'에 의해 제6차 한일회담은 중단되었다. 이와 같은 상황에서 PVC공장 및 제5 시멘트공장을 둘러싼 교섭에서 한국과 일본은 국교정상화 이전의 차관과 김종필·오히라 합의의 관련을 둘러싸고 격렬한 논쟁을 되풀이했다. 그리고 미국정부가 개입한 후 한국과 일본은 이들 플랜트가 김종필·오히라 합의에 기초한 민간 차관이라는 점을 확인한 것이다.

끝으로 한일회담의 전 과정 속에서 한일 국교정상화 이전의 차관교섭이 갖는 위치에 대해 살펴본다. 원래 차관교섭은 일본 및 한국의 경제적 곤란을 해결하기 위해 추진되었다. 그러나 앞에서 서술했듯이 한국, 일본, 그리고 미국의 교섭 담당자들은 '6·3사태' 이후 전개된 한국 국내의 정치적 긴장을 완화하는 데 관심을 기울였다. 특히 일본은 한국에 대한 차관 공여를 통해 한국의 경제적 불안을 해소하는 데 기여함으로써 한국 여론의 호전을 기대했다.

또한 1963년 및 1964년의 차관교섭을 통해 한일 경제협력을 위해 이루어진 민간 차원의 준비는 한·미·일 간의 정치 동향과 병행하여 추진되었다기보다 오히려 한발 앞섰다. 바로 이러한 맥락에서 제7차 회담 이래 한일회담의 전개 과정을 다룰 필요가 있다. 여기서 논의하듯이 한국과 일본의 경제인들이 경제 분야부터 한일관계를 진전시키는 데 맞추어 한국과 일본 정부는 이러한 움직임을 승인하고, 나아가 재계 관계자를 한일회담의 수석대표로 내세워 본격적인 한일 경제협력을 하루라도 빨리 개시하기 위해 여러 현안의 타결을 서두른 것이다.

차관교섭에서 한 · 미 · 일의 교섭 담당자들은 의견 교환을 통해 한일 양측의 의지를 확인했다. 그에 따라 한일 국교정상화를 기다리지 않고도 한국에 대한 일본의 경제협력 실시가 가능해졌다. 즉 이 장에서 다룬 차관교섭은 「김종필 · 오히라 메모」에 의한 청구권 및 경제협력 문제의 원칙적 합의 내용을 더욱 진전시킨 것이었다. 그런 의미에서 '6 · 3사태'에 의해 한일회담이 중단된 상황에서 한일 국교정상화 이전의 차관교섭은 한국과 일본의 경제관계를 깊고 단단하게 했다고 할 수 있다. 다만 한국에 대한 일본의 차관 공여가 본격적으로 실시된 것은 국교정상화 뒤였다. 그것은 민간 차관에 대해서도 마찬가지다.

그리고 차관교섭이 정식으로 타결된 1964년 12월부터 제7차 한일회담이 재개되었다. 이때 수석대표에는 재계 관계자가 발탁되었고, 불과 6개월 후에 14년간이나 끌어온 한일회담이 정식으로 타결된 것이다. 이와 같이 차관교섭과 그에 이은 한일회담은 '경제 기조'의 외교로 매듭지어졌다. 따라서 1963년부터 1965년까지의 한일관계는 국교정상화를 향해 양국의 경제관계가 긴밀해졌다는 관점에서 이해할 필요가 있는 것이다.

6

한일 국교정상화의 성립[1]

—제7차 회담에 대한 고찰—

I. '6·3사태' 이후의 정치 상황: 제7차 회담의 정치적 배경

제6차 회담과 비교할 때 제7차 회담에서는 한일 양국의 교섭 담당자에 큰 변화가 있었다. 일본에서는 1964년 7월 자민당 총재 선거에서 이케다 하야토池田勇人가 3선에 성공하여 이케다 내각의 개조가 단행되었다. 그때 시이나 에쓰사부로椎名悦三郎가 오히라 마사요시大平正芳를 대신하여 외상에 취임했다. 세간에서 전혀 예상하지 못했던 이 인사는 마에오 시게사부로前尾繁三郎 자민당 전 간사장의 추천에 의한 것이었다고 한다.[2] 그 후 이

1 본서를 집필하는 데 있어서 자료를 제공하고 사용할 수 있도록 허락해 준 李元德 교수께 감사의 뜻을 표하고 싶다. 여기서는 현재 공개되어 있는 한국정부 외교문서와 같은 문서임을 확인할 수 없는 자료는 「李元德 교수 提供文書」로 표기한다.

2 이 점에 대해 藤田義郎는 前尾가 椎名를 추천한 이유로, "법무·대장·농림·통산·운수·문부성을 총괄하고 사실상 지휘권을 휘두르고 있는 외상으로 리더십을 가진 椎名를 화

케다가 장기 요양을 위해 수상에서 사임하자 1964년 11월 사토 에이사쿠佐藤榮作 내각이 성립했다. 이때 시이나는 외상에 유임되어 한일기본조약 및 여러 협정을 조인했다.

한편 1964년 12월 3일 시작된 제7차 회담의 일본 측 수석대표는 오사카상공회의소 회장인 스기 미치스케杉道助였는데, 14일에 병사했다. 이에 일본정부는 연내에 재계에서 선출한다[3]는 방침 아래 수석대표의 후임 인사를 검토했다. 우선 일본정부는 닛신보日清紡 회장인 사쿠라다 다케시櫻田武에게 의사를 물었으나 고사했다. 결국 1965년 초 간신히 미쓰비시三菱전기 상담역인 다카스기 신이치高杉晋一가 새로운 수석대표로 취임하게 되었다. 다카스기는 일본경제단체연합회(경단련) 경제협력위원장과 인도 방문 기계공업사절단 단장 등으로 활동했다.[4] 이 인사에는 우에무라 고고로植村甲午郎 또는 기시 노부스케岸信介가 관여한 것으로 알려졌다.[5]

한편 한국에서는 1964년 7월 정일권丁一權을 대신하여 이동원李東元이 외무부장관이 되었다. 이동원은 1963년 12월 박정희가 대통령이 된 후 대통령비서실장으로 취임했다. 이동원은 자신이 외무부장관이 된 이유로 "위태로운 나라를 살려야겠다는 애국심", "혁명 때부터 함께 걸어 온 박대통령에 대한 의리", 그리고 "과거야 어떻든 한·일 간 증오의 시대는 마감하고 앞으로 협력 시대를 열어야 한다"는 '소신'을 들고 있다.[6] 아마도

살 머리에 달린 흰 깃으로 세운 것은 아닐까" 하고 추측하고 있다(『記錄 椎名悅三郎 (下卷)』 椎名悅三郎追悼錄刊行會, 1982, 6쪽. 이 책은 藤田義郎가 썼다. 高崎宗司, 『檢證 日韓會談』 岩波書店(新書), 1996, 215쪽).

3 『日本經濟新聞』 1965년 1월 6일 자(도쿄, 석간 4판).

4 위와 같음.

5 앞의 『檢證 日韓會談』, 161쪽.

6 李東元(崔雲祥 監譯), 『韓日條約締結秘話—ある二人の外交官の運命的出會い』, PHP연구소, 1997, 35쪽. 한국어 원서는 李東元, 『大統領을 그리며』, 高麗苑, 1992, 186쪽. 본서의 출전은 번역본에 따른다.

'6·3사태' 등을 통해 한일 국교정상화에 반대하는 여론을 목도한 박정희 대통령은 자신이 신뢰할 수 있고 한일 문제에 적극적으로 대처할 수 있는 인물을 외무부장관으로 등용한 것으로 보인다. 이동원은 8월에는 브라운Winthrop G. Brown 미국대사, 10월에는 번디William Bundy 미 국무성 극동 담당 차관보와 잇따라 회담을 갖고 한국과 미국이 한일 국교정상화의 실현에 노력할 것을 확인했다.

또한 1964년 10월 배의환裵義煥을 대신하여 김동조金東祚가 주일대사에 취임하고 제7차 한일회담의 수석대표를 맡게 되었다. 앞에서 본 대로 배의환은 제6차 한일회담 수석대표로 또 주일대사로 한국의 이익을 능숙하게 주장했으며 박정희의 신뢰도 두터웠다. 그렇기 때문에 이 시기에 배의환이 경질된 것은 뜻밖이었다. 당시 한국무역진흥공사 사장이었던 김동조가 주일대사가 된 데에는 삼성그룹의 이병철李秉喆 등이 추천한 것이 중요하게 작용한 것으로 알려져 있다.[7] 또한 이동원도 김동조를 신뢰했다.[8] 김동조는 규슈제국대학 법문학부를 졸업했으며 대한민국정부 수립 후에는 외무부에 근무했다. 그리고 한일회담에서 예비회담, 제1차, 제4차 회담에 관여했는데, 특히 제4차 회담 때는 외무차관으로 기시 내각과의 교섭을 담당하여 기시, 사토와 가까운 야쓰기 가즈오矢次一夫와 친했다.[9] 이와 같은 김동조의 경험이 한일회담 담당 외교관으로 다시 발탁된 이유라고 생각된다.

이제 미국에 대해 살펴보면, 러스크Dean Rusk 국무장관 체제하에서 라이샤워Edwin O. Reischauer 주일대사, 브라운 주한대사가 계속 비공식적인 채널을 통해 한일회담에 관여하고 한국과 일본의 의견을 조정하면서 미국

7 金東祚(林建彦 譯), 『韓日の和解 日韓交渉十四年の記錄』, サイマル出版會, 1986, 284쪽.
8 앞의 『韓日條約締結秘話』, 48~49쪽.
9 앞의 『韓日の和解』, 298쪽. 본서 제2장 참조.

의 의견을 전달했다. 다만 뒤에서 서술하듯이 제7차 회담에서 두 미국대사의 행동은 명확히 알려져 있지 않다.

이들 인사를 살펴보면, 일본의 오히라 외상과 한국의 배의환 주일대사는 굳이 말하자면 실무파로, 청구권 문제의 정치적 타결이나 경제협력의 조건 등 세세한 점에서 자신들의 주장을 설득력 있게 전달하는 치밀한 논의에 뛰어났다. 그에 비해 일본의 시이나 외상과 한국의 이동원 외무부장관은 오히려 자신들의 논의를 단숨에 정리하여 끝내는 결단력이 기대되었던 것이 아니었을까? 그와 같은 의미에서 제7차 회담을 앞둔 인사의 변화를 한마디로 정의하면 '실무적 인재'에서 '정치적 결단력을 가진 인재'로의 변화라고 할 수 있을 것이다.

II. '다카스기 발언'의 무마

제7차 회담은 1964년 12월 3일부터 시작되었으나 실질적으로 교섭이 진전된 것은 1965년에 들어서부터이다. 그런데 그해 벽두에 신임 다카스기 신이치 수석대표가 문제가 되는 발언을 하여 외교 문제로까지 비화되었다. 앞에서 살펴본 대로 1963년 10월 구보타 간이치로久保田貫一郎 수석대표의 발언을 둘러싸고 한일회담이 결렬된 적이 있다. 때문에 이른바 '다카스기 발언'의 대처 여하에 따라 한일회담이 다시 암초에 부딪힐 가능성도 있었다. 여기서 우선 '다카스기 발언'에 대해 한일 양측이 어떻게 대응했는지를 검토하려 한다.

문제의 발단은 1965년 1월 7일 외무성 기자클럽에서 다카스기 대표가 "일본이 조선을 지배했다고 하나, 우리 나라는 좋은 일을 하려고 했다. 산에는 나무가 한 그루도 없다고 하는데, 이것은 조선이 일본으로부터 이탈했기 때문이다. 만약 20년 더 일본과 함께했다면 이런 일은 없었을 것이다.", "일본은 조선에 공장이나 가옥, 산림 등을 모두 두고 왔다. 창씨개명도 좋았다. 조선인을 일본에 동화하게 하고 일본인과 동등하게 취급하기 위해 취한 조치로, 착취나 압박이라고 말할 것은 아니다." 등의 발언을 한 것이다.[10]

10 高杉의 발언 내용은 다음과 같다(밑줄은 오프 더 레코드 되었다고 생각되는 부분-필자).

나는 經團連의 경제협력위원장으로 후진국의 개발에 힘을 다하고 있는데, 한국과는 국교가 정상화되지 않았기 때문에 재계에서는 본격적으로 나서지 못하고 있다. 모처럼 청구권 문제가 무상 3억 달러, 유상 2억 달러, 계 5억 달러로 대략 이야기가 되고 있으므로 하루라도 빨리 국교를 정상화하고 이 돈을 가지고 한국의 國情에 따른 개발에 일본이 협력하면 양 국민을 위하는 것이 된다고 생각한다. 그러한 염원에서 이 큰 역할을 떠맡았다. 그러므로 가능한 한 조기 타결에 협력하고 싶다. 다행히 양국 정부는 조기 타결을 바라고 있기 때문에 그 방향으로 나아갈 것이다. 좌익 세력은 총력을 걸고 반대할 것이다. 교섭이 길어지면 점점 상황은 꼬일 것이다. 일본으로서는 한국이 60만의 병력을 가지고 북으로부터의 침략을 저지하고 있는 점을 높이 평가하고 경의와 감사를 표하지 않으면 안 된다. 생각에는 여러 가지가 있다. 36년간은 착취를 한 것이 아니다. 선의로 했던 것이다. 이 교섭은 일반적으로 하는 정치적 기술만으로는 불가능하고 지엽말절枝葉末節, 즉 사소한 일에 구애받지 않고 넓게 전체적 상황을 고려하면서 임하는 자세로 진행시켜야 한다. 실무적인 절충은 거의 마무리 단계에 있다. 그래서 외무성 직원이 여기서 이렇군 저렇군 하면서 타협을 못한다고 하면 정말 머리가 나쁜 것이다. 보듬어 주듯 넓은 마음가짐으로 해야 할 것이다.

"일본은 조선에 대한 36년간의 통치에 대해 사과하라"는 소리도 있지만, 사과하라는 것은 무슨 말인가? 교섭은 양측의 존엄에 상처를 주어서는 안 된다. 국민감정으로서도 사과할 수 없을 것이다. 일본이 조선을 지배했다고 하나, 우리 나라는 좋은 일을 하려고 했다. 산에는 나무가 한 그루도 없다고 하는데, 이것은 조선이 일본으로부터 이탈했기 때문이다. 만약 20년 더 일본과 함께했다면 이런 일은 없었을 것이다. 우리의 노력은 패전 때문에 좌절되었지만, 20년쯤 더 조선을 가지고 있었더라면 이렇게는 되지 않았을지도 모른다. 대만의 경우는 성공한 경우이지만 …… 일본은 조선에 공장이나 가옥, 산림 등을 모두 두고 왔다. 창씨개명도 좋았다. 조선인을 일본에 동화하게 하고 일본인과 동등하게 취급하기 위해 취한 조치로, 착취나 압박이라고 말할 것은 아니다.

과거를 이야기하려고 하면 저쪽에서도 할 말이 있겠지만, 우리 쪽에는 더 할 말이 있다. 따라서 과거를 들추는 것은 좋지 않다. 특히 일본은 친족이 된 듯 이야기를 나누면서 마무리하는 것이 좋은 것이다. 과거 일만 자꾸 거론하면 회담은 앞으로 몇 년이 걸려도 합의에 이르지 못할 것이다. 어려운 점은 추려져 있다. 나머지는 구체적으로 국교정

외무성은 이 발언이 외교 문제로 비화될 것을 우려해 황급히 오프 더 레코드로 하도록 각 신문사에 요청했다.[11] 일본 신문사들은 외무성의 오프 더 레코드 요청을 받아들였다.[12] 주일 한국대표부도 일본의 보도를 정리하여 본국에 기자회견 내용을 보고했다. 그 전신의 내용은 일본 신문에 보도된 기사를 모은 것으로 문제가 된 발언은 보고되지 않았다. 요컨대 1월 8일 시점에서 주일 한국대표부가 다카스기의 기자회견 내용을 알고 외무성의 오프 더 레코드 요청을 받아들인 것은 아니다. 내용을 알지 못한 채 신문 보도를 정리하여 한국정부에 보고한 것이다.[13]

그러나 1965년 1월 10일 『아카하타赤旗』[역주 ①]에서 '다카스기 발언' 내용을 대대적으로 보도했기 때문에 그 사실이 밝혀졌다. 그 후 1월 16일 자 『로동신문』도 「일본 군국주의 일당의 분별없는 행동」이라는 제목의 편집국 논설로 '다카스기 발언'에 대해 "조선 인민에 대한 허용할 수 없는 폭언", "이것은 일본 군국주의자가 다시 남조선에 강도적 침략을 계속하려고 생각하고 있는 것에 다름 아니다" 등의 표현으로 강하게 비난하는 기사를 발표했다.[14] 이렇게 하여 이 문제는 국제적인 이슈가 되었다. 이 『로동신문』 기사에 대해 1월 18일 자 『아사히신문』은 해당 기사의 주註로 "로동신문에 보도된 다카스기 발언이 언제, 어떻게 이루어졌는지는 명확하지 않다."고 부연했다. 이와 같이 일본의 신문은 발언 사실이 분명해졌는데도 출처를 명확히 하지 않았던 것이다.

상화를 어떻게 성사시키느냐에 달려 있다. (『アカハタ』 1965년 1월 [illegible]1일 자)

11 『アカハタ』 1965년 1월 10일 자.

12 예를 들면, 『朝日新聞』 1965년 1월 8일 자(도쿄, 조간 12판) 등.

13 JAW-1064, 1965년 1월 8일 자, 발신자: 주일대사, 수신자: 외무부 장관, 「李元德 氏 提供 文書」.

14 『アカハタ』 1965년 1월 19일 자.

어찌 되었든 한일 양국의 교섭 담당자는 문제가 된 '다카스기 발언'에 대해 서둘러 대응해야만 했다. 당초 한국과 일본의 외무 관료는 '다카스기 발언'을 사실로 인정하지 않는다는 방침으로 대응하려고 했다. 한국과 일본의 외무 관료는 계속 연락하며 선후책을 검토했다.

요컨대 김동조 주일대사는 8일 다카스기와 면담한 후 정책 협의를 위해 일시 귀국했다. 김동조는 그 후 16일 일본으로 돌아갔는데, 그때 '다카스기 발언'을 알았다고 한다. 김동조는 일본의 우시바 노부히코牛場信彦 외무성 심의관(일본 측 차석대표)과 대책을 협의했다. 그 결과 두 사람은 다카스기가 한국인 특파원과의 회견에서 문제의 '발언'을 부인하는 것으로 의견의 일치를 보았다. 그때 "그 자리에서 다카스기 수석대표가 또 무슨 실언을 할지 모르니 외무성이 부인, 해명 발언을 아예 작성해 주어 읽도록 하는" 것으로 했다.[15] 이와 같은 경위를 거쳐 1월 18일 다카스기는 한국 특파원과의 기자회견에서 문제의 발언을 해명하는 것으로 사태를 수습하고자 했다.

그런데 19일 『동아일보』가 '다카스기 발언'을 보도함으로써[16] 한국에서 이 발언이 문제화되고 말았다. 김동조는 서울로부터 온 긴급 훈령을 통해 한국 내 여론이 '다카스기 발언'에 격분해 악화되고 있다는 것을 알게 되었다.[17] 그 후 김동조는 한국정부의 긴급 훈령을 받고 다시 '발언'을 진화하고자 했다. 이때의 훈령 내용은 명확하지 않으나 '다카스기 발언'의 진의를 바로잡도록 명한 것으로 생각된다.

15 앞의 『韓日の和解』, 312~313쪽.
16 20일 자 『東亞日報』 1면 칼럼에 의함(『アカハタ』 1965년 1월 29일 자, 이 신문은 「사설」로 소개하고 있으나, 오류이다).
17 앞의 『韓日の和解』, 314쪽.

긴급 훈령을 받은 후 김동조는 20일 제1차 수석대표 회담에서 '다카스기 발언'에 대해 "만일 그와 같은 발언을 한 것이 사실이라면 이는 아국과 아국 국민에 대한 중대 문제로 취급치 않을 수 없음"을 경고하고 "다카스기 수석이 그런 발언을 했거나 또 그러한 생각을 가지고 있는 한에 있어서는 회담을 계속할 의의를 발견치 못하는 바"라고 말했다. 이에 대해 다카스기는 "결코 그와 같은 발언을 한 일이 없다."고 말하고 미리 준비한 문서를 낭독했다.[18] 이러한 대응 역시 아마 사전에 한일 간에 협의된 것으로 생각된다.

『요미우리신문』 보도에 의하면, 이때 다카스기는 "일한 문제에 대해 내가 한국민의 감정을 무시하는 터무니없는 발언을 했다는 것이 공산계 뉴스 기타 일부에서 보도된 것을 알고 참으로 놀랐다."고 말하여 이 문제를 '공산계 뉴스'에 의해 날조된 보도라고 했다.[19] 일본의 신문들은 다카스기의 해명을 그대로 보도했다. 예를 들어 1월 21일 자 조간에 게재된 기사 내용을 검토하면, 『일본경제신문』은 "'발언'은 사실무근 다카스기 씨 김金 한국대사에게 해명"이라고 보고했고, 『요미우리신문』은 "'다카스기 발

18 1965년 1월 20일 자, 발신자: 주일대사, 수신자: 외무부장관, 「제7차 韓日會談: 本會議 및 首席代表 會談, 1964-65」, 韓/1459/Re-0010/8, 프레임번호 255-266.

19 高杉의 해명 내용은 다음과 같다(『讀賣新聞』 1965년 1월 21일 자, 도쿄, 석간 14판). "일한 문제에 대해 내가 한국민의 감정을 무시하는 터무니없는 발언을 했다는 것이 공산계 뉴스 기타 일부에서 보도된 것을 알고 참으로 놀랐다. 나는 일한 국교정상화 교섭에 임하여 국민감정의 문제를 중시해 왔다. 나는 한국민이 일한 간의 역사적 관계에 대해, 지극히 엄격한 감정을 가지고 있다는 것을 충분히 이해하고 있다. 또 한국민 사이에는 올해가 '을사년'이라고 불리는 것도 알고 있다. 나는 한국민이 어떻게 하면 일본에 대해 우호적인 감정을 갖게 할 수 있을까, 밤낮으로 고심하고 있다. 그를 위해서는 무엇을 해서라도 일한교섭을 타결시켜 국교를 정상화하고 일본 국민이 성의를 가지고 한국민의 기대에 부응하는 길을 열지 않으면 안 된다고 믿었고 이를 위해 미력을 다할 각오이다. 한국의 국민감정에 대한 나의 이 마음을 어떻게든 전하고 싶다는 것이 내 간절한 희망이다."

언은 무근' 일한회담 자리에서 해명", 『아사히신문』은 "다카스기 씨가 진의 설명 일한수석회담 김 씨도 양해"라고 보도했다. 하지만 『아카하타』는 "다카스기 발언 조선에서 대문제로 일본 군국주의의 폭언 외무성 '발언' 진화에 필사必死"라고 보도하고 다카스기 발언의 상보 및 과거 일본 정치인들이 했던 「폭언록」을 게재했다.

일본국회에서도 시이나 외상은 '다카스기 발언'을 사실로 인정하려 하지 않았다. 2월 15일 중의원 예산위원회에서 일본사회당 이시노 히사오石野久男 의원의 질문에 대해 시이나 외상은 "다카스기 대표의 일한회담에 대한 인식 또는 그 열의로 미루어 있을 수 없다고 생각합니다. 사실 저는 그 사실을 알지 못합니다."라고 답변했다. 그 후 이시노는 『민족과 정치』라는 잡지에 실린 다카스기의 해명을 문제 삼았다. 즉 다카스기는 문제의 발언이 오프 더 레코드였음에도 불구하고 "아무 생각 없는 기자가 그것을 크게 취급해 왜곡해서 보도하여 일시적으로나마 문제를 일으킨 것은 대단히 유감"이라고 서술한 것이다. 시이나는 이시노의 추궁에 대해 "자신의 진의 내지 자신의 생각을 명확히 전달하지 못했다, 잘못되었다는 것을 말한 것뿐이라고 생각한다."고 답변하여 얼버무렸다.[20]

이때 이시노는 계속해서 시이나가 저술한 『동화童話와 정치』의 "일본이 명치 이래 이와 같이 강대한 서구 제국주의의 어금니로부터 아시아를 지키고 일본의 독립을 유지하기 위해 대만을 경영하고 조선을 합방하며 만주에 5족 협화의 꿈을 외쳤던 것이 일본 제국주의라는 것이라면 그것은 영광의 제국주의"라는 기술에 대한 생각을 물었다. 이에 대해 시이나는 "지금은 저의 사고방식이 다소 수정되어 있습니다.", "저는 어디까지나 민족

20 『第四八國會衆議院豫算委員會會議錄』, 1965년 2월 15일 자.

의식을 절대로 존중하고 있다는 입장으로 생각을 바꾸고 있습니다.", "이미 변했다고 말씀드립니다." 등으로 답변하여 역시 얼버무렸다.[21]

이와 같은 '다카스기 발언'을 둘러싼 상황에 대해 '구보타 발언' 때와 비교해 보면 다음과 같이 말할 수 있다. 우선 '구보타 발언'의 경우 한국은 일본과 회담을 계속할 기반이 없어졌다고 보아 일방적으로 회담 결렬을 통고했다. 이에 대해 일본은 정면으로 대응하여 '구보타 발언'을 정당화했다. 그 결과 제3차 회담 결렬 이후 약 4년 반 동안 회의를 열지 못했던 것이다. 그러나 '다카스기 발언'의 경우 한국과 일본의 외무 관료는 이 발언이 공식회담 자리에서 나오지 않았다는 것과 『아카하타』만 이 발언을 보도한 것에 착안해 "이것은 한일 국교정상화와 한일회담의 진행을 방해하려는 공산당의 모략이다."(한국 외무부)[22]라고 '발언' 사실 자체를 부정했다. 이리하여 '다카스기 발언'을 둘러싼 움직임은 아무 일도 없었던 것처럼 진정되었다.

이러한 차이는 한국과 일본의 교섭 담당자 간에 '협력관계'가 있었는지의 여부이다. 다만 '협력관계'가 있었다고 해도 그것은 한국에 고뇌를 강요하는 것이었다. 김동조가 회고한 대로 한국은 "한일관계의 조기 정상화라는 목표를 관철하기 위해 우리 국민 누구나처럼 끓어오르는 분노를 억제하고 한 편의 위장극을 연출했던"[23] 것이다.

이와 같이 한국과 일본의 교섭 담당자는 '다카스기 발언'이 회의 진행 과정에서 장애가 되지 않도록 양국이 '협력'하는 것으로 회담의 '정체'를

21 위와 같음.

22 1965년 1월 19일 한국 외무부가 제시한 『アカハタ』 기사에 대한 코멘트(『讀賣新聞』 1965년 1월 20일 자).

23 앞의 『韓日の和解』, 314~315쪽.

막을 수 있었다고 하겠다. 또한 이와 같이 한일 교섭 담당자 간에 '협력'관계가 조성된 것은 전년에 이루어진 한국에 대한 일본의 차관 공여 결정에 이어, 회담 타결을 위한 기반이 되었다고 할 수 있다.

Ⅲ. 시이나 에쓰사부로 외상의 방한과 한일기본조약 가조인

1. 일본의 조선 식민지 지배에 대한 사죄를 둘러싸고

1965년 2월 17일부터 20일까지 시이나 에쓰사부로 외상이 한국을 방문하여 한일기본조약에 가조인했다. 시이나의 방한은 1964년 한국과 미국의 일본의 '사죄사절' 파견 구상에서 비롯된 것이다. '사죄사절' 파견은 원래 이동원 외무부장관이 의견을 낸 것으로 미국의 협력을 얻어 일본에 제안했다.

우선 이동원의 회고록에 의하면, 1964년 7월 외무장관으로 취임한 그는 '사죄사절' 파견에 대해 "국민이 한일회담을 그토록 반대하는 건 굴욕 비밀 외교란 인식이 있는 탓"이라는 판단에 입각해 "그렇다면 이젠 일본 외상이 서울로 와 테이블에 앉도록 하자. 또한 우리 국민을 납득시키고 침묵시키려면 협상 전 반드시 일본정부로부터 과거의 일에 대해 공식 사과를 받아내야 한다."고 생각했다는 것이다.[24] 이와 같이 이동원은 1964년 10월 2일 번디 미 국무성 극동담당 차관보와의 회담에서도 일본의 '사죄사절'이 내한하지 않으면 일본에 가지 않겠다고 생각했다는 것을 표명했

24 앞의 『韓日條約締結秘話』, 35~36쪽.

다.[25] 한편 이동원이 외무부장관으로 취임(1964년 7월 25일)한 직후인 8월 6일 배의환 주일대사가 시이나 외상과 면담하고 방한 의사를 타진했을 때, 시이나는 "아직 공부하고 있는 중"이라고 답변했다고 한다.[26]

그러나 처음부터 이동원이 일본 외상을 '사죄사절'로 생각하고 있었다고 말할 수는 없다. 확인 가능한 자료에 의하면, 당초에는 요시다 시게루吉田茂 등 일본 정계의 거물을 기대했던 것으로 알려져 있다. 늦어도 1964년 8월부터 한국과 미국은 '사죄사절'로 요시다 시게루 전 수상을 생각하고 일본정부와 교섭했다. 8월 17일 이동원 외무부장관과 회담한 브라운 주한대사는 19일 러스크 국무장관에게 요시다의 방한 가능성을 라이샤워 주일대사에게 알아보도록 하라는 제언을 하고 있다.[27] 9월 8일 라이샤워 주일대사는 러스크 국무장관에게 "일본의 관료와 대중은 한국에 사과해야 한다고 전혀 느끼지 않는다."고 보고했다. 라이샤워는 이 보고와 아울러 최종 단계에서 요시다 방한 등을 일본에 제안해야 하지만 지금은 시기상조라고 생각하고 있다고 전했다.[28] 요시다를 '사죄사절'로 한다는 구상은 이렇게 실패로 끝났다.

그래서 이동원·번디 회담에서 시이나 외상을 설득하는 쪽으로 방향을

25 「Bundy와의 회담(일반적 사항)」(앞의 「美國 國務省 東部아시아 및 太平洋擔當次官補 訪韓, 1962-64」, 프레임번호 96).

26 1964년 8월 6일 자, 발신자: 주일대사, 수신자: 외무부장관, 「對日本 2,000만불 연지불 導入에 관한 韓, 日 間의 覺書交換(第一卷, 1964. 6-9)」, 韓/1663/Re-0016/1, 프레임번호 222~227.

27 "347. Telegram From the Embassy in Korea to Department of State", Seoul, August 19, 1964, 6 p.m., "FOREIGN RELATIONS OF THE UNITED STATES, 1964-1968, Volume XXIX, Korea".

28 "349. Telegram From the Embassy in Japan to the Department of State". Tokyo, September 8, 1964, 9 p.m., ibid.

돌린 것은 앞 장에서 논의했다.[29] 그 후 이동원은 11월 중 시이나 방한 및 한일회담 재개를 고려하여 10월 20일 도쿄로 부임한 김동조 주일대사에게 시이나에게 전달할 초대장을 전했다.[30] 그 후 김동조가 시이나에게 방한을 요청한 결과 시이나는 방한하기로 결정하고 11월 13일 사토 수상과 협의했다. 그 자리에서 사토는 시이나의 방한을 승인했다.[31] 이에 11월 25일 시이나는 김동조와 협의하여 (1) 1965년 2월까지 방한, (2) 부산에 억류 중인 일본 어선 3척과 승조원 16인의 석방, (3) 12월 3일부터 한일회담 재개에 합의했다. 그때 김동조는 시이나에게 이동원 외무장관의 초대장을 직접 전달했다.[32] 이렇게 하여 시이나 외상은 한국의 방한 요청을 수락한 것이다.

그런데 시이나는 한국 방문은 수락했지만 '사죄'까지 하겠다는 것은 아니었다. 시이나는 방한 목적에 대해 어디까지나 '친선'이라고 되풀이해서 말했다. 앞에서 서술한 11월 24일 시이나 · 러스크 회담에서 시이나가 표명한 것도 "일한 간 분위기 개선을 위한 순수한 친선 방문"이지 '사죄'는 아니었다. 11월 25일 전달된 이동원의 초대장에는 "실무를 떠나 한일 양국 우호관계 증진을 위해"[33]라고 되어 있다. 또한 12월 5일 뉴욕에서 열린 시이나 · 러스크 회담의 준비 문서에서도 일본은 "일한 간 분위기 개선을 위한 순수한 친선 방문"으로, "한국 국민의 여론을 계발하는 것"에 중점

29 李東元·번디 회담의 내용도 제5장 참조.

30 "350. Letter From the Ambassador to Korea (Brown) to the Assistant Secretary of State for Far Eastern Affairs (Bundy)", Seoul, Octorber, 23, 1964, "FOREIGN RELATIONS OF THE UNITED STATES, 1964-1968, Volume XXIX, Korea".

31 『讀賣新聞』 1964년 11월 15일 자.

32 같은 신문, 1964년 11월 26일 자; 앞의 『韓日の和解』, 293~302쪽.

33 『讀賣新聞』 1964년 11월 26일 자.

을 두고 설명하고 있다.[34] 그리고 방한 직전인 1965년 2월 15일 중의원 예산위원회에서도 시이나는 방한 목적에 대해 '중요한 친선'이라고 설명했다.[35]

다만 방한에 즈음해서 시이나가 '사죄'를 하도록 한미 양국이 일본에 여러 차례 의견을 전한 것 같다. 앞에서 서술한 대로 1964년 11월 21일 라이샤워는 시이나에게 "한국에 관대함을 보여 주는, 가장 유익한 행동은 한국인에게 식민지 지배에 대해 무엇인가 사죄를 보여 주는 것"이라고 말하며 '사죄' 표명을 설득했다. 그러나 시이나는 그와 같은 행동이 "일본에서 강한 반발을 불러일으키고 한국인도 만족할 수 없을 것"이라며 부정적으로 대답했다.[36] 이후 1964년 12월부터 1965년 1월 동안의 '사죄'를 둘러싼 논의와 관련한 자료를 필자는 아직 입수하지 못했다. 다만 요시다에게 '사죄사절'을 요청한 사례를 생각해 보면 '사죄'에 대해서는 일본이 계속 난색을 보였을 것으로 생각된다.

이상과 같은 과정을 거쳐 2월 17일 시이나 외상이 김포공항에 도착하여 이른바 도착성명[37]을 소리 내어 읽었다. 이 성명에서 주목할 부분은 "양국 간의 긴 역사에서 불행한 기간이 있었다는 것은 참으로 유감스러운 일로 깊이 반성하고 있습니다."라는 문구이다. 이 문구 역시 한국과 일본의 외무 관료가 '협력'하여 작성한 것이었다.

김동조의 회고록에 따르면, 도착성명의 문안을 둘러싼 한일 간 교섭에서

34 「椎名大臣, ラスク米國務長官會談における大臣發言要旨」, 外務省外交史料館所藏外交文書, 릴번호 A'0362, 쪽번호 1859, 1897.

35 앞의 『第四八國會衆議院豫算委員會會議錄』, 1965년 2월 15일 자.

36 "354. Telegram From the Embassy in Japan to the Department of State", Tokyo, November 21, 1964, 0357Z, "FOREIGN RELATIONS OF THE UNITED STATES, 1964-1968, Volume XXIX, Korea".

37 앞의 『記錄 椎名悅三郎(下卷)』, 49쪽.

그는 "양국이 완전히 새롭게 처음부터 다시 출발하는 순간에 일본 통치에 대한 일본정부의 공식 사죄가 있어야 국교정상화에 대한 한국민의 이해를 얻을 수 있다."고 강조했다고 한다. 또한 외무부도 서울에 주재하고 있던 마에다 도시이치前田利一 외무대신 관방조사관에게 도착성명에는 반드시 사죄의 문구를 넣을 것을 요청했다고 한다.[38] 시이나가 방한했을 때 미국의 라이샤워 주일대사가 식민지 지배에 대한 사죄를 요구한 것은 앞에서 서술했다.

후지타 요시로藤田義郎에 의하면, 일본정부는 다음과 같이 대응했다. 우선 외무성의 우시로쿠 도라오後宮虎郎 아시아국장 등은 성명의 문안에 "한일 간에는 과거에 유감이면서 불행한 일도 있었지만"이라는 구절을 넣었다. 그러나 마에다 도시이치는 한국 여론을 고려하여 "가장 강한 어조로 표명한 것이었으면 좋겠다."고 독촉했다. 또한 우시로쿠가 한국으로 출발할 때 있었던 기자회견에서 성명의 원안을 본 신문 기자도 "이러한 것은 오히려 역효과다."라고 했다고 한다. 이들의 의견을 받아들여 우시로쿠는 문안 중의 '유감이면서'라는 문구를 "불행한 기간이 있었던 것을 유감으로 생각하는 바입니다"로 수정하고, 나아가 "깊이 반성한다"라는 문구를 넣었다고 한다. 그리고 우시로쿠가 시이나에게 변경된 문안을 보고하자 시이나는 담담하게 "음, 그렇다면 그것으로 하라."고 말했다고 한다.[39] 이상과 같은 과정을 거쳐 겨우 성명에 '반성'이라는 단어가 들어가게 된 것이다.

한국과 일본의 외무 관료는 이 '반성'을 높이 평가했다. 당시의 상황에 대해 시이나를 수행한 우시로쿠 도라오는 다음과 같이 서술했다. "시이나

38 앞의 『韓日の和解』, 323쪽.
39 앞의 『記錄 椎名悅三郎(下卷)』, 44~45쪽.

대신은 도착성명을 말했지요. 그런데 이것이 벌써 의외의 효과가 있었습니다. 서울에 도착하여 바로 미국의 브라운 대사를 방문했는데 상대방이 먼저 '아주 훌륭한 도착성명이었다'고 칭찬했습니다. 이동원 외무부장관이 있는 곳으로 갔을 때 '이것은 참으로 좋았다'고 말하더군요. 분위기가 한 번에 확 바뀌었습니다. 이상하더군요. 한마디에 변하다니." 우시로쿠는 어느 한국 외무부 관료로부터 성명의 '반성한다'는 표현이 좋았다는 말을 들었다는 후일담을 뒤에 덧붙여 서술하고 있다.[40]

그러나 일본의 기본적인 입장은 정부 또는 외무대신의 공식 성명에 넣는 이와 같은 '사죄'의 문구는 "마음에 들지 않는 법적 함의implication를 부여"할 우려가 있다는 것이었다. 일본정부의 이와 같은 생각을 반영하여 "부드럽게 다듬은 문안"이 시이나의 성명이었다. 즉 '반성한다'고 했는데, "그 주체가 누구인지, 일본정부인지, 외무성인지, 또는 외상 개인인지에 대해 구체적으로 언급하고 있지 않은 점이 특징"이라는 것이다.[41]

물론 시이나 외상이 표명한 '반성'이라는 단어는 그 함의 이상으로 실제적인 효과가 있었다고 생각된다. 그러나 '반성'의 주체를 명시하지 않는다는 '책략'이 있는 이상 이 '사죄'는 대단히 불충분한 것이라고 할 수 있다. 1965년 2월 20일 한일기본조약 가조인을 마친 후에 한일 공동 코뮤니케가 발표되었는데, 시이나의 '반성'도 그 성명에 들어갔다.[42] 이 공동성

40 앞의 『記錄 椎名悅三郎(下卷)』, 45쪽.

41 같은 자료, 52쪽. 이 藤田의 기술은 당시 椎名의 비서관으로 일한 大森誠一의 증언에 의한 것이다. 같은 자료, 66쪽.

42 1965년 2월 20일 발표된 日韓 공동 코뮤니케에는 한국 국민의 대일감정에 대해 다음과 같이 되어 있다. "이 장관은 과거 어떤 기간에 걸쳐 양국 간에 있었던 불행한 관계 때문에 생긴, 한국민의 대일감정에 대해 설명했다. 椎名 외무대신은 李 외무부장관의 발언에 유의하여, 이와 같은 과거의 관계는 유감이며 깊이 반성하고 있다고 말했다."(Foreign Minister Lee explained the sentiment of Korean people toward Japan araising from the unfortunate relations between the two nations during a certain

명을 작성하는 과정을 보여 주는「외상회담 공동성명 양측 최초 초안 및 최종 발표내용」[43]이라는 문서를 보면 이 부분에 대해 한국의 초안만 보이고 일본의 초안은 보이지 않는다. 아마 일본은 공동 코뮤니케에 위와 같은 문안을 포함시키는 것을 고려하고 있지 않았던 것으로 생각된다.[44]

2. 한일기본조약을 둘러싼 교섭

그런데 시이나 방한의 가장 중요한 목적은 한일기본조약의 가조인이었다. 한일회담에서 기본관계위원회는 제1, 2차 회담에서 토의된 후 제7차 회담까지 한 번도 열리지 않았다. 기본관계의 초점은 제1차 회담에서 문제가 된「한국병합 이전의 구 조약 무효 확인」조항과 제7차 회담에서 새롭게 제기된「한국정부의 유일 합법성 승인」조항이었다.

1964년 12월 재개된 제7차 회담에서는 주로 공식, 비공식의 수석대표 회담에서 실무자 수준의 예비교섭이 진행되었다. 그리고 1965년 1월 27일 수석대표 회의에서 한일 양측의 주장 차이가 다시 분명해졌다. 이 회담에서 나타난 기본관계에 대한 한일 각각의 입장을 확인해 보자.

1965년 1월 25일 주일 한국대표부는 한국정부의 훈령을 받았다. 이 훈령에는 한일회담의 운영방침 외에 기본관계, 어업, 재일한국인의 법적 지위 등 여러 문제에 대한 한국정부의 방침이 나타나 있다. 그중 기본관계에 관한「과거의 청산과 1910년 8월 22일 이전 조약 또는 협정의 무효 확인」

period in the past. Foreign Minister Shiina took note of the remarks made by Foreign Minister Lee and expressed his regret over such relations in the past, saying that he was giving much thought thereto.)(『國際問題』제62호, 1965년 5월, 55쪽).

43「椎名悅三郎日本外相訪韓, 1965. 2. 17-20」, 韓/1500/Re-0013//5, 프레임번호 284~286.

44 이와 관련, 일본이 관심을 갖고 있던 주한 일본대표부의 조기 설치에 관한 문안은 일본의 초안만 볼 수 있는데, 최종안에서는 삭제되었다.

및 「한국정부의 관할권 문제」는 다음과 같이 명령하고 있다.

3. 과거의 청산과 1910. 8. 22. 이전 조약 또는 협정의 무효 확인

가. 과거관계의 청산에 관하여 본문 또는 전문에서 간단히 언급되도록 노력한다. 그 방법의 하나로 "새로운 관계의 수립" 앞에 적절한 문구를 삽입하는 방법을 고려할 수 있다.

나. 1910. 8. 22. 이전 조약 또는 협정의 무효 확인에 관하여는 '당초부터'라는 어구는 반드시 규정되지 않아도 가하나 내용으로서 이를 견지하고 그러한 조약 또는 협정이 무효라는 확인 조항(예컨대 …… are null and void)은 두도록 한다.

10. 한국정부의 관할권 문제

대한민국정부의 관할권에 제한이 있다는 인상을 주는 규정은 절대 수락하지 않도록 한다.[45]

이 훈령에 이어 한국정부로부터 기본조약 초안이 송부되었다. 초안은 전문 및 본문 11개 조(또는 14개 조)로 되어 있다. 이 중 「한국정부의 유일 합법성 승인」 조항(제2조)과 「한국병합 이전의 구 조약 무효 확인」 조항(제3조)에 해당하는 부분은 다음과 같다.

Article II

It is confirmed that the Government of the Republic of Korea is the

45 1965년 1월 25일 자, 수신: 주일대사, 「제7차 韓日會談: 基本關係委員會會議錄 및 訓令, 1964. 12-65. 2」, 韓/1455/Re-0010/3, 프레임번호 89~92. 더욱이 이 훈령의 기본관계에 관한 "7. 제 현안의 별도 협정의 원칙(제 협정에 의한 현안 해결의 확인)"에는 "독도 문제는 현안의 하나가 아니라는 입장을 고수한다."고 되어 있고, "12. 분쟁처리 조항"에는 "기본조약에는 분쟁 처리 조항을 두지 않는 것으로 한다."로 되어 있다. 이는 한국정부가 독도 문제를 기본조약에 추가하려는 일본의 의도와 절대 타협하지 않는다는 방침임을 보여 준다. 이러한 한국정부의 방침은 기본조약 작성 과정에서 관철되었다.

only lawful government in Korea as recognized under Resolution 195(Ⅲ) of December 12, 1948 of the United Nations General Assembly.
Article Ⅲ
It is recognized that all treaties or agreements concluded between the Empire of Korea and the Empire of Japan on or before August 22, 1910 are null and void.[46]

이 조약안 제2조에 있는 유엔결의 제195호(Ⅲ)는 대한민국이 성립된 후인 1948년 12월 12일 제3회 유엔총회에서 채택된 것이다. 제2항은 "임시위원단이 감시와 협의를 할 수 있었으며 한국 국민의 절대 다수가 거주하고 있는 한국 지역에 대한 유효한 지배권과 관할권을 가진 합법정부(대한민국 정부)가 수립되었다는 것과 동 정부는 동 지역 선거인들의 자유 의지의 정당한 표현이고 임시위원단에 의해 감시된 선거에 기초를 둔 것이라는 것과 또한 대한민국정부는 한국 내의 유일한 정부임"을 선언한 것이다. 여기서 말하는 "임시위원단이 감시와 협의를 할 수 있었던 지역"이란 대한민국 성립 당시 남조선의 영역을 지칭한다. 요컨대 이 결의는 유엔 임시한국위원단의 관찰 아래 행해진 선거를 통해 대한민국정부가 수립된 것과 이 정부가 유엔이 정한 절차에 따랐다는 의미에서 한반도 '유일의' '합법' 정부라는 것을 보여 준 것이다.

이 조약안에 대한 설명에서 한국정부는 특히 제2조에서 유엔결의 제195호(Ⅲ)를 인용한 것에 대해 다음과 같이 적고 있다. "아 측으로서는 유엔결의 195(Ⅲ)나 기타를 인용함이 없이 대한민국 정부가 유일 합법정부라는

46 「韓日間基本條約案送付」, 1965년 1월 25일 자, 발신: 延河龜 아주국장, 수신: 邦交局長, 「韓日의 基本關係에 관한 條約(等) 1964-65」(제1권, 交涉 및 署名), 韓/1565/Re-0013/9, 프레임번호 35~44.

사실을 확인하는 규정을 두는 것이 최선의 방안이 될 것이나, 일 측의 강력한 반대가 예상되고 또한 일 측으로서는 유엔결의 195(Ⅲ)를 한국정부의 관할권에 제약이 있다는 인상을 주는 표현으로서 인용하려는 의도를 가지고 있다고 생각되므로 아 측은 최종 입장으로 유엔결의 195(Ⅲ)를 인용하되, 전 내용을 인용하지 않고 한국정부가 유일한 합법정부라는 것을 확인하는 방법으로 (안)과(초안-필자) 같은 표현을 본문에 삽입코자 하는 것이며 교섭에 따라 전문에 포함시킬 수도 있을 것이다."[47]

이 설명이 보여 주듯이 애초에 한국정부의 성격을 규정하는 문서로 유엔결의 제195호(Ⅲ)를 제기한 것은 일본이었던 것 같다. 일본정부는 이 문서를 가지고 한국정부가 한반도 유일의 합법정부라는 것을 인정하면서도 그 관할권이 군사경계선 이남에 한정된다는 점을 명시하려고 했다. 한편 한국정부는 유엔결의 제195호(Ⅲ)를 사용하는 것은 일본에 양보했지만, 한국정부의 성격을 제약할 수 있는 조문이 되는 것은 극력 피하려 했던 것이다.

한편 일본의 초안에 대해서는 구체적으로 알려진 것은 없다. 다만 1월 27일 김동조가 한국 외무부에 보낸 전신에 따르면, 1964년 12월 10일 한일 양국이 제출한 기본조약 요강안에 비하면 1월 27일 일본이 제시한 초안은 한국의 입장을 어느 정도 고려한 흔적이 보인다고 할 수 있을 것이다. 김동조는 그러한 점들을 다음과 같이 열거했다.

(1) 아직 최종적인 언질은 없으나, 초안이 조약의 형태를 취하고 있는 점
(2) 요강안에서 제시되었던 소위 '관할권'에 관한 규정을 뺀 점
(3) 초안에 포함시키지는 않았으나, 1910년 이전의 제 조약 및 협정의 무효에 관한 규정을 표현 여하에 따라서는 조약 전문에 포함할 수 있다는 입장을 취

47 위와 같음.

하고 있는 점

(4) 상항(샌프란시스코) 강화조약 제2조 (a)항[역주 ②] 및 UN 결의 195호(III)의 취지 규정을 본문에서 전문으로 옮기고 있는 점

(5) 전문에 아 측이 요강안으로 제시한 항목을 채택하고 있는 점 등[48]

위의 내용과 관련하여 김동조는 한국 외무부에 보낸 전신에서 "기본조약에는 과거를 청산한다는 개념 및 합병조약 등의 무효 확인, 한국정부의 유일 합법성 확인은 반드시 포함되어야 한다. 일 측 안에서 '관할권'이 삭제된 데는 경의를 표하나 이상의 2개 항이 누락된 것은 유감스럽다."고 보고하고 있다.[49]

어쨌거나 1월 27일 한일 수석대표 회담에서는 논의에 진전이 없었다. 그 후 2월 12일 제5차 수석대표 회담에서 양측이 조금씩 양보했지만 합의까지는 이르지 못했다. 이 회담의 내용은 김동조가 한국 외무부에 보낸 전신에서 확인할 수 있다. 이에 따르면 한국 측 초안 제2조의 "한국정부의 유일 합법성 확인"에 대해 일본 측은 "…… IS THE ONLY LAWFUL GOVERNMENT IN KOREA WITHIN THE MEANING OF THE RESOLUTION ……" 및 " …… IS SUCH ONLY LAWFUL GOVERNMENT IN KOREA AS DECLEARD ……"라는 두 안을 대안으로 제시했다(전자의 WITHIN은 IN으로, MEANING은 SENSE로 각각 바꿀 수 있으며, 후자는 SUCH 앞에 THE를 추가해도 좋다고 한다). 이 대안이 나온 배경으로

48 「韓日間 基本條約案에 대한 請訓」, 1965년 1월 27일 자, 수신: 외무부장관, 앞의 「제7차 韓日會談: 基本關係委員會會議錄 및 訓令」, 프레임번호 103~105.

49 「제2차 首席代表 會議(65. 1. 27. 15:00-16:15) 結果報告」, 1965년 1월 27일 자, 발신: 수석대표, 수신: 외무부장관, 앞의 「제7차 韓日會談: 本會議 및 首席代表會談」, 프레임번호 262-265.

일본은 11일에 기시 노부스케 전 수상으로부터 "될 수 있는 대로 한국 입장에 맞춰 해결하라는 특별한 요망"이 있었다고 설명했다고 한다. 요컨대 일본의 안은 일본정부에 의한 주체적인 '승인recognized'이라는 용어를 피하면서 가능한 한 한국의 입장에 다가가려고 한 것이었다.

또한 한국 측 초안 제3조의 「한국병합 이전의 구 조약 무효 확인」에 대해서는 'NULL AND VOID'는 합의했지만 'ARE'(한국)와 'HAVE BECOME'(일본)으로 대립하고 있다.[50] 한국의 안이 구 조약 그 자체의 무효성을 보여 주려고 한 것에 대해 일본의 안은 그것들이 "무효가 되어 현재에 이른" 것으로 규정하여 구 조약이 '유효'했던 시기가 있었음을 암시하려 했던 것이다.

이렇게 기본관계에 관해 한일 간에 합의를 볼 가능성이 전연 불투명한 상황에서 서울에서 한일 외상회담이 열렸다. 두 번에 걸친 정식 외상회담의 회의록에는 기본조약에 관한 논의가 보이지 않는다. 그러나 외상회담과 병행하여 18일 열린 기본관계 문제 실무자 회의에서 한일 양측의 최종안이 확인된다.

기본관계 문제 실무자 회의는 제1차 한일 외상회담과 병행하여 외무부 회의실에서 열렸다. 일본에서는 우시로쿠 도라오 아시아국장, 구로다 미즈오黑田瑞夫 아시아국 북동아과장, 나카에 요스케中江要介 조약국 법규과장이 참가했고, 한국에서는 연하구延河龜 아주국장, 김정태金正泰 동북아과장, 오재희吳在熙 조약과장이 참가했다. 이 회의록 중 한국병합 이전의 구 조약 무효 확인 조항 및 한국정부의 유일 합법성 확인 조항에 관한 기록의 전문은 다음과 같다(영문의 번역은 필자가 붙였다).

50 JAW-2283, 1965년 2월 12일 21시 42분, 발신: 수석대표, 수신: 외무부장관, 같은 자료, 프레임번호 270~272.

(2) 구 조약 무효 확인 조항에 관하여

아 측은 구 조약이 'are null and void'라는 입장을 취하였는바, 일 측으로부터 아래의 순서에 따른 잠정적인 대안이 제시되었음. 이러한 대안 중 양측은 마지막에 제시된 "are already null and void"를 검토한 후 상부에 보고하기로 하였으며, 일본 측도 위의 잠정적 제안에 관하여 본국 정부에 청훈請訓하기로 하였음.

가. …… are confirmed (as) null and void now. (현재는 무효임이 확인되었다)

나. …… have been invalidated and are null and void. 〔(어떤 시기에) 무효가 된, (현재도) 무효이다〕

다. …… are already null and void. (이미 무효이다)

(3) 한국정부의 유일 합법성 확인 조항에 관하여

상호 간에 여러 가지 대안이 아래와 같이 잠정적으로 제의되었는바, 상호 검토하고 이에 대한 최종적인 입장은 추후 결정하기로 하였음.

한국 측

가. …… as recognized by …… (……에 의해 승인되었듯이)

나. …… as stipulated by …… (……에 의해 명기되었듯이)

일본 측

가. …… as meant in …… (……에서 의미하는 대로)

나. …… defined by …… (……에 의해 정의된 대로)

다. …… as specified by …… (……에 의해 분명하게 기술된 대로)

일본은 이에 관하여 본국 정부에 청훈하기로 하였음.[51]

51 「基本關係問題實務者會議討議要約」 1965년 2월 18일 자, 앞의 「제7차 韓日會談: 基本關係委員會會議錄 및 訓令」, 프레임번호 294~296.

그런데 2월 20일 가조인된 한일기본조약 중 해당 조문은 다음과 같이 되어 있다.

> 제2조
> 1910년 8월 22일 및 그 이전에 대한제국과 대일본제국 간에 체결된 모든 조약 및 협정이 이미 무효임을 확인한다.
> 제3조
> 대한민국 정부가 국제연합 총회의 결의 제195호(III)에 명시된 바와 같이, 한반도에 있어서 유일한 합법 정부임을 확인한다.
>
> Article II
> It is confirmed that all treaties or agreements concluded between the Empire of Japan and the Empire of Korea on or before August 22, 1910 are already null and void.
> Article III
> It is confirmed that the Government of the Republic of Korea is the only lawful Government in Korea as specified in the Resolution 195(III) of the United Nations General Assembly.[52]

이상과 같이 구 조약 무효 확인 조항에도, 한국정부의 유일 합법성 확인 조항에도 2월 18일 기본관계 문제 실무자 회의에서 일본이 제시한 '다'안(최종안)이 들어가 있다.

이상의 검토에 의해 기본관계에 관한 한일회담은 다음과 같이 정리할 수 있다. 먼저 일본은 한국이 요구하는 구 조약 무효 확인 조항 및 한국정부의

52 『國際問題』 제62호, 1965년 5월, 57쪽.

유일 합법성 확인 조항을 조문에 포함함으로써 공동선언 형식에서 조약 형식으로, 즉 법적 형식으로 양보했다. 또한 조문의 내용에 대해서도 일본은 유엔결의 제195호(III)나 'already', 'specified'라는, 긴요한 조문의 내용에 관한 키워드도 최종적으로 받아들였다.

한국으로서는 고심 끝에 내린 결단인 것은 틀림없다. 왜냐하면 이들 용어는 일본이 한국의 입장에 다가가려고 한 것이면서도 결국 일본의 주장을 견지하는 것이었기 때문이다. 즉 'already'는 "꽤 전부터" 구 조약이 무효가 되었다는 것을 의미하는 것이지만 결국 '유효'했던 시기가 있었음을 암시하는 어구였다. 또한 유엔결의 제195호(III)도 한국정부가 한반도에서 유엔의 절차를 밟았다는 의미에서 '유일의' '합법' 정부이며 "임시위원단이 관찰하고 또한 협의할 수 있었던 지역"에서 "유효한 지배와 관할권을 가진" 것을 보여 주는 것에 불과하게 된 것이다. 일본의 제안은 한국정부의 성격이 유엔결의에 "분명하게 기술된"(specified) 것을 확인한다는 것이다. 요컨대 이 안에는 한국정부가 한반도 전체를 관할한다는 의미가 포함되어 있지 않다. 또한 일본정부는 유엔결의 내용의 범위에서 한국정부가 한반도 내의 "유일한 합법정부"라는 것을 인정하려 한 것이다.

이 점에 대해 김동조의 회고록에는 일본이 유엔결의 제195호(III)를 사용하는 것으로 한국이 양보하고, 한국의 제의에 의해 'already'라는 문구를 받아들이는 것으로 일본이 또한 양보한 것으로 되어 있다.[53] 그러나 지금까지의 논의를 종합하면 'already'라는 키워드는 일본의 제안이었다. 또한 이동원은 자신이 연하구 아주국장에게 유엔결의 제195호(III)의 인용을 검토하도록 지시했다고 회고하고 있는데,[54] 유엔결의의 인용은 이미 1

53 앞의 『韓日の和解』, 324~325쪽.

54 앞의 『記錄 椎名悅三郎(下卷)』, 74쪽.

월 25일 자 한국의 초안에 나타나 있고 그것 자체가 일본이 제의한 것이라고 하면 유엔결의의 인용이 이동원의 아이디어인지는 상당히 의심스럽다.

그렇다면 "역사는 밤에 이루어졌다"[55]는 말이 있듯이, 19일 밤 '청운각淸雲閣 회합'에서 기본조약안에 대해 한국과 일본이 합의에 도달한 것으로 알려져 있는데, 거기에서는 무슨 이야기가 오고 갔을까. 앞에서 서술한 대로 한일 외상회담은 2월 18일 및 19일에 있었는데, 회의록을 검토해도 기본조약안에 대해 합의에 도달한 흔적은 없다.[56] 그러므로 19일 밤 이동원이 자신이 주최한 연회를 진행하고 있던 시이나를 불러 연하구와 우시로쿠를 대동하고 청운각이라는 요정에서 회합을 가졌을 때 기본관계안에 대해 최종적인 한일 합의가 성립한 것이 틀림없다. 그렇다면 여기서의 초점은 역시 구 조약 무효 확인 조항 및 한국정부의 유일 합법성 확인 조항이었다고 생각된다.

다만 이동원의 회고록에 따르면, 19일 오후 5시경 청와대를 방문했을 때 박정희에게 "각하, 구 조약은 사실 우리로서도 양보할 수 있는 사안이나 관할권만큼은 국기國基와 직결되기에 곤란합니다. 다만 제가 일본의 외무장관이라고 해도 한국의 관할권이 북한까지 포함되어 있다고 인정하는 것은 어렵다고 생각합니다. 그러나 아직 회담이 완전히 끝난 건 아니니 너무 심려 마십시오."라고 말했다고 한다.[57] 또한 이동원은 청운각에서 우시로쿠가 "관할권과 구 조약인데 ……, 한국정부는 이북이 독자적인 관할권을 가진 정치 집단임을 인정하지 않고 있습니다", "또한 …… 이 점에 관한 한

55 같은 자료, 57쪽.

56 「椎名悅三郎日本國外務大臣訪韓에 관한 報告」, 1965년 2월, 외무부 아주과(앞의 「椎名悅三郎日本外相訪韓」, 프레임번호 326~368).

57 앞의 『韓日條約締結秘話』, 88쪽.

절대 양보는 있을 수 없다는 사토 수상의 특별 지시까지 ……"라고 시이나에게 진언했다고 회고하고 있다.[58] 이러한 내용들로 미루어 '청운각 회합'의 초점은 구 조약 무효 확인 조항보다는 한국정부의 유일 합법성 확인 조항에 있었다고 생각된다.

이 회합에 대해 신뢰할 수 있는 1차 자료는 없다. 다만 앞에서 이 회합의 전후를 검토했듯이 이때 결단을 압박받은 것은 일본이 아니라 한국이었다. 이것은 어디까지나 추측이지만, 연하구와 우시로쿠는 일본이 제시한 "…… are already null and void ……"와 "…… as specified …"라는 문안으로 한일 양측의 해석이 가능한지를 검토한 것은 아니었을까. 그리고 19일 심야에 최종적으로 한국이 이 안을 받아들이는 것으로 기본조약 교섭은 합의가 성립했다고 생각된다.

즉 '청운각 회합'에서의 한일 외상회담 당시 한국은 일본이 제시한 양측의 해석이 가능한 조문 안을 수락할 것을 결정하고 일본은 이것을 양해했다. 이것이 가장 실상에 가까운 것이 아닐까. 그 후 시이나가 가조인까지의 절차를 주도하게 된 것이다.[59] 무엇보다도 2월 15일 시점에서 한일 외상회담으로 기본조약안이 완전히 합의된 경우에는 "서울에서 양국 외상 간에, 또는 시이나 방한 직후 도쿄에서 양국 수석대표 간에 가조인initial한다는 데 양해가 되어" 있었다.[60] 따라서 한일 외상회담 후에 도쿄에서 가조인한다는 선택지도 있었다. 그럼에도 불구하고 2월 20일 한일 외상은 서울에서 기본조약 가조인에 서명했다. 아마도 한국과 일본의 수뇌는 시이

58 같은 자료, 92쪽.
59 앞의 『記錄 椎名悅三郎(下卷)』, 57~58쪽.
60 1965년 2월 15일 자, 수신: 외무부장관, 앞의 「椎名悅三郎日本外相訪韓」, 프레임번호 134~144.

나 방한의 성과를 최대한 선전하기 위해 기본조약 가조인을 서울에서 성급하게 실행한 것이리라.

IV. 세 가지 현안에 대한 합의사항 가조인

1. 한일 농업장관 회담

한일기본조약의 가조인이 이루어지자 초점은 다른 여러 현안으로 옮겨 갔다. 어업 문제에서는 어업수역의 획정, 전관수역 및 공동규제수역의 범위, 어선의 척수나 어획량의 상한 등 조업 규제, 나아가 어업협력자금의 금액과 용도 등이 토의되었다. 또한 재일한국인의 법적 지위 문제에서는 영주허가의 범위와 강제 퇴거의 조건 등이, 청구권 및 경제협력 문제에서는 민간 차관의 증액 폭이나 한국정부의 '청구권 포기'를 조문에서 어떻게 확인하는가 등이 논의되었다. 결국 4월 3일 이들 세 개 현안의 합의사항에 대해 한일 간에 가조인이 이루어졌지만[61] 가조인에 이르기까지의 약 한 달간

61 1965년 4월 3일에 발표된 여러 문서 중 「日韓間의 請求權問題解決 및 經濟協力에 關한 合意事項」은 다음과 같다.

1. 무상 공여(생산물 및 용역)
   총액 3억 달러, 10년간 균등 제공, 단 재정 사정에 따라서는 양국 정부 합의에 의하여 앞당겨 실시할 수 있다.
2. 장기 저리 차관(경제협력기금에 의함)
   총액 2억 달러, 10년간 균등 제공, 금리는 연 3.5%, 상환 기간은 7년의 거치 기간을 포함하여 20년. 단, 재정 및 자금 사정에 따라서는 양측 합의에 의하여 상환 기간을 연장할 수 있다.
3. 민간 신용 제공(상업 베이스에 의거한 통상 민간 신용 제공)
   (1) 민간 신용 제공 총액은 3억 달러 이상에 달할 것으로 기대된다.
   (2) 어업 협력을 위한 민간 신용 제공 9천만 달러 및 선박 도입을 위한 민간 신용 제공 3천만 달러는 상기 (1)에 포함되며, 또한 관계 법령 내에서 용이하게 하는 것으로 한다.

의 토의도 결코 평탄하지 않았다.

특히 이들 현안 중 의견이 가장 첨예하게 대립한 것은 어업 문제, 보다 구체적으로는 이승만라인(평화선) 문제였다. 이 문제는 한일기본조약 가조인 직후부터 중요한 현안으로서 제7차 회담에서 한일 간에 의견 조정이 이루어졌다. 자료에서 확인할 수 있는 바에 따르면, 2월 22일 김동조가 시이나 외상, 아카기 무네노리赤城宗德 농상과 면담할 때 아카기는 "어업 문제에 관한 현안 문제 중 제일 머리가 아픈 것은 한일 양국민의 감정으로 보아 평화선을 여하히 처리하느냐 하는 문제"라고 발언했다. 김동조는 아카기의 자세에 대해 "종래 어업 문제의 해결은 평화선의 철폐가 전제되어야 한다는 입장과는 달리, 평화선 문제에 관한 한국의 국민감정이 강하다는 사실을 인식하고 이를 신중히 처리해야 한다는 생각을 가지게 된 것"이라고 판단했다. 그리고 아카기도 김동조에 대해 "종래 평화선에 관한 양국 정부의 극단적으로 대립된 견해를 어떻게 조정할 수 있느냐, 바꿔 말하면 한국은 평화선이 남아 있다고 주장할 수 있고 일본 측은 소멸했다고 주장할 수 있는 방안이 무엇이겠느냐 하는 것이 어업 문제 해결에서 가장 중요한 점"

4. 한일 청산 계정 잔고에 대하여 확인된 대일 채무(약 4,573만 달러)
   (1) 10년간 균등 분할 지불, 금리는 없음.
   (2) 매 연도 한국의 요청에 의하여 일본 측에 새로운 동의를 구할 필요 없이 당해 연도에 일본으로부터 무상 제공될 금액에서 감액함으로써 현금 지불한 것으로 간주한다.
5. 청구권의 해결
   관계 협정의 성립 시에 존재하는 한일 양국 및 양 국민의 재산과 양국 및 양국민 간의 청구권에 관한 문제는 상항(샌프란시스코) 강화조약 제4조에 규정된 것을 포함하여 완전히 그리고 최종적으로 해결된 것으로 한다. 단, 한일 양국 및 양 국민의 재산권과 양국 및 양 국민 간의 채권 채무 관계로 종전 후 통상의 거래, 계약 등으로부터 생긴 관계에 의거한 것은 영향을 받지 아니한다.
6. 한일 간의 문화재 문제 해결 및 문화 협력 증진에 관련하여 양국은 품목 기타에 관한 협의를 하고 일본국은 한국에 대하여 한국 문화재를 인도한다. (『國際問題』 제62호, 1965년 5월, 58~65쪽)

이라고 말했다고 한다.

거기서 김동조는 공동규제수역 바깥에 오히려 이승만라인보다도 넓은 범위의 선을 설정하여 그것을 '아카기라인'이라고 함과 동시에 그 선과 공동규제수역의 외곽선으로 둘러싸인 수역을 "양국의 어업자원 공동조사수역"으로 하는 안을 제시했다. 이에 대해 일본은 "평화선보다 넓히는 것은 더욱 곤란하다."고 답변했다고 한다.[62]

이와 같은 의견 교환을 거쳐 1965년 3월 3일부터 도쿄에서 아카기 농상과 차균희車均禧 농림부장관 사이의 한일 농업장관 회담이 중단과 재개를 되풀이했다. 회담 첫날인 3월 3일에 열린 제1차 회의에서 양국 농업장관의 인사말을 비교하면 각자가 중요하게 생각하는 점이 무엇인지 알 수 있다.

우선 일본의 아카기 농상은 "양국이 어업에서 상호 이해를 기조로 하면서 주권 국가의 명예를 존중하고 국제 통념에 대해 십분 배려하여 성의 있게 해결에 노력한다면 반드시 양국이 일치점을 발견할 수 있을 것이라고 굳게 믿는 바입니다."라고 말했다. 즉 '국제 통념'상 공해로 되어 있는 해역에 설치된 이승만라인이 일본의 '국가의 명예'를 부당하게 침범하고 있다고 은연중에 비판한 것이다. 나아가 아카기는 "일본으로서는 일본 어업의 실태에 맞는 조업이 확보될 것을 전제로 생각하고 있습니다만 한편으로 귀국의 어업의 실정도 십분 고려하고 또한 그 발전에 대해서도 협력을 아끼지 않겠다."고 하여, 이승만라인의 철폐에 따른 "일본 어업의 실태에

62 金東祚가 중앙정보부장 앞으로 보낸 전보〔「漁業會談에 관한 協議內容」 1965년 2월 23일 자, 「제7차 韓日會談: 漁業關係會議 및 訓令, 1964. 12-65. 6(제2권, 農相會談: 漁業關係, 1965. 3. 3-4. 2)」, 韓/1461/Re-0011/1, 프레임번호 6~8〕. 또 외무부장관〔1965년 2월 23일 자, 「제7차 韓日會談: 漁業關係會議 및 訓令, 1964. 12-65. 6(제1권, 漁業 및 平和線委員會, 1964. 12-65. 2)」, 韓/1460/Re-0010/9, 프레임번호 349~352〕.

맞는 조업"의 확보에 중점을 두고 있다.[63]

한편 차균희 농림부장관은 "한국정부는 이제까지, 특히 지난 10여 년간, 한국 어민이 중대한 이해관계를 가지는 인접 해역에서 어업 자원의 최대 지속적 생산성의 확보와 아울러 국가 안전보장을 위한 불가피한 사정을 고려하여 필요 적절한 조치를 취해 온 것입니다."라고 하면서 이승만라인 설치를 정당한 조치라고 말했다. 나아가 "지금 본인은 우리 양국 정부가 비단 양국 어민만이 아니라 인류 공통 이익을 위해 어업 자원 보존을 기해야 한다는 최근 국제 통념의 추세를 충분히 배려하면서 실효적인 어업 규제를 기하는 동시에, 양국 어민이 상호 협력하면서 공동 번영하여 나갈 수 있는 방도를 찾고 허심탄회하게 대국적인 노력을 경주한다면 반드시 양국이 만족할 수 있는 타결점을 발견할 수 있으리라고 확신하는 바입니다."라고 하여 한일 어민뿐만 아니라 '인류 공통의 이익'을 위해 '어업 자원 보존'이 필요하다고 주장했다.[64]

이와 같은 양국 농업장관의 입장 차이는 회담에서 격심한 논전으로 나타났다. 3월 4일 열린 한일 농업장관 회담 제2차 회의에서 김동조는 한국을 대표하여 "어업 문제에 있어서 한국은 가해자가 아니라 피해자라는 점을 강조하면서 한국은 어업 자원을 보존하고 지속적인 생산성을 확보하기 위해 일제 시대부터 법령에 의해 법정 톤䏻 수를 준수하고 있음에도 불구하고 일본 어선은 한국 연안까지 들어와서 난획을 자행할 뿐더러 일본 감시선이 이를 보호하고 있는 사례는 한국 국민의 감정을 자극하고 있다."고

63 1965년 3월 3일 자, 발신: 수석대표, 수신: 외무부장관, 앞의 「제7차 韓日會談: 漁業關係會議 및 訓令(제2권)」, 프레임번호 37.

64 1965년 3월 2일 자, 발신: 수석대표, 수신: 외무부장관(참조 : 농림부장관), 같은 자료, 프레임번호 31~32.

지적했다. 또한 김동조는 "한국이 어업 자원을 보호하기 위해 설정한 평화선을 일본이 불법이라고 하여 어선의 대한 수출을 금지하고 해태의 대일 수입을 부당하게 제한하고 있는 데 대해, 이는 '힘의 외교'를 한국에 하는 것이라며 일본과의 교섭을 반대하는 세력이 있다."고 말해, 한국에서 제기된 반대 운동에 대해서도 거론하면서 한국정부의 연안 해역 정책의 정당성을 주장했다.

이에 대해 아카기는 "일본 국회 내에도 평화선 내에서의 일 어선 및 선원의 나포 문제에 대해 자위대 출동까지도 주장하는 층이 있으나, 한일 간의 어업 분쟁은 대화로 해결해야 한다는 확신은 서로 다르지 않다. 협정이 성립되면 금지 구역 내에 입어하는 일이 없도록 하겠으며, 상호의 발전과 자원 보호에도 노력하겠다. 또한 한국의 어업과 어민의 입장을 충분히 고려할 용의가 있으며, 법정 톤수보다는 많을는지 모르겠으나, 평화선이 있어도 들어가는 일본의 현실도 고려해 주기 바란다. 협정이 이루어져 실질적으로 일본 어선이 구속되지 않는다면 평화선 철폐를 전제로 교섭할 필요는 없다. 완전하지 못하더라도 상호 견딜 만하면 협정을 하는 것이 좋겠다."고 말하여 이승만라인 안에서의 일본 어선의 안전 조업의 중요성을 다시 주장했다.[65]

그 후 한일 농업장관 회담 제5차 회의에서 일본은 어획량의 성격, 이승만라인의 철폐, 취체 및 재판 관할권에 관한 일본 측 주장의 요지를 한국에 문서로 전달했다. 이 가운데 이승만라인 철폐에 관한 내용은 "(1) 어업수역(12마일)과 공동규제수역이 확립될 것, (2) 공동규제수역 내에서의 규제조치(척수 포함)는 양국에 평등하게 적용될 것, (3) 공동규제수역에서의 단

65 1965년 3월 4일 자, 발신: 농림부장관, 수신: 국무총리, 외무부장관(참조: 대통령비서실장, 농림부차관), 같은 자료, 프레임번호 65~69.

속 및 재판 관할권은 기국旗國[역주 ③]에 속할 것, (4) 공동규제수역의 외곽선과 평화선 간의 수역을 공동자원조사수역으로 하는 것은 반대하며, (5) 동 자원조사수역은 공동위원회에서 필요시 결정하도록 할 것, (6) 어업수역 외측의 공해에서 일본 국민이나 선박에 대한 타국의 권리 행사는 여하한 명목으로도 불허함을 확인한다(교환문서 또는 합의의사록으로 한다)."는 것이었다.[66] 이에 대해 한국도 3월 16일 실무자 회합에서 상설의 공동위원회 설치를 주장하는 등 이승만라인 내 수역에 대한 감시 체제의 필요성을 호소했다. 그러나 일본은 공동위원회를 권고 기관으로 한정시켜 해당 수역 내에서의 시찰은 어디까지나 외교 절차에 의해야 한다고 강하게 반론했다.[67]

그런데 한일 농업장관 회담에서 이승만라인 문제와 관련하여 주목할 것은 일본이 한국에 나포된 일본 어선에 대한 피해 보상을 요구한 것이다. 확인 가능한 자료에 따르면, 일본이 처음으로 나포 어선에 대한 손해 보상 문제를 제기한 것은 3월 16일 열린 한일 농업장관 회담 제8차 회의에서였다. 이 회의에서 일본은 선박 피해를 현금 80억 엔, 인명 피해 등을 70여억 엔으로 산출하고 한일 간에 어떻게 처리해야 할지를 결정해야 한다고 제의했다. 그와 관련하여 일본은 선박 청구권 문제에 대해 "김종필·오히라 메모에서 한국 선박 반환은 해결된 것이며, 일 측의 피해 보상에 대한 청구는 새로운 것으로 남아 있고, 한국의 선박 청구권과 상쇄할 것은 아니다."라고 주장했다. 이에 대해 한국은 "선박 보상과 인명 피해 보상에 대한 일본

66 1965년 3월 10일 자, 발신: 농림부장관, 수신: 국무총리, 외무부장관(참조: 대통령비서실장, 농림부차관), 같은 자료, 프레임번호 150~152.

67 1965년 3월 16일 자, 발신: 주일대사, 수신: 국무총리, 외무부장관(참조: 대통령비서실장, 농림부차관), 같은 자료, 프레임번호 204~207.

의 제안은 비공식적으로 이야기를 한 후에 농상회담에서 하느냐 또는 한일회담 전체회의에서 다루느냐를 결정해야 될 것"이라고만 답변했다.[68]

3월 17일 제8차 수석대표 회의에서 일본은 이승만라인 안에서 조업하던 중에 나포된 일본 어선 및 선원과 관련한 인적, 물적 손해배상의 청구를 다시 제기했다. 이에 대해 한국은 "독도 문제와 마찬가지로 이와 같은 문제는 한일회담의 의제가 아니라는 입장에서 농상회담뿐만 아니라 한일회담 자체의 토의 대상이 되지 않는다."고 주장했다. 그러나 일본은 이 문제가 "어업 문제 전반에 걸쳐 영향을 주는 중요 문제"로 "본 건 문제의 원인이 한일 어업 문제의 근원이 되는 평화선에 있고", "이 문제를 어업 문제와 함께 해결해야만 한다", "어업교섭이 최후 단계에 들어간 이 마당에 이 문제를 처리하지 않고 넘어갈 수 없다는 것이 일본의 입장"이라고 강력하게 주장했다. 결국 한국은 "어업 문제와는 관련시키지 않지만 현안 일괄타결과 연관시켜 이 문제를 해결하고자 함이 일본 입장이라고 보고 이를 TAKE NOTE(유의)한다."고 답변했다.[69]

이와 같이 일본은 자국 어선 나포로 인한 피해 보상 요구를 한국의 대일청구권과 상쇄할 수 없다고 강경하게 주장했다. 이에 대해 한국은 어디까지나 이 문제를 어업교섭의 과제로 하지 않는다는 방침으로 끝까지 버티는 태도를 보였다고 할 수 있다. 이 문제가 결론에 이르기까지의 과정을 상세하게 보여 주는 문서는 찾을 수 없다. 현재 공문서로 확인 가능한 최종 단계의 사실은 3월 27일 열린 한일 외상회담의 내용이다. 이 회담에서 일

68 1965년 3월 17일 14시 24분, 발신: 농림부장관, 수신: 국무총리, 외무부장관(참조: 대통령비서실장, 농림부차관), 같은 자료, 프레임번호 209~212.

69 1965년 3월 17일 자, 발신: 수석대표, 수신: 외무부장관, 앞의 「제7차 韓日會談 本會議 및 首席代表會談」, 프레임번호 280~282.

본은 "「나포 어선에 관한 합의(불공표)」라는 제목으로 장차 양국 합의에 의해 설정될 전관수역 외의 공해에서 한 나라가 다른 나라의 어선 및 국민에 대해 권리를 행사하는 것은 어떤 명목에 의하여도 허용되지 않음을 명확히 하는 것을 조건으로, 나포 어선에 관한 청구를 주장하지 않는다는 것을 제시"한 것으로 되어 있다.[70] 즉 회담 결과 일본은 '공해 자유의 원칙'을 합의 내용에 명문화하는 것을 조건으로 일본 어선의 보상 문제를 취하한 것이다. 앞에서 서술한 대로 일본의 최대 관심은 이승만라인의 철폐에 의한 일본 어민의 안전 조업에 있었다. 일본은 그 목적을 달성하기 위해 과감하게 일본 어선의 나포 문제를 제기한 것이라고 할 수 있다.

2. 한일 외상회담에서 합의 내용 가조인까지

(1) 재일한국인의 법적 지위 문제

실무자 수준의 교섭이 계속되는 가운데 3월 23일 이동원 외무장관이 일본을 방문하여 다음 날부터 어업, 청구권, 재일한국인의 법적 지위 문제의 타결을 위해 외상회담에서도 토의하기로 했다.

이동원 외무장관의 방일은 당초 23일부터 27일까지로 예정되었는데, 이 기간 내에 합의에 도달한 것은 재일한국인의 법적 지위뿐이었다. 재일한국인에 대한 영주권의 부여 범위에 대해서는 1965년 2월 13일까지의 단계에서 "(1) 제2차 세계대전 종료일 이전부터 계속 일본국에 거주하고 있는 자, (2) 제2차 세계대전 종료일 이후 본 법적 지위 협정의 발표일로부터 5년까지의 기간 동안에 일본에서 출생하여 계속 거주한 상기 제1항 해

70 1965년 3월 28일 자, 발신: 주일대사, 수신: 국무총리(참조: 대통령비서실장, 중앙정보부, 외무부차관), 「李東元外務部長官日本訪問, 1965」, 韓/1486/Re-0013/3, 프레임번호 118~119.

당자의 직계비속"으로 하는 것으로 합의에 도달했다. 그런데 특히 양국의 주장이 대립하고 있던 것은 "협정 영주권자 자손의 처우" 문제였다.

"협정 영주권자 자손의 처우"에 대해 일본이 "협정 영주권자의 자손은 1대로 한정하여 끊어야 한다."고 주장했지만, 한국은 "협정 영주권자의 자손은 '직계비속'으로 규정하여야" 한다고 주장하며 양보하지 않았다.[71] 그 후 이 문제에 대한 논의는 진전되지 않았다. 3월 24일 사토 수상과 이동원 외무장관의 회담(김동조 주일대사, 우시바 노부히코 외무성 참사관 동석)에서 한국은 "영주권 부여 여부에 대해 일 측이 자유재량을 갖게 되는 것은 곤란하니, 재일교포 자자손손에게 영주권 또는 거주권을 보장하여 주도록" 다시 요청했다. 이에 대해 일본은 검토 중이라고 답변했다.[72]

이와 같은 논의를 거쳐 3월 26일 합의가 성립되었다.[73] 4월 3일 발표된 합의 내용을 보면 '협정 영주권자 자손의 처우'에 대해서는 "대한민국정부의 요청이 있으면 양국 간의 협정 발효 후 25년을 경과할 때까지는 협의를 행할 용의가 있다."고 하여 금후 한일 간의 현안으로 남겨졌다. 실은 이 '재협의' 안은 제6차 회담의 재일한국인 법적지위위원회에서 한국이 제안한 것이었다. 즉 일본이 영주권자의 자손에게 영주권을 인정하지 않고 일반 외국인과 동일하게 간주하여 '귀화'를 장려한 것에 대해 한국은 타협의 수단으로 '재협의안'을 제시한 것이다.[74] 그리고 그 바로 아래에 있는 "이

71 「法的地位問題(前半期會談의 經過)」, 1965년 2월 13일 자 및 그 부속문서 「法的地位問題의 討議現況」(1965년 1월 18일부터 2월 13일, 외무부 아주국 작성), 앞의 『朴正熙와 韓日會談』, 283~287쪽. 자료의 제목은 「李元德 교수 提供文書」에 의한다.

72 발신: 외무부장관, 수신: 국무총리(참조: 대통령비서실장, 중앙정보부, 외무부차관), 앞의 「李東元外務部長官日本訪問」, 프레임번호 91~93.

73 1965년 3월 27일 자, 발신: 외무부장관, 수신: 국무총리(참조: 대통령비서실장, 중앙정보부, 외무부차관), 같은 자료, 프레임번호 110~111.

74 1961년 12월 19일 재일한국인 법적지위위원회에서, 한국이 처음으로 구체적인 '재협의안'을 제시했다. 이때 일본이 "종전 후 출생한 자손의 범위를 강화조약 발표 시까지로 한

협의에 있어서는 이 협정의 기초가 되고 있는 정신과 목적을 존중하는 것으로 한다."는 문구에는 일본정부가 이 문제를 위해 노력할 것을 촉구한다는 한국정부의 의사가 들어 있다.

(2) 청구권 및 경제협력 문제: 문화재 문제를 중심으로

다음으로 합의가 성립된 것은 청구권 및 경제협력 문제였다. 3월 27일 한일 외상회담에서 한국에 대한 일본 민간 신용 공여(산업차관)의 하한선을 3억 달러로 한다는 합의에 도달했다.[75] 남은 쟁점은 '청구권 포기' 확인 조항에 문화재 등도 포함되는지 여부였다.

청구권 문제는 실무자 교섭에서 한일 간 합의 내용을 확인하는 작업부터 시작되었는데, 특히 '청구권 해결'의 해석을 둘러싸고 토론이 계속되었다. 이에 대해 3월 24일 이동원 · 사토 회담에서 이동원은 "일본은 '김 · 오히라 메모'로 문화재와 선박 반환 문제가 소멸되는 것으로 양해되었다고 하나, 김종필 씨 자신이 이를 부인하고 있고, 가령 일본의 주장과 같이 소멸하는 것으로 양해되었다고 하게 되면 국내에서 큰 문제가 되어, 도쿄에서 서명된다 하더라도 서울에서 비준되지 못하게 된다."고 하여 "문화재 문제와 선박 반환 문제를 별도로 취급할" 것을 주장했다.[76] 요컨대 일본은 「김종필 · 오히라 메모」에 기초한 대한 경제협력 실시에 따라 한국이 대일

다."는 것에 대해, 한국은 "이 시기 구분은 어디까지나 이 협정 발효 시까지로 연장하지 않으면 안 된다."고 제기하고 있다. 이 점도 4월 3일 합의에 포함되었다. 金太基, 「在日韓國人三世の法的地位と'1965年韓日協定'(二)」, 『一橋論叢』 제106권 제1호, 1991년 7월, 85쪽.

75 주 70을 참조.

76 이것에 대해 佐藤는 "문화재에 대해서는 민간에서 반환 운동이 일어나고 있기 때문에(예: 星島二郎 의원), 사유 문화재에 대해서도 전망이 열릴 것이다."라고 말했다고 李東元이 보고하고 있는데, 일본정부의 입장을 고려한 佐藤 발언의 진의는 분명하지 않다. 주 73을 참조.

청구권을 포기할 때 문화재 및 선박의 반환 요구도 취하하는 것으로 해석했다. 그에 대해 한국은 문화재 및 선박의 반환 요구는 이 문제와는 별도로 해결해야 한다고 주장한 것이다.

이러한 논의를 거쳐 3월 31일 일단 합의가 성립한 것처럼 보인다. 즉 같은 날 김동조가 한국정부에 보낸 전신에 의하면, 우선 「김종필 · 오히라 메모」에 대해 "이미 선박과 문화재 청구권이 소멸되었다는 일본 측 입장과 기타 해석상의 차이가 해소되는 것이므로 합의 내용인 제5항(「청구권의 해결」)[77]에 아 측의 선박청구권은 소멸되고 그 대신 제3항에 규정된 선박 협력을 위한 민간 신용 공여 3천만 달러가 이에 대치되는 것"이라고 되어 있다. 이에 의해 한국은 선박청구권의 소멸과 그것에 대신하는 일본의 민간 신용 공여를 받아들이게 되었다.[78]

그러나 문화재 문제에 대해서는 여전히 한일 간에 합의 내용을 조정할 수 없었다. 앞의 전신에 의하면, 문화재에 대한 청구권이 "김 · 오히라 대표에 의해 이미 소멸되었다는 (일본 측의) 주장인바 아 측은 제5항과는 관계없다는 의미에서 제6항이 신설된 것임. 아 측은 어디까지나 '문화재 문제 해결'이라는 입장에서 일본국으로부터 한국 문화재를 인도받아 온다는 입장을 견지하겠다는 취지이나 상반된 양국 정부의 견해 차이는 현재 완전 조정을 보지 못하고 있다."고 했다.[79] 요컨대 토의는 '청구권 해결'과는 별

77 주 61을 참조.

78 1965년 3월 31일 18시 9분, 발신: 不明, 수신: 국무총리(참조: 대통령비서실장, 중앙정보부장, 외무부차관), 「제7차 韓日會談: 請求權關係 會議報告 및 訓令, 1965(제1권), 1965. 3. 18-4. 3까지의 交涉」, 韓/1467/C1 5-1/2~2/2(fishe), 프레임번호 53. 선박 협력에 대해서는 4월 3일 가조인할 때 後宮虎郎 외무성 아시아국장이 延河龜 외무부 아주국장 앞으로 "이번 椎名 외무대신과 李 외무부장관 사이에 양해된 대로 선박 수출을 위한 민간 신용 공여 3천만 달러에 대해서는 금리 연 5.5% 정도를 목표로 한다."라는 내용의 서한을 보냈다(같은 자료, 프레임번호 90).

79 위와 같음.

도로 문화재 관계 합의 사항을 신설하는 것까지는 진전되었지만 그 내용에 대해서는 여전히 논의가 계속되고 있었던 것이다.

문화재 문제에 관련하여 4월 1일 김동조가 한국정부에 보낸 전신에는 한국 측 외교 당사자의 고뇌가 다음과 같이 전해진다.

> 제6항이 가지는 (한국으로서는) 의의는 어디까지나 한국 문화재에 대한 청구권이 존재한다는 견지에서 '문화재 문제 해결'이라는 용어를 삽입하되 일본국으로서는 또한 문화 협력을 증진한다는 견지에서 일본국이 대한민국에 한국 문화재를 인도하겠다는 입장임을 밝힌 것입니다.
>
> 이와 같이 한국 문화재 인도에 관한 기초적인 원리에서 한국은 청구권으로 권리 행사를 하겠다는 입장이고 일본은 권리의 존재 자체는 부인하나 문화 협력의 일환으로 한국 문화재를 인도하겠다는 입장으로 양측의 기본적 자세에 차이가 있으므로 이 양자의 견해 차이를 근본적으로 명백히 해결할 수 없고 문화재 문제에 관한 이李·시이나椎名 양해 사항인 문화재에 관한 제6항과 같은 표현으로 타협이 된 것이오니 결과적으로는 문화재 인도에 관한 구체적 교섭에 있어서 아 측이 일본 측의 우호적인 협조를 촉구하고 권리 주장을 강하게 내세울 수는 없을는지 모르겠다는 것을 양해하시기 바랍니다.(밑줄은 필자)[80]

결국 이 문제는 합의 내용의 문안을 둘러싸고 4월 2일까지 토의가 계속되어 겨우 매듭이 지어졌다.[81] 「한일 간 청구권문제 해결 및 경제협력에 관한 합의사항」 제6항을 보면 "한일 간의 문화재 문제 해결 및 문화 협력 증

80 1965년 4월 1일 자, 발신: 주일대사, 수신: 국무총리(참조: 대통령비서실장, 중앙정보부, 외무부차관), 같은 자료, 프레임번호 58~59.

81 더욱이 청구권 문제에 관한 합의 내용에 대해 영문 작성 작업이 이어졌는데, "양측의 문안에서 표현에 상당한 대립이 있어" 단념했다(1965년 4월 2일 자, 발신: 주일대사, 수신: 외무부장관, 같은 자료, 프레임번호 78~79).

진에 관련하여 양국은 품목 기타에 관한 협의를 하고 일본국은 한국에 대하여 한국 문화재를 인도한다."라고 되어 있다. 이 문장에는 '문화재 문제의 해결'과 '문화 협력의 증진'이 병기되어 있는데, 김동조 주일대사가 한국정부에 '양해'를 구하면서 한국정부의 '권리 행사'에 따른 문화재 인도라는 느낌이 전달되지 않는 문장이 되었다. 요컨대 '청구권 해결'에 문화재 문제를 포함하지 않는다는 점에서는 한국의 주장이 통했던 반면, 그 문안에서는 '문화 협력'으로서 한국 문화재 인도라는 일본의 주장이 통했다고 할 수 있다.

그런데 청구권 문제와 관련하여 4월 3일까지 합의한 내용 중 굳이 공표하지 않기로 한일 간에 '양해'가 된 부분이 있다. 그 내용은 다음과 같다.

1. 합의사항 5에서 완전히 그리고 최종적으로 해결된 것으로 된 한일 양국 및 양 국민의 재산과 양국 및 양 국민 간의 청구권에 관한 문제에는, 한일회담에서 한국 측으로부터 제출된「한국의 대일청구요강」(소위 8항목)의 범위에 속하는 모든 청구권이 포함되어 있으며, 따라서 관계 협정의 발표에 의하여 대일청구요강에 관하여서는 어떠한 주장도 할 수 없게 된다는 것이 확인된다.
2. 합의사항 5에서 완전히 그리고 최종적으로 해결되게 된 전기의 재산 및 청구권에 관한 문제에는, 현재까지 대한민국에 의한 일본 어선의 나포로부터 생긴 모든 청구권이 포함되어 있으며, 관계 협정의 발효에 의하여 이들 모든 청구권은 이미 대한민국정부에 대하여 주장할 수 없는 것으로 한다는 것이 확인된다.[82]

82 1965년 4월 6일 자, 발신: 주일대사, 수신: 외무부장관, 같은 자료, 프레임번호 78~79. 더욱이 청구권 문제에 관한 한일 간 '了解'(양해) 내용은 4월 3일 단계에서 비공개로 된 것인데, 6월 22일 조인할 때「재산 및 청구권에 관한 문제의 해결과 경제협력에 관한 일본국과 대한민국 간의 협정」 합의의사록 (1)의 제2항 (g) 및 (h)로 공표되었다.

요컨대 이 '양해'의 제1항이 한국의 대일청구권, 제2항이 일본의 '청구권'에 관한 것이다. 이것들은 모두 민사상 청구권의 범위이지만 각각의 국민이 한일회담에서 절실하게 요구했던 것이다. 그리고 이 '양해'는 그들의 요구를 무효화하는 것이었다. 따라서 한일 양측의 교섭 담당자는 이 '양해'를 각별히 신중하게 취급했다. 특히 한국에서는 6월 22일 한일기본조약 및 여러 협정을 조인할 때 공표된 합의의사록에서도 '양해'의 제1항이 삭제된 채 보도되었다.

이렇게 한국정부가 주장한 대일청구권은 선박, 문화재를 포함하여 모두 경제협력(선박 협력, 문화 협력)에 의해 '해결'되었다. 그러나 일본은 선박, 문화재의 반환 청구라는 한국의 주장을 인정하지 않았다. 나아가 일본은 한국의 청구권 주장을 완전히 포기시키기 위해 일본 어선 나포에 따른 피해에 대한 일본의 보상 청구를 외교 카드로 활용했던 것이다. 이러한 청구권 문제의 타결 방식은 여러 현안을 경제적 수단으로 해결한다는 '경제 기조'의 한일회담을 상징한다.

(3) 어업 문제

어업 문제는 3월 31일 이후에도 공동규제수역에서의 규제 조건(척수, 어획량) 등을 둘러싸고 토의가 계속되었으나 마지막까지 정리되지 않았다. 김동조의 전신에 의하면, 3월 31일 심야(일자는 4월 1일)의 한일 농업장관 회담에서[83] 김동조가 "어업 문제를 뒤로 미루고라도 현재 대체로 완결되었다고 볼 수 있는 청구권 문제와 법적 지위 문제를 먼저 가조인하여 외무부장

83 주 78에서 언급한 3월 31일 자 전보에서 "동 제3항에 규정된 어업 협력을 위한 민간 신용 공여 9천만 달러 이자율(4천만 달러는 5%, 5천만 달러는 5.75%)의 문서상 표시는 農相 간의 합의에 의해 별도 처리하기로 합의되었음"이라고 보고되었다.

관이 다음 날 귀국할 수 있도록 하자."고 제안한 것에 대해 일본은 "일본의 기본 방침이 어업을 포함한 일괄 동시 조인이며 지금도 이 방침에 변동이 없다."고 주장했다.[84] 이 점에서도 명확하듯이 일본은 특히 어업 문제의 해결을 향해 강한 자세로 임했던 것이다.

앞에서 서술한 바와 같이 일본은 한일 합의로 '공해 자유의 원칙'을 한국이 인정하도록 함으로써 이승만라인의 사실상의 철폐를 목표로 했다. 그와 같은 일본의 자세는 어업 문제에 관한 합의 내용에 대해 "공해 자유의 원칙이 항상 존중되어야 함"이라는 문안을 제시한 것에서도 확인할 수 있다.[85] 그러나 한국정부가 "'항상'이라는 문구의 신규 삽입은 반드시 필요하다고 생각되지 않는다."는 입장을 견지했기 때문에[86] 결국 '항상'은 합의 내용에 포함되지 않았다. 이상과 같은 경과에 의해 4월 3일까지 합의가 성립했다.

그런데 어업 협력에 대해서는 이미 3월 31일 「차균희車均禧·아카기赤城 양 농상 코뮤니케」에서 "제3항에 규정된 어업 협력을 위한 민간 신용 공여 9천만 달러 이자율(4천만 달러는 5%, 5천만 달러는 5.75%)의 문서상 표시는 농업장관 간의 협의에 의해 별도 처리하는 것"으로 합의되었다.[87] 그리하

84 1965년 4월 1일 자, 발신: 주일대사, 수신: 국무총리(참조: 대통령비서실장, 중앙정보부장, 외무부차관), 「제7차 韓日會談: 漁業關係會議 및 訓令 제2권」 프레임번호 312~314. 이 점에 대해 예를 들면 내각 官房內閣調査室 편, 『日韓條約締結をめぐる內外の動向』(1966년 7월) 「日誌」에는 3월 24일 한일 농상회담에서 "어업협력자금, 禁漁線, 출어 隻數의 세 가지 점으로 합의"했다고 쓰여 있는데(같은 자료, 95쪽) 이것은 오류이다.

85 1965년 4월 2일 자, 발신: 주일대사, 수신: 외무부차관(참조: 국무총리, 대통령비서실장, 중앙정보부장), 같은 자료, 프레임번호 330~331.

86 1965년 4월 2일 자, 발신: 외무부장관, 수신: 주일대사, 같은 자료, 프레임번호 334.

87 주 78 참조. 더욱이 「赤城·車均禧兩農相共同コミュニケ」 제3항은, "양 농상은 양국 어업이 공동 발전 번영하도록 상호 긴밀한 협력을 행하는 것이 양국 어업의 상호 이익에 합치하는 것이라는 점을 인정하고, 일본이 행하는 민간 경제협력의 일환으로 어업 협력을 위해 9,000만 달러의 금액에 달하는 민간 신용이 공여될 것이 기대된다는 것을 확인했

여 4월 3일 가조인 때 아카기 농상은 차균희 농림부장관에게 "어업 협력을 위해 기대된 민간 신용 공여 9천만 달러 중 영세 어민을 위한 4천만 달러에 대해서는 금리 5% 정도를 목표로 하고 나머지 5천만 달러에 대해서는 금리 5.75% 정도를 목표"로 한다는 내용의 문서를 전달했다.[88] 이 어업 협력은 「김종필 · 오히라 합의」에 기초한 민간 차관이었다. 이와 같이 어업 문제에서도 경제협력에 의한 현안 타결이 도모되었던 것이다.

V. 한일기본조약 및 여러 협정의 조인

1. 박정희의 미국 방문

이와 같이 한일회담이 진전된 배경에는 미국의 한일 국교정상화에 대한 강한 관심이 있었다. 특히 제7차 회담이 열린 시기에 미국은 미일, 한미 고위급 회담을 통해 미국의 관심을 표명하는 것으로 회담의 타결을 촉진하려 했다.[89] 1965년 1월 사토 수상은 미국을 방문하여 존슨Lyndon B.

다."라고 되어 있다(『國際問題』 제62호, 1965년 5월, 58~65쪽).

88 문서의 전문은 다음과 같다.

拜啓

금일 가조인을 마친 日韓 간 어업 문제에 관한 합의, 그리고 청구권 문제 해결 및 경제협력에 관한 합의 제3항 (2)에 관해, 다음과 같이 말씀드립니다.

전부터 귀 장관과 저와의 사이에 합의되었던 대로 어업 협력을 위해 기대된 민간 신용 공여 9천만 달러 중 영세 어민을 위한 4천만 달러에 대해서는 금리 5% 정도를 목표로 하고, 나머지 5천만 달러에 대해서는 금리 5.75% 정도를 목표로 하고 있습니다.

敬具

1965년 4월 3일

일본국 농림대신 赤城宗德

대한민국 농림부장관 車均禧 각하

(日/739/17~19쪽)

89 李鍾元은 이러한 미국의 태도를 '관여의 공식화'로 부르고 있다. 앞의 李鍾元, 「韓日國交

Johnson 대통령과 회담했다. 당연히 한일 국교정상화는 미일 관계의 재확인, 유엔의 권위 고양, 중국 문제, 베트남 문제와 나란히 이 회담의 주요 의제였다. 그러나 한일 국교정상화는 미일 공동성명에 포함되지 않았다.[90] 이는 개입이 표면화되는 것을 미국이 바라지 않는다고 생각하여 일본이 공동성명에서 한일 조항의 삭제를 주장했기 때문이다.[91]

그러나 3월 이동원 외무장관이 미국을 방문하여 러스크 미 국무장관과 함께 발표한 한미 공동성명에는 양 외무장관이 "한일 국교정상화 교섭이 최근 진전한 것에 대해 의견을 교환했다."는 점이 명기되었다. 이 성명에서 러스크는 "(한일) 양국의 기본조약 가조인은 오랜 기간 미해결되었던 회담을 조기 타결로 이끌어 가기 위한 큰 국면을 만들었다."고 언급함과 동시에 "한일 양국의 국교정상화는 한국의 안전 유지와 경제 발전을 위한 군사, 경제 원조에 관한 미국의 기본 정책에 결코 영향을 미치지 않는다."는 점을 재확인했다.[92]

나아가 한국정부는 5월로 예정되어 있는 박정희의 방미를 위한 준비 작업을 진행했다. 특히 3월의 한미 공동성명에서도 확인되었듯이 한국정부의 최대 목표는 한일 국교정상화가 실현된 후에도 미국이 한국에 대해 계속해서 원조할 것을 한미 간에 다시 확인하는 것이었다. 한국정부 외무부는 박정희 방미 1개월 전에 「대통령 각하 방미, 대미교섭 의제」라는 준비

正常化とアメリカ―1960～65년」.

90 1965년 1월 13일 발표된 日美 공동성명은 일미 관계를 재확인하고 유엔의 권위 고양, 전면적 핵실험 정지 실현, 남베트남 안정, 대외 경제협력 강화, 일미 안보 체제의 견지, 원활한 對오키나와 원조 등에서 일본과 미국 양 수뇌의 의견이 일치했다는 점을 전하고, 거듭 중국 문제로 의견 교환이 이루어진 것을 보여 주었다(『朝日新聞』 1965년 1월 14일 자).

91 356. Memorandum of Conversation, Washington, January, 12, 3:30 p.m., "FOREIGN RELATIONS OF THE UNITED STATES 1964-1968, Volume XXIX, Korea".

92 『朝日新聞』 1965년 3월 18일 자.

문서를 작성했다. 그 목차를 보면 "Ⅰ. 한일회담 타결 후의 한미 관계, II. 통한統韓 문제, III. 주한 미주둔군 지위협정 체결 교섭, IV. 한국으로부터 농장 노무자의 도입 요청, V. 대아프리카 외교 강화에 관한 미국의 재정적 지원"으로 되어 있다. 목차의 순서는 당시 한국정부가 한일 국교정상화 후의 한미 관계를 가장 중요시하고 있었다는 점을 보여 준다.

여기서 'Ⅰ. 한일회담 타결 후의 한미 관계'를 보면 한국정부는 한일 국교정상화에 대해 "어디까지나 미국과의 유대를 기축으로" 적극 추진해 온 것을 알 수 있다. 더욱이 한국정부는 "근래 미국의 대한 원조 규모가 전체적으로 점감되고 또한 5년 이내에 지원 원조를 중단할 가능성이 시사됨에 따라 한일회담이 타결되면 미국의 원조는 더욱 삭감될 것이며, 미국의 원조 부담은 점차 일본에 전가되어 일본으로 하여금 극동 안보 체제의 중심적인 역할을 담당하게 함으로써 한국은 정치적으로나 경제적으로 일본의 종속적 지위로 전락하게 되리라는 우려가 한국에서는 뿌리박혀 있으며, 그러한 우려가 국내 일부에서 한일회담 타결을 반대하는 데 이용되어 온 것"이라고 서술하여 미국이 한국에 대한 원조를 일본에 '떠넘기는 것'을 경계했다. 그리고 "1945년 이래 오늘에 이르기까지 한국의 독립, 안전 보장과 민생 발전, 경제 자립을 위한 미국의 책무는 전면적Total인 것이며, 한일 관계 정상화가 미국의 그러한 책무를 어떤 면에서도 대체할 수는 없는 것"이라고 서술하여 한국에 대한 미국의 '책무'를 강조했다.

이러한 인식 위에 한국정부는 "미국의 계속적인 지원을 바탕으로 한 한일 경제협력, 한일 국교정상화 후의 경제협력은 또한 한국의 자립 경제 달성을 위한 미국의 계속적 지원을 바탕으로 해서만 실효를 거둘 것"이라고 서술하고, "미국의 계속적 지원"이 한국에 대한 일본의 경제협력을 살리는 전제라고 주장했다.

나아가 한국은 "현재까지 미국 지원하의 극동 방위 체제의 주축은 한국이었으며, 한일회담 타결 후에도 반공 전초 기지로서 의무와 부담을 수행하는 한국은 일본 방위에 더욱 기여하게 될 것"이라고 서술하여 일본 방위에 있어서 한국의 역할을 강조했다. 그리고 "이번 한일회담 타결을 통해 북괴에 대한 한국의 입장을 강화하는 데 이바지하려면 미국의 확고하고 계속적인 지원이 불가결한 것"이라고 서술하여 반공 체제를 강화하는 방향으로 한일 국교정상화에 미국이 협력해 줄 것을 호소했다.

이러한 점을 바탕으로 한국정부는 미국정부에 대해 "공식 성명을 통한 기본 정책 재확인", "한국의 안전 보장과 주한 미군의 계속 주둔 재확인", "대한 장기 원조의 공약"을 요구한 것이다.[93]

한국의 이와 같은 요구는 한미 공동성명에 반영되었다. 1965년 5월 18일 오후(한국 시간 19일 아침) 발표된 한미 공동성명은 모두 14개 항으로 되어 있는데, 한미상호방위조약에 의한 미국의 대한 원조와 한국에서의 미군 전력 유지, 한일 국교정상화 후에도 한국에 대해 미국이 경제 원조를 계속 강화할 것, 특히 1억 5천만 달러의 개발 차관 제공의 확약, 한미행정협정의 조기 타결 등이 주요 골자였다.

특히 한일 국교정상화에 관한 이 성명의 제7항에서 존슨 대통령은 한일회담이 타결 목전의 단계에 이른 것에 대해 "환영 찬성했으며 이 한일 간 합의가 완결될 때에는 (한일 국교정상화가) 직접 관련된 양 당사국의 상호 이익을 증진하는 동시에 아시아 자유 국가들을 강화할 것이라는 기대"를 표명했다. 또한 제9항에서 존슨 대통령은 한일 국교정상화 후에도 "한국의 안전과 독립 유지를 위한 원조에 추가로 자립 경제, 균형 있는 경제 성장

93 한국정부 외무부, 「大統領閣下 訪美, 對美交涉 議題(外交)」 1965년 4월 15일 자, 앞의 『朴正熙와 韓日會談』, 367~370쪽.

및 재정 안정을 촉진하기 위해 미국은 한국을 계속 원조할 것이라고 언명했다."[94]

이와 같이 제7차 회담에서 미국은 한국, 일본과의 고위급 회담을 통해 한일 국교정상화에 줄곧 강한 관심을 보였다. 그런데 이 시기에 미국이 한일회담의 여러 문제에 어떻게 관여했는지는 자료상 명확하게 나타나지 않는다. 이것을 뒤집어 말하면 한일회담의 최종 단계에서 한일 양국은 공식 회담을 통해 미국과 연락을 취하면서, 제6차 회담과는 달리 미국에 의한 실무 수준의 중개 없이 교섭을 타결시킬 수 있었던 것으로 보인다.

2. 합의 내용의 조문화 과정과 조인

한편 1965년 4월 3일 세 가지 현안에 대한 합의 내용을 가조인한 후 한일 기본조약 및 여러 현안에 관한 협정을 조인하기 위해 합의 내용을 조문화하는 작업만 남게 되었다. 당초 조문화 작업은 1개월 정도로 끝내고 늦어도 같은 해 5월 박정희의 미국 방문 때까지 조인을 마친다는 것이 한국과 일본의 실무자들이 세운 목표였다.[95] 그러나 앞에서 서술했듯이, 한미 공동성명에서 한일회담 타결을 강력하게 원했음에도 불구하고 한일 실무자들이 가조인된 합의 내용을 조문화하는 과정은 난항을 겪었고, 결국 박정희의 미국 방문 이전에 조인되지 못했다.

합의 내용의 조문화 작업을 곤란하게 만든 최대의 현안은 청구권 문제였다. 우선 한국과 일본의 실무자는 토의 방법의 원칙을 둘러싸고 대립했

94 대한민국 공보부, 『朴正熙大統領 訪美錄』, 1965, 62~64쪽.

95 4월 21일 이루어진 제12회 수석대표 회담에서 朴正熙 방미에 맞추어 서명의 목표를 5월 15일로 정하고 늦어도 20일까지 실현하는 것으로 한국과 일본이 의견을 모았다(1965년 4월 21일 자, 발신: 수석대표, 수신: 외무부장관, 앞의 「제7차 韓日會談 本會議 및 首席代表會談」, 프레임번호 329~332).

다. 일본이 4월 3일 이후 수석대표 회담이나 비공식적 실무자 교섭을 통해 협정 조인 후에 경제협력의 실시, 운영에 관한 실무적인 토의를 한다는 입장을 보인 것에 대해 한국은 반발했다.[96] 그 결과 한국의 요구대로 조인 전에 경제협력에 관한 토의를 하기로 하여 4월 20일부터 청구권 및 경제협력 위원회가 열렸다. 제1차 위원회에서는 청구권 문제가 거론되어 "청구권 소멸의 효력이 미치는 지역과 인적 대상"(특히 일본이 조선민주주의인민공화국 청구권과의 관계에 대해 문제를 제기한)과 "재일한국인의 청구권 문제" 등이 의제가 되었다.[97]

그 후 청구권 및 경제협력 위원회에서는 일본이 제공하는 자재의 내용, 상환 방법, 계약을 체결할 장소(도쿄 또는 서울), 계약자 성격 등의 문제가 논의되었다.[98] 특히 원조 자재의 내용에 대해 일본은 그것이 일본에 의한 경제 원조라는 것을 한국인들이 알 수 있도록 형태가 남는 데 사용해야 한다고 생각했다. 이에 대해 한국은 경제개발 계획 추진과 민생 안정을 중시하여 소비재를 포함, 다양한 용도를 고려했다.[99]

그런데 이 과정에서 청구권 해결과 경제협력 실시의 관계를 둘러싸고 한일 간에 의견 대립이 다시 표면화했다. 특히 5월 14일 제6차 청구권 및 경제협력 위원회에서 양측은 이 문제에 대해 상이한 입장을 표명했다. 그 경위는 다음과 같다. 우선 5월 10일 자로 경제협력국이 작성한 「한일 경제

96 예를 들면 1965년 4월 13일 자, 발신: 수석대표, 수신: 외무부장관, 「제7차 韓日會談: 請求權關係會議報告 및 訓令(제2권 1965. 4. 3 假署名 以後의 請求權 및 經濟協力委員會, 1965. 4-6)」, 韓/1468/C1 6-1~7/7(fishe), 프레임번호 7~8.

97 1965년 4월 20일 자, 발신: 수석대표, 수신: 외무부장관, 같은 자료, 프레임번호 16~19.

98 外務省經濟協力局, 「日韓經濟協力の合意方式及び實施方法についての韓國案に對する回答」 1965년 5월 10일 자, 같은 자료, 프레임번호 146~150.

99 「請求權 및 經濟協力委員會 제4차 會議 會議錄」, 1965년 5월 7일 자, 같은 자료, 프레임번호 113~127.

협력의 합의방식 및 실시방법에 대한 한국 안」에 대해 일본이 회답을 제출했다. 한국은 그 문서에 대해 "일본으로부터 제출된 문서의 제목에 청구권이라는 용어가 누락되어 있는바, 이것은 청구권 및 경제협력으로 표현되어야 한다."고 직언했다. 이에 대해 일본의 니시야마 아키라西山昭 대표는 "한일 경제협력은 타국에 대한 배상과 달라 의무의 이행을 위한 것이 아니라 순수한 경제협력이고, 본 위원회도 청구권과는 관계없이 오직 경제협력만을 전제로 하여 그 절차를 정하기 위한 것이며, 청구권에 관한 문제는 별개의 소위원회에서 논의해야 할 것"이라고 발언했다. 니시야마의 발언에 대해 한국은 "지금까지의 교섭 경위와 그간의 합의 사항으로 보아 청구권과 경제협력을 별도로 고려한다는 것은 있을 수 없으며 오히려 청구권을 해결하기 위해 교섭을 시작했고 경제협력이라는 개념은 후에 첨가되었다."는 것을 상기시키는 동시에 "수석회담에서의 양해 사항과 거리가 있음을 지적"하고 이를 반박했다.[100]

이렇게 조문 작성의 단계에서도 일본은 경제협력은 '배상'이나 '청구권'과 분리된 '순수한 경제협력'이라는 입장을 명확히 했다. 이에 대해 한국은 한국에 대한 일본의 경제협력이 '청구권 해결'의 수단으로 부상한 경위를 중시했다. 한일회담의 최종 단계에서 조문의 정신의 핵심에 대한 한일 간의 상반된 입장이 다시 한 번 분명해진 것이다. 이와 같은 논의가 나타난 것은 특히 청구권 교섭이 동상이몽의 교섭이었다는 것을 상징한다.

이와 같은 원칙적인 대립도 있었기 때문에 박정희 방미 전 조인은 불가능해졌다. 이에 따라 5월 27일 이루어진 제16차 수석대표 회담에서 조인의 시일에 대해 논의했다. 그때 시이나 외상은 아시아·아프리카회의에 출

100 「請求權 및 經濟協力委員會 제6차 會議 會議錄」, 1965년 5월 14일 자, 발신: 수석대표, 수신: 외무부장관, 같은 자료, 프레임번호 152.

석하기 위해 6월 22일경에 출발한다면서 늦어도 6월 20일경까지는 조인을 바란다고 발언했다. 그 발언을 받아 조인의 기한이 6월 20일 또는 22일로 된 것이다.[101] 그러나 이때가 되어서도 일본에서 독도 문제의 조문화를 다시 제기한다든지,[102] 6월 21일에는 한국에서 한일기본조약의 조문에 대한 새로운 제안을 한다든지 하는 등[103] 조문에 조금이라도 자국의 이익을 반영시키려고 한일 간에 공방이 벌어졌다.

이상과 같은 경위에 의해 1965년 6월 22일 도쿄에서 한일기본조약 및 여러 협정의 조인이 실현된 것이다.

101 1965년 5월 27일 자, 발신: 수석대표, 수신: 외무부장관, 앞의「제7차 韓日會談: 本會議 및 首席代表會議」, 프레임번호 345~352.

102 같은 자료, 프레임번호 309~310.

103 특히 마지막까지 논의된 것이 한일기본조약의 일본문이었다. 조약 제2조의 'already'에 대해 일본은 '이제 와서는もはや', 한국은 '이미既に'를 주장했다. 또한 제3조의 'as specified'에 대해 일본은 '명시되어 있는 바의', 한국은 '명시된 바와 같이'('…처럼ように' 또는 '…과 같이ごとく')를 주장했는데, 둘 다 일본의 안으로 결정되었다(1965년 6월 20일 자, 발신: 수석대표, 수신: 외무부장관, 같은 자료, 프레임번호 389. 아울러 1965년 6월 21일 자, 발신: 외무부장관, 수신: 수석대표,「제7차 韓日會談: 請求權關係會議報告 및 訓令, 1965, 전 3권(제3권 未解決問題討議 및 條文化作業)」, 韓/6887/Re-0012/1, 프레임번호 325). 한국에서 왜 이와 같은 주장을 했는지, 직접 알려 주는 자료는 없다. 추측해 보면 제3조에 대해서는 국제연합 결의 제195호가 한국정부의 성격을 직접 규정하는 듯한 문안을 피하려고 했던 것으로 생각된다. 제2조에 대해서는 'もはや'가 "지금에 와서는 이제"라는 뉘앙스이고, '既に'는 "동작이나 상태가 확정되어 확실하게 그렇게 되었다는 것을 나타낸다."(이상은『大辭林』제2판, 三省堂에 의함)는 것이므로 구 조약이 무효로 되어 현재에 이르기까지의 시간적인 폭을 표현하기에는 '既に'가 적당하다고 생각된다.

소결

1964년 12월 한일 양국은 외교 인사를 새롭게 구성하여 제7차 회담을 재개했다. 1965년 1월 일본 측 수석대표 다카스기 신이치가 일본의 식민지 지배에 대해 문제가 되는 발언을 하자 한국과 일본의 외무 관료들은 그것을 무마시키기 위해 '협력'했다. 그들은 2월 시이나가 방한하여 읽을 도착성명을 작성할 때도 '협력' 관계를 유지했다. 이렇게 한일 양국은 국교정상화의 조기 실현을 향해 환경 정비에 노력했다. 또한 제7차 회담과 병행하여 미국도 한일 양국과의 정식회담을 통해 한일회담에 계속 관여했다.

그리고 2월 한일기본조약의 가조인, 4월 어업, 청구권, 재일한국인의 법적 지위에 대한 합의 사항의 가조인이 이루어지고, 6월 한일기본조약 및 여러 협정이 조인되었다. 한일 양국의 실무 관료들은 조인 직전까지 조문의 한 자, 한 구절을 둘러싸고 논쟁을 벌였다. 이러한 제7차 회담의 교섭 과정을 검토하면 다음과 같이 정리할 수 있다.

첫째로 그때까지의 한일회담에 비해 한일의 교섭 담당자들이 현안에 대해 대단히 '협력'적으로 대처했다. 특히 한일의 외무 관료들은 회담 재개 초기 '다카스기 발언'을 덮어 버리면서 시이나 외상의 도착성명에 일본의 조선 지배에 대한 '사죄' 문구를 넣도록 하는 데 성공했다. 더욱이 기본관계, 어업, 청구권, 재일한국인의 법적 지위 등 여러 문제에 대해 실무 관료들은 최후의 논전을 벌였다. 그러나 논전이 아무리 격해져도 교섭 담당자들은 결코 회담을 결렬시키려 하지는 않았다. 조인 한 달 전 청구권 문제의 해결과 경제협력 실시의 관계에 대해 한일의 입장 차이가 명확했음에도 한일회담의 조문화 작업은 뒷걸음치지 않고 조인을 향해 진행된 것이다. 이와 같이 한국과 일본의 교섭 담당자들은 이 기회에 국교정상화를 실현시킨다는 점에서 '협력' 관계를 유지했다.

둘째로 합의 내용에 대해 일본은 어느 정도 한국에 양보했지만, 최종적으로는 자신의 주장을 반영시켰다. 한편 한국은 결정적인 국면에서 곤혹스러운 결단을 해야 했다. 한일기본조약을 둘러싼 초점, 즉 구 조약 무효 확인 조항 및 한국정부의 유일 합법성 확인 조항에 대해 그 내용은 일본의 제안을 성문화한 것이었다. 한편 한국정부는 이들 조문에 대해 자신의 입장에 합치하는 '해석'을 부여하는 것으로 일본의 제안을 받아들였다. 또한 어업협정에서는 이승만라인이 철폐되는 대신 그 해역에 공동자원조사수역이 설정되었다. 청구권 및 경제협력 협정에서는 한국정부가 실질적으로 외교보호권으로서의 대일청구권을 포기하는 대신 일본정부가 보상의 의미를 전혀 포함하지 않는 경제협력을 실시하는 것으로 되었다. 이와 관련하여 문화재협정에서도 한국에 대한 일본의 문화재 '인도'로 명기되어, 부당 취득한 문화재의 '반환'이라는 한국의 주장은 조문에 전혀 포함되지 않았다. 이것들은 어쨌든 일본의 입장에 부합하는 내용이었다. 그리고 한국정부는 이러한 실질적인 양보를 통해 선박 협력, 문화 협력, 어업 협력이라는 명목으로 일본의 차관을 받아들였다. 이것은 「김종필 · 오히라 합의」에 의한 청구권 문제 타결의 기본 전제였다. 즉 한일 간의 여러 문제를 어쨌든 경제적 수단에 의해 흘려보낸다는 '경제 기조'의 정치적 타결이었다.

이러한 사례의 유일한 예외가 재일한국인의 법적 지위 협정이었다. 협정 영주권자의 자손에 대한 영주권 부여에 난색을 보인 일본에 대해 한국은 「재협의안」을 제시하여 불안정하기는 했지만 협정 영주권자의 자손에 대한 영주권의 일방적 박탈을 저지했다. 물론 이 협정에 의해 재일한국인이 '내국민 대우'를 받은 것은 아니고 여전히 강제 퇴거의 대상이 될 수 있다는 의미에서 이 협정에 의해 재일한국인의 생활환경이 어느 정도 개선되었는지는 논의의 여지가 있다. 그러나 이 협정은 다른 협정에 비해 한국 정부가 주장한 내용을 포함하고 있다고 할 수 있다.

셋째로 제7차 한일회담은 한국 및 일본에서 '정치적 결단력'을 가진 인물에 의해 추진되었으며, 특히 미국의 '공식화'된 강력한 관여하에 추진되었다. '정치적 결단력'을 가진 인물의 대표 격은 수석대표인 다카스기 신이치와 김동조, 그리고 외상인 시이나 에쓰사부로와 이동원이었다. 사토 수상과 박정희 대통령도 기본적으로는 그들의 교섭 수완에 맞는 적절하고 타당한 훈령을 내렸다. 또한 1964년 8월 이래 미국은 비공식 성명이나 선언을 통해 한일회담에 대해 강한 관심을 표명해 왔다. 그것은 1965년 전반에도 마찬가지였다. 즉 1월 미일 수뇌회담, 3월 이동원의 방미, 그리고 5월 한미 수뇌회담 등 이 시기에 한・미・일 3국은 고위급 회담을 빈번하게 가졌다. 그리고 그때마다 발표된 성명에서 미국은 한일 국교정상화의 조기 실현에 대한 기대를 여러 차례 표명한 것이다. 이 시기에 한・미・일 3국이 한일 국교정상화의 실현을 서두른 이유로는 앞 장의 서두에서 설명한 동아시아 냉전 구조의 긴장 격화,[104] 한국의 정치 정세 불안, 일본의 경제적 정체 등 여러 상황을 들 수 있다. 이렇게 한일회담은 재개 후 간신히 6개월여 만에 완전히 타결된 것이다.

마지막으로 이와 같은 한일회담의 타결에서 또 하나 지적하지 않으면 안 될 것이 있다. 그것은 한일회담의 타결이 결코 한일 문제의 해결은 아니었다는 것이다. 한일기본조약이나 청구권 및 경제협력 협정은 한일의 주장

104 특히 1965년 1월 한국정부는 베트남 파병을 결정했다. 한국은 미국의 극동전략에 적극 가담하는 것으로 자유 진영에서 지위를 높이려고 했다. 또한 베트남 파병에 의한 '특수'도 한국의 경제 성장에 도움이 될 것으로 여겼다. 이와 같이 한국의 국가 전략에서 베트남 파병과 한일 국교정상화는 깊은 관계가 있다.

이 타협되지 않은 채 조문화되어 조인되었다. 또한 재일한국인의 법적 지위 협정에서도 협정 영주권자 자손의 법적 지위는 미확정이며, '조선적朝鮮籍'[역주 ④]의 재일조선인은 대상 밖이었다. 더욱이 한국정부는 식민지 지배에 기인하는 한국인 개인의 보상 청구에 대한 외교보호권을 포기해 버림으로써 한국인 개인의 민사상 청구권은 '구제 없는 권리'가 되고 말았다. 재일한국인의 개인청구권은 청구권 및 경제협력 협정의 대상에서 제외되어 버렸다. 그와 같은 의미에서 한일회담의 타결은 교섭 과정에서 전혀 논의되지 않았던 일본군 '위안부' 문제를 비롯해 전쟁 및 식민지 지배에 의한 피해나 그 역사적 책임에 관한 문제를 포함한 여러 문제를 내버려둔 결과를 초래한 것으로, 새로운 한일 문제의 '계기'가 되어 버린 것이다.

7

한국에서의 한일회담 반대운동

—1964~1965년을 중심으로—

Ⅰ. 시각과 시기 구분

지금까지 한일회담이 조인에 이르기까지의 과정에 대해 살펴보았는데, 제7장 및 제8장에서는 한일회담 반대세력에 대해 알아본다. 즉 한국 및 일본에서 한일회담 반대운동을 주도한 이들은 어떤 사람들이었는가, 또한 비非교섭 담당자로서 반대운동 세력은 한·미·일 교섭 담당자에 의한 한일 국교정상화 교섭을 어떻게 이해하고 행동했는가 등이 이 장 및 다음 장의 주제이다.

한국에서 한일회담 반대운동[1]은 1960년 4·19혁명 이래 대규모의 대중

1 한국의 반대운동에 대해서는 '屈辱外交 反對鬪爭', '6·3運動' 등의 호칭이 있으나, 여기서는 특히 조인 이전의 반대운동을 '韓日會談 反對運動', 조인 이후의 반대운동을 '韓日

운동이었다. 특히 한국정부가 대중을 진압하기 위해 계엄령을 발포한 날에서 유래하여 이 운동은 '6·3운동'으로 불린다.[2] 이와 같은 한국의 민주화운동 과정에서 한일회담 반대운동을 위치 짓는 것은 중요하다. 한일회담 반대운동을 전개한 학생들은 1961년 군사 쿠데타에 의해 부정된 4·19혁명을 "역사적으로 복원, 계승했다"고 인식한 것이다.[3]

이와 같은 이해에 입각하여 한국에서 한일회담 반대운동의 시기를 구분해 보려 한다. 시기 구분에 대해서는 어느 정도 연구가 진행되었는데,[4] 여

條約 批准 反對運動'으로 부르기로 한다. 그리고 그것들을 '韓日條約 反對運動'으로 총칭하기로 한다.

2 6·3同志會 編, 『6·3學生運動史』, 6·3학생운동사편찬위원회, 1994, 442쪽. 한일회담 반대운동에 국한하지 않고 한국 민주화운동 추진 세력이 3·1운동을 정신적 지주로 하여 자신들의 운동을 '민족학생운동'이라고 정의하는 자료는 많다. (예를 들면, 金三淵, 『韓日屈辱會談 內幕(6·3民族學生運動史)』, 도서출판 佑三, 1996). 6·3동지회는 1964년 '6·3사태' 때 경찰에 구속된 학생들의 대표자 27명이 같은 해 11월 3일 서울에 모여 만든 '6·3동지친목회'가 발전한 조직이다. 이 책은 그들이 당시부터 30년이 경과한 것을 기념하여 편집한 기념논집으로, 운동 당사자들이 작성한 한일회담 반대운동 관련 자료로 대단히 흥미로운 기술로 가득 차 있다. 이 장은 주로 이 책에 수록된 자료를 참고했다.

3 한국의 민주화운동은 한일회담 반대운동에 한하지 않고 전반적으로 한일관계의 전개와 밀접하게 관계되어 있다. 특히 한국의 朴正熙 정권 및 全斗煥 정권이라는 독재정권의 존재는 일본 및 미국이 한국의 안정을 기대하여 한국에 대한 지원을 계속해 왔다는 점을 빼놓고 생각할 수 없다. 따라서 4·19혁명 이후 한국의 민주화운동을 바르게 이해하려면 한국이라는 하나의 나라, 혹은 조선반도에 있어서 남북분단 상황뿐만 아니라, 조선반도를 둘러싼 국제관계 속에서 고찰할 필요가 있다. 그러나 1965년까지의 '전후' 한일관계의 전개를 대상으로 하는 본서에서, 이 중대한 주제를 검토할 만한 여유는 없다. 그러므로 한국의 민주화운동에 대한 본격적인 고찰은 추후로 넘긴다.

4 예를 들면 李在五는 반대운동을 1964년과 1965년으로 대별하고, 1964년 운동을 (1) 3·24데모부터 5월 초까지, (2) 5월 11일(丁一權 내각의 성립)부터 5월 말까지, (3) 6월 1일부터 연말까지로 분석하고, 1965년 운동을 (1) 3월 31일(전남대 데모)부터 4월 말까지, (2) 5월부터 6월 중순(한일조약 조인)까지, (3) 6월 중순부터 8월 말(한국 국회에서 조약 비준 및 위수령 발동)까지, (4) 9월 초부터 9월 말까지(당국에 의한 위수령하의 학원탄압 시기)로 시기를 구분하고 있다(李在五, 『韓·日 關係史의 認識 I—韓日會談과 그 反對運動』, 學民社, 1985). 또한 柳永烈은 "(1) 3·24데모—초기의 단계, (2) 4·19데모—재기의 단계, (3) 5·20데모—고조의 단계, (4) 6·3데모—절정의 단계, (5) 65년데모—후속의 단계"라는 5단계의 시기로 구분하고 있다(유영렬, 「6·3學生運動의 展開와 歷史的 意義」, 『韓

기서는 『6 · 3학생운동사』에서의 시기 구분을 제시한다. 이 책에 의하면 1964년 '6 · 3시위'의 전말은 "(1) 3 · 24시위로 시작하여 4 · 17시위를 경과한 초기 투쟁, (2) 5 · 20 '민족적 민주주의 장례식'과 5 · 25 '난국 타개 학생총궐기대회'로 한일 굴욕회담에 대한 반대투쟁이 연합적 성격을 띠면서 본격화하기 시작한 시기의 투쟁, (3) 6월 2일과 3일의 격화된 시위와 6 · 3계엄령 선포로 1964년의 투쟁이 막바지에 이르렀던 결정적 투쟁"의 세 시기로 나누어진다. 그리고 1965년의 반대운동은 "(1) 3월 31일 전남대 시위를 시작으로 4월 10일 이후 본격적으로 전개된 한일협정 가조인 반대투쟁, (2) 5월의 '학원자유수호궐기대회' 등으로 부산했던 5월 투쟁, (3) 서울대 법대 학생의 200시간 단식 투쟁으로 본격화된 대학가의 단식 투쟁 등 1965년 투쟁의 절정을 이루었던 6월의 한일협정 정식조인 반대투쟁, (4) '정치방학'의 공백을 메운 '한일협정 비준반대 각 대학연합체'의 한일협정 비준 반대투쟁, (5) 대학가의 개학과 더불어 재개된 8월 한일협정 비준 무효화 투쟁, (6) 위수령 발동과 '정치교수' 징계, 연 · 고대의 휴업령으로 이어지는 정부의 강압적 학원탄압으로 한일협정 반대투쟁의 파고가 잦아드는 9월 이후 시기" 등으로 구분할 수 있다.[5]

여기서 1964년 계엄령에 의해 단절을 경험한 시기를 기준으로 한국의 한일회담 반대운동을 1964년과 1965년으로 대별할 수 있다. 더욱이 1964년 운동은 ① 한일회담에 대한 정부의 자세를 비판하는 단계에서 ② 정부 자체를 비판하는 단계, ③ 나아가 그것이 대규모화, 반정부 운동화하는 단계로 나눌 수 있다. 그리고 1965년은 한일회담 및 한일조약의 조인, 비준이라는 일련의 전개에서 ④ 반대운동이 한일조약의 조인을 저지

國史研究』 제88호, 1995년 3월).

5 앞의 『6 · 3學生運動史』, 76쪽.

하려 한 단계(위 시기 구분에서 (1)~(3))와 ⑤ 조인 이후 비준을 반대한 단계((4)~(6))로 크게 나눌 수 있다. 이하 이 5단계를 따라 반대운동의 전개를 검토한다.

II. 반대운동의 전개

1. 1964년 반대운동의 전개

(1) 한일회담 반대운동의 초기 단계

한국에서는 1963년 12월 박정희朴正熙가 대통령에 취임해 제3공화국이 발족하면서 5·16 쿠데타 이래의 군사정권에 의한 정치는 종언을 맞았다. 10월 실시된 대통령선거에서 박정희, 윤보선尹潽善 두 후보의 표 차이는 15만 표에 불과했다. 여당인 민주공화당이 많은 정치 자금을 뿌린 반면, 야당 측은 1962년 3월 제정된「정치활동정화법」에 의해 정치활동이 금지되었다가 1963년 1월 정치활동을 막 재개한 상태였다. 따라서 대통령선거에서 박정희의 당선이 반드시 한국 국민의 의사를 반영한 것은 아니었다고 볼 수 있다.[6] 다음 해 1월부터 정부·여당과 야당의 본격적인 정책 논쟁이 국회 내외에서 전개되었는데, 당시 가장 중요한 정책 과제는 한일회담으로, 특히 어업 문제였다. 한편 한일회담도 1964년 1월 9일 스기 미치스케杉道助, 배의환裵義煥 두 수석대표 사이의 예비회담이 열린 후 현안을 다루는 각 위원회가 재개되었다.

그런데 한일회담 현안의 하나인 어업 문제는 한국에서는 이승만라인(평

6 尹景徹,『分斷後の韓國政治』, 木鐸社, 1986, 273~276쪽.

화선)의 존폐 문제로 인식되고 있었다. 1월 30일 농림위원회가 이승만라인의 존속을 요구하는 건의를 결의한 것도 여론에 따른 것이었다.[7] 또한 2월 들어 전국어민비상대책위원회는 "평화선 절대 사수" 등을 내용으로 하는 「전국 어업계의 중대위기 타개에 관한 청원」을 국회에 제출했다. 이 청원은 국회 본회의에서 즉시 채택되었다.[8] 더욱이 여수항을 출항한 62척의 한국 어선이 "평화선 사수"라고 쓰인 플래카드를 걸고 시위를 하는 등[9] 이승만라인의 존속을 바라는 목소리는 높았다. 이렇게 되자 한국정부 및 여당인 민주공화당도 고위급 회담에서 "한국 어민의 절대적인 이익이 없는, 어떤 어업협정도 맺을 수 없다."는 방침을 결정, 공표하기에 이르렀다.[10]

당시 한일회담에서 또 하나의 현안은 회담 타결 방법과 시기였다. 한일 양국은 두 나라 간의 여러 현안을 일괄 타결한다는 방침에는 의견이 같아 1월부터 한일회담 타결을 위한 정치회담 개최를 검토했다. 그리고 2월 14일 일본 자민당 최고간부회의에서 이번 회기의 국회에서 한일조약을 비준한다는 기본 방침을 세웠으며,[11] 한국에서는 박정희 대통령이 28일 진해에서 회견을 갖고 3월 중에 회담을 타결한다는 의사를 명확히 제시했다.[12] 그리하여 3월 10일 한일 농상회담 개최, 12일 한일회담 본회의 재개가 결정되어 바야흐로 회담 타결이 실현 가능성을 띠게 되었다.

이러한 상황에서 한일회담 반대운동은 단기간에 고양되었다. 반대운동의 도화선에 불을 당긴 것은 민정당, 민주당 등의 야당 의원이었다. 야당은

7 『朝鮮日報』(서울 제3판, 이하 같음) 1964년 1월 31일 자.
8 같은 신문, 1964년 2월 11일 자.
9 같은 신문, 1964년 2월 12일 자.
10 같은 신문, 1964년 2월 25일 자.
11 같은 신문, 1964년 2월 15일 자.
12 같은 신문, 1964년 2월 29일 자.

3월 6일 '대일저자세외교반대범국민투쟁위원회'를 준비하고 9일 '대일굴욕외교반대범국민투쟁위원회'(투위鬪委)를 정식으로 발족시켰다. 투위는 한일회담의 즉시 중지, 평화선 수호 등을 내걸고 "전 국민의 궐기"를 호소하며 15일부터 전국 유세를 시작했다.[13]

3월 23일 김종필金鍾泌 민주공화당 의장이 도쿄에서 "5월 초순 한일협정이 조인될 것"이라고 발언하면서 반대운동은 더욱 고양되었다. 다음 날인 24일 전국의 주요 도시에서 8만 명의 학생과 시민이 참여한 대규모 시위가 전개되었다.[14] 당시 고려대에 내걸린 선언문에는 "일본 제국주의의 악랄한 독점 자본가들이 이 국가에 경제적 식민주의의 질곡과 철쇄를 덮어씌우려 한다. 평화선에 둘러싸인 우리의 푸른 바다를, 반만년을 가꾸어 온 우리의 금수강산을 일제에 매도하려 한다."고 쓰여 있었다. 나아가 선언문은 "중국, 일본, 미국은 차례로 우리의 종주국이었다. 우리도 종주국 없이 한번 살아 보자."고 제창했다.[15] 서울대의 선언문도 "일본 제국주의의 잔혹한 압제하에서 피 어린 항쟁을 통하여 전취한 해방 조국의 민족 자주성은 다시 제국주의적 일본 독점 자본의 독아에 의해 박살되기 한 걸음 직전에 있다. 이제 우리는 조국해방투쟁의 영웅스러운 전통을 계승하기 위해서 조국이 부여한 민족 양심 세력의 엄숙한 의무를 수행하기 위해서, 일본 독점 자본의 교활한 음모를 분쇄하기 위해서, 민족 해방과 자주 독립

13 앞의 『6·3學生運動史』, 79쪽.

14 군사 쿠데타 발생 후에도 한국 학생들은 의사 표시를 계속해 왔다. 1961년 6월 고려대생 2천 명이 '미군만행규탄대회'를 연 후 주한 미국대사관에서 항의 시위를 전개했다. 학생들은 주한 미군 병사에 의한 폭행 사건을 한국 법원에서 심판하기 위해 「한미행정협정」의 체결을 요구했다. 또한 1963년 3월 朴正熙가 군정을 4년간 연장한다는 성명을 발표하자 학생들은 군정 연장 반대투쟁을 개시했다(高峻石, 『南朝鮮學生鬪爭史』, 社會評論社, 1976, 213~235쪽).

15 「高麗大學 3·24宣言文」(앞의 『6·3學生運動史』, 457~458쪽).

을 쟁취하는 새로운 투쟁 대열 가운데서 자신을 발견하려 한다."[16]고 되어 있다. 요컨대 이들 선언문은 한일 국교정상화에 따른 일본의 대한 경제 진출을 경계하고 그 대안으로 "종주국 없는", "민족 해방과 자주 독립"을 목표로 할 것을 내건 것이다. 고려대와 서울대의 선언문이 강조한 것은 첫째로 이승만라인의 철폐와 한국으로의 경제 진출을 꾀하려는 일본에 대한 규탄이고, 둘째로 "민족 반역적 한일회담"을 추진하는 박정희 정권과 일본 자본과 제휴하려 하고 있는 국내 자본가에 대한 규탄이며, 셋째로 한일회담에 개입하는 미국을 비판하고 학생들의 주장에 대한 강권적인 탄압을 비판하는 것이었다.[17]

이와 같은 반대운동에 대해 민주적인 방법으로 발족한 박정희 정권은 지극히 유연하게 대응했다. 26일 정오 박정희 대통령은 학생들의 행동에 일정한 이해를 보이면서도 "국사 해결에 있어서, 더구나 외교문제 있어서 시위가 문제 해결의 능사는 아니며, 이 이상의 시위 계속은 우리에게 도움이 되지 않는다."는 특별 담화를 발표했다.[18] 그다음 날 박정희는 김종필의 소환을 지시했다.[19] 또한 30일에는 박정희가 직접 종합대학 11개교 학생 대표단과 면담하는 등 학생 측의 요구를 어느 정도 고려한, 말하자면 '훈유'에 의해 반대운동이 가라앉기를 꾀했던 것이다.

16 「서울大學 3·24宣言文」(같은 책, 460쪽).

17 「高麗大學 3·24宣言文」(같은 책, 459쪽); 「서울大學 3·24決議文」(같은 책, 463쪽).

18 神谷不二 編, 『朝鮮問題戰後資料 第三卷』, 日本國際問題研究所, 1980, 238~240쪽(『박정희대통령연설문집』 제1집, 대통령공보비서관실, 1965, 56쪽).

19 빅터 D. 차에 의하면, 미국은 한일회담 반대운동이 金鍾泌에 대한 비판에 집중되고 있는 점에 주목하고 그에게 한국 정계에서 은퇴할 것을 권고했다. 그 결과 김종필은 1965년 6월 민주공화당 의장직을 사임하고 12월까지 미국에서 '유학'했다(빅터 D. 차, 「1965년 韓日修交協定締結에 대한 現實主義的 考察」, 『韓國과 國際政治』 제13권 제1호, 1997년 7월, 280쪽, 원문은 Victor D. Cha "Bridging the Gap: The Strategic Context of the 1965 Korea-japan Normalization Treaty").

그러나 4월이 되자 한국정부는 학원 대책을 서서히 본격화했다. 4월 17일부터 서울대를 시작으로 시위가 다시 일어났으며, 20일 성균관대와 청주에서도 시위가 발생했고, 다음 날에는 성균관대뿐만 아니라 동국대에서도 1,300명이 모여 "5 · 16(군사 쿠데타)은 4 · 19(4월혁명)의 연장이 아니다", "구속 학생을 즉시 석방하라" 등의 슬로건을 내걸었다.[20] 정부는 경찰력을 동원하여 이들의 집회를 진압함과 동시에 20일 엄민영嚴敏永 내무부장관이 "20일부터 법에 의해 어떠한 시위도 엄중히 대처한다."고 언명하고 21일에는 박정희도 훈령을 발표하여 "민주 질서를 파괴하고 국가의 근본마저 뒤흔들 우려를 금할 수 없다."고 말하여, 교육과 언론 정책의 재검토 등을 시사했다.[21] 그리고 5월 11일 한국정부는 전면적인 내각 개조를 실시하여 '돌격내각'으로 평가되는 정일권丁一權 내각을 발족함으로써 한일 국교정상화를 향한 단호한 자세를 보였다.

그러나 이와 같은 한국정부의 결의에도 불구하고 어업 문제를 토의해 온 한일 농상회담이 어업수역이나 어업 협력 문제에서 타협을 이루지 못한 채 4월 3일 종결되었다. 그 후 각 분과회가 근근이 계속되었지만 논의 자체에 진전은 없이 사실상의 '휴회 상태'에 빠졌다.

이와 같이 3월 24일의 대규모 시위 이래 한국의 한일회담 반대운동은 회담의 진행을 좌우하는 하나의 정치세력으로 대두하기에 이르렀다. 그렇지만 학생 측은 학생운동 기념일인 4월 19일을 계기로 하여 반대운동을 고양시키기보다 오히려 학원 문제를 비판하는 데 집중했다.[22] 이로써 반대운

20 앞의 『6 · 3學生運動史』, 87쪽; 『朝鮮日報』 1964년 4월 22일 자.

21 앞의 『6 · 3學生運動史』, 88쪽.

22 그 대표적인 사례가 괴소포 사건과 YTP 사건이다. 괴소포 사건이란 4월 초 한일회담 반대를 주장하는 야당과 학생의 대표 앞으로 일본의 잡지, '불온 문서', 편지 그리고 100달러가 들어 있는 발신인 불명의 소포가 배달된 사건으로, 편지에는 "당신의 영웅적인

동도 일단 진정 상태를 맞이한다.

(2) 한일회담 비판에서 반정부운동으로의 이행 단계

5월 20일 '한일굴욕회담반대대학생총연합회'가 주최한 '민족적 민주주의 장례식 및 규탄대회'('장례식')는 한국에서 한일회담 반대운동이 다시 고양되는 계기가 되었다. 서울대 문리대에서 행해진 이 집회에는 학생 3,000명, 일반 시민 1,000명이 모였다. 집회의 중심 멤버는 서울대와 동국대를 비롯한 서울 시내의 대학생들이었다. 그들은 선언문에서 우선 "4월 항쟁(4 · 19혁명을 가리킴)의 참다운 가치성은 반외압세력, 반매판, 반봉건에 있으며 민족 · 민주의 참된 길로 나가기 위한 도정이었다. 5월 쿠데타는 이러한 민족 · 민주이념에 대한 정면적인 도전이었으며, 노골적인 대중 탄압의 시작이었다."[23]고 서술하여, 4 · 19혁명과 군사 쿠데타의 연속성을 부정했다.[24] 이것은 쿠데타 당시 한국의 잡지 『사상계』가 평가한 "5 · 16혁명은 4 · 19혁명의 부정이 아니라 그 계승, 연장이 되지 않으면 안 된다."[25]는 입장과는 달리 군사정권 및 박정희 정권의 정통성을 부인하는 것이었다. 나

투쟁을 칭찬한다. 박 정권 타도에 계속 노력하라."고 쓰여 있었다. 한편 YTP란 靑思會(Young Thought Party)의 약칭으로, 한국정부의 첩보 기관인 중앙정보부와 연락을 취해, 각 대학에서 학생운동 등의 동태를 조사하는 조직이었다. 이 조직을 조사한 서울대 문리대생 송철원이 이 조직을 폭로한 후에 린치를 당하는 사건이 발생했는데, 이것이 YTP 사건이다. 학생운동 측은 이 사건들을 모두 정부의 학원 사찰에 관계된 것으로 여기고 엄하게 추궁했다(李在五, 앞의 책, 186~190쪽).

23 「서울大學校 5·20宣言文」(앞의 『6·3學生運動史』, 471쪽).

24 다만 이와 같은 주장은 앞의 4월 20일 청주 등에서 일어난 시위에서 이미 나타났다.

25 "4·19혁명이 입헌정치와 자유를 쟁취하기 위한 민주주의 혁명이었다면, 5·16군사정변은 부패와 무능과 무질서와 공산주의 책동을 타파하고 국가의 진로를 바로잡으려는 민족주의적 군사혁명이다.", "4·19혁명의 과업을 새로운 혁명 세력이 수행한다는 점에서 우리는 5·16혁명의 적극적 의의를 구하지 않으면 안 된다. 따라서 이러한 의미에서는 5·16혁명은 4·19혁명의 부정이 아니라 그의 계승, 연장이 되어야 하는 것이다."(「5·16혁명과 민족의 진로」, 『思想界』 1961년 6월호, 34~35쪽).

아가 이 집회에서는 "오늘의 이 모든 혼란을 외세 의존이 아닌 민족적 자립으로 해결할 수 있음을 재확인한다."고 함과 동시에 "민족적 긍지를 배반하고 일본 예속화를 촉진하는 굴욕적 한일회담의 즉시 중단을 엄숙히 요구한다."고 선언하고[26] 조사弔辭를 읽은 후 시위를 계속했다.

이 '장례식'은 단순히 한일회담 비판에 그치지 않고 현 정부의 정통성을 비판의 대상으로 삼았다는 데 큰 의의가 있다. 다만 '장례식'이 실현되기까지 준비 과정에서 우여곡절이 있었다. 우선 주최 측 멤버인 동국대의 경우 병역을 마치고 복학한 제대 학생들 중심이었다. 그러나 '장례식'을 개최하려는 복학생들에 대해 재학생들은 "제발 형들은 가만 계십시오. 형들이 설치면 우리까지 '빨갱이'로 몰립니다."[27]라고 호소하여 그들을 설득했다고 한다. 또한 고려대를 비롯한 많은 대학의 총학생회는 '장례식'에 반대했고, 서울대 문리대 학생회장도 "학생회와 굴욕투위('장례식'을 주최한 '한일굴욕회담반대대학생총연합회'를 지칭—필자)는 전혀 무관하다."는 태도를 표명했다.[28] '장례식'에 반대한 학생들은 급진적인 시위에 의해 도리어 학생조직이 탄압받는 것을 우려한 것으로 보인다. 따라서 5월 20일 '장례식'은 말하자면 반대운동 중 급진 세력이 주도한 것이라고 할 수 있겠다.

그러나 그 후의 운동은 바로 이 '불씨'에 기름을 부은 형태로 전개되었다. '장례식'이 열린 20일 주최자들에게 체포 영장이 발부되지 않은 것에 불만을 품은 육군 공수부대 소속 군인 13명이 21일 법원에 난입했을 뿐만 아니라 숙직 판사의 집에 들이닥쳐 영장 발부를 강요한 사건이 발생했다. 당시 서울시경 수사과장 등이 현장에 있었는데, 군과 경찰 사이에 사전

26 「서울大學校 5·20宣言文」(앞의 『6·3學生運動史』, 472쪽).
27 申東浩, 『人物로 보는 오늘의 韓國政治와 6·3世代』, 도서출판 예문, 1996, 45쪽.
28 같은 책, 48쪽.

에 논의가 있었던 것이 아닌가 하는 의문이 제기되었다.[29] 게다가 이 사건에 대해 정부는 오히려 군인들을 옹호하는 발언을 되풀이했다. 다음 날 민기식閔機植 육군참모총장은 "앞으로도 데모가 계속된다면 군인들이 5·21 집단행동 같은 것을 하지 않는다는 보장을 할 수 없다.", "공수단 장병들의 이 같은 경거망동의 재발을 막는 것은 학생들의 데모가 없어지는 일뿐"이라고 말했다.[30] 또한 김성은金聖恩 국방부장관은 "일부 군인들이 법원을 찾은 것은 국기마저 흔들며 도를 넘은 학생들의 난동을 다스려야 한다는 애국 충정을 호소하려는 극히 사소한 사건이었는데, 마치 난동이라도 한 것인 양 신문이 어마어마하게 보도를 해 그렇게 되었다."고 말하여 군인들의 행동을 정당화했다.[31]

이와 같은 정부의 움직임에 반발하여 거행된 것이 25일의 '난국타개학생총궐기대회'이다. 이 대회는 전국 32개 대학의 총학생회 연합체인 한국학생총연합회를 모체로 하는 '난국타개전국학생대책위원회'가 주최한 것으로, 각 대학의 대표가 사전에 협의한 후 서울을 중심으로 전국의 각 대학에서 동시에 거행하기로 되어 있었다. 주최 측에서 작성한 선언문에서는 먼저 이 대회를 3월 24일 시위의 연장선상에 있다고 위치 짓고 일본으로부터의 경제개발자금 도입을 "신제국주의를 자초하는 반민족적 만행"이라고 비판했다. 나아가 선언문은 "일체의 독선과 방향 감각의 상실을 탈피하여 우리의 모든 절규가 민족 대도大道의 획기적 정비를 강력히 요구함이며, 현 체제를 재편성하는 마지막 시정을 총체적·집약적으로 주장한

29 앞의 『6·3學生運動史』, 93쪽.
30 위와 같음.
31 같은 책, 94쪽.

다."[32]라고 하여 현 체제에 대한 불신을 명확하게 보여 주었다.

이 집회는 결과적으로는 불발로 끝났다. 앞에서 내건 선언문을 채택한 곳은 32개 대학 중 불과 6개 학교였다. 또한 학생 측에서 제시한 일주일 동안이라는 회답 기간이 지난 후 정일권 총리는 정부의 입장으로 "조직의 압력으로 국가의 문제를 해결하려고 해서는 안 된다. 학생들에게만 조직체가 있는 게 아니다. 군대도 노동자도 조직체가 있다. 만약 불행한 사태가 나면 외원外援에도 영향이 있고 국제적으로도 부끄럽다."[33]는 등의 내용으로 회답했을 뿐이었다. 이와 같이 '난국타개학생총궐기대회'는 정부에 별다른 영향력을 미치지 못했다. 다만 '장례식'을 주최한 급진적인 그룹의 지도자들이 차례로 구속되는 가운데 이 집회가 반대운동을 지속시킨 의미는 크다.

학생들의 움직임에 교수들도 반응했다. 27일 서울대에서 열린 긴급 교수총회에서 결의문을 채택했는데, "정부는 책임을 전가하지 말고 사태 혼란의 근본 원인을 직시하여 과감하고 발본적인 시책을 단행하라.", "군은 엄정 중립을 지켜야 할 것이며, 학생은 조국을 건지기 위한 최후의 순간을 제외하고는 본분인 학업에 전심하라."[34] 등을 호소하여 정부를 비판함과 동시에 사태 수습을 호소했다.

이 시기 한국에서의 한일회담 반대운동은 정부의 경제 정책, 학원 정책을 중심으로 한 내정 전반에 대한 비판도 내세우고 있다. 그리고 이 흐름은 6월이 되어 단숨에 고양된다.

32 「難局打開學生總蹶起大會宣言文」(앞의 『6·3學生運動史』, 483~488쪽).
33 앞의 『6·3學生運動史』, 414쪽.
34 같은 책, 97쪽.

(3) 반정부운동의 고양과 계엄령의 시행

6월 2일 서울 시내 대학의 학생 약 6,000명이 "박 정권 하야"와 "공포정치 지양"을 외치며 시위를 벌인 후 신설동 부근에서 경찰대와 충돌했다.[35] 이날 고려대 집회에서 채택된 선언문에는 "박 정권 타도"의 이유로 "독재와 전대미문의 가공할 만한 부정, 부패, 불신, 악덕 재벌의 횡포, 이 모든 악랄한 정치적 폐해"가 거론되었다. 이 선언문을 통해 고대생들은 박정희 정권을 "주체성을 상실한 채 어딘가 종주국에 의존하려는 임기응변적 구정치인의 비민족적인 현상 타개식 신정부"라고 비난하고 "합헌적인 민주주의가 강인하게 주체성을 견지하며 현실적으로 민족을 아사의 경지에서 구출하는 위대한 비전을 갖는 정부를 갈망한다."고 호소하여 박정희 정권 타도를 선언했다.[36] 이와 함께 채택된 격문은 "주관적인 애국 충성이 객관적인 망국 행위임을 직시하고 박 정권은 하야하라", "민족 분열 일삼는 독재정권 물러가라", "배고파 못 살겠다! 악덕 재벌 잡아먹자", "미국은 가면을 벗고 진정한 우호국임을 보여 달라"라는 4개조였다.[37] 이와 같이 학생 시위의 초점이 "한일회담 반대"에서 "박 정권 하야"로 완전히 이행했다.

그리고 6월 3일 일반 대중을 포함한 약 5만 명이 서울 시내에 몰려나와 최루탄을 발사하는 경찰에 대항하면서 국회의사당으로 향했다. 또한 5월 30일부터 계속되어 온 서울대 문리대의 단식 투쟁은 5일째가 되면서 각 대학으로 확대되었다. 오후가 되어 가두에 나온 약 1만 2,000명의 학생과 일반 대중은 청와대로 향하면서 경찰이 설치한 네 개의 바리케이드를 차

35 한국의 한일회담 반대운동에서 처음으로 '朴 政權 하야'를 내건 것은 5월 27일 전남대에서 일어난 시위였다.

36 「高麗大學 6·2宣言文」(앞의 『6·3學生運動史』, 490~491쪽).

37 위와 같음.

례로 파괴했다.

이와 같이 '민정'으로 발족한 박정희 정권은 겨우 반년 만에 4·19혁명 이래의 반정부운동에 직면한다. 그러나 미국은 이승만 정권 때와는 달리 박정희 정권을 실력으로 옹호했다. 즉 오후 9시가 지난 시각 버거Samuel D. Berger 주한 미국대사와 하우저Hamilton H. Howze 주한미군사령관이 미군 헬리콥터를 타고 청와대에 도착하여 박정희와 긴급회담을 가졌다. 그리고 미국대사관 대변인은 하우저 사령관이 한국군 2개 사단을 서울에 주둔시킬 것을 허가했다고 발표했다.

이렇게 하여 9시 40분 박정희 대통령은 오후 8시로 소급하여 서울 일원에 비상계엄령을 선포했다. 이 일련의 과정은 박정희 정권의 기반이 취약하며 결국 군사력과 미국의 지지에 의해 존립하고 있음을 명확히 보여 주었다. 박정희 대통령은 계엄령 선포 때 담화를 발표했다. 그 담화는 "국정 전반에 걸쳐 일부 학생들의 넘치는 현실 참여"는 "어느 모로 보더라도 불순하고 무모"하다고 비난하는 내용이었다.[38] 한국정부는 계엄령에 따라 그날 중에 시위를 진압하고 시위 주모자 및 협력자를 체포하고자 혈안이 되었다. 또한 5일에는 문교부(현 교육부)가 서울 시내 대학총장 회의를 소집하여 시위에 참가한 학생과 그들에게 영향을 준 대학 교원의 처분을 명령하는 「학원정화방침」을 발표했다.[39]

계엄령은 7월 29일 해제되었다. 그러나 '계엄령 위반자'는 재판을 받을 때까지 계속 구속되었다. 8월 17일 법무부의 발표에 의하면 서울 시내에서만 224명의 대학생이 구속되었다. 또한 6월 3일 이후 대학 당국으로부

38 앞의 『朝鮮問題戰後資料 第三卷』, 242~243쪽(『박정희대통령연설문집』 제1집, 76쪽).
39 앞의 『6·3學生運動史』, 107쪽.

터 징계 처분을 받은 학생은 352명에 달했다.[40] 그 후에도 한국정부는 언론 활동을 규제하는 「언론윤리위원회법」 제정을 시도하고 조선민주주의인민공화국의 지령을 받아 한국정부의 전복을 모의한 '인민혁명당'이라는 조직을 적발했다고 발표하는 등 반정부 활동을 매우 강력하게 억압했다.[41]

이상과 같이 1964년의 한일회담 반대운동은 한일회담 비판에서 '박 정권 하야'로 단계적으로 확대되었다. 즉 한일회담 반대운동은 정부의 강경 조치에 대응하면서 최종적으로 반정부운동으로 전화한 것이다. 학생들은 반년 전까지 군사 정권이었던 박정희 정권의 대응을 끝까지 지켜보고자 처음에는 신중한 슬로건을 내걸었다고 볼 수 있다. 앞에서 서술한 대로 1963년 대통령선거 결과에서도 알 수 있듯이 어떤 일이 계기가 되어 한국 국민들이 정부를 지지하지 않는 목소리를 높일 조건은 존재하고 있었다고 하겠다. 한편으로 학생들 중에서 반정부운동에 적극적인 세력과 소극적인 세력이 존재했던 것도 사실이다. 이러한 학생들의 운동 방침을 둘러싼 대립이 "박 정권 하야"라는 슬로건 아래 수렴되면서 박정희 정권에 대한 국민의 불만이 단숨에 분출되었다. 그 결말이 6월 3일 반정부 시위와 계엄령 선포('6·3사태')였던 것이다.

어쨌든 1964년부터 한국에서 고양된 한일회담 반대운동은 한일회담 진행을 좌우하는 정치세력이 되었다. 즉 한국의 반대운동은 계엄령 선포라

40 같은 책, 107~115쪽.

41 6·3시위 이후 한국정부는 「언론윤리위원회법」 제정을 시도했으나, 신문·출판업계 관계자가 일제히 반발했다. 이 때문에 한국정부는 법안이 8월 3일 국회를 통과했음에도 불구하고 9월 9일 이 법의 시행을 무기 연기할 수밖에 없었다. 또한 8월 14일 金炯旭 중앙정보부장이 '인민혁명당사건'을 적발했으며 이 당의 57명 중 41명을 체포하고 나머지 16명을 전국에 지명 수배했다고 발표했다. 그러나 피고인들은 비밀 서클을 만들려 했을 뿐 조선민주주의인민공화국으로부터 지령을 받은 사실은 없었다(앞의 『分斷後の韓國政治』, 300~302, 370쪽).

는 사태를 불러왔고, 마침내 한일회담을 중단시키기에 이른 것이다. 그 결과 한국정부는 물론 한일회담의 교섭 담당자인 일본정부와 미국정부는 한국의 정치 정세에 더욱 신경을 쓰지 않을 수 없었던 것이다. 그리하여 앞에서 서술했듯이 한국의 반대운동에 대응하기 위해 한국과 미국은 일본정부의 식민지 지배에 대한 '사죄'를 중시했다. 한편 일본은 국교정상화 이전의 차관 공여를 중시했다.

2. 1965년 반대운동의 전개

(1) 조인까지의 반대운동

한일회담은 1964년 12월 3일 재개되었다. 제6장에서 논의했듯이 한·미·일의 교섭 담당자는 한일 국교정상화의 조기 실현을 위해 그때까지 볼 수 없었던 '협력'관계를 유지했다. 특히 1965년 2월 17일부터 20일까지 진행된 시이나 에쓰사부로椎名悅三郎 외상의 방한 및 한일기본조약 가조인 실현은 한국의 반대운동에 큰 타격을 주었다. 한국정부는 시이나 에쓰사부로의 도착성명에 '사죄'라는 단어를 포함시켜 반대운동 측이 주장하는 '굴욕외교'라는 대일외교 이미지를 불식시키기 위해 노력한 것이다. 그리고 4월 3일 도쿄에서 어업, 청구권, 재일한국인의 법적 지위에 대한 합의사항 가조인이 실현되면서 한일회담은 조문 작성 작업과 한일조약 정식 조인만 남겨 놓게 되었다.

한편 한국의 학생들과 야당은 시이나 외상 방한에 맞추어 반대운동을 재개했다. 야당은 '대일굴욕외교반대범국민투쟁위원회'(투위)를 재결성하고 2월 19일 서울시청 앞에서 시위를 벌였다. 그 후 야당은 3월 2일 「한일회담 중지 결의안」을 국회에 제출하고, 20일 1만 명을 집결시켜 굴욕외교반대규탄대회를 개최했으며, 27일부터 전국 유세를 시작했다. 학생들도 2월

18일 파고다공원에서 시위를 했으며, 3월 26일에는 동국대에서 300명이 '치욕적 제2 을사조약 가조인 무효 규탄대회'를 개최했다.[42]

그리고 3월 31일 거행된 광주 전남대의 시위를 필두로 반대운동은 다시 고양되기 시작했다. 전남대 총학생회는 '매국외교 결사규탄 성토대회'를 주최하고 "국제 정세라는 허울 좋은 미명 아래 삼천리강토와 한국 민족을 일제의 잔악한 무리 앞에 내놓고 수억 달러의 돈으로 흥정하는 정부 처사를 규탄한다."고 한일회담을 성토한 후 "매국외교를 결사반대한다"는 플래카드를 내걸고 시위를 전개했다.[43] 문교부는 전남대 당국에 주도자를 엄벌에 처하도록 지시하고, 시위가 악화할 경우에는 총장 등 학교 책임자를 문책하겠다고 통보했다. 그 결과 대학은 일곱 명을 제적 처분하고 정부는 이 중 네 명에게 현역 입영 통지서를 발부하여 강제로 입대시켰다.[44]

이와 같은 정부, 대학 당국의 강경 조치에도 불구하고 4월 10일에는 서울대 법대에서 '매국외교반대규탄대회'가 개최되어 한일회담에 대한 미국의 관여 반대, 기본조약 및 세 개 협정 합의 내용 가조인 무효, 시위에 참가하여 구속된 학생의 석방, 부당한 수단에 의한 학생운동 탄압 반대 등을 결의하고 가두시위를 전개했다. 경찰은 이에 대해 시위 참여자 170명 전원을 연행했다.[45]

4월 13일에는 동국대 학생 김중배金仲培가 시위에 참가했다가 경찰에게 구타를 당해 사망하는 사건이 벌어졌다. 김중배의 죽음은 반대운동을 한

42 앞의 『6·3學生運動史』, 608~609쪽; 앞의 『人物로 보는 오늘의 韓國政治와 6·3世代』, 172쪽.

43 같은 『6·3學生運動史』, 121쪽.

44 같은 책, 122쪽. 시위를 주도한 학생에게 입영 통지서를 발부한 것도 한국정부의 시위 대책의 한 수단이었다.

45 같은 책, 278~279쪽.

층 고양시켰다. 4월 17일 서울 효창운동장에서 열린 야당 세력인 투위가 주최한 '굴욕외교반대시민궐기대회'에는 6만여 명이나 되는 인파가 참가했다. 이 집회 후 민정당의 김영삼金泳三과 민주당의 김대중金大中 등은 군대와 충돌하여 부상을 입었고 14명이 구속되었다. 이때 정부 당국은 군대 1개 중대와 헬리콥터 2대를 동원하고 최루탄 외에 연막탄도 사용했다. 이에 대해 시위대 측도 서울 각지의 경찰서나 민주공화당 당사를 습격하는 등 실력 행동으로 호소했다. 또한 이날은 서울 시내 각 대학과 고교에서도 "평화선을 사수하자" 등의 슬로건을 내건 집회가 열렸다.

4월 19일 발표된 숭실대의 추도사에서는 3일 가조인한 한일회담 합의 내용에 대해 다음과 같이 비판했다.

> '영광의 제국주의자' 시이나椎名, "20년만 더 한국을 지배했으면 좋았겠다"는 다카스기高杉, "평화선 철폐를 전제해야만 비로소 국교 재개가 가능하다"는 사토佐藤 등, 일본 신침략주의자들의 농간에 휘말려 배고픔을 참지 못하고 팥죽 한 그릇에 '장자 상속권'을 파는 식의 평화선 처리, 무상 공여, 유상 공여 등 떳떳치 못한 구걸식의 청구권 체결, 무시된 한국 문화재 반환, 평화선의 불법 침입으로 나포된 일본 어선 반환과 대일 선박청구권 상쇄, 일제 시의 창씨까지 소개하며 주한 일본상사의 앞잡이로 꼬리 치고 다니는 한심한 기업인들, 정식 조인이 되기도 전에 까마귀처럼 몰려와 바다 속을 이 잡듯 훑어가는 일본 어선에 쫓겨 연해안에서 골육상쟁하는 한국 어업 실태, 이 비참한 현실을 어찌 좌시할 수 있겠는가.[46]

이 추도사는 일본 정치가의 '망언'과 청구권, 이승만라인(평화선) 철폐

46 같은 책, 497쪽.

등의 합의 사항에 대해 통렬하게 비판하고 있다.

전년처럼 반대운동이 다시 중대한 사태로 발전할 것을 두려워한 한국정부는 이에 재빠르게 대응했다. 19일 군 당국자는 시위가 커질 경우 경찰로부터 요청이 있으면 수도경비사령부 병력에 추가로 부대를 지원할 것을 결정했다.[47] 또한 문교부의 '허가'를 받아 서울 시내 각 대학과 고교에서는 특히 4·19혁명 5주년이 되는 4월 19일에 맞추어 '자주휴학' 조치를 취했다. 나아가 한국정부는 17일 집회를 '동란'으로 규정하고 '궐기대회'를 주최한 야당 및 투위를 '불법 단체'로 규정했다. 그런데 이재오李在五가 지적한 것처럼 무엇보다도 어떤 단체를 '불법 단체'라고 규정하는 행위는 행정이 아닌 사법의 권한이었다.[48]

야당은 박정희 정권의 '불법 단체' 규정에 강력하게 항의하는 한편, 17일 '궐기대회' 이후 원외 투쟁을 일시 중단하고 이미 12일 시작한 국회에서 원내 투쟁을 전개하는 것으로 전술을 전환했다. 이렇게 하여 한일기본조약 및 여러 협정의 정식 조인만 남겨 놓은 단계에서 반대운동은 일단 고양되었다가 4월 하순 이후에는 오히려 침체 국면에 접어들게 되었다.

그 결과 5월에는 반대운동이 비교적 조용하게 진행되었다. 그리고 이 시기에 반대운동의 전면에 나선 것은 학생이 아니라 야당이었다. 5월 3일 제1 야당인 민정당과 제2 야당인 민주당은 합당을 선언하고 '민중당'을 결성했다. 이것을 시작으로 4일과 8일 부산, 광주에서 투위가 주최하는 궐기대회가 열렸다. 투위는 15일 박정희의 미국 방문에 맞춰 '대일매국외교규탄민중시위대회'를 강행하려 했으나 경찰에 의해 저지되었다. 한편 학생들은 학원 사찰 등을 둘러싸고 20일 서울대 법대 학생총회가 동맹 휴교를

47 같은 책, 128쪽.

48 앞의 『韓·日 關係史의 認識 I —韓日會談과 그 反對運動』, 236쪽.

결행하는 등의 움직임이 있었으나 야당과 같이 반대운동을 고조시키지는 못했다.

그리하여 6월 들어 점점 한일조약의 조인이 다가오자 14일 민중당은 전당대회를 열고 국회에서 한일조약이 비준될 때에는 의원 총사직을 단행할 것을 시사했다.[49] 또한 같은 날 서울대 법대 학생들이 단식 투쟁에 돌입했는데, 다른 대학에 파급되는 등 반대운동은 비장감을 띠기 시작했다. 예를 들면 연세대 단식투쟁위원회가 성명서에서 "국민 의사 무시한 매국적인 한일회담이 중단될 때까지 우리는 투쟁을 계속한다", "3천만의 생명선인 평화선을 조금도 양보할 수 없다", "악덕 재벌을 타도하고 민족 자본을 육성하라", "양식인의 의사를 비인도적 무력으로 짓밟지 마라", "감금된 궐기 학생을 즉시 석방하라", "4·19 정신에 위배되는 모든 정치적 망동을 삼가라"[50]고 한 것에서 볼 수 있듯이, 이 시기의 반대운동은 정부의 반대운동 탄압에 강력하게 항의하면서 운동의 초점은 다시 한일회담에 맞추어졌다. 그러나 이와 같은 반대운동의 고조에도 불구하고 6월 22일 도쿄에서 한일기본조약 및 네 개 협정의 정식 조인이 이루어졌다. 한편 한국의 대학생 단식투쟁은 28일 종료했다.

(2) 조인 후의 조약비준 반대운동

한일조약이 정식으로 조인되자 반대운동 측은 한국 국회에서의 비준 저지를 목표로 정했다. 조인 당일에도 경찰이 학생들의 시위 행동을 엄격하게 저지했지만 조인 후 연일 전국 각지에서 대학생을 중심으로 시위가 전개되었다. 7월 13일 고려대, 동국대, 서울대, 숙명여대, 연세대, 이화여대

49 『朝鮮日報』 1965년 6월 15일 자.
50 앞의 『6·3學生運動史』, 500~501쪽.

의 대표자가 '한일협정 비준반대 각 대학연합체'(한비연)를 결성했다. 7월 14일 공화당이 국회에 한일협정비준동의안을 제출하자 그다음 날 한비연은 '제1회 한일협정비준저지공동규탄대회'를 개최하고 (1) "지금 진행되고 있는 비준 반대 서명운동에 적극 참여한다", (2) "매국회담의 공범자로 휩쓸려 들어가려는 공화당 소속 국회의원들을 형제의 정으로 민족 양심에 호소하고 설득하는 데 최선을 다한다", (3) "민족 주체성 확립을 위하여 일제 상품 및 외래 사치품 불매 운동을 광범위하게 전개한다", (4) "우리는 왜색 배격운동을 범국민적으로 벌인다"[51] 등을 결의했다.

한일조약 국회 비준을 눈앞에 두고 기독교도와 대학교수 등도 반대운동에 참가했다. 7월 1일 기독교 목사 약 100명이 성명서를 통해 한일조약의 여러 문제를 지적한 다음 "정부는 한·일 협정에 관한 애국적 국민의 의사 표시를 권력으로 탄압하는 행위를 즉시 중지하기를 촉구한다", "정부는 한·일 협정에서 국민 여론에 순응할 자세를 갖추기 바란다", "국회는 여·야 함께 정당보다도 한국 역사의 장래를 위하는 의미에서 민족정기의 앙양을 중시하여 굴욕적인 한·일 협정의 비준을 거부하기 바란다"[52]는 내용의 결의문을 발표했다. 9일에는 재경 문학인 일동의 명의로 한일조약 반대성명이 나왔다. 12일에는 재경 대학교수단 354명이 한일조약의 문제점을 지적한 뒤 "정부는 이 모든 희생을 무릅쓰는 이유가 일본과 제휴하여 반공 세력을 강화하는 데 있다고 주장하고 미국 역시 이를 뒷받침하여 왔다. 그러나 일본 측은 여전히 한·일 국교정상화가 반공을 위한 조치는 결

51 같은 책, 505쪽. 여기서 얘기하는 일본 상품 불매 운동은 6월 21일 연세대에서 시작되어 서울의 각 대학으로 확대되었으나, 일반 대중의 참가를 촉진할 정도로 큰 영향력을 발휘하지는 못했다.

52 같은 책, 516쪽.

코 아니라고 밝히고 있다."[53]고 한일 간의 인식 차이를 지적하는 통렬한 성명을 발표했다. 나아가 14일에는 예비역 장성 11명이 회담반대 성명을 발표하기에 이르렀다.

이와 같이 한국의 한일조약 비준 반대운동은 학생과 야당에 국한하지 않고 폭넓은 층에서 추진되었다. 이러한 움직임은 7월 31일 '조국수호국민협의회'가 결성되면서 마침내 결실을 맺었다. 이 조직에는 대학교수단, 예비역 장성, 종교인, 문인 등 300여 명이 참가했다. 그리고 8월 11일에는 기존의 '대일굴욕외교반대범국민투쟁위원회'와 '조국수호국민협의회'가 연합하여 비준저지 대책을 위한 8인 소위원회를 구성했다.

이에 대해 정부, 여당 측도 한일조약을 지지하는 세력을 동원했다. 특히 한일조약 조인 이후 한일조약을 지지하는 성명이 신문 등에 여러 번 게재되었다. 예를 들면 7월 7일 자 대한상이군경회장 신동욱申東旭 등 세 명이 발표한 성명은 다음과 같다.

> 한일 양국이 국교를 정상화해야 한다는 것은 비단 한일 양국뿐만 아니라 전 자유세계의 이익에 부합하는 것이다. 이것이 바로 미국을 비롯한 우방국가가 한결같이 두 나라의 타결을 강력하게 희망하는 소이所以이다.
>
> 물론 우리는 지난날 광폭했던 군국주의 일본에 대한 우리 국민의 증오와 원한에 찬 국민감정을 결코 잊을 수는 없다. 그러나 역사는 변천하고 있으며 우리는 보다 현명하고 실리적이며 대국적인 관점에서 미래의 역사를 내다보는 안목을 지녀야 할 총명을 가져야 하겠다.[54]

이 성명과 같이 한일조약을 지지하는 세력의 논조는 대부분 자유세계 결

53 같은 책, 522쪽.
54 『朝鮮日報』 1965년 7월 7일 자.

속의 중요성을 강조하는 것이었다. 그것은 '공산 세력의 위협'을 역설하면서 반대운동이 사회를 혼란시키고 있다며 자제할 것을 요구하는 논조와도 통하고 있다.[55]

또한 7월 8일 대한예수교장로회 총회장 김윤찬金允燦은 「전국 기독교인에게 고하는 담화문」에서, 한일 국교정상화를 지지하면서도 "우리는 경제적 침략을 두려워하고 있다. 실로 경제적 침략은 우리가 겪었던 정치적 침략보다도 더욱 무서운 것이다. 그러나 우리 민족이 자주성, 주체 의식을 갖고 나갈 때는 민족의 활로가 있으나, 자주성이 상실될 때는 그 누가 침략치 않더라도 스스로가 망하고 마는 것이다. 앞으로 우리가 살 길은 오직 자주성을 보존하고 외래품을 불매 · 배격하여 국내 물품을 장려하는 길만이다."[56]라고 말했다. 앞의 신동욱 등의 성명과 마찬가지로 이 시기에 나온 성명은 원칙적으로 한일 국교정상화를 지지하면서도 한국 국민의 반일 감정과 일본의 경제 침략에 대한 경계심에 신경 쓴 것이 눈에 띈다.

이러한 와중에 7월 12일 제51회 임시국회가 시작되었는데, 여당인 공화당이 한일조약 비준동의안을 제출하자 국회는 갑자기 공전해 버렸다. 이 사태를 수습하고자 20일에 박정희와 박순천朴順天 사이에 여야 영수회담이 열렸다. 그 결과 제51회 임시국회를 21일로 폐회하고 29일 제52회 임시국회를 소집하는 것으로 합의되었다. 민중당의 주류인 온건파는 한일조약 비준에 대해 "싸우기는 싸우되 결정적인 (국회) 파국만은 면하자"[57]는 자세였다. 이때 여야 영수회담 합의 내용에서 "헌정 질서를 유지하고 여

55 예를 들면, 대한학도의용군동지회 全鑽煥은 "우리의 더욱 큰 적은 일본보다도 공산 침략이고 국민 자세의 위축 분열이다."라고 말하고, "민주 헌정은 우리의 목숨으로 수호하여야 한다."고 호소했다(『朝鮮日報』 1965년 7월 16일 자).

56 『朝鮮日報』 1965년 7월 8일 자.

57 같은 신문, 1965년 7월 21일 자.

야 간에 극한적인 대립을 지양토록 서로 노력한다."[58]고 했듯이 민중당 온건파는 국회를 공전시키는 데에는 소극적이었다. 이 조치를 둘러싸고 민중당에서는 강경파인 윤보선 당 고문이 탈당했고, 그 후에도 민중당 내에서는 비준 저지 전술로 해당론解黨論, 의원 사직 등의 논의가 격렬해지면서 당내 의견 일치를 볼 수 없었다.

이와 같이 한일조약 비준에 반대하는 여론이 고양되었음에도 불구하고 대변자여야 할 민중당은 비준 저지를 위해 결속하지 못했다. 이러는 동안 정부와 공화당은 11일 번갯불에 콩 볶듯이 한일협정 비준동의안을 특별위원회에서 통과시켜 버렸다. 그리고 14일에는 공화당만의 본회의에서 단독 심의하여 비준동의안 통과를 실현했다.

한국 국회에서 한일조약 비준동의안이 강행 처리된 것에 대해 학생, 야당 등을 비롯한 반대세력이 일제히 반발하여 투위, 조국수호국민협의회, 그리고 각 대학 등에서 비준무효 결의가 나왔다. 이에 대해 '6·3사태'의 재현을 우려한 정부는 20일 비준 반대를 주장하는 단체에 대해 법적 조치의 실시를 언명하고 24일에는 시위 슬로건에 "반국가적 경향이 있다"면서 내란·선동죄 적용을 검토하겠다고 발표했다. 나아가 25일에는 박정희 대통령이 "최근 한일협정 비준을 전후하여 일어나고 있는 학생 데모는 또다시 이 사회를 혼란과 불안의 도가니로 몰아넣고 있다."[59]고 경고하는 특별담화를 발표했다. 그리고 26일에는 서울시 일원에 위수령을 발동하고 대학 등을 중심으로 일제 단속을 벌이는 등 탄압을 가하고 시위를 진압했다. 이렇게 하여 일련의 한일조약 반대운동은 1965년 9월이 되어서야 겨우 수습 국면에 들어섰다.

58 위와 같음.
59 『朝鮮日報』 1965년 8월 26일 자.

Ⅲ. 운동의 주체와 주장

1. 조직

다음으로 한국의 반대운동이 어떤 사람들에 의해 전개되었는가 하는 점을 정리해 본다. 1964년 재빨리 조직을 결성한 것은 야당이었다. 여당인 민주공화당이 군사 쿠데타 요인들을 중심으로 결성된 것에 대해, 당시 2대 야당인 민정당과 민주당은 구 민주당 정권기의 정치인들에 의해 결성되었다. 민주당은 구 민주당 간부, 민정당은 구 민주당에서 분파된 구 신민당의 정치인들을 주축으로, 1963년 1월 1일 정치활동 재개 후에 결성되었다. 야당은 1964년 3월 9일 대일굴욕외교반대범국민투쟁위원회(투위)를 발족했다. 투위는 원내에서는 물론이거니와 전국 유세 등의 원외 투쟁도 벌였다. 그러나 1964년 투쟁의 주역은 학생이었다. 3·24시위는 서울대 문리대, 고려대, 연세대 등이 중심이 되어 전개되었고, 그 후에는 각 대학에 '한일굴욕외교반대투쟁위원회'가 결성되어 서울대 문리대가 학생 시위를 주도했다. 5·20시위를 이끈 한일굴욕회담반대대학생총연합회도 서울대 문리대, 동국대를 비롯한 학생들의 집합체였다. 다만 앞에서 서술한 대로 5·20시위는 말하자면 급진파 학생들에 의한 것이었다. 급진파가 일제히 검거되자 온건파인 한국학생총연합회가 '난국타개전국학생대책위원회'를 결성하고 5·25궐기대회를 주도했다. 이와 같이 1964년 시위는 경찰의 거듭되는 탄압에도 불구하고 각 대학 조직의 연합체로 구성된 통일 조직을 계속해서 결성하면서 6월 3일까지 운동을 고조시킬 수 있었던 것이다.

1965년의 경우, 역시 야당 주도의 조직인 투위가 시이나 방한에 맞추어 재결성되어 적극적으로 국회 및 가두 투쟁을 전개했다. 그 후 야당은 5월 민중당을 결성하면서 원내 투쟁의 통일을 시도한다. 그러나 공화당이 한일조약 비준동의안 제출을 강행하고 그 후 7월 14일 열린 의원총회 후 당의 원내 전술을 둘러싼 내부 대립이 표면화되었다. 즉 적당한 시기에 야당 의원이 총사직하는 것으로 여론을 환기하고 비준동의안 성립을 막으려는 논의(의원 총사직론)와 민중당을 해체하고 원외 투쟁을 전개해야 한다는 논의(당 해체론)가 그것으로, 전자는 박순천 대표최고위원 등 주류파(구 민주당계)가, 후자는 윤보선 등 비주류파(구 민정당계)가 주장했다. 이 내부 대립은 결국 비주류파 의원의 탈당이라는 형태로 끝났다. 게다가 주류파의 의원직 사퇴서가 수리되기 전에 공화당만의 '일당 국회'에서 비준동의안이 가결되어 버렸다. 이와 같이 민중당은 한일조약 반대 세력의 정치적 기대를 바탕으로 결성되었음에도 불구하고 내부 대립을 수습할 만한 통솔력을 발휘하지 못했다. 그 결과 비준 국회 당시 당 자체가 분열했기 때문에 활약할 시기를 놓쳤다고 할 수 있다.

한편 학생 측은 1964년 6월 3일 계엄령 발동 이후 온건한 학생들의 주도하에 구속학생 석방과 학원자유 보장 등을 요구했다. 다만 그 과정에서 '박 정권 하야' 같은 반정부적 주장은 자취를 감추고 한일회담 내용만 비판하는 방향으로 전환했다. 서울대 법대가 눈에 띄는 움직임을 보였지만, 한일회담보다는 학내 투쟁으로 초점이 옮겨졌다. 학생들이 다시 기세를 올린 것은 한일조약 조인을 전후한 무렵부터 비준까지의 시기이다. 조약이 조인된 후 우후죽순처럼 각 대학에서 한일조약 비준 저지를 내걸고 다양한 운동이 전개되었다.[60] 이러한 중에 1965년 7월 13일에는 각 대학의

60 학생에 의한 한일조약 반대운동은 처음에는 전국적으로 통일된 조직하에 전개되었다기보다는 개개 대학(그리고 고교 등)의 사정에 따라 그 전개를 달리했다. 전체적으로 보면 1964년 3월부터 5월에 걸쳐 각 대학에 한일굴욕외교반대투쟁위원회가 결성되었다. 그리고 1964년 5월 20일 이후 한국학생총연합회 산하 각 대학의 학생회가 운동의 주체로 되어 갔다. 또한 학생운동의 전통을 가진 서울대나 고려대에서는 사회과학계 서클

대표가 모여 '한일협정 비준반대 각 대학연합체'(한비연)가 결성되었다.

신동호申東浩는 한일회담 반대운동 학생 세력을, 반공 민족주의를 지향한다는 의미에서 '우파 학생운동'으로 불렀다.[61] 이 점은 야당 세력도 마찬가지였다. 군사정권이 발족할 때부터 혁신계 정당 및 단체 구성원을 용공주의자로 일제히 검거했기 때문이다. 또한 앞에서 서술한 대로 학생뿐만 아니라 각계에서 한일조약 비준 반대 목소리가 높아지자 조국수호국민협의회가 결성되었다. 이와 같이 1965년 최종적으로 통일 조직이 만들어져 한일조약에 반대하는 국민의 목소리를 대변한 것은 평가할 만한 가치가 있다고 할 수 있다.

그러나 전반적으로 보아 반대운동은 충분히 연계되지 못한 채 각 조직, 각 대학에서 산발적으로 전개되었다. 또한 야당과 학생들의 조직에 직접적인 연계가 없었던 점도 반대운동 세력이 결집되지 못했던 요인이다.[62] 그러나 이는 반대운동 진영만의 문제는 아니었다. 권진희權珍姬가 지적했듯이, 발족될 때부터 중대한 반정부운동에 직면한 박정희 정권은 "지속적으로 긴급조치나 위수령 및 계엄령과 같은 물리적 · 억압적 수단을 사용했

또는 그 멤버가 운동 지도부로 대두하고, 경희대는 체육회계 서클 멤버가, 동국대는 병역을 마친 예비역 학생이 운동 지도부가 되었다. 한편 성균관대에서는 총학생회 조직이 강했으나 3·24시위 때에는 역할을 하지 못했다. 총학생회의 지도하에 가장 효과적으로 운동을 전개한 곳은 한양대였다. 국민대와 한국외국어대는 대통령 관저, 중앙정보부 청사와 거리가 가까웠기 때문에 운동에 제약이 있었다. 한일조약 조인 이후 한국학생총연합회에 적극 참가한 숙명여대와 이화여대 학생을 시작으로 여대생의 활약도 눈에 띈다. 특히 이화여대는 한국 근해를 단속하기 위한 경비정을 건조하기 위한 모금 활동 등 독자의 활동을 전개했다(앞의 『人物로 보는 오늘의 韓國政治와 6·3世代』).

61 같은 책, 330쪽.

62 이 점과 관련하여, 太田修는 한국의 반대운동이 '한일조약체제'를 대신하는 '대책'으로 '한국민주주의'론을 제기한 것이라고 주장한다. 그 내용은 (1) 민중이 주체, (2) 세계에 열려 있는, (3) 통일을 전제로 한 자립 경제 시스템을 지향, (4) 한일 체제보다 평화적인 남북 통일이다(太田修, 『新裝新版日韓交渉 請求權問題の硏究』, クレイン, 2015, 287~291쪽).

으며 동시에 반공 이데올로기와 경제발전론에 기반하여" 그 존립을 도모했던 것이다. 요컨대 "한·일 국교정상화 반대운동을 억압하는 과정을 거치면서 박정희 정부는 정치적 저항운동에 대처하는 대응 논리와 방법을 획득, 발전시킬 수 있게 되었던" 것이다.[63] 반대운동의 조직상 문제를 검토할 때 이와 같은 박정희 정권의 반대운동에 대한 대응을 무시할 수 없다.

2. 주장

(1) 『한일회담 백서』와 「현 한일회담 저지투쟁의 정당성」

한일회담 반대운동이라고 한마디로 말할 수 있지만, 그 주장은 시기나 단체에 따라 다양했다. 한일회담 반대운동 세력의 주장은 (1) 한국정부의 대일 저자세 비판, (2) 이승만라인(평화선) 사수, (3) 일본의 경제 침략에 대한 경계, (4) 미국의 한일회담 개입에 대한 비판 등으로 집약된다. 또한 한국정부에 대한 주장으로는 (5) 구속 학생 석방, (6) 학원 사찰 등의 탄압 행위에 대한 비판 등을 들 수 있다.

그렇다면 한국정부는 한일조약의 내용에 대해 어떻게 설명했던 것일까. 여기서는 1965년 3월 간행된 『한일회담백서』(이하 『백서』)를 살펴보기로 한다. 한국정부는 한일회담 반대운동이 다시 고조되자 『백서』를 비롯한 다양한 팸플릿과 소책자를 발행하여 한국 국민에 대한 선전 활동을 전개했다.[64] 따라서 『백서』는 한국정부의 주장을 명확히 보여 준다.

『백서』의 주장을 정리하면 다음과 같다. 먼저 한일회담 타결의 배경에

63 권진희, 「한·일 국교정상화 반대운동과 박정희 정부의 대응양식에 관한 분석」, 이화여자대학교 대학원 석사학위 논문, 1996, 84쪽.

64 1965년 출판된 정부 간행물 중 중요한 것을 들어보면 다음과 같다(모두 한국어). 大韓民國公報部, 『韓日會談의 어제와 오늘』, 같은 『韓日協定의 問題點의 解說』, 대한민국정부, 『韓日會談 合意事項(假調印 內容과 解說)』, 같은 『大韓民國과 日本國間의 條約 및 解說』.

대해 한국정부는 외적 요인으로 "자유 진영의 결속", 내적 요인으로 승공통일勝共統一을 위한 "다각적 경제협력 관계 수립"을 들었다. 동시에 일본의 경제 침략이라는 반대운동의 주장에 대해 "정부는 이 점에 관한 충분한 보장 조치를 강구하고 있으므로 경제협력 자체를 무조건 거부해서는 안 될 것이다."[65]라고 적고 있다.

나아가 『백서』는 「한·미·일 경협과 경제침략설에 관하여」라는 절에서 세계 경제의 추세가 지역적 블록화 방향으로 전개되고 있다고 설명하고 그것이 강대국의 약소국에 대한 경제적 침략이 아니라는 점을 강조했다. 나아가 "경제협력을 통한 유리한 면보다 침략의 가능성만 우려한다면 후진국은 봉쇄 경제를 유지하고 외부와의 경제 관계를 단절해야 할 것"[66]이라고 서술하여 경제침략설을 비판했다.

다음으로 기본조약의 「구 조약 무효 조항」에 대해 『백서』는 "무효의 시기에 관하여는 '무효'라는 용어 자체가 별단別段의 표현이 부대附帶되지 않는 한 원칙적으로 '당초부터' 효력이 발생하지 않는 것이며 '이미'라고 강조되어 있는 이상 소급해서 무효Null and Void이다."[67]라고 설명했다. 또한 『백서』는 대일청구권이 샌프란시스코 강화조약 제4조에 입각한 것으로, "흔히 청구권 문제와 관련하여 '일제의 36년간 식민지적 통치의 대가'로서 논의하는 일부의 의견은 한·일 간의 청구권 문제에는 이와 같은 배상 청구를 포함시킬 수 없다는 근본적 입장을 인식하지 못하는 데서 일어나는 개념의 혼동"이라고 반대운동의 주장을 비판하고 있다.[68] 그러나 이

65 大韓民國政府, 『韓日會談白書』, 1965, 9쪽.
66 같은 책, 141쪽.
67 같은 책, 19쪽.
68 같은 책, 41쪽.

와 같은 한국정부의 설명은 오히려 기본조약과 청구권 문제의 관련성에 대해 혼란을 주고 있다.

이어 청구권 문제에 대해 『백서』는 한일 간 주장의 차이에 따른 "정치적 해결의 불가피성"을 언급하고 있을 뿐 구체적으로 어떻게 논의되었는지는 전혀 설명하고 있지 않다. 게다가 『백서』는 일본에서 들어올 자금의 사용 방법에 대해 (1) "자금의 혜택이 전 국민에게 골고루 돌아가는 용도에 우선적으로 배분한다", (2) "과거의 쓰라린 치욕을 다시 되풀이하는 일이 없도록 후손에게 경고하는 표적이 되고 겨레와 더불어 길이 남을 대단위 사업을 일으킨다", (3) "규모의 대소, 업종의 여하를 막론하고 특정 개인이나 단체의 이권의 대상이 되지 않게 한다", (4) "되도록 많은 국민이 건설에 참여할 수 있는 사업을 우선적으로 추진한다"는 등의 안을 제시했다.[69]

끝으로 『백서』는 어업 문제의 최대 쟁점인 이승만라인(평화선)에 대해 이렇게 설명했다. "일단 협정이 체결되면 그것은 바로 국제법이 되는 것이며, 협정에 규정되는 유효한 감시 수단에 기하여 협정을 위반하는 일 어선을 적발할 수 있고 우리는 일본에 국제법 위반에 대한 국가 책임을 물을 수 있게 되는 것"이다. 따라서 "일 측에 남는 길은 협정 준수밖에 없게 되는 것이다."[70] 한국정부는 이와 같이 서술하여 이승만라인은 협정의 형식으로 엄연히 남게 된다고 주장했다.

이와 같은 『한일회담 백서』 내용에 대해 체계적인 비판을 전개한 것이 『사상계』 1965년 7월호에 게재된, 서울대학교 법과대학 한일문제연구회의 「현 한일회담 저지투쟁의 정당성」이라는 논문(이하 「논문」)이다. 이 「논문」은 1965년의 반대운동을 이끈 서울대 법대 학생이 같은 해 5월 10일 자

69 같은 책, 46~48, 52~53쪽.
70 같은 책, 79~80쪽.

로 작성한 것이다.[71] 이 논문을 통해 반대운동의 논리를 들여다볼 수 있다.

「논문」은 서두에서 한 · 미 · 일 3국의 사정에 대해 다음과 같이 분석하고 있다. 한국으로서는 자립 경제의 확립이 긴요하다. 다만 "현존 경제 구조의 개혁 없이는 막대한 외화의 공급이 필연적으로 요청되며 그것의 감소는 (한국 경제의) 현상 유지마저 힘들게 할 것이다."[72] 한편 미국은 '달러 위기'를 고민하고 있는데, 그 최대의 원인은 대외 군사비의 지출에 있다. 그래서 미국은 "무역 증진, 대외 지출, 특히 군사비와 원조 지출의 감축과 함께 서독, 일본 등으로 하여금 저개발국에 대한 군사적 · 경제적 원조를 분담케 하고 있다."[73] 또한 일본은 상품 과잉 생산으로 경제 성장의 둔화 과정에 있다. 그리하여 일본은 대한 투자 및 기업 진출을 통한 자국 본위의 경제 팽창을 노리고 있다. 따라서 한일 국교정상화에 의해 미국은 한국에 대한 군사적 · 경제적 의무를 일본에 분담시킬 수 있으며, 일본은 국내 경제의 문제를 해소함과 동시에 대미 발언권도 강화할 수 있다.

이와 같이 「논문」은 한국의 자립 경제 확립의 중요성을 역설하는 한편, 한일 국교정상화에 의한 미일 양국의 이익을 지적했다. 그리고 「논문」은 한일 국교정상화가 한국에 유익한가 하는 관점에서 한일기본조약 및 어업, 청구권, 법적 지위 문제의 합의 내용에 대해 다음과 같이 분석했다.

우선 「논문」은 기본관계에 대해 논점을 한국병합 이전의 구 조약 무효 확인 조항으로 한정하고 있다. 즉 "일본은 (구 조약의) 무효 시기를 1948년 8월 15일로 해석하고 있다(시이나 외상의 국회 증언).[74] 따라서 (일본정부는)

71 이하 이 논문에 관한 기술은 앞의 『6·3學生運動史』, 552~562쪽에 의함.

72 같은 책, 553쪽.

73 같은 책, 554쪽.

74 椎名는 1965년 2월 26일 참의원 본회의에서 "병합조약이 무효가 된 시점은 동 조약의 내용과 모순하는 사태가 생겼을 때, 즉 대한민국의 독립이 1948년 8월 15일 독립선언으

36년간의 식민지 통치를 합법화했고 한국이 그것을 자인하는 치욕적 결과를 초래했다."[75]고 했다. 이와 같이 「논문」은 시이나 외상의 국회 답변을 인용하여 한국정부의 공식 견해와의 모순을 언급한 것이다. 다만 기본관계 문제 중 한국정부의 유일 합법성 확인 조항에 대한 비판은 전혀 없다.

다음으로 청구권(무상 공여 3억 달러)에 대해 「논문」은 "정치적 타결(김종필·오히라大平 메모)이라는 명목으로 이루어진 3억 달러는 산정이 너무 무정견하다."고 비판했다. 나아가 "3억 달러 중 대일 청산계정 4,500만 달러를 제외하면 매년 사용 가능액이 2,500만 달러 정도다(개인에게 정부가 지급해야 할 금액 포함). 이것은 한국 경제에 있어서조차 대단치 못한 비중을 차지하는 소액이며(1964년도 한국의 가용 외화량은 3억 3,000만 달러이고, 1963년도 수입총액은 5억 6,000만 달러였다), 이것을 과거에 대한 대가로 교환해 버린 정부의 처사를 도대체 어떻게 이해할 것인가."[76]라고 서술했다. 그리고 「논문」은 일본의 동남아시아에 대한 배상액을 제시하면서 3억 달러라는 숫자는 일본의 식민지 지배 대가로는 대단히 소액이라고 논했다.

또한 일본의 경제 원조에 대해서도 「논문」은 한국이 대일 채무국이 된다는 점을 강조하고, (1) AID(Agency for International Development, 국제개발처)나 서독의 차관에 비해 결코 유리한 조건이 아니며, (2) 일본의 원조가 후진국의 경제개발보다 자국 경제의 발전을 목적으로 하고 있고, (3) 일본이 선진국에 대해서는 무역 자유화를 진행하면서 한국으로부터의 수입품은 비자유화 품목으로 하고 있는 점 등을 들어 비판했다.

로 이루어진 것이기 때문에 그때에 무효가 되었다는 의미입니다."라고 설명했다(『第四八國會參議院本會議會議錄』 1965년 2월 26일 자).

75 앞의 『6·3學生運動史』, 556쪽.

76 같은 책, 557쪽.

여기서 한 가지 지적할 수 있는 것은 한국정부도 반대운동 세력도 개인 청구권의 문제를 경시했다는 점이다. 「논문」은 개인 청구권에 대해 논하고는 있지만 논의의 중점은 일본에서 유입되는 자금의 규모였다. 즉 일본에서 유입되는 자금의 용도, 특히 개인 보상을 어떻게 실현할 수 있을까라는 점에 대해서는 한국정부도 반대운동 세력도 거의 논의하지 않고 끝내버린 것이다.[77]

다음으로 「논문」은 이승만라인 문제에 대해 "평화선은 선언에 명시된 바와 같이 '보존수역'이다. 이것이 분쟁점이 되는 이유는 오직 한국에만 '자주규정의 원칙'을 부인하려는 일본의 제국주의적 사고방식에 있다."고 서술하여, 일본이 이승만라인 설치의 '정당성'을 전혀 인정하지 않는 점을 규탄했다. 나아가 「논문」은 "격심한 어업 기술의 차이가 겨우 9,000만 달러의 어업협정 자금으로 만회될 수 있을까"라고 한 뒤 "'평화선은 존치된다'는 정부의 선전은 기만의 도를 넘어 강대국에 굴복함이 당연하다는, 반시대적 제국주의의 논리를 대변하고 있다."고 서술하여, 일본과의 어업협정에 응한 한국정부를 비판했다. 이와 같이 반대운동 세력에게 '평화선' 존속은 한국정부가 일본 제국주의에 단호한 자세를 보였는지 여부를 확인하는 지표였던 것이다.

이와 같이 「논문」은 한일기본조약 및 여러 협정의 내용이 한국 및 한국

77 이 점과 관련하여 太田修는 당시 한국 국회에서 개인에 대한 보상 문제가 논의된 사실을 명확히 했다. 즉, 1964년 4월 16일부터 5월 12일까지 한국 국회 외무위원회에서 '社團法人 汎太平洋同志會準備委員會'가 「對日補償金 請求에 관한 請願」을 제출하고, 이 위원회에서 개인 보상 문제가 심의되었다. 그러나 심의 결과, 姜文奉 외무위원장은 "개인 보상 문제를 해결하기 위한 특별 기관의 설치를 요구하지 않고 정부에 일임한다고 附言"하고, 심의 결과에 대해서는 외무위원회가 직접 정부에 건의한다는 '비공식' 처리 방법이 결정되어 버렸다. 개인 보상의 문제에 대해 한국정부가 충분히 준비를 하지 않고 있었던 것이 그 이유였다(太田修, 앞의 책, 237~240쪽).

국민의 이익을 어떻게 손상했는가 하는 점을 충분히 명확하게 밝혔다고 할 수 있다. 다만 한편으로 이 문서의 '반공'성에 대해 논하지 않을 수 없다. 예를 들면 법적 지위에 대해 「논문」은 "60만 재일교포는 분명 한국정부의 보호를 바라고 있다. 교포의 법적 지위에 대한 협약이 그네들의 의사를 충분히 반영하지 못하고 오히려 심각한 반대 여론에 봉착하고 있다. 이는 특히 대북한 승공 정책과도 관련이 있는 문제이므로 중요시된다."[78]고 서술했다. 또한 「논문」 마지막에는 "일견 반정부적 행동처럼 보이더라도 그것이 민족 이익이나 국제적인 장래를 염두에 둔 체계적 운동일 때는 정치, 사회나 경제 구조에 기여함이 많은 것이다."[79]라는 서술에서 볼 수 있듯이 반대운동 자체의 '정당성'이 제시되어 있다. 이와 같은 점은 한국의 반대운동을 주도한 학생들이 '우파'로 불리는 까닭이며, 뒤에서 서술하는 일본의 반대운동과 크게 다른 점이었다.

(2) '비준 국회'에서의 논전

끝으로 1965년 7월 31일부터 8월 11일까지 한국 국회에서 열린 '한일 간 조약과 제 협정 비준동의안 심사특별위원회'에서의 토의 내용을 검증한다. 이 위원회의 심의는 8월 3일부터 시작되었다. 이날 민중당의 정일형鄭一亨 의원이 「비준안을 환송하는 동의」안을 제출했으나 이 안은 재석 28인 중 찬성 10, 반대 16, 기권 2로 부결되었다.[80] 또한 8월 5일 심의는 여당

78 앞의 『6·3學生運動史』, 560쪽.

79 같은 책, 562쪽.

80 『朝鮮日報』 1965년 8월 4일 자. 「비준안을 환송하는 動議」안을 제출한 鄭一亨은 제출한 이유로 (1) 국회법을 무시한 발의이며, (2) 한일기본조약 및 여러 협정이 위헌적인 조약이고, (3) 조약 자체에 不備가 있으며, (4) 일본의 국회 심의가 끝날 때까지 한국 국회도 신중한 고려와 심사를 해야 한다, (5) 조약의 연구와 이해를 위해 시간적 여유를 가지고 국민들에게 선전 계몽을 해야 하며 졸속주의의 비준 방법은 국민을 우롱하고 기

만으로 강행되었다. 야당은 이에 강하게 반발했지만 8일부터는 위원회에 출석했다. 이와 같은 경과 속에서 심의는 여당과 야당이 격하게 대립하는 긴장된 분위기 속에 이루어졌다.

질문은 기본조약과 어업협정, 나아가 독도 영유권 문제에 집중되었다.[81] 기본조약에 대해서는 특히 구 조약의 무효 시점이 초점이 되었다. 이에 대해 이동원李東元 외무부장관은 "법적인 근거로서 무효 중에서도 가장 강력한 법적인 술어인 '널 앤드 보이드null and void', 이 법적인 술어를 기본조약에 명시했습니다."라고 하면서, "'얼레디already'라고 하는 말이 붙은 까닭에 '널 앤드 보이드null and void'라고 하는 법적 구속력이 어느 정도 희미해지지 않느냐 하는 말도 있습니다만, '얼레디'가 붙어서 '널 앤드 보이드'라 하는 법적인 술어가 희미해진다는 예도 없고 또 그와 같은 법적인 술어를 법학사전에서 여러분이 찾기가 곤란할 것입니다."라고 답변했다.[82] 또한 이동원은 'null and void'가 한국의 제안이며 'already'가 일본의 제안으로, "왜 일본 사람들이 '얼레디already'를 넣으려고 하느냐, 자기들이 가서 '널 앤드 보이드null and void'는 먹은 것 같지만 적당히 해석

만하는 결과를 가져온다, (6) 일본정부의 침략주의를 방어하기 위한 국내법의 제정과 정비 조치가 이루어지지 않았다는 점 등을 거론했다(「韓日條約과 諸協定批准同意案審查特別委員會會議錄」, 고려대학교 아세아문제연구소 일본연구실 편, 『韓日關係資料集 제1집』, 1976, 212~219쪽).

81 재일 한국인의 법적 지위 문제나 문화재 문제에 관한 질문도 있었으나 기본관계, 어업, 다케시마=독도 영유권 문제에 비해 질문 시간이 매우 적었다. 다만 재일한국인의 법적 지위 문제에 대해서는 8월 11일에 민중당의 朴漢相 위원이 "이 법적 지위야말로 매국적이고 굴욕적인 내용이 포함되어 있다."면서 집중적으로 질문했다. 그 요점은 두 가지였다. 첫째, 강제 퇴거의 가능성 등으로부터 법적 지위 협정은 한국이 "일방적인 일본의 고려 내지는 일방적인 특혜적 조치만을 바라는" 형태로 되어 있다는 것이다. 둘째, 조선적 등록자를 별도로 취급하는 것은 '두 개의 한국'을 용인한다는 것이다. 이들 질문에 대해 한국정부로부터 명확한 답변은 없었다(같은 자료, 391~402쪽).

82 같은 자료, 251쪽.

하기 위해서 그것('already')을 꼭 집어넣어 달라고 하는 것 같다고 …… 그러나 '널 앤드 보이드null and void'는 먹은 것입니다. 또한 여기에 대한 영문의 해석에 있어서 이론이 있을 수가 없습니다."라고 말했다.[83] 요컨대 이동원은 'null and void'라는 용어가 법률의 근본적인 무효를 보여 주는 것이며 'already'라는 단어가 있어도 구 조약 자체의 무효성을 부정하는 것은 아니라고 설명한 것이다.[84]

그러나 야당은 납득하지 않았다. 민중당의 이중재李重載 의원은 시이나 외상이 "한국이 독립한 1948년을 무효 시점으로 하고" 있다고 한 말을 들어 다음과 같이 말했다. "이러한 구 조약의 무효 시점을 '이미 무효'라고 애매한 표현을 씀으로써 양국이 서로 기분 나는 대로 다른 해석을 내리게 해서 일본으로 하여금 과거의 군국주의 통치를 합리화할 수 있는 여지를 남겨 주는 치욕적인 결과를 가져왔는데, 이런 것은 한국정부가 기본조약 당시에 일본과 서로 양해하고서 한국에 있어서의 민족정기가 두려워 우물우물한 것이 아닌가", "이와 같이 주체성 없는 한국 대표들의 협의 결과는 결국 36년간의 일본의 한국 통치가 합법적이었으며 한국 국민의 희생과 약탈 착취의 대가로서 배상에 비할 만큼 청구권을 요구할 수 없는 근거와 구실을 스스로 일본에 마련해 주었다."[85] 이와 같이 야당은 기본조약 제2조가 일본에 식민지 지배를 합법이라고 해석할 수 있는 근거를 부여한 것

83 같은 자료, 282쪽.

84 확실히 'null and void'라는 표현은 법률이 근본적으로 무효일 때 쓰인다. 그러나 그 경우 법률문 중에 무효가 되는 근거가 명기되는 것이 보통이다. 'already null and void'는 한일기본조약 체결 시 한국병합조약 이전에 한일 간에 체결된 여러 조약이 무효가 된 상태를 보여 준 것에 불과하다. 그러므로 필자는 한일기본조약 제2조에서는 구 조약의 합법성에 대한 판단이 명시되지 않은 것으로 생각한다.

85 앞의 『韓日關係資料集 제1집』, 293쪽.

이라고 정부를 비판했다.[86]

또한 야당은 기본조약에 일본의 식민지 지배에 대한 사죄가 포함되어 있지 않은 점을 추궁했다. 이에 대해 문덕주文德周 외무부차관은 시이나 외상 방한 때 발표한 도착성명 내용이 2월 20일 한일 공동성명에 담겼다고만 답변했다.[87]

다음으로 한국정부의 유일 합법성 확인에 대해 이동원은 "대한민국 수립의 기본적 조문이 1948년 12월 12일 국제연합 결의문〔제195호(III)〕입니다." 그러므로 "이 결의문에 따라서 문자 그대로 대한민국이 한반도에 있어서 유일의 합법 정부입니다. 그러한 까닭에 앞으로 일본국이 북괴와 정상적인 외교관계 또는 영사관계를 맺을 수 있는 가능성을 봉쇄"[88]했다고 설명했다.

이에 대해 민중당의 김대중 의원은 국제연합 결의의 의미에 대해 "대한민국정부는 남한에서 국제 감시하에 선출된 민주주의 정부"이며, "대한민국정부는 남한에 대해 실효적인 통치와 관할권을 가진 합법 정부"이고 "국제연합에 협조하는 정부"이며 "그러한 정부는 전 한국(한반도 전체)에서 대한민국정부뿐"이라는 해석을 제시했다. 다만 이 결의는 "(북위 38도

86 이와 관련하여 또한 구 조약을 무효라고 하는 것에 의해 일본의 '합법'적 식민지 지배를 전제로 하는 청구권의 주장과 모순되는 점에 대해, 文德周 외무부차관은 "그와 같은 문제가 생길 여지가 분명히 있을 수 있다."고 답변했다. 그러나 문덕주는 구 조약 무효에 대한 한국의 주장이 "우리 민족의 정기"나 "우리나라의 대한민국임시정부의 법통을 유지하는 하나의 기본조약이다."라는 관점으로부터 된 것이라고 설명했다. 요컨대 "저희 정부로서는 이것이 조금도 모순되는 것이 아니라, 민족의 정기를 살리고 법통을 살리는 목적을 관철하는 일방 또한 저희가 받아 와야 될 권리(對日請求權)를 거기에 하등 구애됨이 없이 다 받아 오게 만든 이러한 이중의 효과를 거두었다."고 했다(앞의 『韓日關係資料集 제1집』 284~285쪽). 이와 같이 한국정부는 구 조약 무효 조항이 '민족의 정기'라며 '정당한 권리 주장'인 청구권 문제와 분리하여 설명했다.

87 같은 자료, 300쪽.

88 같은 자료, 233쪽.

선) 이북까지 대한민국의 관할권이 미친다는 것도 명시되어 있지 않다."고 결론지었다.[89] 또한 이중재 의원은 1965년 2월 24일 시이나 외상의 국회 답변[90] 등을 인용하여 "두 개의 한국을 스스로 인정하는 결과를 유치케 하여 민족의 염원인 국토 통일을 더욱 암담하게 하기 쉽고", "한반도 전체를 한국의 영토로 규정한 대한민국 헌법에 위배된 위헌 조약이 아니냐?"고 추궁했다. 게다가 이중재는 "이 기본조약은 일본으로 하여금 북한 괴뢰와 정치적으로 접근할 수 있는 공백을 만들어 놓았다는 것"[91]이라고 말했다. 이와 같이 야당은 대한민국 헌법 제3조에 있는 "대한민국의 영토는 한반도와 그 부속도서로 한다."는 조문과 한일기본조약 제3조의 모순에 대해 국제연합 결의에 대한 해석과 일본의 국회 답변과 어긋난 점을 들어 추궁한 것이다.

다음으로 어업 문제이다. 그 초점은 이승만라인의 존폐 문제였다. 원용석元容奭 무임소장관은 "평화선(이승만라인)이라는 것은 우리나라의 영해로서 선포한 것이 아니고 주권 선언으로서 선포되었다."고 말하고, "동 수역과 그 자원을 (일본과) 동등하게 분할하기 위하여" '주권'을 주장했다고

89 같은 자료, 324쪽.

90 1965년 2월 24일의 衆議院 外務委員會에서 椎名는 자민당의 野田武夫 의원의 질문에 답하여 "(日韓基本條約) 제3조는 대한민국정부가 동 조항에 인용되어 있는 국제연합 결의의 의미에 대해, 조선에 있어서 유일의 합법정부라는 것을 확인한 것으로, 그 국제연합의 결의는 말씀드릴 것도 없이 조선 인민의 대다수가 거주하는 부분을 지배하는 하나의 합법 정부가 수립되어 있는, 이 정부는 국제연합 감시하에 행해진 자유선거에 기초를 둔 것이다. 동시에 이 정부가 조선에 있어서 유일의 이러한 종류의 정부라는 점을 선언한 것이며, 각국이 대한민국과 관계를 설정하는 경우에 있어서는 이 사실을 고려하도록 권고하게 한다는 것으로, 자연히 한국이 지배하는 부분이라는 것은 이것에 의해 명료하게 되었다고 생각합니다."라고 말했다(『第48國會衆議院外務委員會會議錄』 1965년 2월 24일 자).

91 앞의 『韓日關係資料集 제1집』, 296쪽.

설명했다.[92] 또한 정일권 국무총리는 이 '주권'이 "국가의 복지와 안전보장을 위한 국방상의 목적을 가지고" 성립한 것이라고 설명했다.[93] 한국정부는 이와 같은 논리로 이승만라인이 사실상 존속하고 있다고 주장했다.[94]

이에 대해 민중당의 김성용金星鏞 의원은 "평화선에 둘러싸인 수역이 우리의 주권 수역으로서 영해가 아니었다면 한국 영해의 범위를 선포한 한국정부의 포고라든지 또 한국정부가 언제 국제적으로 그런 선언을 했고 그 선언에 있어서 한국 영해의 폭이 얼마나 되었는가?", "이제 한국정부는 일본에 대해서 평화선이 불법한 선이라는 것을, 이것을 참 스스로 자인하고 국민에게 평화선이 불법한 선이기 때문에 우리는 양보했다고 그렇게 말을 하고 있다."고 말했다.[95] 이와 같이 한일어업협정 체결에 의한 이승만라인 존폐 논쟁은 한국정부가 주장해 온 이승만라인 해역에서의 '주권'의 내용을 둘러싸고 전개되었다. 한국정부는 이승만라인이 실질적으로 남아 있는 이유로, 이승만라인 수역에서의 '주권', 즉 권익이 어업협정에 의해 보장된 점을 강조했다. 이에 대해 야당은 이승만라인 선포에 있어서 '주권'이 사실상의 영해 선언이라는 입장에서 정부의 자세를 추궁한 것이다.

마지막으로 독도 영유권 문제이다. 이동원 외무부장관은 "독도는 우리 것이고, 우리 것으로 일본이 양해가 되었다."라고 설명했다.[96] 그러나 야당은 다른 문제와 마찬가지로 일본 측 발언과의 차이를 추궁했다. 특히 「분쟁 해결에 관한 교환 공문」[97]과 독도 영유권 문제의 관계가 초점이 되었다.

92 같은 자료, 256, 260쪽.
93 같은 자료, 275쪽.
94 8월 5일 李東元에 의한 설명. 같은 자료, 234쪽.
95 같은 자료, 274쪽.
96 같은 자료, 234쪽.
97 「紛争の解決に關する交換公文」에는 "양국 정부는 별도의 합의가 있을 경우를 제외한 외에, 양국 간의 분쟁은 우선 외교상의 경로를 통해 해결하는 것으로 하고, 이것에 의해

8월 10일 김대중은 일본 국회에서의 시이나 외상의 답변을 인용하여 일본에서는 이 문제가 "한일 양국 간에 미해결 현안"이 되고 있다고 지적했다.[98] 이에 대해 문덕주 외무부차관은 교환공문이 독도 영유권 문제를 지칭하는 것은 아니라고 말할 뿐, 일본의 설명에 대해 "엄중하게 항의하고 있다."는 답변만 되풀이했다.[99]

이와 같이 한국 국회에서 야당은 한국정부와 일본정부의 설명에서 모순점을 추궁한다는 방침으로 특별위원회 심의에 임했다. 즉 김대중이 발언한 것처럼 야당은 "일본과의 조약에서 한국 내에서의 해석이 문제가 아니라 일본이 이것을 어떻게 납득하고 있는가"[100]를 문제시했다. 이와 같은 방침에서 야당의 질문은 이상과 같이 기본관계, 어업, 독도 영유권 문제에 집중된 것이다. 그리고 야당에서는 한일기본조약 및 여러 협정을 '아베크 avec 조약'이라고 이름 붙이고 "한일회담은 매국적"이라고 규정했던 것이다.[101]

해결하는 것이 불가능한 경우에는 양국 정부가 합의하는 수속에 따라 조정에 의해 해결을 도모하는 것으로 한다."라는 문안을 한국과 일본 양측이 확인하고 합의했다는 내용으로 되어 있다. 이 문항에는 '竹島' 또는 '獨島'라는 단어는 제시되어 있지 않다.

98 앞의 『韓日關係資料集 제1집』, 328쪽. 당시 일본 국회에서의 다케시마=독도 영유권 문제에 대한 논의는 제8장을 참조.

99 같은 자료, 389~390쪽.

100 같은 자료, 325쪽.

101 같은 자료, 309, 322쪽.

소결

제3공화국 성립 직후인 1964년 3월부터 학생 및 야당이 주체가 되어 대규모로 본격적인 한일회담 반대운동이 전개되었다. 그 주장은 한일회담의 문제점을 지적하는 것으로, 한국정부도 일단 한일회담을 중단하고 반대운동의 움직임에 주의를 기울이지 않을 수 없었다. 그 후 5월 중순부터 다시 학생을 중심으로 하는 반대운동이 급진화해 고양되었고 6월이 되자 학생 중심의 시위에 많은 일반 시민이 참가함으로써 반대운동은 본격적인 반정부운동으로 변화했다. 이 변화는 박정희 정권 발족 이래 정권에 대한 국민의 불만이 단숨에 분출된 것이었다. 이에 대해 한국정부는 계엄령을 발포하여 군대에 의한 진압을 꾀했다. 이른바 '6·3사태'에 의해 한일회담은 완전히 중단되었다. 이와 같이 1964년 반대운동은 박정희 정권에 대한 한국 국민의 불만을 배경으로 한일회담 반대에서 박정희 정권 타도로 그 목적을 단계적으로 확대시킨 것이다.

1965년이 되자 한국정부는 한일기본조약, 청구권 및 경제협력, 어업, 법적 지위 협정의 가조인을 차례로 실현시켰다. 반대운동은 이것들의 무효를 주장하는 형태로 전개되었다. 야당 및 학생의 시위는 4월 절정을 이루었고, 5월부터는 야당 통합에 의해 결성된 민중당이 많은 시민을 유세에 동원하여 한일회담 반대 여론을 고조시켰다. 또한 조인 후의 비준반대 투쟁은 야당, 학생뿐만 아니라 각계 인사가 한일조약에 대한 찬부를 표명하는 가운데 전개되었다. 그러나 민중당의 분열 등에 의해 비준 반대 및 비준 무효를 요구하는 여론은 1964년에 비해 정치적으로 유효한 요인이 되지 못한 채 공전되었다. 그것은 한국정부 및 여당인 공화당에 의한 한일회담 선전 활동과 함께 경찰력이 야당의 원외 활동 및 학생 시위를 탄압한 결과였다. 그리고 정부와 여당은 국회에서 야당의 반대를 누르고 한일조약 비준을 강행했다.

다음으로 운동 조직에 주목해 보면, 경찰에 의한 거듭된 탄압에도 불구하고 1964년부터 야당 및 학생에 의한 전국적인 운동 조직이 차례로 결성되었다. '6 · 3사태' 이후 일단 운동은 진정되었다. 그러나 1965년 시이나 방한 이후 야당과 학생들은 다시 운동 조직을 결성했다. 특히 야당은 5월 민중당을 결성하여 국회에서 한일회담 비판 세력을 결집했다. 또한 학생들도 한일조약 조인 후에 각 대학의 단위 조직에 의한 투쟁에서 한일협정 비준반대 각 대학연합체라는 통일 조직에 의한 투쟁으로 이행했다. 그리하여 한일조약 비준에 반대하는 다종다양한 세력들은 조국수호국민협의회라는 전국적 통일 조직을 결성하여 최후까지 한일조약 반대 주장을 계속했다.

그러나 전체적으로 보아 각 조직, 각 대학 간에 충분한 연계가 이루어지지 못했고 야당과 학생 간에 직접적인 연결이 없었기 때문에 반대운동 세력은 충분히 결집할 수 없었다. 이것은 반대운동 세력 측의 문제라기보다 박정희 정권의 반대운동에 대한 대응의 결과였다. 특히 한국정부는 고조되는 반대운동에 대한 대응을 설득에서 탄압으로 확대시켜 최종적으로 계엄령과 위수령에 의한 완전 진압이라는 강경책을 선택했다. 이와 같은 박정희 정권의 대응에 의해 한국의 한일회담 반대운동은 최후까지 한일조약 체결 및 비준을 저지할 수 없었다.

반대운동 세력의 주장을 검토하면, 그들은 기본관계, 어업, 청구권, 독도 문제를 중심으로 한일기본조약 및 여러 협정을 비판했다. 특히 야당은 일본과 한국의 해석이 다른 문제를 중심으로 국회에서 질문 공세를 폈다. 한국정부의 설명에 대해 반대운동 세력은 한일조약에 의해 한국의 '민족적

이익'이 손상되었다고 주장했다. 그들이 한일조약의 문제점을 분명하게 한 점은 충분히 평가해야 한다. 한편 한국에서 한일조약을 둘러싼 논쟁은 오로지 한국의 국익이라는 관점에서 전개되었다. 그리하여 한일조약 찬성파도 반대파도 '국시國是'로 반공이라는 입장에 섰기 때문에 청구권과 재일한국인의 법적 지위와 깊이 관계된 인권 문제를 상대적으로 경시했던 것이다.

끝으로 일본과 미국이 한국의 한일회담 반대운동을 무력과 경찰력으로 진압하는 박정희 정권을 지지하고 있었다는 점을 다시 지적하고자 한다. 미국은 1964년 6월 3일 계엄령 선포 및 계엄군 동원을 허락했다. 일본은 대한 경제 원조를 통해 한국인의 대일 감정을 호전시키는 것으로 반대운동을 누르려고 했다. 그리고 한·미·일 3국은 외교 채널을 통해 계속해서 한국의 반대운동에 대한 대응을 협의했다. 한국의 한일회담 반대운동은 '매국외교', '굴욕외교'를 전개한 박정희 정권뿐만 아니라 일본과 미국이라는 국제 세력과도 대결한 것이다.

8

일본에서의 한일회담 반대운동

—1960년대를 중심으로—

Ⅰ. 시각과 시기 구분

일본에서 한일회담 반대운동은 한국의 반대운동만큼 주목을 받지는 않았다. 그 이유를 몇 가지 들어보면, 우선 일본의 반대운동은 한국의 반대운동보다 활발하지 못했다. 요컨대 한국과 달리 일본의 반대운동은 한일회담과 관련하여 별다른 영향을 줄 수 없었다. 또한 일본 국민은 전체적으로 한일회담에 관심이 없었다.[1] 후술하듯이 일본 여론조사를 보면 한일회담에 대해 의견이 없는 사람이 전체의 절반 전후였다. 그리고 무엇보다 일본의 반대운동은 조선인에 대한 일본의 "역사적 책임의 문제"를 명확히 할

1 高崎宗司, 『檢證 日韓會談』, 岩波書店, 1996, 174쪽.

수 없었다.[2] 앞 장에서 검토했듯이 한국의 반대운동은 일본의 식민지 지배 책임을 추궁하지 못한 한국정부의 대일외교를 '매국외교'라고 비난했다. 하지만 일본의 반대운동이 일본정부에 조선 식민지 지배의 책임을 충분히 추궁했다고 말할 수는 없다.

그렇기는 하지만 1965년에 벌어졌던 '일한日韓투쟁'[역주 ①]은 1960년 '안보투쟁' 이후 처음으로 전개된 대중운동이었다. 1965년 10월부터 시작된 제50회 임시국회('일한국회')에서 네 번의 강행 채택을 거쳐 한일기본조약 및 여러 협정이 비준되었다. 그러는 동안 일본의 반대운동 세력은 연일 국회의사당을 에워쌌다. 확실히 한국의 반대운동에 비하면 회담이 전개되는 과정에서 일본 반대운동의 정치적 역할은 크지 않았다. 그러나 이와 같이 대규모로 행해진 일본의 반대운동을 간과하고 '전후 한일관계'를 논할 수는 없을 것이다.

일본에서 한일회담 반대운동은, 첫째로 혁신 정치세력으로서 일본공산당, 일본사회당과 일본노동조합총평의회(이하 총평) 등의 노동조합, 둘째로 재일조선인총연합회(조선총련)를 필두로 하는 재일조선인 단체, 셋째로 일조협회日朝協會나 일본조선연구소 등 일조 우호단체, 넷째로 지식인 및 학생 세력 등 폭넓은 세력에 의해 전개되었다. 나아가 조선민주주의인민공화국, 중국, 소련 등 사회주의 진영의 동향은 혁신 정치세력과 조선총련 등의 운동 방침에 강한 영향을 주었다. 이러한 여러 가지 상황은 한국의 반대운동에서는 찾아볼 수 없는 일본 반대운동의 특징이다. 일본의 반대운동을 검토할 때 이러한 특징을 염두에 둘 필요가 있다.

더욱이 일본 혁신운동사의 관점에서 보면 특히 1960년대 한일회담 반

2 같은 책, 196쪽.

대운동은 '통설'과는 꽤 다르다. 안보투쟁 이후 혁신운동에 대한 '통설'은 정당 차원에서 강령의 분열, 원자폭탄 및 수소폭탄 금지 운동, IMF · JC(전일본금속산업노동조합협의회) 결성 등으로 상징되는 운동 과정에서의 분열이라는 '분열의 계절'[3]이었다. 그러나 한일회담 반대운동에 대해서는 1962년 김종필金鍾泌의 일본 방문에 맞추어 공투共闘 조직인 "안보조약 반대 · 평화와 민주주의를 지키는 국민회의"(구칭 안보개정저지국민회의. 이하 안보반대국민회의 또는 국민회의)가 부활했고, 1965년에도 한일조약 체결 및 비준에 맞추어 '일일공투'라는 형태로 안보투쟁 이래 대중 동원이 실현되었다. 따라서 1960년대 한일회담 반대운동에 대한 고찰은 일반적으로 알려진 혁신운동사를 뛰어넘는 한일회담 반대운동의 특징을 확인하는 것이 필요하다.

그리고 이 장에서는 특히 일본의 반대운동에 대한 일본인으로서의 의식에 주목한다. 즉 일본의 반대운동에 대해 고찰한 하타다 시게오畑田重夫의 말을 빌리면, 한일조약을 "일본 인민의 절실한 문제"[4]로 인식하기 위한 논리, 그리고 그러한 논리를 세우는 과정을 살펴보는 것도 이 장의 중요한 주제이다.

일본의 반대운동은 1950년대에는 주로 재일조선인들에 의해 겨우 전개되어 왔다. 그러나 제2장에서 논한 재일조선인의 귀국운동을 거쳐 1960년 안보투쟁 이후 한일회담 반대운동은 본격적인 대중운동으로 전환했다고 할 수 있다. 이 장에서는 안보투쟁 이전의 운동을 '전사前史'로 하고, 안보투쟁 이후, 특히 1962년 후반부터 1963년 초까지를 정점으로 하는 시기

3 清水慎三, 『戰後革新勢力―史的過程の分析』, 青木書店, 1966, 252쪽.

4 畑田重夫, 「日韓會談反對闘争の展開とその歴史的役割」, 『アジア・アフリカ講座 III 日本と朝鮮』 勁草書房, 1965, 199쪽.

를 '제1 고양기', 1965년 한일조약 조인 후의 '비준국회'로 정점을 찍는 시기를 '제2 고양기'로 구분한다. 그리고 운동을 전개한 네 개의 범주에 따라 반대운동 세력의 조직 및 주장을 각각 고찰하기로 한다.

II. 반대운동의 전개

1. 제1 고양기: 1962년 후반부터 1963년 초까지

패전 이후 1960년의 안보투쟁에 이르기까지 많은 일본인이 참가한 대중적인 한일회담 반대운동은 없었다. 즉 이 시기는 재일조선인총연합회(조선총련) 등의 재일조선인 단체와 일조협회 등 일부 일본인 단체가 일한(그리고 일조) 문제에 관심을 가졌을 뿐이었다. 제2장에서 서술한 대로 조선민주주의인민공화국 정부의 남일南日 외상은 1955년 2월 일본정부에 무역, 문화, 기타 분야에서 관계를 수립하기 위한 교섭을 할 것을 호소했다. 이에 대해 일본정부는 구체적인 행동을 취하지 않았다. 한편 민간 수준에서 일조관계 개선에 적극 나선 것은 일조협회, 일조무역회 등의 일본인 단체였다. 1950년대 이후 이들 일본인 단체는 일조 간 문화 교류와 무역 활동을 추진했다.

앞에서 서술했듯이, 1957년 12월 한일회담 재개에 합의하고 1958년 4월부터 한일회담이 다시 열렸다. 한일회담 재개에 앞서 일조협회는 1957년 12월 열린 제1회 아시아·아프리카 제국민회의에 참가했다. 그리하여 이 회의에서는 1958년 1월 1일 「조선반도의 평화적 통일 지지」가 결의되었다. 그 후 일조협회는 24개 단체에 참가를 호소하여 같은 해 5월 23일 '일한문제긴급대책연락회의'(연락회의)를 발족시켰다. '연락회의'는 "일한회담 규명" 등의 슬로건을 내걸고 같은 해 7월부터 8월에 걸쳐 '일조 직접무역 실현 평화우호촉진 월간'을 추진하고 9월 8일 그 결과를 바탕으로 '연락회의' 중앙집회를 개최했다.[5] 일조협회가 '연락회의'를 조직한 것은 "조선의 평화적 통일을 생각할 때, 항상 큰 장애가 되는 한국의 문제, 따라서 또한 일한관계의 문제를 구명하여 방침을 세울 필요가 절실했기"[6] 때문이었다. 즉 한일회담은 "조선(조선민주주의인민공화국—필자, 이하 같음)을 적대시하는 '한국'과 국교를 회복하려는 것이기 때문에 (조선민주주의인민공화국) 적대의 가장 구체적인 현상으로 간주"[7]한 것이다.

이와 같은 선구적 단계를 거쳐 한일회담 반대운동이 고양되는 계기는 역시 안보투쟁, 그리고 한일회담의 진전이었다. 1960년 6월 미일안전보장조약이 개정된 후 같은 해 10월부터 한국의 장면張勉 정권과 일본의 이케다池田 정권 사이에 제5차 한일회담이 시작되고 한국의 대일청구권 문제를 시작으로 논의가 진전되었다. 이 상황에 날카롭게 반응한 것이 조선민주주의인민공화국과 조선총련이었다. 미일안전보장조약 개정 문제에 대해 조선정부는 1월 20일 "이 조약은 미 제국주의자들과 일본의 반동집단들이 호상 결탁하여 일본 군국주의를 재생시키고 일본을 핵무장화하며 새로운 군사뿔럭을 조작하여 아세아 인민들이 반대하는 침략행위를 공동으로 감행할 것을 목적으로 하는 미일 군사동맹 조약"[8]이라는 성명을 발표했다. 이 성명과 관련하여 『조선총련』도 2월 1일 「일미군사동맹과 '한일회담'의 음모에 대하여」라는 제목의 사설에서 한·미·일 3국에 의한 "동북아

5 日朝協會, 『日朝友好運動10年のあゆみ』, 1960년 12월 3일, 57~60쪽.
6 같은 책, 57쪽.
7 같은 책, 55쪽.
8 『로동신문』 1960년 1월 21일 자.

시아 군사블록 결성"을 비난했다.[9] 이와 같이 조선정부와 조선총련은 미일 안전보장조약 개정과 관련시켜 한일회담을 "동북아시아 군사블록 결성" 을 위한 교섭으로 보았다.

그리고 1960년 12월 열린 일조협회 제6회 전국대회에서 "안보체제의 강화와 NEATO를 목표로 하는 '일한회담'에 반대하자"라는 슬로건이 등장하면서, 한일회담이야말로 안보조약 구체화의 첫걸음이라는 인식이 생겼다.[10] 1961년 1월 13일 '연락회의'는 발전적으로 재편되어 일본공산당, 일본사회당, 총평, 일조협회 등 21개 단체로 구성된 '일한회담대책연락회의'(일한대련)[11]로 재발족했다. 이날 일한대련은 "일한회담은 조선민주주의 인민공화국을 무시하고 남북 조선의 분열을 고정화하며, NEATO 결성이라는 위험을 잉태하고 있다."는 성명을 발표했다.[12] 또한 일한대련은 선전 활동, 여러 투쟁과의 공동투쟁, 대정부 요구 통일행동, 국회 청원 등의 행

9 위와 같음.

10 日朝協會, 『最近の日朝問題』 제6집, 1960년 11월 30일. NEATO(北東아시아條約機構)란 미국을 중심으로 일본, 한국, 대만, 남베트남 등 반공 정권을 정치적, 경제적, 군사적으로 유지하기 위한 군사 동맹이라고 설명하고 있다(日本アジア·アフリカ連帶委員會, 『朝鮮問題とアジアの平和 = '日韓會談'の背景 = (AA資料-二號)』 1961년 2월 10일, 4쪽).

11 이 조직의 간사 단체는 다음과 같다. 일본사회당, 일본공산당, 일본노동조합총평의회, 도쿄지방노동조합총평의회, 일조협회, 일조무역회, 일중우호협회, 부인민주그룹, 일본평화위원회, 일본아시아아프리카연대위원회, 日越협회, 일본생활협동조합연합회, 일소협회(13개 단체). 또한 1961년 10월 20일 현재, 이 조직에 참가한 단체는 다음과 같다. 일본사회당, 일본공산당, 일본노동조합총평의회, 도쿄지방노동조합평의회, 국철노동조합, 일본교직원조합, 일본私鐵노동조합총연합회, 전농림노동조합, 일본고등학교교직원조합, 전일본자치단체노동조합, 전일본자유노동조합, 일본탄광노동조합, 전노동성노동조합, 전국금속노동조합, 전일본적십자노동조합연합회, 일조협회, 일조무역회, 일중우호협회, 부인민주그룹, 일본평화위원회, 일본아시아아프리카연대위원회, 일본베트남우호협회, 일본생활협동조합연합회, 일소협회, 안보비판의 모임, 일본부인단체연합회, 일본저널리스트회의, 일중국교회복국민회의, 일본국민구원회, 일본국제무역촉진협회, 민주의료기관연합회, 일본기관지협회, 부락해방동맹중앙본부, 자유법조단, 국제무역종업원조직협의회, 일중무역촉진회, 日越무역회(37개 단체).

12 勞動省 編, 『資料勞動運動史 昭和三六年』, 勞務行政硏究所, 1963년 9월, 713쪽.

동방침을 정했다.[13]

1961년 및 1962년 일본에서 한일회담 반대운동은 일한대련을 중심으로 전개되었다. 또한 일본사회당, 일본공산당, 그리고 총평을 필두로 한 노동단체도 한일회담에 대한 문제의식을 갖고 자신들이 주최하는 대회나 시위에서 "일한회담 반대"라는 슬로건을 자주 내걸었다. 이 시기는 1961년 5월 한국에서 군사 쿠데타가 발생하여 같은 해 10월부터 제6차 한일회담이 시작되고 나아가 11월 박정희 국가재건최고회의 의장이 일본과 미국을 방문하고 다음 해 3월 한일 외상회담이 개최되는 등 한국과 일본, 그리고 미국 사이에 활발한 외교 활동이 전개된 때로 일본 반대운동 세력의 경계심도 높아진 상황이었다. 그러나 이때도 조선 문제에 관심을 가진 사람들만이 반대운동에 참가하는 단계였다.

이 시기에 한일회담 반대운동을 주도할 조직을 둘러싸고 일본공산당과 일본사회당·총평 사이에 의견 대립이 있었다. 1961년 7월 27일 일본공산당 제8회 대회에서 '아메리카 제국주의'와 '일본 독점자본'이라는 '두 개의 적'을 타도하기 위해 "민주당파, 민주적인 사람들과 공동으로 단결을 굳게 하고 민족민주통일전선을 만들어 내자."[14]는 강령이 채택되었다. 이 강령에 따라 일본공산당은 안보 공동투쟁 조직을 이용하여 보다 큰 국민운동으로 한일회담 반대운동을 발전시키자고 주장했다. 이에 대해 일본사회당은 '구조개혁' 노선[15]을 내걸고 일본공산당과의 공동 투쟁을 부정

13 같은 책, 1332쪽.

14 『アカハタ』 1961년 7월 29일 자. 『アカハタ』는 일본공산당 중앙본부의 협력으로 열람할 수 있었다.

15 『社會新報』 1961년 1월 1일 자 논설에 따르면, 사회당의 활동 목표는 '사회주의 道程'으로서 "현재의 독점 지배를 구체적으로 맹렬하게 공격하여 무너뜨리고, 권력 획득에 접근하기 위해 노동 국민 대중을 결집하는 것"이라고 했다. 그리고 그 지침은 "국가 정책을 바꾸는 것, 요컨대 독점 이익 본위의 정책을 국민 이익의 방향으로 바꾸는 것"과

했다. 1961년 1월 1일 자 『사회신보社會新報』에 게재된 논설은 다음과 같이 서술하고 있다. "공산당은 현실의 근로 국민대중 속에서 그다지 큰 힘을 갖고 있지 않으며, 또한 공산당을 포함시키면 광범위한 민주 세력을 결집하는 것이 현재는 극히 어려운 상황이다."[16] 일본사회당은 안보투쟁에서도 "공산당과 공동 투쟁하고 있는 것이 아니라 공산당원을 포함한 대중단체와 공동 투쟁을 하고 있다."고 하여, 일본공산당과의 공동 투쟁을 부정하고 있다.[17] 한편 총평은 안보투쟁을 패배로 결론짓고 정치투쟁에서 후퇴하여 노동조합운동 고유의 영역으로 되돌아간다는 자세를 보였다.[18] 이러한 입장에서 일본사회당과 총평은 일한대련이 한일 문제를 다루는 중심조직이어야 한다고 여긴 것이다.

그러나 앞에서 서술했듯이 도쿄에서 한일 외상회담이 열리는 등 한·미·일 사이의 외교 활동이 활발해지자 일본사회당과 총평에서 한일 문제뿐만 아니라 가리오아, 에로아[역주 ②] 변제 문제와 태국 특별 엔 문제도 함께 취급해야 한다는 의견이 강하게 나왔다. 그리고 1962년 3월 20일 개최된 안보반대 국민회의 간사회에서 아스카타 가즈오飛鳥田一雄 일본사회당 국민운동위원장이 한일회담 반대운동을 국민회의에서 맡고 싶다고 요청했다. 간사회는 이 요청을 받아들여 "일한회담 반대운동은 안보반대 국민회의의 한 곳에서 진행한다."고 결정했다. 그 결과 일한대련은 3월 28

"자본주의의 토대인 자본주의 구조(생산관계) 속에 노동자가 개입하여 부분적으로 개혁을 쟁취하는 것"이라고 했다. "이와 같이 생산관계(구조)에 개입하고, 이것의 부분적인 개혁을 통해 차례로 착취의 根幹을 파서 무너뜨리는 데에서 출발하는 것, 우리는 이것을 '구조적 개혁'으로 부르고 있는 것이다."(日本社會黨中央本部總機關紙廣報委員會 編集·發行, 『資料日本社會黨 50年』, 1995년, 264쪽)

16 같은 자료, 268쪽.

17 앞의 『戰後革新勢力』, 250쪽.

18 같은 책, 255쪽.

일 발전적으로 해체했다.[19]

이와 같은 과정을 거쳐 3월 30일 안보투쟁에서 중심적인 역할을 맡았던 국민회의가 '일한회담 분쇄' 등을 내걸고 안보조약 파기 제9차 통일행동으로 히비야日比谷에서 중앙 총궐기대회를 열었다. 이때 참가자는 7,000명으로,[20] '제2의 안보투쟁'으로 대중적인 행동이었다고 말하기는 어렵다. 게다가 1962년 8월 원폭原爆 · 수폭水爆 금지운동의 방침을 둘러싸고 일본사회당과 일본공산당이 대립하면서(후술) 국민회의는 제 기능을 다하지 못하게 되었다.

국민회의가 중심이 되어 '제2의 안보투쟁'으로 한일회담 반대운동이 재개된 계기는 같은 해 10월 김종필 한국 중앙정보부장의 일본 방문이었다. 김종필의 방일로 한일회담의 최대 현안이었던 청구권 문제의 진전이 예상되었기 때문에 반대운동 세력은 민감하게 반응했다. 10월 21일, 일본공산당계의 일본평화위원회가 주최한 '10 · 21 대통일 행동'은 "핵무장 반대, 일한회담 분쇄, 기지 철거, 오키나와 · 오가사와라小笠原제도 반환, 생활 옹호" 등의 슬로건을 내걸고 연인원 100만 명 동원을 목표로 삼고 운동을 추진했다(공식 동원 수에 대한 주최 측의 발표는 없다). 다시 활동을 재개한 국민회의는 25일 전국통일행동을 주최하여 히비야 야외음악당에 1만 5천 명을 집결시켰다.[21] 이렇게 1962년 10월부터 1963년 3월까지 일본에서 한일회담 반대운동은 제1의 고양기를 맞게 된 것이다.

이 시기 반대운동에 중요한 영향을 준 것은 1962년 12월 13일 조선민주주의인민공화국이 발표한 성명(이하 「12 · 13성명」)이었다. 성명의 요점은

19 勞動省 編, 『資料勞動運動史 昭和三七年』, 勞務行政硏究所, 1964년 10월, 665~666쪽.
20 『アカハタ』 1962년 4월 1일 자.
21 같은 신문, 1962년 10월 27일 자.

다음의 네 가지다. 첫째로 한일회담이 "남조선 당국 일방만을 상대로 하는 비법적인 공모"이며, 박정희 정권 자체가 "조선 인민의 그 누구도 대표할 수 없는 미제의 괴뢰이며 침략 도구"라는 것이다. 이 점과 관련하여 조선정부는 "만약 일본정부가 현 시기에라도 문제를 성실하게 해결하고자 한다면, 마땅히 조선민주주의인민공화국 정부와 남조선 당국을 포함한 3자 회담의 방법을 택하는 것이 그래도 정당한 일일 것이다."라고 덧붙이고 있다.[22] 둘째로 일본의 식민지 지배 책임의 문제이다. 조선정부는 "국제법의 공인된 제 원칙과 국제관례에 비추어 일본 침략자들이 조선 인민에게 입힌 모든 피해에 대해 일본 당국에 배상을 요구할 응당한 권리를 보유하고 있으며, 일본 당국은 이를 배상할 법적 의무가 있다."고 서술했다. 그에 더해 "설사 일본정부가 대일 배상 청구에 관한 조선 인민의 당당한 권리를 무시하고 남조선 군사파쑈 도당과 그 어떤 홍정을 맺는다 하더라도 그것은 그들 간의 사적 금전 거래에 불과하다."고 단정했다. 셋째로 재일조선인 문제이다. 즉 "일본정부는 모든 재일조선 공민들에게 국제법에 근거하여 외국인으로서 대우를 하며 그들에게 조국에로 래왕의 자유를 포함한 온갖 민주주의적, 민족적 권리를 완전히 보장하면 되는 것이며, 여기에는 그 어떤 홍정의 여지도 있을 수 없다."고 주장했다. 그리고 넷째로 일조日朝 사이의 문제는 "앞으로 조선이 통일되고 통일적인 인민의 정부가 수립된 후에 토의 해결하여야 한다."고 함과 동시에 "'한일회담'의 주모자"인 미 제국주의자들을 규탄했다.[23]

22 이 부분은 조선민주주의인민공화국 정부가 3자 회담을 제안했던 부분인데, "그래도 정당한 일일 것이다."라는 표현이 미묘하다. 뒷부분에 통일 후의 정부가 일본정부와 교섭해야 한다고 했는데, 이것이 바로 조선정부의 주장이라고 생각해야 할 것이다.

23 『로동신문』 1962년 12월 14일 자.

이 성명에 대해 조선총련 및 한일회담 반대운동을 추진하던 일본 각 단체도 지지를 표명했다. 일본공산당의 시가 요시오志賀義雄는 "현재 일본정부가 남조선의 군사 파시스트 일파에게 청구권에 기초한 배상금을 지불하려는 것은 국제법상 하등의 근거도 없는 것이다. 그것은 조선의 통일 정부에 대해서만 지불해야" 한다고 말했다.[24] 일본사회당의 와다 히로오和田博雄는 "일본과 조선의 관계는 첫째는 일본이 조선의 남북 분단에 가담, 개입하지 않는 것, 둘째는 조선의 일부가 아니라 조선 민족 전체와 우호를 목표로 하는 것이 아니면 안 된다."는 관점에서 「12 · 13성명」을 지지했다.[25] 그 후 국민회의 주최의 통일행동이 1963년 1월 21일, 2월 20일, 3월 9일 이루어져 각각 수만 명을 동원했다.

그러나 이와 같은 "대중운동으로서의 반대운동"은 너무나 단기간에 움츠러들고 말았다. 후술하듯이 이 시기에 일본사회당 · 총평과 일본공산당 사이에서 강령과 평화운동 방침을 둘러싼 대립이 오히려 심화되었다. 더욱이 1962년 11월 말 여당인 자유민주당이 '일한문제 PR위원회'를 발족하여 반대운동에 대해 전면 대결을 시도하는 한편[26] 1963년 들어 한국에서 대통령선거를 둘러싼 정치 혼란이 보도되었다. 이러한 요인들에 의해 한일회담 자체가 진전될 수 없었다. 그리고 1963년 2월 이후 미국 원자력 잠수함 폴라리스의 일본 입항 문제가 중요 의제가 되면서 한일문제는 부차적인 의제가 되었다. 이와 같은 이유로 한일회담 반대운동은 수습된 것이다.

24 위와 같음.

25 위와 같음.

26 1962년 11월 28일, 이 위원회는 「日韓會談促進PR要綱」을 작성했다. 그 내용은 "일한 국교정상화의 필요성", "일한교섭 조기 타결의 필요", "여러 현안의 개요", "반대론에 대한 반박"으로 구성되었는데, 특히 "반대론에 대한 반박"이라는 부분에 반대운동에 대한 대책이 잘 나타나 있다(『朝鮮研究月報』 제13호, 1963년 1월, 13~19쪽).

2. 제2 고양기: 1965년 후반

1963년 3월 이후 일본에서 한일회담 반대운동은 일단 수습되었다. 그러나 1963년은 관동대지진 40년이 되는 해로 조선총련이나 일조협회를 중심으로 당시 조선인 학살사건에 대한 진상조사가 진행되었다.[27] 또한 박경식朴慶植은 1963년 3월 2일 자 『조선시보朝鮮時報』의 「20세기 노예사냥, 일본 제국주의의 조선인 강제연행」이라는 기사에서 일본의 식민지 지배 책임을 물었다. 또한 1963년 『역사평론』에 도야마 시게키遠山茂樹, 하니 고로羽仁五郎 등이 조선 문제에 관한 논문을 집필했다.[28] 이와 같이 한일회담 반대운동 제1 고양기를 거쳐 1963년경부터 일본과 조선의 역사에 대한 관심이 높아졌다고 할 수 있다. 그리고 이해부터 조선총련에 의한 재일조선인의 "조국 자유왕래" 요구 운동이 시작되었다.[29] 1963년 5월 13일 자 성명에서 조선총련은 "재일 조선공민들의 조국 왕래의 자유는 그 누구도 침범할 수 없는 정당한 권리"라고 주장했다.[30] 일조협회 등 일조 우호단체도 이 운동을 지원했다.

1964년이 되어 한국에서 한일회담 반대운동이 고양되고 6월 3일 계엄령이 선포되자 마침내 한일회담은 중단되었다. 조선노동당 기관지 『로동신문』은 6월 4일 「3천만 인민이 남조선 청년학생들의 애국투쟁을 지지 성

27 『アカハタ』 1963년 5월 14일 자.

28 朴宗根, 「'韓日會談'と日本の反動思想—平林たい子女史の發言と關聯して」, 『歷史評論』 제149호, 1963년 1월; 遠山茂樹, 「朝鮮にたいする民族的偏見について」, 『歷史評論』 제152호, 1963년 4월; 羽仁五郎, 「關東大震災朝鮮人虐殺40周年を迎えるにあたって」, 姜德相, 「つくりだされた流言 關東大震災における朝鮮人虐殺について」, 梶村秀樹, 「日韓會談と'日本人の氣持'」, 『歷史評論』 제157호, 1963년 9월.

29 귀국사업에 의해 조선민주주의인민공화국에 입국한 재일조선인은 1963년 3월까지 약 7만 5천 명으로, 이후 귀국자는 격감했다. 이와 같은 상황을 맞아 조선총련에서 재일조선인이 주체가 된 조국 자유왕래 운동에 중점을 둔 것으로 보인다.

30 『朝鮮新報』 1963년 5월 15일 자.

원하자」라는 사설을 게재했다.[31] 또한 일본에서는 한국의 반대운동을 지원하는 시위와 성명이 잇따랐다. 예를 들면 일본공산당은 1964년 3월 29일 성명에서 "남조선 인민의 애국투쟁을 지지하며 남북 전 조선 인민과 단결하자"고 호소했다.[32] 그리고 3월 18일과 4월 5일 지방의 평민공투平民共闘(평화와 민주주의를 위한 공투회의) 등의 공투 조직이 전국 통일집회를 주최하고 5만~10만 명을 동원했다.[33] 그러나 6월 한국에서 계엄령이 발포되면서 일본의 반대운동도 끝났다.

1964년 12월 한일회담이 재개되었다. 그 후 1965년 2월 기본조약 가조인, 4월 청구권, 어업, 재일한국인 법적 지위 문제의 합의사항 가조인이 실현되고, 드디어 6월 22일 한일기본조약 및 여러 협정이 정식으로 조인되었다. 그동안 일본 국회에서는 일본사회당을 중심으로 하는 반대 세력이 국회에서 정부, 자유민주당에 대한 질문 공세를 계속했으나 한일조약 조인을 막을 수 없었다. 그리고 일본의 반대운동은 안보투쟁, 한국의 반대운동과 같이 비준 반대투쟁으로 다시 고양되었다.

그러나 대중 동원에 있어 핵심 조직인 일본사회당·총평, 그리고 일본공산당의 공투 체제 확립은 간단하지 않았다. 1962년 8월 제8회 원폭原爆·수폭水爆 금지 세계대회 이후, 평화운동을 둘러싼 일본사회당·총평과 일본공산당의 노선 대립이 표면화되고 1963년 8월 결국 원폭·수폭 금지운동은 두 개의 세력으로 분열하고 말았다.[34] 국민회의도 그 영향을 받아

31 『로동신문』 1964년 6월 4일 자.

32 『アカハタ』 1964년 3월 30일 자.

33 같은 신문, 1964년 3월 19일 자 및 4월 6일 자.

34 原爆·水爆 금지운동의 방침에 대해 일본사회당·總評과 일본공산당은 다음과 같은 점에서 의견을 달리해 왔다. 첫째로 중소 논쟁 이후, 일본공산당은 특히 미국과의 협조를 지향하는 소련의 '평화공존정책'을 '수정주의'라고 비판했다. 이에 대해 일본사회당은 '적극 중립'의 입장에서 소련의 평화공존정책을 지지했다(「中ソ論争に關する黨の統一見

같은 해 9월부터 사실상 어떤 활동도 할 수 없는 상태에 빠져 버렸다. 그리고 정치 투쟁에 중점을 둔 일본사회당과 일본공산당에 비해 경제 투쟁을 중시한 총평은 경제 문제와 함께 한일 문제를 다루는 것에 소극적이었다. 이렇게 1964년 12월 제7차 한일회담이 개최되기 전에 한일회담 반대운동 추진 세력은 흐트러지게 된 것이다.

이와 같은 상황에서 1964년 12월 사사키 고조佐々木更三가 일본사회당 부위원장에 취임하고 이듬해 5월 당 위원장에 취임함으로써 좌파 세력이 당 지도부에 진출한다. 시이나椎名 외상의 한국 방문에 맞추어 좌파 주도하의 일본사회당은 일본공산당과 공동 투쟁을 모색하기 시작했다. 1965년 1월 20일 일본사회당 국민운동국장 오시바 시게오大柴滋夫가 내려 보낸 통달(국민운동국 통달 제6호)을 보면, "당 중앙에서는 공산당을 포함하는 공투 재개에 노력하고 있다."면서, 각 도도부현都道府縣 본부에서도 일본공산당과 공투를 재개할 것을 호소했다.[35] 그러나 이 「오시바 통달」이 나오고 나서 일본사회당 안에서 일본공산당과의 공투에 부정적인 의견이 잇따랐다. 이에 2월 12일 중앙집행위원회에서는 이 통달이 "한일회담 · 원잠原潛(원자력 잠수함) 기항 반대에 대한 당면의 투쟁 방침과 그 행동 체제에 대

解」 1963년 8월 12일 자, 앞의 『資料日本社會黨50年』, 311쪽). 둘째로 핵무기 생산, 보유, 사용 금지에 대해 사회당과 總評은 세계의 모든 국가를 대상으로 하지 않으면 안 된다고 주장했으나, 공산당은 사회주의 여러 나라의 핵보유는 "핵전쟁을 방지하기 위해 부득이한 방위적 조치"(日本共産黨中央委員會幹部會, 「中國核實驗にかんする聲明」 1964년 10월 17일 자)라고 하여 이를 용인했다. 셋째로 미·영·소 3국에 의한 부분적인 핵실험 정지조약에 대해 사회당과 總評은 '원수폭 금지운동의 성과'로 이 조약을 환영했으나, 공산당은 "지하 핵실험에 의한 핵무기 개발을 합리화하는 것으로, 미·소를 축으로 하는 핵무기 독점체제 유지와 그것을 전제로 하는 미·소 간 타협을 도모하여 아메리카 제국주의의 핵 협박을 거들고 핵무기 전면 금지와 핵전쟁 저지라는 근본 과제로부터 세계 인민의 눈을 다른 곳으로 돌리는 것"(日本共産黨中央委員會, 『日本共産黨の70年(上)』, 新日本出版社, 1994, 311쪽)이라고 신랄하게 비판했다.

35 月刊社會黨編集部, 『日本社會黨の30年』, 日本社會黨中央本部機關紙局, 1976, 510쪽.

한 것이며, 안보 공투의 전면적 · 전국적인 재개 방침에 대한 지시는 아니다."라는 '통일된 견해'가 결정되었다.[36]

그러나 같은 해 2월부터 미군의 베트남 북부 지역 폭격이 시작되었으며, 한일조약 조인을 눈앞에 둔 5월 11일에는 아베 도모지阿部知二, 고바야시 나오키小林直樹, 나카노 요시오中野好夫, 노가미 토요이치로野上豊一郎, 히다카 로쿠로日高六郎 등 '문화그룹' 다섯 명이 베트남전쟁 반대에 대한 일일공투를 호소했다. 이 호소에 일본사회당 · 총평과 일본공산당이 호응함으로써 6월 9일과 7월 27일 일일공투가 실현되었다.[37] 일일공투란 일본사회당 · 총평과 일본공산당이 일시를 정해 동시에 시위를 벌이는 방식을 말하는 것으로, '국민회의' 같은 통일조직의 결성까지는 의도하지 않았다. 일본사회당은 일일공투를 반복하면서 대중운동을 추진하려 했다. 다만 일본공산당은 이것을 "안보공투 재개의 계기"로 생각하고 일일공투가 고정화되는 것을 우려하여 독자 활동의 강화에 노력했다.[38]

이와 같이 한일조약이 조인된 뒤에도 혁신 세력의 연대는 여전히 실현되지 않았다. 7월 참의원 의원 선거와 도쿄 도의회 의원 선거가 끝나고 10월 초 국회 소집이 가까워지자 드디어 한일조약 비준 반대를 위한 움직임이

36 위와 같음.

37 이틀 동안의 시위는 이른바 '시차집회時差集會'였다. 시차집회란 같은 장소에서 시위를 하는데, 인사도 하지 않고 집회를 동시에 하지 않는 형식을 말한다. 이날의 시위는 한일조약보다는 베트남전쟁 반대에 중점을 두었다.

38 岡崎万壽秀는 「いわゆる'一日共闘'と當面の統一行動の問題」라는 논고에서 '일일공투'를 '예찬'하는 '反黨修正主義者'를 비판했다. 또한 岡崎는 "사회당, 總評 일부 우파 세력에 의한 '일일공투' 고정화 방향으로 통일 방해와 소극성에 의해 안보 공투조직의 활동은 정체하고 민주 세력의 통일 행동은 필요한 전진을 이루지 못함"으로써, "당면 9·12 통일 행동(공산당이 '한일조약 비준 저지, 베트남 침략 반대, 생활옹호'를 내걸고 주최한 것으로, 전국에서 13만 5천 명이 참가했다—필자)을 향해 우리 당과 자각적인 민주 세력에 의한 독자의 통일 행동을 철저하게 강화하지 않으면 안 되었다."고 썼다(『アカハタ』 1965년 8월 26일 자).

활발해졌다. 즉 8월 16일 일본사회당 제26회 임시대회가 개최되어 베트남전쟁 반대, 한일조약 반대 비준 저지를 위한 행동 방침으로 "적극적으로 여러 세력에 호소하고 통일 행동을 성의를 가지고 발전시키기" 위해 "일일투쟁(공투—필자)을 강화한다."는 것이 결정되었다. 31일에는 일본사회당 중앙집행위원회에서 이것을 한층 구체화시킨다는 결정을 내렸다.[39]

한편 총평은 일본공산당에 대한 불신감을 떨칠 수 없었다.[40] 총평은 8월 31일의 일본사회당 중앙집행위원회의 결정에 반발, 9월 4일 총평 사회당원협의회에서 "앞서 사회당 중앙집행위원회가 결정한 "일한, 베트남전쟁 반대 '일일공투'의 경험을 쌓아 가면서 신조직 결성을 제창한다"라는 일본공산당을 포함하는 공투 방침에는 찬성할 수 없다."고 결의했다.[41] 또한 일본사회당 안에서도 일본사회당과 일본공산당의 공동투쟁에 반대하는 세력이 존재했다.[42] 그래서 9월 17일 일본사회당 중앙집행위원회는 다시 공투에 대한 방침을 제시하여 당내 의견을 조절했다. 또한 10월 5일부터

39 앞의 『日本社會黨の30年』, 524쪽.

40 공산당에 대해 總評이 불신을 갖게 된 것은 4·17스트라이크에 대한 공산당의 태도 때문이었다. 4·17스트라이크는 총평과 공노협(공공기업체노동조합협의회)이 중심이 되어 1964년 4월 17일로 계획된 총파업을 말한다. 이 파업이 성공하면 池田 정권에 큰 타격을 줄 수 있다는 전망이 있었음에도 불구하고 일본공산당은 4·8성명에서 "교활한 정부와 대자본가는 이 투쟁이 주로 임금 인상에 중점이 있다는 점을 역이용하여, 여론을 조직해 노동자를 고립시킬 탄압의 구실을 만들고 투쟁을 실패하게 하여 노동조합을 분열, 파괴하는 모략을 꾸미고 있습니다."(앞의 『日本社會黨の30年』, 481쪽) 등의 이유를 내걸고 반대했다. 결국 4·17스트라이크는 중지되었고 總評은 공산당 불신에 빠졌다. 한편 공산당은 1964년 7월 제9회 중앙위원회 총회에서 "4·17 문제에서의 오류를 대담하게 자기비판하고 직접 지도 책임을 지고 聽濤克己를 간부회원에서, 竹内七郎를 서기국원, 노동조합부장에서 해임하고 관계 간부가 자기비판을 발표했다."(앞의 『日本共産黨の70年』, 324쪽)

41 『朝日新聞』 1965년 9월 5일 자.

42 그 대표적인 세력은 和田博雄를 중심으로 하는 와다和田파였다. 『朝日新聞』 1965년 9월 12일 자.

제50회 임시국회(이른바 '일한국회')가 소집됨에 따라 총평은 임시대회를 열어 '일일공투' 확대 · 강화를 결정했다. 이후 혁신 정치세력은 국회 기간 동안 공투에 대한 행동계획을 협의, 진행했다.[43]

한편 9월 8일 일본사회당은 일본공산당, 공명당, 민사당과 함께 국회 투쟁을 추진한다는 방침을 내세웠다. 이에 대해 공명당은 '일한日韓 반대' 방침을 보였지만, 민사당의 사사키 국회대책위원장은 한일조약에 대해 "기본적으로 찬성"한다는 입장을 명확히 했기 때문에 원내 투쟁도 어려울 것으로 예상되었다.[44]

국회는 10월 25일 중의원 일한특별위원회를 열어 한일조약에 대해 집중적으로 토의했다. 일본사회당은 한국정부의 관할권, 이승만라인 및 어업, 독도 영유권 문제에 집중해서 질문했다. 그러나 당시 국회에서 '일한안건' 통과를 노린 정부와 자민당은 11월 6일 중의원 특별위원회에서, 12일 새벽에는 중의원 본회의에서 이 안건을 강행 채택했다. 이에 따라 11월 9일로 예정되었던 시위행동은 5일로 앞당겨져 13일까지 9일 동안 도쿄에서 열린 일본사회당 · 일본공산당 주최(사회당 = 원잠저지전국실행위원회, 공산당 = 안보파기중앙실행위원회)의 항의 집회를 포함해 연인원 56만 명(주최 측 발표)이 참여하여 안보투쟁 이래 최대 규모의 가두시위가 전개되었다.[45] 26일에는 일본사회당 · 일본공산당 주최 통일행동이 세 번 열려 76,300명이 참가했다.

그러나 원내투쟁이 최고조에 달했던 '일한안건'의 중의원 본회의 통과

43 『朝日新聞』 1965년 10월 7일 자(도쿄, 석간 3판. 이하 같음.). 太田 總評 의장은 사회당 · 총평과 공산당 가운데 어느 쪽이 주도권을 장악하는가가 共闘의 문제점이라고 말했다.
44 같은 신문, 1965년 9월 23일 자, 26일 자.
45 같은 신문, 1965년 11월 14일 자. 또한 공안조사청에 의하면 이 시기의 전국 동원 수는 총 72만 명이었다고 한다(公安調査廳, 『日韓條約反對運動の總括』 1966년 7월, 234~235쪽).

이후 반대운동은 약화되는 추세를 보였다. 그리고 12월 4일 참의원 특별위원회, 11일 참의원 본회의에서 '일한안건'이 네 번의 강행 채택 끝에 통과되어 마침내 일본 국회에서 한일조약이 승인되었다.

III. 주요 단체와 주장

1. 혁신 정치세력 단체: 일본사회당·총평, 일본공산당

(1) 총론적 주장: 세 개의 핵심논리

일본사회당은 당시 최대 야당으로, 핵심 지지 세력은 일본 최대 노동조합인 일본노동조합총평의회(총평)였다. 일본공산당은 원내 세력으로는 소규모였지만 원외에서 대중 투쟁으로 존재감을 보였다. 이들 혁신 정치세력은 1960년 안보투쟁의 중심 세력으로 한일회담 반대운동에서도 중심 역할을 담당했다.

혁신 정치세력을 필두로 하는 일본의 한일회담 반대운동 측의 주장은, 첫째, 미일안전보장조약의 연장 또한 이른바 NEATO의 일환이라는 동북아시아 군사동맹론, 둘째, 조선의 남북통일 저해론, 셋째, 일본 독점자본의 한국 침략론을 핵심으로 하고 있다. 특히 5·16 쿠데타 이후 한국정부를 '미국의 괴뢰'로 보는 논리와 함께, "박 정권은 비합법 정권, 파쇼, 테러 정권으로 전 조선은 고사하고 남조선 인민을 대표할 자격도 없다."[46]는 비판이 높았다. 즉, 반대운동 세력은 한국정부가 한반도를 대표하는 정부가 아니기 때문에 한일 국교정상화는 한반도의 남북통일을 저해하고, 한국정

46 日韓會談對策連絡會議, 『日韓會談反對運動推進のために』 1961년 10월(?), 10~11쪽.

부에 대한 협력은 미국의 한국 식민지 지배에 대한 협력이며, 한일조약이 체결되면 일본의 자위대가 한반도로 출병하게 된다고 주장했다. 더욱이 1964년 이후 한국에서 한일회담 반대운동이 격화되자 한일조약이 일본의 한국 경제 침략을 가져올 것이라는 점을 강조했다. 1965년에는 방위청이 작성한 '미쓰야三矢 작전' 계획[47] 및 베트남전쟁과 관련하여 한일회담의 군사적 측면이 강조되었다.

이 가운데 일본사회당이 '적극중립론'에 입각하여 동북아시아 군사동맹에 의한 일본 독점자본의 아시아 침략 전쟁 참가 위험성을 강조한 반면, 일본공산당은 미국 제국주의와 일본 독점자본을 '두 개의 적'으로 보고, 특히 미국 제국주의에 대한 투쟁을 강조했다. 또한 일본공산당은 반대운동을 통해 안보공투를 재개해야 한다고 주장했다. 반면 일본사회당 · 총평은 1962년 김종필의 일본 방문과 '일한국회' 관련해서만 일본공산당과 한정적인 공투 행동에 나설 뿐이었다.

이하 각 정치세력의 주장을 구체적으로 검토해 본다. 1965년 12월 11일 일본사회당은 「일한조약 불승인선언」을 발표했다. 이 성명에서 일본사회당은 한일조약을 승인하지 않는 이유로 심의의 일방적 중단, 강행 채택에 의한 안건 통과, 그리고 한일조약 내용의 문제점을 들었다. 이 가운데 한일조약 내용의 문제점을 지적한 부분은 다음과 같다.

47 三矢 作戰이란, 방위청 統幕會議의 극비문서 「38年度統合防衛圖上硏究實施計劃」의 약칭으로, 제2차 한국전쟁을 상정하면서 자위대의 해외 파병 및 국내 치안 출동 등의 지침을 만들었다(總評 · 국민문화회의, 『日韓條約とベトナム戰爭』 1965년 10월 10일, 24쪽). 1965년 2월 중의원 예산위원회에서 사회당 의원 岡田春夫가 폭로하면서 알려지게 되었다. 그 목적은 "조선 반도에 무력 분쟁이 일어나 이것이 우리 나라에 파급하는 경우를 설정"하여 비상사태 시 자위대의 운영과 제반 조치 및 수속 등을 연구하고, 방위 계획 작성에 도움이 됨과 동시에 "미군 및 국가시책에 대한 요청을 명확히 하여 방위를 위한 여러 조치의 구체화를 추진하는 자료"로 삼는다는 것이었다(鹽田庄兵衛 · 長谷川正安 · 藤原彰 編, 『日本戰後史資料』, 新日本出版社, 1995년 11월, 482쪽).

일한조약은 남북이 분단되어 있는 조선의 남반부 정권을 사실상 전 조선을 대표하는 유일한 합법 정권으로 간주하여 체결된 것이다. 그 목적은 한국과의 국교정상화를 통해 아메리카를 중심으로 일본, 한국, 대만 등을 묶는 군사동맹을 실질적으로 결성하고 나아가 한국 시장으로 일본의 독점적 진출의 길을 여는 데 있다. 이는 조선의 남북 분단 현상을 더욱 고착시키고 36년에 걸친 일본의 조선에 대한 식민지 통치를 청산하기는커녕 반대로 일본, 조선 양 민족의 우호를 방해하는 것이다. 이것은 군사동맹 참가를 금지하고 일본의 안전을 국제간 신의에 위임한 일본 헌법에 위반된다.[48]

여기에 동북아시아 군사동맹론, 조선 남북통일 저해론, 일본 독점자본의 한국 침략론이라는 세 개의 핵심 논리가 모두 언급되어 있다. 그리고 주목할 것은 "조선에 대한 식민지 통치의 청산"이 부차적으로 언급된 점이다. 요컨대 이 성명은 일본정부에 조선 식민지 지배의 청산을 직접 요구한 것은 아니었다. 비판의 초점은 한일조약이 사실상 군사동맹이기 때문에 위헌이라는 점에 모아진 것이다.

이와 같은 특징은 일본공산당의 성명에서도 나타난다. 1965년 6월 22일 한일기본조약 및 여러 협정이 조인되었을 때 일본공산당중앙위원회 간부회는 성명을 발표했다. 그 요점은 첫째로 한일조약이 "이웃 나라와 사이를 좋게 하기는커녕 조선 인민과의 참된 우호를 파괴하여 침략적인 반공군사동맹을 결성하고 아메리카 제국주의를 위해 아시아인으로 하여금 아시아인과 싸우게 하는 것"이며, 둘째로 경제협력협정과 어업협정이 "아메리카 제국주의가 지배하는, 일본 독점자본과 어업 대자본의 남조선에 대한 제국주의적 경제 침략의 별명에 불과하고, 일한회담 전체의 군사적 본

48 「日韓條約不承認宣言」(1965년 12월 11일 자, 日本社會黨政策審議會 編, 『日本社會黨政策資料集成』, 日本社會黨中央本部機關紙局, 1990년 5월, 505~506쪽).

질과 결부하여 일본 경제의 자주적, 평화적 발전을 방해하고 남조선 인민을 아메리카 제국주의와 일본 독점자본이라는 이중의 착취 아래 고통스럽게 하는 것"이고, 셋째로 한일조약은 "조선민주주의인민공화국을 부인하고 적대시해 남북 분단을 고착화하여 조선의 자주적, 평화적 통일을 방해할 것"이라는 점이었다. 이 성명에서는 "사토佐藤 내각에 의한 일한회담 본 조인은 일본 제국주의가 조선 인민에 대해 일찍이 자행했던, 말로 다할 수 없는 식민지적 압박과 착취에 대한 속죄를 방기하고, 반대로 재일조선인을 포함한 조선 인민의 민족적 권리를 다시 침해하는 범죄 행위를 감히 범하는 것에 다름 아니"라고 지적했다.[49]

또한 총평은 위의 세 핵심 논리에 더해 "일본 노동자는 짓누르고—일은 값싼 한국 노동자에게"라든가, "일본인 일인당 3,200엔—우리의 혈세로 박 정권 구제"[50]라는 주장을 폈다. 이것은 동북아시아 군사동맹에 기초한 일본 독점자본의 한국 침략이 "필연적으로 노동자에게 저임금과 권리 박탈, 합리화를 강요하여 민주 세력, 그중에서도 특히 노동자 계급에 대한 억압과 회유 대책을 강제할 수밖에 없다."[51]는 총평 측의 판단에 기초한 슬로건이었다. 그러나 이와 같은 논리는 좀처럼 노동자의 호응을 얻지 못했다. 이 점에 대해 총평 국민운동부장인 이와타레 스키오岩垂壽喜男는 "이러한 독점의 동향과 관련하여 '일한조약'을 대중적으로 이해시키려는 노력이 불충분했다는 점에서 조인 단계에서 한 걸음 박력 있는 대중 행동으로 내

49 「日韓會談の本調印强行に抗議し, 斷固とした批准沮止闘爭への決起をよびかける」, 日本共産黨中央委員會出版部 編集·發行, 『日韓條約と日本共産黨』 1965년, 14~15쪽.

50 앞의 『日韓條約とベトナム戰爭』, 38~41쪽.

51 岩垂壽喜男, 「日韓條約の批准沮止をはじめとする諸闘爭の中間的總括」, 『月刊社會黨』 1966년 2월호, 86쪽. 이 자료는 木元茂夫 씨의 후의로 참조할 수 있었다.

딛지 못했다는 것은 부정할 수 없다."고 총평했다.[52]

그런데 이와 같은 혁신 정치세력의 반대운동 논리가 한일조약에 대한 일본 대중의 무관심을 불러온 점도 있다. 비준 국회가 열리고 있던 1965년 11월 실시한 시사 여론조사에 따르면, 현 국회에서 한일조약 비준 승인에 대해 '찬성' 36.5퍼센트, '반대' 14.7퍼센트, '모르겠다' 48.9퍼센트였다. 일본 국민의 절반이 이 문제에 대해 명확한 입장을 보이지 않았던 것이다. 찬성의 이유로 가장 많았던 것이 "이웃 나라와 국교 회복은 당연하다"이고, 반대의 이유로 가장 많았던 것이 "양국의 해석이 엇갈리고 있기 때문"이었다. 요컨대 한일조약의 내용을 판단 기준으로 하는 것은 적었다.[53]

혁신 정치세력이 안보투쟁의 연장으로 베트남전쟁 반대와 함께 한일조약 반대를 내건 것도, 경제 투쟁과 결합시켜 반대운동을 전개한 것도 대중의 평화 의식과 생활 감각을 토대로 운동을 전개하려고 했기 때문이었다. 다만 반대운동의 결과에 대해 이와타레는 "'일한조약'을 대중적으로 이해시키려는 노력이 불충분했다는 점"과 "직장에서 조직적인 토의가 부족했기 때문에 '베트남전쟁 반대는 좋지만 한일조약 반대는 어찌 되었든 인민

52 위와 같음.

53 內閣官房內閣調査室 編, 『日韓條約締結をめぐる內外の動向』 1966년 7월, 162~163쪽. 이 조사에 따르면, 1965년 10월 조사에서는 '찬성' 41.2퍼센트, '반대' 11.8퍼센트, '모르겠다' 47.0퍼센트였다. 10월 조사에 비해 11월 조사에서는 '찬성'이 4.7포인트 줄고 '반대'가 2.9포인트 증가하고 '모르겠다'는 1.9포인트 증가했다. '찬성' 이유는 "이웃 나라와 국교 회복은 당연한 것"이 26.5퍼센트, "한국의 정치 경제가 안정되면 일본에 이익이 된다"가 7.5퍼센트, "일본 경제에 좋은 영향이 있다"가 5.2퍼센트, "모르겠다"가 2.0퍼센트였다. 또한 '반대' 이유는 "양국의 해석이 엇갈리고 있기 때문"이 4.8퍼센트, "군사동맹으로 나아갈 것이기 때문"이 3.0퍼센트, "남북통일 이전에 한국과만 수교해서는 안 된다"가 2.6퍼센트, "일본의 양보가 지나치기 때문"이 1.9퍼센트, '모르겠다'가 0.4퍼센트였다. 요컨대 찬성 의견에서 한국과 일본의 이해관계를 고려한 것은 12.7퍼센트, 반대 의견에서 반대운동 세력의 주장을 선택한 것은 5.6퍼센트에 그쳤다. 이 수치에서도 한일조약에 대한 일본인들의 무관심을 볼 수 있다('찬성' 및 '반대' 이유의 수치는 10월과 11월 조사의 평균치라고 생각된다).

에게 이해 못 시킨다'는, 일종의 체념 같은 선입견을 갖게 되는 경향이 생겼다는 것"을 인정하지 않을 수 없었다고 지적하고 있다.[54]

(2) 각론적 주장: '일한국회'에서의 한일조약 논의

다음으로 1965년 10월 5일부터 시작된 '일한국회'의 심의 내용 중 한일 기본조약 및 여러 협정에 관한 논의를 검토해 본다. 우선 한국 국회와 마찬가지로 일본 국회에서도 한일 간 조약에 대한 해석의 차이가 초점이 되었다. 여기서는 특히 기본조약에 있어서 구 조약 무효 확인, 한국정부의 관할권, 이승만라인의 존폐, 독도 영유권을 둘러싼 논의를 살펴본다.

먼저 일본사회당의 오카다 소지岡田宗司 의원은 기본조약 제2조의 "already null and void"(이미 무효이다)에 대해 질문했다. 이에 대해 우시로쿠 도라오後宮虎郎 외무성 아시아국장은 한국 측이 "null and void"를 주장한 이유에 대해 "이른바 상대방의 단어를 그대로 사용하면 국민의 정기正氣라는 올바른 기氣, 정기의 상징으로 단지 들어간다는 이른바 정치적, 국내 정치적, 감정적 의미"였다고 답변했다. 덧붙여 우시로쿠는 "예전에는, 일시적으로는 유효했던" 시기를 명확하게 하기 위해 "already라는 자구"를 넣은 것이라고 설명했다. 오카다는 다시 이 조문에 의해 한국에 "새로운 무슨 권리 의무의 문제"가 생기지 않겠느냐고 물었다. 즉 오카다 질문의 초점은 기본조약 제2조에 의해 한국에 새로운 대일청구권이 발생하는지 여부였다. 이에 대해 시이나 외상은 분명하게 부정했다.[55]

이어 오카다는 한국 국회 회의록의 정일권丁一權 국무총리, 이동원李東元 외무부장관의 발언과 『한일회담백서』의 기술을 인용하여 한국정부의 관

54 앞의 「日韓條約の批准沮止をはじめとする諸闘爭の中間的總括」, 86쪽.
55 『第50國會參議院日韓條約等特別委員會會議錄』, 1965년 11월 27일 자.

할권이 조선반도 남반부에 한정된다는 일본정부의 기본조약 제3조 해석과의 차이를 질문했다. 이에 대해 시이나 외상은 한국의 해석에 대한 언급 없이 오로지 일본의 조문 해석을 되풀이했다.[56] 다만 일본사회당의 요코미치 세쓰오横路節雄 의원이 기본조약 제3조에 의해 일본이 조선민주주의인민공화국과 어떠한 외교관계도 맺을 수 없다고 선언한 것이라는 이동원 외무부장관의 국회 답변에 대해 질문하자, 시이나 외상은 이를 부인했다.[57]

이승만라인에 대해 일본사회당 야마모토 고이치山本幸一 의원은 다음과 같이 질문했다. "일본정부에서는 일한어업협정의 합의에 의해 이승만라인은 철폐되었다고 설명하고 있습니다. 그런데 한국정부는 이승만라인은 엄연히 존속하는 것이라고 언명하고 이승만라인을 넘어오면 나포하고 체포한다는 한국의 국내법을 계속 고수하겠다는 태도를 조금도 바꾸지 않고 있습니다. 따라서 정부가 어떻게 변명한다고 해도 한국의 관련 국내법을 폐지시키지 않는 한 국민이 정부를 신용하지 않는 것은 당연합니다." 이와 같은 한국 국내법의 폐지를 요구하는 질문에 대해 사토 수상은 "국내법과 조약의 관계는 국제법상 국내법은 조약에 양보한다."고 답변하여 일본 어선이 나포될 수 있는 이승만라인의 존속을 부정했다.[58]

마지막으로 「분쟁 해결에 관한 교환 공문」에 따라 독도 영유권 문제의 해결이 가능하다는 일본정부의 설명에 대해, 일본사회당의 마츠모토 시치로松本七郎 의원은 "귀하는 분쟁이라고 말하고 상대방은 분쟁이 아니라고 말하면 교환공문으로 규정한 해결 방법이라는 것도 현실화되지 않는다."

56 위와 같음.

57 『第50國會衆議院日本國と大韓民國との間の條約及び協定等に關する特別委員會會議錄』, 1965년 10월 28일 자.

58 『第50國會衆議院本會議會議錄』, 1965년 10월 15일 자.

고 반론했다. 앞에서 서술한 대로 한국정부는 이 문제가 한일회담의 현안에 포함되지 않는다고 주장했다. 이에 대해 시이나 외상이 "(한국이) 어떠한 조정에도 승복하지 않으려 한다는 것은 절대로 아니다. 그렇다면 왜 이러한 교환공문을 주고받았겠는가라는 것이 된다."고 설명하자 마츠모토는 "그 조인한 교환공문에 다케시마(독도)는 포함하고 있지 않다는 해석을 상대방이 하고 있기 때문에 이는 어쩔 도리가 없다."고 되받아쳤다.[59]

이와 같이 일한국회에서 일본사회당 의원은 한국 측 해석과의 차이를 추궁하는 것으로 한일기본조약 및 여러 협정의 문제점을 분명하게 하려 한 것이다. 이에 대해 일본정부는 일본 측의 조문 해석을 반복하는 것으로 일관했다.

그런데 기본조약에서 구 조약 무효 확인 문제로 일본사회당 이시바시 마사츠구石橋正嗣 의원은 사토 수상에게 한국병합조약이 "대등한 입장에서 자주적으로 체결된" 것인지를 물었다. 이에 대해 사토가 "대등한 입장에서 또 자유의지로 이 조약이 체결되었다."고 답변하자 이시바시는 『일본외교문서』 제38권에 있는 이토 히로부미伊藤博文와 고종의 대화를 인용하며 "한국이 저토록 대단히 강력하게 처음부터 없었던 것이라고 주장하는 그 이면에 있는 국민감정이라는 것을 이해하지 못하고 어떻게 선린우호를 설명할 수 있는가"라고 비판했다.[60]

또한 청구권 및 경제협력 협정으로 정해진 금액에 대해 위의 요코미치 세쓰오는 시이나 외상에게 "이것은 청구권의 처리 때문인가. 아니면 저개발국 원조인가. 그것도 아니면 36년간 한국을 식민지 지배해 왔다는 의미

59 『第50國會衆議院日本國と大韓民國との間の條約及び協定等に關する特別委員會會議錄』, 1965년 10월 27일 자.

60 같은 회의록, 1965년 11월 5일 자.

로 지불하는 돈인가"라고 질의했다. 이에 대해 시이나가 "그것은 글자 그대로 경제협력입니다."라고 답변하자, 요코미치는 1965년 2월 도착성명에서 "양국 간의 긴 역사에서 불행한 기간이 있었다는 것은 참으로 유감스러운 일로 깊이 반성하고 있습니다."라는 문구의 의미를 힐문했다. 요코미치는 "그대는 상대방에게 용서해 달라고 사죄를 한 것이다. 사죄를 했다는 것은 어떠한 의미인가. 36년간 식민지 지배는 정말 죄송합니다. 얼마나 당신들에게 손해와 고통을 주었을지, 그러한 의미에서 우리는 당신들에게 돈을 지불하는 것이라는 그러한 의미 아닙니까?"라고 물었다. 그러나 시이나는 "반성한다는 말에 의원께서 지금 누누이 말씀하신 바와 같은 의미가 포함되어 있는 것은 아니"라고 정색하며 말했다. 시이나는 제2차 세계대전 당시 큐슈 탄광에서 조선인이 강제 노동하는 것을 본 경험에서 "저에게는 여러 가지 추억이 있기 때문에 깊이 반성한다는 말이 나온 것"뿐이라고 말했다. 시이나와 토론하면서 요코미치는 "한국 민중이 경제협력에 반대하는 논거에는, 36년간의 식민지 지배에 대해 손해와 고통을 주었다고 말할 수 없다는 마음이 지금의 사토 내각에 있다면 이것은 또한 별개라는 그러한 마음이 있는 것입니다."라고 비판했다.[61]

이와 같이 일본사회당 의원은 일본정부가 한일조약을 이웃 나라와 '선린우호'라는 입장에서 체결했다는 것에 대해 일본이 왜 '비우호非友好'인가를 추궁했다. 그러나 이와 같은 일본정부에 대한 비판이 반드시 한국의 입장에 이해를 보인 것은 아니었다. 예를 들어 한국병합조약이 효력을 잃은 시기에 대해 시이나가 "한국이 독립을 선언을 했을 때", 즉 1948년 8월 15일부터 무효라고 설명한 것에 대해 이시바시는 조선민주주의인민공화

61 같은 회의록, 1965년 10월 28일 자.

국이 같은 해 9월 9일 수립된 점을 무시하고 있다고 비판했다. 다만 구 조약이 당초부터 무효였다고 하는 한국의 주장에 대해 이시바시는 "그렇게 말해도 있었던 사실을 부정할 수는 없다.", "도의적으로는 상대방의 주장이 옳다고 해도 법률적으로는 일본의 주장이 맞다."고 말했다.[62] 요컨대 이시바시는 구 조약 무효의 시기에 대해 한국정부가 일관성 있게 주장한 반면 일본정부는 자신의 입장을 주장하지 않고 '양보'했다고 비판한 것이다.

또한 일본사회당 나카무라 히데오中村英男 의원은 이승만라인의 부당성에 대한 정부의 견해를 물었다. 사토 수상이 "국제법상 이른바 이승만라인이라는 것은 개인적으로도 위법, 불법이라고 생각하기 때문에 인정될 수 없는 것"이라고 말한 데 대해 나카무라는 "부당하다면 역시 나포된 선박, 선원, 그에 대한 청구를 국내 보상으로 하지 말고 역시 한국에 부당성을 명쾌하게 해야 한다."고 하여 일본정부를 비판했다. 요컨대 나카무라는 이승만라인에 의한 일본 어선 나포에 대해 한국에 보상을 요구해야 한다고 주장한 것이다. 이에 대해 사토는 청구권 문제로 해결한 것이라고 답변했다.[63]

나아가 오카다 소지는 "이 조약은 이승만 시대의 전승국이 패전국에 대한 태도로 교섭이 진행된 결과의 소산으로, 불평등조약이 아닌가", "다케시마(독도) 문제가 해결되지 않았는데도 한국이 불법 점령한 채 이 조약을 체결하지 않으면 안 되었다는 것은 명확히 대등한 입장으로 교섭하지 못했다는 것을 보여 주는 것이 아닌가", "일한교섭 중 양국에서 반대운동이 일어났다. 일본의 반대운동은 일본정부를 향한 것임에 비해 한국에서는 일본을 향하고 있다. 일본상품 배척, 일본 상사원에 대한 압박, 일본국기 소각 등이 그러한 예이다. 이러한 정세 속에서 진실로 대등한 입장이 유지

62 같은 회의록, 1965년 11월 1일 자.

63 『第50國會參議院日韓條約等特別委員會會議錄』, 1965년 12월 3일 자.

될 수 있는가" 등의 질문을 했다.

요시오카 요시노리吉岡吉典와 사토 가쓰미佐藤勝巳가 이와 같은 오카다의 발언을 '식민사상'이라고 비판했듯이[64] 국회에서 행해진 혁신 정치세력의 발언에는 일본의 조선 식민지 지배에 대한 책임 문제를 고려하지 않은 것이 적지 않았다. 오늘날의 시점에서 보면 이와 같은 발언은 극복해야 할 과제를 남겨 놓았다고 할 수 있다.

2. 재일조선인 단체: 조선총련을 중심으로

일본의 한일회담 반대운동 주체는 일본인만이 아니었다. 한일기본조약 및 여러 협정의 내용과 가장 관계가 있었던 것은 다름 아닌 재일조선인이었다. 1951년 1월 설립된 재일조선통일민주전선(민전), 1955년 5월 설립된 재일조선인총연합회(조선총련) 등의 재일조선인 단체는 설립될 때부터 한일회담에 관심을 갖고 반대해 왔다.[65] 1955년 5월 25일부터 26일에 걸쳐

64 吉岡吉典, 「'日韓條約'をめぐる日本の思想」, 『朝鮮史硏究會論文集』 2, 1961년 11월; 佐藤勝巳, 「國會の日韓論議にあらわれた日朝關係把握の問題點」, 『朝鮮史硏究會論文集』 6, 1969년 6월. 이들 논문은 일한국회의 논의를 예리하게 분석하고 있어 참고가 된다. 이들 논문은 吉岡吉典(吉澤文壽 解說), 『日韓基本條約が置き去りにしたもの—植民地責任と眞の友好』, 大月書店, 2014년에 수록되어 있다.

65 한편 在日本大韓民國居留民團(民團) 측은 대체적으로 한국정부의 방침을 지지했으나, 비주류파인 在日韓國青年同盟(韓青), 在日韓國學生同盟(韓學同) 등은 "재일한국인 법적 지위 요구 관철", "평화선 사수" 등 한국의 반대운동에 가까운 주장을 하며 한일조약을 비판했다. 그러나 1965년 6월 한일조약 조인 후에는 민단 집행부가 비주류파를 강력히 견제하면서 그들의 행동은 가라앉았다(앞의 『日韓條約反對鬪爭の總括』, 121쪽). 또한 민단의 기관지인 『韓國新聞』을 검토해 보면 민단의 주장은 한일회담 촉진, 한일협정에 의한 법적 지위의 획득으로, 대체로 대한민국의 입장을 대변하고 있음을 알 수 있다. 한일조약을 조인할 때 민단은 성명을 발표하여, "우리 재일교포, 거류민단, 상공인연합회, 대한부인회의 60만 회원은 한일 국교정상화를 위한 대한민국 정부의 시책을 지지하고, 역대 정권이 이루지 못한 한일회담 타결의 노력에 대해 滿腔의 사의를 표하는 바입니다." 라고 환영하고 있다(『韓國新聞』 1965년 7월 18일 자). 한일조약에 대한 민단계의 움직임을 연구한 논문으로는 金鉉洙, 「日韓條約の締結と在日韓國人の對應—第6·7次會談期を

조선총련 결성대회가 개최되었다. 거기서 발표된「일반 활동방침 보고」에 "조국 북반부에 설정된 민주 기지를 강화하고 남반부로부터 미제를 철거시키며 리승만 역도를 더욱 고립시켜 조국을 공화국 기지 밑에 통일시키도록 전력을 다해야 하겠다."는 '기본임무'가 정해졌다. 그리고 그 실현을 위해 "한·일 회담과 리승만 도당이 외국과 체결하는 일체의 군사협정들을 반대"한다는 것이 '투쟁임무'가 되었다.[66]

앞에서 서술한 대로 조선총련은 1959년 12월부터 시작된 재일조선인 귀국사업 지원에 중점을 두었다. 그리고 1960년 7월 23일 조선적십자회가 일본적십자사에 귀국협정의 기한 연장을 제안하자 조선총련은 귀국협정 연장요구 운동을 전개했다. 1960년 10월 10일『조선총련』은「귀국사업 파괴와 '한일회담'에 만반의 준비를 갖춤」이라는 사설을 게재했다. 사설은 일본과 조선의 적십자사 간에 귀국협정 연장 교섭이 계속되고 있는 가운데 10월 25일부터 재개되는 한일회담에 임하는 일본정부에 대해 "일본정부는 인도주의를 짓밟으면서 '대한외교' 추진을 내걸고 '현안 해결'이라고 말하고 있지만, 그것은 일본 국민이 바라는 것과는 방향이 다르다."고 비판했다.[67] 이듬해 1961년 10월 25일 조선총련 중앙위원회 제28차 회의 확대회의에서는 한일회담의 즉시 중지를 요구하는 결의가 채택되었다.[68] 12월 16일에는 도쿄에서「'한일회담'을 반대·배격하는 재일조선인 중앙대회」가 열려 3,000명이 모였다.[69]

中心に」(『在日朝鮮人史研究』 제34호, 2004년 10월)가 있다.

66 『解放新聞』 1955년 5월 31일 자(朴慶植 編,『解放後の在日朝鮮人運動(III)[朝鮮問題資料叢書補巻]』アジア問題研究所, 1984년, 698쪽).

67 『朝鮮總連』 1960년 10월 10일 자.

68 『朝鮮時報』 1961년 10월 28일 자.

69 같은 신문, 1961년 12월 23일 자.

한일회담 반대운동의 제1 고양기에 해당하는 1962년 8월 21일 조선총련은 다시 성명을 발표했다. 이 성명에서는 특히 "일본정부가 조선 인민의 의사를 전혀 대표할 수 없는 남조선 군사 '정권'을 상대로 전체 조선 인민의 주권과 관련되는 안건들, 즉 '재산청구권'과 '재일조선인의 법적 지위'에 관한 문제들을 처리하려 하는 것은 전적으로 부당하며 비법적인 것"이라고 지적했다.[70] 9월 4일 조선총련은 일본의 반대운동 추진 단체에 「요청문」을 보냈다. 조선총련은 이 문서에서 결의 기타에 의한 한일회담 반대의 의사 표시, 항의 집회를 비롯한 각종 형태의 항의 운동, 기관지 등에 의한 선전 활동을 요청했다.[71] 그 후 조선총련은 9월 14일부터 다음 해 1월 19일까지 약 1만 명 규모의 '한일회담' 반대·배격 재일조선인 통일 행동을 여덟 차례에 걸쳐 주최했다. 특히 조선정부가 「12·13성명」을 내자 조선총련은 이 성명을 확산시키기 위해 전단과 포스터 배포, 선전 차량 등을 통한 가두연설, 각 계층과의 집단적, 개별적 접촉 및 토론, 영화 상영회와 강연회 개최 등을 전개했다.[72]

1963년부터 재일조선인의 조국 자유왕래 요구 운동이 시작되었다. 5월 13일 조선총련의 성명에 이어 7월 15일에는 조선민주주의인민공화국 정부가, 8월 15일에는 다시 조선총련이 '자유왕래' 실현을 호소하는 성명을 발표했다. 1964년 3월 16일부터 4월 21일까지 재일조선인조국자유왕래요청단이 오사카에서 도쿄까지 행진하고, 21일 열린 중앙대회에는 13,700여 명이 모였다.[73] 일본의 지방의회에서도 이 운동을 지지하는 결의

70 『조선신보』 1962년 8월 23일 자.
71 같은 신문, 1962년 9월 9일 자.
72 같은 신문, 1963년 1월 19일 자.
73 같은 신문, 1964년 4월 25일 자.

가 잇따라 1963년 10월 9일까지 754개 지방의회, 22개 자치단체 회의가 지지 결의를 했다.[74]

1964년 한국에서 한일조약 반대운동이 고양되자 조선총련은 3월 11일 7,500명을 집결시켜 재일조선인 중앙대회를 개최했다. 그때 발표된 슬로건은 다음과 같다. "조선의 평화적 통일을 방해하며 재일동포들의 권리를 침해하려는 범죄적 '한일회담'을 절대 반대하자!", "박정희 도당들의 매국 배족 행위와 일본 군국주의자들의 남조선 재침을 단호히 배격하자!", "모든 재일동포는 총단결하여 '한일회담' 반대 투쟁에 일어서자!", "조·일 양국 인민의 이익과 극동의 평화, 안전을 위협하는 '한일회담' 반대!", "조선의 분열을 영구화하고 자주적 평화통일을 방해하는 '한일회담' 반대!"[75]

이 슬로건을 보면 앞에서 서술한 반대운동의 '세 핵심논리' 외에 재일조선인의 권리를 침해할 뿐만 아니라 일본인의 이익을 위협한다는 논리로 한일회담을 비판하고 있다. 요컨대 이 집회는 한일회담에 반대하는 재일조선인과 일본인의 연대를 의식한 것이었다. 또한 3월 27일 조선민주주의인민공화국 최고인민회의는「남조선 인민들과 제 정당, 사회단체 인사들 및 남조선 국회의원들에게 보내는 조선민주주의인민공화국 최고인민회의 호소문」을 채택했다. 이 호소문을 통해 조선정부는 "모두 다 미제 침략자들을 몰아내고 '한일회담'을 분쇄하며 민족적 합작을 실현하고 남북의 장벽을 헐어 버리기 위한 거족적 투쟁의 기치하에 굳게 뭉쳐 힘차게 싸워 나

74 같은 신문, 1963년 10월 12일 자. 1964년 말에는 1,031개의 지방의회가 지지 결의를 채택했다(『朝鮮時報』 1965년 1월 16일 자).

75 같은 신문, 1964년 3월 13일 자.

아가자!"라고 한국의 반대운동 세력에게 호소했다.[76] 이와 같이 조선정부 및 조선총련에 의한 반대운동은 남북 조선과 일본의 연대를 의식하여 전개되었다.

1964년 12월 3일부터 한일회담이 재개되자 7일 조선총련은 "'한일회담'에 반대하는 재일조선인 중앙대회"를 열어 일본정부에 한일회담의 즉시 중지를 요구하는 요청문을 채택했다.[77] 1965년이 되자 한일회담의 진행에 발맞추어 조선총련 주최의 한일회담 반대 집회와 조선정부, 총련의 성명 발표가 잇따랐다. 2월 25일 조선정부 외무성이 발표한 성명은 한일기본조약에 대해 "이는 오늘 일본 군국주의 세력에게 합법적으로 남조선을 재침할 수 있는 문을 활짝 열어 주는 것을 의미한다."고 주장했다. 또한 기본조약 제2조의 구 조약 무효 확인에 대해 성명은 "만약 일본이 진실로 지난날의 모든 침략적 조약과 협정의 무효를 인정한다면 무엇보다도 자신이 조선에서 감행한 모든 침략적 죄행에 대해 진심으로 책임을 느끼고 그 죄과를 씻기 위한 구체적 행동을 표시하는 것에서 출발하는 것이 응당한 것이다. 그러나 그러한 구체적 행동의 표시는 아무 데도 없다."고 비판했다.[78]

또한 한일조약이 조인된 다음 날인 6월 23일 조선정부는 한일기본조약 및 여러 협정의 무효를 선언하는 성명을 발표했다. 특히 여러 협정의 내용에 관계된 요점은 다음 네 가지였다. 첫째로 청구권 및 경제협력 협정으로 "일본 당국과 박정희 도당 사이에 주고받는 것은 사적 금전 거래에 불과하

76 같은 신문, 1964년 3월 31일 자.

77 『朝鮮時報』 1964년 12월 19일 자. 1965년 1월 9일에 열린 朝鮮總連關東地方熱誠者大會에서는 일본정부에 대해 한일회담의 즉시 중지와 재일조선인의 조국 왕래의 자유를 요청하는 요청서를 채택했다(『朝鮮時報』 1965년 1월 16일 자).

78 『로동신문』, 1965년 2월 26일 자.

며, 결코 배상금의 지불로 될 수 없는" 것으로, 조선정부가 "대일배상 청구권을 보유한다."고 주장했다. 둘째로 어업협정에 대해 "조선의 전통적인 어장과 령해에 관한 문제인 '어업 문제'는 조선 인민의 자주권에 속하는 문제로, '한일회담' 같은 매국 흥정판에서 론의될 수 없다."고 규탄하고 '령해에 대한 주권' 및 어업권을 주장했다. 셋째로 "독도는 그 누구도 침해할 수 없는 조선 인민의 고유하고 신성한 령토이다."라고 주장했다. 넷째로 법적 지위 협정에 대해 "박정희 도당은 재일 조선 공민들의 민주주의적 민족 권리를 일제에 팔아넘겼을 뿐만 아니라 그들에게 '한국 국적'을 강요하고 괴뢰 정권의 '국내법'을 적용시켜 남조선 괴뢰군 징집의 원천으로 삼으려 하고 있다."[79]고 비판함과 동시에, 일본정부에는 "국제법과 국제관례에 따라 재일 조선 공민들에 대한 자기의 의무와 도의적 책임을 리행하여야 하며 그들에 대해 응당한 대우를 보장해야 한다."고 주장했다.[80]

그리고 한일회담 반대운동의 제2 고양기에 해당하는 1965년 후반 조선총련은 한일조약 비준 반대를 호소하는 동시에 재일조선인의 '국적', 구체적으로는 외국인등록증의 '국적'란 문제에 중점을 두었다. 1965년 8월 7일 자 『조선시보』[역주 ③]에 게재된 조선총련 중앙사회경제부 부부장 하창옥河昌玉의 논설은 한일 법적 지위 협정에 대해 다음과 같이 서술하고 있다. 우선 재일조선인의 영주권 취득에 '한국정부에서 발급한 국적증명서'

79 1965년 3월 20일 자 『朝鮮時報』는 재일조선인 吉庚默에게 한국정부로부터 '징병' 통지가 발부되었다고 보도했다. 기사에서는 "원래 재일조선인의 대부분은 조선민주주의인민공화국의 확실한 재외 공민이다. 그런데 박정희 도당은 재일 전 조선인에게 '한국 국적'을 강요하려 하고 있다. 이것들에 의해 박정희 도당은 재일조선인에게 '한국'의 파쇼적 국내법을 적용하려 하고 있으며, 동시에 재일 조선 청년을 괴뢰 '국군'으로 징병하려는 것은 이미 알려진 바다."라고 전했다.

80 『로동신문』 1965년 6월 24일 자; 朝鮮民主主義人民共和國聲明, 「'韓日條約'と諸'協定'は無効である」, 朝鮮大學校, 『賣國的'韓日條約'は無効である(朝鮮にかんする研究資料第13集)』 1965년 12월, 109~112쪽.

가 필요하다고 한 데 대해 "재일조선인 고유의 기본권인 일본에서의 재주권在住權을 '한국국적韓國國籍' 강요의 도구로 악용하려고 하는 일본정부와 박정희 도당의 추악한 음모"라고 비난했다. 나아가 재일조선인의 대우 문제에 대해 "타당한 고려를 하는"이라고 하고 합의의사록에 "생활 보호에 대하여는 당분간 종전과 같이 한다."고 애매하게 표현한 것을 들어 재일조선인의 대우 문제에 대한 일본정부의 태도를 의문시했다. 또한 강제 퇴거 사유에 해당하는 '범죄행위'의 정의를 규정하지 않았으며 강제 퇴거지가 한국이라는 점에 대해 박정희 정권이 재일조선인의 강제 퇴거 실시를 합법화한 것이라고 비판했다.[81]

한편 일본 각지에서 외국인등록증의 '국적'란을 '한국'에서 '조선'으로 바꾸고 싶다는 신청이 각 지방 자치 단체에 잇따랐다. 또한 도쿄, 이시카와石川, 아이치愛知, 교토京都, 오카야마岡山, 후쿠오카福岡 등에서 '조선 국적 요청자회'가 결성되고, 10월 25일 '조선국적요청자회연락회의'가 결성되어 다음 날인 26일 도쿄의 구단九段회관에서 조선국적요청자대회가 개최되었다. 이 시점에서 조선 국적 요청자는 7,000명을 넘었다.[82] 이에 앞서 21일 일본정부는 외국인등록증의 국적란에 대해 '한국'에서 '조선'으로 변경하는 것은 인정하지 않는다는 '통일 견해'를 발표했다. 그 이유는 '한국'이 국적을 의미하는 데 반해 '조선'은 대일강화조약 발효에 의해 일본에서 독립하면서 일본 국적을 잃은 조선인이라는 것을 나타내는 '부호'에 불과하다는 것이었다.[83] 이 '통일 견해'에 대해 26일 조선총련 중앙상임위

81 河昌玉, 「'法的地位協定'の本質 在日朝鮮人に'韓國'籍强要ねらう」, 『朝鮮時報』 1965년 8월 7일.
82 『朝鮮時報』 1965년 10월 30일 자.
83 이 점에 대해, 1958년부터 법무성 입국관리국 付檢事同參事官을 맡았던(1965년 현재 도쿄지검 검사) 池上努는 다음과 같이 서술하고 있다. "일본정부가 국적의 증명으로서 인정할 수 있는 것은 공식 문서에 의한 증명뿐이다. 공식 문서를 공식 문서로 인정할 수 있

원회는 성명을 발표했다. 총련은 이 성명에서 제3회 국제연합 총회에서 채택된 세계인권선언 제15조의 "사람은 누구를 막론하고 국적을 가질 권리를 가진다. 누구를 막론하고 불법하게 그 국적을 박탈당하지 않아야 하며 그 국적 변경의 권리가 거부되지 않아야 한다."는 규정을 인용하여 "재일조선 공민들이 어느 국적을 선택하는가 하는 것은 재일 조선 공민 자신의 문제"라고 지적했다. 나아가 성명은 조선민주주의인민공화국 「국적법」에 재일조선인이 재외 공민으로 규정되어 있다고 지적하여 '한국' 국적에서 '조선' 국적으로 변경을 인정하지 않는 일본정부의 입장을 강하게 비난했다.[84]

이상과 같이 전개된 재일조선인의 한일조약 반대운동의 특징으로 다음의 세 가지를 얘기할 수 있다. 첫째로 1955년 「일반 활동방침 보고」에 보이는 것처럼 조선총련은 조선민주주의인민공화국 주도하에 남북통일을 실현시키기 위해 한일조약에 반대했다. 그리고 조선총련은 재일조선인의

는 것은 일본이 승인하고 있는 나라의 공식 문서에 한한다. 일본은 북조선에 있는 정부를 승인하지 않는다. 따라서 북조선 정부가 국적 증명의 문서를 발급해도 그 문서를 공식 문서로 인정할 수는 없다. 일본정부로서는 그와 같은 문서는 아무런 의미가 없는 문서에 불과하다. 북조선에 있는 정부의 국적 증명 등은 인정할 여지가 전혀 없는 것이다. 일본정부로서는 당분간 북조선을 승인한다거나 북조선의 정부와 공적인 접촉을 한다거나 하는 기미도 없기 때문에 이 상태는 당분간 계속될 것이라고 생각된다. 따라서 북조선 국적 같은 것은 일본에서 공식상 취급할 일은 전혀 없다."(池上努, 『法的地位200の質問』, 京文社, 1965, 162쪽) 또한 법적 지위 협정이 한국 국적을 강요하는 것은 아닌가 하는 질문에 대해 池上는 다음과 같이 답했다. "그와 같은 어리석은 것을 말하는 것은 국제법, 국적법의 공부도 하지 않은 천박하고 비뚤어진 시선을 가진 자이다. 국적이란 무엇인가라고 하면 그 사람의 본국이 국내법으로 정한 것으로, 사람의 국적을 권한을 갖고 증명할 수 있는 것은 그 사람의 본국 정부뿐이다. 다른 나라는 그 증명을 공적인 증명으로 존중할 의무가 있다. 다른 나라가 외국인의 국적을 어디 어디라고 인정하는 것은 허용되지 않으며, 외국인에게 특정국의 국적을 강요한다고 말하는 것은 완전히 난센스이다."(같은 책, 161쪽) 요컨대 池上의 설명에 의하면 일본정부가 재일조선인의 '조선' 국적을 인정하지 않는 것은 일본정부가 조선정부를 승인하지 않았기 때문이었다.

84 『朝鮮時報』 1965년 10월 30일 자.

권리 옹호라는 관점에서도 한일조약에 반대했다. 이는 재일조선인 귀국 운동이나 조국 자유왕래 요구 운동에서도 공통적으로 나타나고 있는 점이다. 특히 조선총련은 법적 지위 협정에 대해 재일조선인의 권리 침해라는 관점에서 비판했다. 1965년 한일조약비준 반대운동과 함께 전개된 조선적朝鮮籍(조선 국적) 요구 운동은 바로 이러한 예이다.

둘째로 재일조선인의 반대운동은 일본인과의 연대를 의식한 것이었다. 이는 1962년 9월 일본의 반대운동 추진 단체에 보낸 「요청문」, 1962년부터 다음 해에 걸쳐 전개된 '한일회담' 반대 · 배격 재일조선인 통일 행동의 방침, 1964년 3월 재일조선인 중앙대회의 슬로건에 나타난다. 더욱이 일본의 한일회담 반대운동의 관점에서 보면 조선총련은 일본인 반대운동 세력을 연결하는 '결절점'의 하나였다. 예를 들면 1965년 2월 8일 조선총련이 주최한 재일조선인 중앙대회에서는 일본공산당 다니구치 젠타로谷口善太郎 중앙위원, 일본사회당 가쓰마타 세이치勝間田清一 국제국장, 총평 이와타레 스키오岩垂壽喜男 국민운동부장, 일조협회 마키노우치 다케토牧野内武人 부회장, 일본 아시아 · 아프리카 연대위원회 사카모토 도쿠마츠坂本徳松 이사장이 인사말을 했다.[85] 이와 같이 조선총련 주최의 집회 등에 일본의 반대운동 세력의 대표자가 참석하고 있다.[86] 일본 혁신 정치세력의 공투가 좀처럼 실현되지 않는 상황에서 각 운동단체는 조선총련을 매개로 한 간접적인 연계를 유지해 왔다고 할 수 있을 것이다.

셋째로 조선총련은 일본인뿐만이 아니라 한국 반대운동 세력과의 연대도 의식했다. 1965년 2월 조선총련 중앙상임위원회가 출판한 팸플릿에 의하면, 조선총련은 한국의 반대운동 세력을 "미제 점령군을 몰아내며 괴

85 같은 신문, 1965년 2월 13일 자.
86 朝鮮總連도 이러한 일본 각 단체의 집회에 대표자를 보냈다.

뢰 정권을 일소하여 남북의 자주적 평화통일을 쟁취해야 하는 근본적인 투쟁 과제를 짊어지고" 있는 '반제 · 자주 통일 세력'으로 간주했다. 그리고 한국에서는 "조국 북반부 인민의 강한 지지에 고무되고 일본 인민의 투쟁과 국제 여론의 지지에 격려를 받으면서 끈질긴 '한일회담' 반대투쟁이 계속되고" 있다고 선전했다.[87] 나아가 조선총련은 일본의 재일한국인 단체인 재일한국청년동맹(한청), 재일한국학생동맹(한학동)과의 연대도 의식하여 반대운동을 추진했다.[88]

3. 일조 우호단체: 일조협회, 일본조선연구소 등

이 책에서 일조 우호단체란 정치적 분야뿐만 아니라 경제, 문화 등의 분야에서 일조 간 교류를 지향하는 일본인 단체를 말한다. 여기서는 일조 우호운동의 중심 조직이었던 일조협회와 한일회담 반대운동을 통해 나타난 일조 우호단체 가운데 일본조선연구소를 중심으로 살펴본다.

앞에서 서술한 대로 1950년대의 일조 우호단체는 일조협회, 일조무역회[89] 등 극히 소수였다. 일조협회가 발족한 것은 1952년 6월이다. 정치가, 학자 등 약 30명이 모여 그 준비 단계부터 재일조선인들의 협력과 원조를

87 在日本朝鮮人總連合會中央常任委員會, 『'韓日會談'の本質を衝く』 1965년 2월, 24, 29쪽.

88 『朝鮮時報』는 韓靑, 韓學同의 반대운동을 순서대로 보도했다. 일례로 1965년 3월 李東元 외무부장관 訪日에 반대하는 한청, 한학동의 움직임에 대해 다음과 같이 보도했다. 「'매국노'를 추방하라! '한일회담' 반대 재일한청 한학동이 연좌농성」(1965년 3월 20일 자), 「성난 목소리 속의 이동원 '방일', 재일한청, 한학동이 羽田데모」(1965년 3월 27일 자), 「"매국노 이동원 돌아가라" 한청·한학동 '주일대표부'에 연일 항의」(1965년 4월 3일 자).

89 日朝貿易會는 1956년 2월 28일 결성되었다. 전년에 발표된 조선민주주의인민공화국 南日 외상의 성명이 결성 계기였다. 일조무역회는 일본과 조선 간 무역 촉진을 목적으로 하여, '회원의 거래 실현에 대한 협력'이나 '조사 연구, 정보 수집 및 소개' 등의 사업을 수행하는 것으로 했다(일조무역회 규약에 의함). 1964년 현재 상사 48개 사, 선박회사 13개 사, 총 61개 사를 회원으로 한다(『朝鮮時報』 1964년 11월 21일 자).

받았다. 일조협회는 발족 당시부터 재일조선인 운동에 대한 협력과 평화운동에 중점을 두고 활동해 왔다. 그 후 1955년 5월 조선총련이 발족하자 일조협회는 같은 해 11월 "일본인이 조직하는 평화 우호단체로 출발"하기 위해 도쿄의 시타야下谷 공회당에서 제1회 전국대회를 열었다. 이 대회에서 토의된 의제는 문화 교류의 문제, 일조 무역의 실현, 어업 문제의 해결, 국교정상화에 대해, 재일조선인과의 제휴 등 다섯 가지였다. 이후 일조협회는 재일조선인 및 조선민주주의인민공화국과의 문화적 경제적 교류를 중심으로 활동하며 1950년대 후반 재일조선인 귀국운동에 적극적으로 관여했다.[90] 이 과정에서 일조협회는 한일회담을 "일조 우호를 방해하려는 것"으로 인식해 반대하게 되었던 것이다.

일조협회를 필두로 하는 일조 우호단체는 혁신 정치세력이나 재일 조선인단체와 함께 안보투쟁에도 참여하여 미일안전보장조약의 구체화로 일컬어진 한일회담에 대해 앞장서서 반대운동을 전개했다. 1960년 12월 열린 일조협회 제6회 전국대회에서는 한일회담의 내용, 조선 반도의 평화통일, 한국의 동향, 미국의 대한 정책, 재일조선인 귀국 문제, 일조 무역 등 여러 문제에 대한 조사 결과가 보고되었고 "조선에 대한 일본정부의 비우호적 정책을 고치게 하여 일조관계를 정상화하자"는 등의 대회 슬로건이 채택되었다.[91] 일조협회는 재일조선인의 귀국운동, 일조 간 무역 및 문화 교류 등 이른바 일조 우호운동을 추진하는 데 장애가 되는 "일본정부의 비우호적 정책"과 "안보체제 강화와 NEATO를 겨냥한 '일한회담'"에 반대한 것이다. 즉 일조협회의 한일회담 반대운동은 일조 우호운동의 연장선 위에 있었던 것이다.

90 이상의 서술은 日朝協會, 『日朝友好運動10年のあゆみ』, 5~38쪽 참조.
91 앞의 『最近の日朝問題』 제6집, 1쪽.

1961년 6월 니가타新潟에서 일조협회, 일소협회, 일중협회가 주최한 일본해 평화우호촉진대회가 열렸다.[92] 이 대회는 세 협회가 "일본해(동해)를 평화의 바다로"를 슬로건으로 내걸고 공동 행동을 추진한 것으로 주목을 받았다. 이 대회에서는 조선민주주의인민공화국의 제1차 7개년 계획에 맞추어 일조 간 무역 및 인적 왕래를 촉진할 것, "조선의 평화통일을 적극적으로 지지하고, 이를 방해하는 '한 · 일회담'을 분쇄하여 조선민주주의인민공화국에 대한 일본정부의 적대 정책을 바꾸게 할" 것이 결의되었다.[93] 이때는 일조 무역의 촉진에 중점을 두었는데, 다음 해 7월 열린 제2회 대회에서는 이 목적을 실현하여 일본 정치의 기본 방침을 변경하기 위한 행동을 중시하게 되었다.[94]

1961년 11월 일조협회 제5회 전국상임이사회에서 "일조 우호 국민 3백 명 사절단 파견"을 실현시킨다는 목표를 내세운 데 이어, 1962년 1월 26일부터 3월 1일까지 " '일한회담' 분쇄 · 3백 명 사절단 파견 실현 · 일조 우호증진 전국연쇄집회"를 개최했다. 이 집회는 홋카이도北海道와 가고시마鹿兒島를 기점으로 하여 일본 북단과 남단에서 전국대회 개최지인 교토를 목표로 하여 각지에서 집회를 거행한다는 것이었다.[95] 전국 각지에서 50~300명 규모의 집회가 거행되었는데, 도쿄와 후쿠오카에서는 4,000~5,000명이 참가했다.

4월 5일부터 7일까지는 시가현滋賀縣 히에이잔숙원比叡山宿院[역주 ④]에

92 이때 新潟에서는 조국 무역 실현 재일조선인 대회도 열렸다. 이 대회는 재일조선인 상공업자 1,300명이 참가하고 조선적십자회 대표 등도 초대되었다(『朝鮮時報』 1961년 6월 17일 자).

93 『朝鮮時報』 같은 날짜.

94 같은 신문, 1962년 7월 28일 자.

95 같은 신문, 1962년 1월 20일 자.

서 일조협회 제7회 전국대회가 열려 "조선 인민의 평화적 통일 투쟁을 지지하고 '일한회담'과 NEATO를 분쇄하는 운동은 당면한 일조 우호운동의 중심적인 과제이다. 동시에 우리는 일조 우호를 원하는 광범한 국민의 요망에 따라 일조의 경제, 문화의 정상적인 교류 촉진, 양국 간 자유로운 왕래 실현을 위해 각별히 힘찬 노력을 기울이지 않으면 안 된다. 또한 우리는 재일조선인과 제휴, 교류를 깊게 하고 그들의 권리를 옹호하며 귀국사업을 최후까지 견고하게 계속한다."는 기본 방침이 정해졌다. 일조협회의 규모를 보면, 1960년 12월에는 73개소 지부, 24개소 준비회가 있었는데, 1962년 4월에는 지부 130개소, 회원 8,000명으로 확대되었다.[96]

한일조약 반대운동의 제1 고양기에 해당하는 10월 1일부터 20일까지 일조협회는 전국을 아홉 개 블록으로 나누어 다시 연쇄적으로 집회를 개최했다.[97] 그리고 25일 도쿄에서 연쇄 집회의 중앙집회가 열릴 예정이었다. 그러나 10월 20일 안보반대 국민회의가 재개된 것에 영향을 받아 "보다 넓게 통일적으로 행동하기" 위해 급하게 중앙집회를 국민회의 주최로 바꾸었다.[98] 요컨대 앞에서 서술한 히비야 야외음악당에서 열린 국민회의 집회는 일조협회가 준비한 것이었다.

1963년 6월 열린 일조협회 제8회 전국대회에서는 "조선 인민의 평화적 통일 투쟁을 지지하고 '일한회담'을 분쇄하는 운동, 재일조선인의 조국 왕래의 자유를 실현하는 운동은 당면한 일조 우호운동의 중심적 과제"라는 기본 방침이 확인되었다. 그리고 「'일한회담' 분쇄, 조선의 평화적 통일 지지에 관한 결의」와 함께 「재일조선인의 조국 왕래에 관한 결의」가 채택

96 같은 신문, 1962년 4월 14일 자.
97 같은 신문, 1962년 10월 6일 자.
98 『アカハタ』 1962년 10월 20일 자.

되었다. 「재일조선인의 조국 왕래에 관한 결의」는 재일조선인의 조국 왕래가 "누구도 침범할 수 없는 인간으로서의 숭고한 기본적인 권리"라고 호소했다.[99]

1964년 6월 열린 일조협회 제9회 전국대회에서는 「'일한회담 분쇄', 조선의 평화적 통일 지지에 관한 결의」, 「재일조선인의 조국 왕래 실현에 관한 결의」에 더해 「조선 인민에 대한 연대 메시지」와 「일조 왕래 자유 실현에 관한 결의」가 채택되었다. 「조선 인민에 대한 연대 메시지」는 일본인의 한일회담 반대운동에 대한 대처를 명시함과 함께 남북 조선 인민과의 연대를 선언한 것이었다.[100] 「일조 왕래 자유 실현에 관한 결의」는 일본정부에 대해 "조선민주주의인민공화국 도항 희망자에게 정식 여권을 교부할 것"과 "조선민주주의인민공화국의 방일 희망자에게 모두 입국을 허가할 것"[101]을 요망했다. 즉 이 결의는 재일조선인뿐만 아니라 모든 사람의 일·조 간 자유왕래를 요구한 것이었다.

또한 이 대회의 운동 방침에는 "일조관계의 조속한 정상화가 일본 국민의 생활과 세계, 특히 아시아의 평화에도 극히 절실한 문제"이며 "일본과 조선 양 민족의 우호를 실현해 가는 구체적인 요구가 일본 국민의 생활에 뿌리내리면서 다면적으로 제기되어 왔다."는 인식에 기초하여 한일회담 분쇄, 일조 간 자유왕래 실현 등에 더해 "일조 경제 교류", "문화, 스포츠 교류", "재일조선인과의 제휴와 권리 옹호"가 일조협회의 과제가 되었다.[102] 이와 관련하여 일조 우호운동이 "노래와 춤, 조선요리강습회 등 재일조선

99 『朝鮮時報』 1963년 6월 8일 자.
100 같은 신문, 1964년 6월 13일 자.
101 위와 같음.
102 위와 같음.

인의 생활과 관련된 문제를 통해 명랑하게 즐기는 운동"으로 이루어지고 있다고 보고되었다.[103] 이와 같이 일조협회는 "일본국민의 생활에 뿌리를 내리는" 일조 우호를 목적으로 정치뿐만 아니라 경제, 문화, 생활 등 다양한 분야에서 교류 활동을 추진한 것이다.[104]

1965년 2월 4일 일조협회의 마키노우치 다케토 부회장 등 여섯 명은 시이나 외상에게 한일회담 즉시 중단을 요구하는 결의문을 전달하고 안보반대 국민회의, 일본공산당, 일본사회당, 총평을 방문하여 한일회담 분쇄를 위한 통일행동을 호소했다. 이에 응해 일본사회당, 총평, 일본공산당 등 14개 단체는 18일 「'일한회담' 즉시 중단 요구 공동성명」을 발표했다.[105] 3월 10일 일본사회당, 총평, 일본공산당, 일조협회가 한일회담 반대에 통일행동을 할 것을 약속하고 13일 중앙집회를 열었다.[106] 그리고 한일조약 조인이 임박한 1965년 5월 개최된 일조협회 제10회 전국대회에서는 「'일한회담' 즉시 중단을 요구하는 결의」가 채택되었다. 또한 이 대회에서는 「일조왕래 자유 실현에 관한 결의」와 「재일조선인의 민족교육 옹호에 관한 결의」가 채택되었다.[107] 그리고 6월 20일 일조협회는 일본사회당, 일본공산당 등 30여 개 단체에 호소하여 「'일한회담' 긴급사태에 대한 공동성

103 위와 같음.

104 일조협회본부 부이사장 겸 조직부장인 印南廣志는 근년 일조협회 활동이 한일회담 반대운동을 중심으로 했기 때문에 "日·朝 친선 운동은 국민들 속에 깊이 침투되지 않았다."는 현실에 봉착했다고 지적했다. 제9회 대회에서 결정된 다양한 분야에 걸친 일·조 교류 추진의 결과, 일조협회는 1964년 말 회원 수가 1만 5백여 명으로 증가했다고 한다. 또한 일조협회 福岡縣 연합회 사무국장인 中野礼造는 조선민주주의인민공화국의 기록 영화인 「천리마」 상영 운동에 4만 6천 명이 참가했다고 보고했다(『朝鮮時報』 1964년 12월 26일 자).

105 『アカハタ』 1965년 2월 5일 자, 18일 자.

106 같은 신문, 1965년 3월 11일 자, 14일 자.

107 『朝鮮時報』 1965년 5월 22일 자.

명」을 발표하고 한일조약 조인에 반대 의사를 표명했다.[108]

일조협회는 한일회담 반대운동 제2 고양기에는 일본사회당, 일본공산당의 공투로 진행된 한일조약 비준 저지 투쟁에 참가했다. 10월 2일 일조협회 주최로 열린 "일한조약 비준 저지 · 베트남 침략 반대 시미즈다니清水谷 집회"에는 일본사회당, 일본공산당 등의 대표 700명이 참가했다.[109] 그리고 일조협회는 한일조약 비준 저지 투쟁과 관련해 『'일한조약' 비준은 저지할 수 있다』, 『파기하라! '일한조약'』 등의 소책자를 작성하는 등 선전 활동을 전개했다.[110]

이상과 같은 일조협회의 활동에 대해 다음과 같이 정리할 수 있다. 첫째로 일조협회는 다른 일본인 단체를 대상으로 한일회담 반대운동을 호소했다. 1958년 5월 일한문제긴급대책연락회의, 1961년 1월 일한회담대책연락회의(일한대련) 등의 연락 기관은 일조협회의 호소에 일본사회당, 총평, 일본공산당 등이 응해 결성된 것이다. 또한 1962년 10월 안보반대국민회의의 궐기집회는 일조협회가 주최한 것이었다. 일조협회 주최의 집회에는 일본사회당, 총평, 일본공산당 등에서 대표를 파견했다. 그리고 일조협회의 호소에 의해 한일회담에 반대하는 성명이 여러 차례 발표되었다. 이와 같이 일조협회는 한일회담 반대운동을 알리는 중요한 역할을 맡았다. 또한 공투라는 관점에서 일본의 한일회담 반대운동을 보면 일조협회는 조선총련과 마찬가지로 각 단체와 관계를 유지함으로써 단체 간의 매개적인

108 『アカハタ』 1965년 6월 20일 자.

109 이 집회는 東京都 千代田區에 있는 淸水谷公園에서 개최되었다(『アカハタ』 1965년 10월 3일 자).

110 日朝協會, 『'日韓條約'批准は阻止できる』 1965년 9월; 日朝協會 愛知縣連(四方博監修), 『破棄せよ!'日韓條約'』 1965년 9월(개정판은 동년 11월 발행); 日朝協會 東京都連合會, 『日韓のてびき 日韓軍事條約批准阻止のために』 1965년 10월 등.

역할을 담당했던 것이다.[111]

둘째로 일조협회는 일조 우호운동의 추진이라는 목표에서 한일회담 반대운동에 참여했다. 즉 일조협회는 정치뿐만 아니라 무역, 문화, 일상생활 등 여러 분야에서 일조 교류 추진을 목표로 했다. 그 때문에 "일본해(동해)를 평화의 바다로"라는 슬로건을 내세운다든지 재일조선인뿐만 아니라 모든 사람이 일본과 조선민주주의인민공화국을 자유롭게 왕래할 수 있어야 한다고 요구하는 등 독자적인 입장에서 운동을 추진한 것이다.

셋째로 한일회담이나 일조관계에 대해 일본 각지에서 학습회 등 여러 활동이 이루어졌는데, 일조협회는 이와 같은 학습 활동에서 중요한 역할을 맡았다. 일조협회 니가타 연합회 조직부장인 고지마 하루노리小島晴則는 『조선시보』 주최 일조협회 활동자 지상 좌담회에서 "일조 우호운동은 '일한회담' 반대 투쟁, 일조 왕래 실현 요청 운동과 조선에 대한 학습 등을 통틀어 크게 발전하고 있다. 학습을 통해 현재 조선의 상태, 과거의 일조관계사 등을 배워 우호운동 활동가가 태어나고 있다."고 말했다.[112]

이 점과 관련하여 한일조약 비준 반대투쟁에서 일조협회 니가타 지부의 활동에 관한 사토 가쓰미佐藤勝巳의 보고에 따르면, 니가타 지부에는 1966년 2월 현재 17개 직장반, 4개 학교 · 학생반, 6개 지역반, 5개 단체 사무국반, 니가타시 근교의 여러 시정市町에 4개 지부 직속의 반조직이 있다. 반 활동은 "첫째, 회비를 매월 걷고, 둘째, 협회 기관지 등 자료를 정기적으로 배포하며, 셋째, 반회의를 정례화하는 것"을 원칙으로 했다. 이 세 원칙

111 중앙을 중심으로, 각 지역에서는 平民共闘(평화와 민주주의를 위한 공투회의)를 통한 社共共闘가 실현되었다. 한일회담 반대투쟁에서 각 지역 평민공투의 활동 상황에 대해서는 이후의 과제로 하고 싶다.

112 『朝鮮時報』 1964년 12월 26일 자.

을 실행하고 있는 곳은 12개 반으로, 이들 반에 속해 있는 활동가들이 "직장, 지역에서 일조 우호운동의 선두에 서고", "사실상 지부를 지탱하고 있는" 상황이었다. 이와 같은 일조반日朝班은 각각의 장소에서 반회의나 "학습회, 곱창구이 모임, 귀국선 견학, 하이킹, 회원 가정의 모내기 거들기, 회원 병문안" 등의 활동을 하고 "지부 주최의 행사에는 회원이 아닌 사람에게 권유하여 반드시 참가"하도록 했다. 또한 1965년 11월 상순에는 일조협회 니가타 지부 청년부 주최의 한일조약 학습회가 다섯 번에 걸쳐 실시되었다. 청년부 임원은 니가타의 직장이나 지역의 학습회에 강사로 초빙되었다.[113]

이와 같은 학습 활동은 일조협회뿐만 아니라 여러 조직이 관련된 것이었다. 1965년 9월경 '신일본 부인의 모임' 가코가와 오노에加古川尾上 반의 사례를 들면, 회원들은 "원수폭 금지나 베트남전 반대 때와 달리 서명을 한 번 하는 것도 상당히 어렵다", "무엇 때문인가 하고 물어도 잘 대답하지 못한다" 등의 과제를 가지고 회원 동료 학습회를 열었다. 그 후 회원들은 공장 노동자 가정을 방문한다든지, 교대로 '공동보육'을 한다든지 하면서 서명 활동을 전개했다. 나아가 제철, 비료, 사철, 견사 공장의 노동자가 많은 지구에서 "남조선의 값싼 노동력이 일본의 노동자에게 어떤 영향을 주는가"라는 주제로 학습회를 열었다.[114]

시미즈 신조清水愼三는 안보투쟁 이후 1960년대 고도성장하면서 혁신 정치세력에 대한 대중적 지지가 약해진 것과 함께 직장이나 지역에서 영향력이 줄어든 활동가들이 "소수지만 날카로운 실천"을 전개했다고 논했

113 佐藤勝巳, 「日韓反對運動をふりかえって(二)―日朝友好運動發展のために」, 『朝鮮硏究』 제49호, 1966년 4월, 37쪽. 이 班 활동은 新潟縣 우편국반의 사례이다.
114 『アカハタ』 1965년 10월 20일 자.

다.[115] 지역에서 학습 활동은 사실 이러한 사람들이 맡고 있었다.[116] 그리고 이와 같은 학습 활동이 한일회담 반대운동의 기반을 착실하게 확대했다고 할 수 있겠다.

그런데 특히 1960년대 한일회담 반대운동을 통해 여러 일조 우호단체가 결성되었다. 그 대표적인 단체로 1961년 11월 설립된 일본조선연구소, 1963년 9월 결성된 일조자유왕래실현연락회의,[117] 같은 해 10월 결성된 재일조선인의 인권을 지키는 모임[118] 등을 들 수 있다. 여기서는 특히 일본조선연구소를 들어 그 활동과 주장을 살펴본다.

일본조선연구소 설립은 데라오 고로寺尾五郎와 후지시마 우다이藤島宇

115 앞의 『戰後革新勢力』, 111~117쪽.

116 한일회담 반대운동 당시 활동가 중 한 사람이었던 寺尾五郎는 당시를 회고하여 다음과 같이 썼다. "나의 개인적인 경험으로 말하면, 1962년, 1963년 2년 동안에는 한 달에 하루나 이틀밖에 집에 들어가지 못했지요. 전국을 이리저리 뛰어다니고, 그리고 말하자면 조금 자만스러운 말입니다만, 하루 평균 세 번 연설회는 예사였습니다. 심한 경우 오전에 직장 집회에 가고, 낮에 꼭 공장 식당에서 모두가 밥을 먹고 있는 곳으로 기세를 떨치며 몰려가 연설을 하고, 오후에 두 번의 집회를 갖고, 밤에 집회를 갖죠. (웃음) 그래서 마치 선거 때 후보자가 필사적으로 몸부림치는 운동, 이것과 같은 형태를 2년 동안이나 계속했던 거죠."(寺尾五郎·降旗節雄, 『對談·革命運動史の深層』, 谷澤書房, 1991, 392쪽)

117 1963년 5월 시작된 재일조선인의 조국 자유왕래 운동을 계기로 결성되었다. 1964년 현재 일본사회당, 總評, 일본공산당, 일조협회 등 정당, 사회단체, 노조 등 60여 개 단체가 참가, 24개 都道府縣 단위에서 '연락회의'가 결성되었다(『朝鮮時報』 1964년 11월 28일 자).

118 日朝協會, 민주법률가협회, 자유법조단, 저널리스트회의, 全建勞 등 14개 단체와 국회의원, 학자, 문화인, 학생, 종교가, 변호사 등 일본 각계로부터 약 200명이 가입했다. 1963년 7월 결성된 재일조선 중고생에 대한 인권침범사건조사단이 이 단체의 전신이다. 1963년 재일조선인에 대한 폭행 사건이 잇따랐다. 일례를 들면 5월 2일 도쿄 시부야澁谷에서 일본인 사립고교생 20여 명이 도쿄 조선중·고급학교 고교생 다섯 명을 칼로 찌른 사건이 있었다. 7월 4일에도 일본인 고교생이 도쿄 조선중·고급학교 학생을 단도로 뒤에서 찌른 사건이 있었다. 이와 같은 사건에 대한 진상 규명 움직임이 재일조선인의 인권을 지키는 모임 결성의 계기였다(『朝鮮時報』 1964년 11월 14일 자; 『アカハタ』 1963년 5월 7일 자, 8월 5일 자, 9월 27일 자, 10월 13일 자).

內가 중심이 되어 진행되었다. 그들은 1960년대 들어 "일본인으로서 조선 문제의 중요성"을 재인식하고 "폭넓게 연구자를 결집하여 일본인의 손에 의한, 그리고 과학적인 입장을 견지한 조선 연구의 필요성"을 통감하여 "단순한 연구 모임의 반복으로는 불충분하며 상설적인 연구 기관이 설립되어야 한다는 관점"에서 사무소를 설치한 것이다.[119] 이 연구소의 규약 제3조는 "본 연구소는 일본인의 손으로, 일본인의 입장에서 하는 조선 연구를 목적으로 한다."[120]는 것으로, 연구원은 대학교수, 연구소 연구원, 운동가, 언론인 등 다양한 인재로 구성되었다.[121] 즉 일본조선연구소는 학술연구 단체이면서 평화운동 단체로 출발하여 일조 우호운동에서 중요한 역할을 수행했다.

일본조선연구소는 기관지 외에 1962년 12월 『우리의 생활과 일한회담』, 1963년 8월 『일본의 장래와 일한회담—폴라리스 단계에서 일한회담의 제 문제』, 1964년 6월 『일 · 조 · 중 3국 인민 연대의 역사와 이론』이라는 소책자를 발행했다. 이들 소책자에 나타난 한일회담 반대운동 논리의 특징은 다음 세 가지이다.[122] 첫째로 일본조선연구소는 한일회담과 일본 국내 문제를 연결하는 시각을 제시했다. 예를 들면 "안으로 해외 파병, 밖으로 일한회담", "안으로 헌법 개정, 밖으로 일한회담"이라는 표어는 이웃나라와의 우호를 내건 한일조약 체결에 의해 한반도가 위험한 상황에 처

119 『朝鮮硏究月報』 제1호, 1962년 1월, 79쪽.

120 『日本朝鮮硏究所創設2周年第3回總會報告書』, 23쪽(이 자료는 宮田節子 씨의 후의로 입수했다). 이와 같은 의미로 '조선연구소'의 앞에 '일본'이라는 단어를 붙였다고 한다(『朝鮮硏究月報』 제1호, 80쪽).

121 『日本朝鮮硏究所創設2周年第3回總會報告書』, 7~9쪽.

122 日本朝鮮硏究所, 『私たちの生活と日韓會談』 1962년 12월 15일; 동 『日本の將來と日韓會談—ポラリス段階での日韓會談の諸問題』 1963년 8월 1일; 동 『日·朝·中 3國人民連帶の歷史と理論』 1964년 6월(?).

할 경우 자위대가 파견될 가능성이 높고, 그 실현을 위해 일본 헌법이 개정될 수도 있다고 호소한 것이다. 이와 같은 호소는 발안자인 일본조선연구소 사무이사 데라오 고로의 이름을 빌려 '데라오 이론'이라고도 부른다. 이와 같은 표어는 한일 국교정상화가 일본의 민주주의나 안전 보장에 미치는 영향을 쉽게 알리기 위해 고안된 것이었다.

둘째로 한일문제 또는 일조문제, 그리고 한일조약에 대한 이해가 깊어졌다. 1962년 출판된 『우리의 생활과 일한회담』에서는 「회담의 내부는 거짓말투성이뿐」이라는 제목으로 "이 하나하나의 의제 중에서 무엇이 어떻게 절충되고 있는지는 크게 중요한 것이 아닙니다."라고 하고 있다.[123] 이 무렵 일본조선연구소는 아직 한일회담의 군사적 · 경제적 측면만 논하고 있던 것이다.[124] 그러나 1963년 이후에 출판된 소책자에는 과거의 일조관계에 주목하여 현재 일본인의 '조선 멸시'나 식민지주의[125]를 비판하는 문장이 나온다. 예를 들면 『일본의 장래와 일한회담』에서는 「과거의 일조관계—36년의 식민지 지배」라는 항목이 있다. 그 속에서 일본조선연구소는

123 앞의 『私たちの生活と日韓會談』, 54~55쪽.

124 당시 日朝協會 東京都連合會가 소책자를 통해 독도('죽도') 문제에 대해 "再軍備를 부채질하고, 일한회담으로 해결한다는 큰 캐치프레이즈로 선전"하고 있다고 지적한 적이 있다(日朝協會 東京都連合會, 『その道をくり返すな 韓日會談は侵略と戰爭への道』 1962년 11월(?), 38쪽). 그러나 당시로서는 정면에서 한일문제를 다룬 이와 같은 주장은 극히 소수였다.

125 일본조선연구소가 제창한 식민지주의 반대 이론은 다음 세 가지이다. 첫째, 아메리카 제국주의에 의한 봉쇄정책에 한국·대만과 함께 일본이 가담하고 있는 점에 대한 반대이다. 둘째, 부활하고 있는 일본 군국주의의 한국 침략에 대한 반대이다. 셋째, 일본 국민 전체에 뿌리 깊이 남아 있는 옛 일본 제국주의의 잔재=大國主義 사상에 대한 반대이다(앞의 『日本の將來と日韓會談』, 53~59쪽). 특히 식민지주의에 반대하는 이론으로 세 번째 점에 대해 이 책은 다음과 같이 쓰고 있다. "조선에 대한 무관심과 편견과 멸시를 제거하고, 마음속의 군사 기지를 없애며, 조선을 연구하고 조선과 우호에 노력하는 사람이 한 명 늘어난다는 것은 일본이 한 사람씩 깨끗해지게 되는 것으로, 일본의 장래가 한 사람만큼씩 밝아지는 것이라고 말해도 결코 과언이 아니다."(같은 책, 59쪽)

"일본은 일찍이 조선과 중국에 대한 가해자였으며 지금 또다시 가해자가 되려 하고 있습니다."라고 서술했다.[126] 또한 일본조선연구소는 반대운동 세력이 조선 반도에 대한 일본의 배상 의무를 무시하고 '혈세 낭비 반대'라는 주장을 하고 있는 것에 대해 "이것은 '조선 따위에 돈을 줄 필요는 없다'는 멸시를 증폭시키는 배타적 감정을 낳습니다."[127]라고 경종을 울렸다.[128] 이와 같이 일본인의 조선 인식에 대한 자기 반성적인 시각은 한일회담 반대운동 추진자에 대한 비판으로도 나타난 것이다.

셋째로 일본조선연구소는 조선 그리고 중국 인민과의 연대 필요성을 강조했다. 이 주장은 미국의 동아시아정책이 '중국 봉쇄 정책'이라는 기본 인식으로부터 나왔다. 그 집대성이 1964년 6월 일본조선연구소가 출판한 『일·조·중 3국 인민 연대의 역사와 이론』이다. 그 내용은 '종주국 인민'과 '식민지 인민'은 다른 조건에 있다는 점에 주의를 환기하고, 중국에 대한 전전 일본, 그리고 전후 미국의 제국주의 정책에 반대하는 일본, 조선, 중국 3국 인민의 공동 투쟁의 역사를 밝힌 것이다.[129] 이 책은 일조 우호운

126 앞의 『日本の將來と日韓會談』, 32쪽.

127 같은 책, 51쪽. 더욱이 이 책은 "일본은 조선에 지불 의무가 있다. 남북 양 조선 3천만 전 조선 인민에 대해 지불 의무가 있다. 이것을 명확히 인정하는 것, 여기에 새로운 일본의 평화와 민주적 前途의 보증이 있는 것이며, 이것은 결코 낭비가 아니"라고 하면서, "다만, 남조선에서조차 대표라고 할 수 없는 박 정권 등에게 돈을 줄 필요는 없다는 것으로, 이 두 가지가 혼동되어서는 곤란한 것이다."라고 쓰고 있다(같은 책 50~51쪽).

128 한일회담 반대운동을 통해 드러난 일본인의 조선 인식을 역사학의 입장에서 체계적으로 추적한 대표적인 인물은 旗田巍이다(旗田巍, 『日本人の朝鮮觀』, 勁草書房, 1969년 5월). 1964년 이후 한국의 반대운동이 거세지자 일조협회는 일본의 반대운동이 갖고 있는 약점으로 "'남조선 인민의 투쟁 기다리기(斗い待ち)' 사상"을 지적했는데, 이 점도 스스로의 운동에 대한 자기비판으로 중요하다〔日朝協會愛知縣連合會, 『破棄せよ! '日韓條約'』 1965년 9월 15일(2판), 35쪽〕.

129 같은 책에서 제시된 과제는 다음과 같다. (1) 일본의 조선 지배가 압제와 착취의 역사였다는 점을 근거로 하여, "일본에 대해 조선인이 어떤 방식으로 생각하고 있는지를 아는 것", (2) "일본이 조선 침략을 했던 시기에 실은 일본 민중도 동시에 제국주의자

동의 이론서로서도 주목을 받았지만,[130] 특히 "자신들 내부에 있는 제국주의 독소, 조선에 대한 편견과 멸시와 비우호, 이에 대한 사상 투쟁"[131]이 가장 강조되었다. 일본인이 일조 우호운동, 그리고 그 때문에 한일조약 반대운동을 한다고 하면 현실에서 전개되고 있는 제국주의뿐만 아니라 자신들에게 이식된 식민지주의를 철저하게 비판하지 않으면 안 된다. 이것이 한일회담 반대운동을 통해 도달한 일본조선연구소의 결론이었다.

4. 학생과 지식인의 동향

끝으로 한일회담 반대운동에서 학생과 지식인의 동향에 대해 살펴본다. 일본 반대운동의 두드러진 특징은 한국의 한일회담 반대운동에 비해 학생의 역할이 아주 적었다는 점이다. 안보투쟁에서 활발한 운동을 전개한 학생 세력이 약해진 가장 큰 원인은 노선 대립에 의해 되풀이된 분열이었다. 그들은 안보투쟁의 총괄, 일본공산당, 스탈린주의 등에 대한 평가를 둘러싸고 이합집산을 반복하여 자신들의 에너지를 분산시켜 버렸다. 그리고 각 세력마다 학생 활동가가 양성되는 상황이었다.

학생조직은 크게 일본공산당에 가까운 평민학련平民學連 = 민청계民青系와 일본공산당에 대항하는 '반反일공'계로 나눌 수 있다. 1960년 전국적 학생 조직인 전일본학생자치총연합회(전학련)가 분열된 뒤 지도부가 '반일

에 의해 몹시 고통을 당했다는 것을 명확히 하는 것", (3) "그럼에도 불구하고 일본 민중은 지배자 의식에 감염되어 버렸다는" 사실을 명확히 하는 것, (4) "그 속에서도 뛰어난 사람들은 결코 지배자 의식에 오염되지 않고, 항상 양국 민중의 우정과 단결과 해방을 위해 투쟁했다는 사실도 동시에 명확히 해둘 필요가 있다.", 즉 "일·조·중 3국 인민의 제국주의에 대한 공동 투쟁의 역사를 명확히 하는 것", (5) "이것을 통해 식민지주의라는 것, 제국주의라는 것의 본질, 실태를 잘 파악한다는 것"(『日·朝·中 三國人民連帶の歷史と理論』, 11~14쪽).

130 2002년 2월 9일 필자가 수행했던 인터뷰에서 宮田節子 씨의 증언에 의함.

131 앞의 『日·朝·中 三國人民連帶の歷史と理論』, 189쪽.

공'계 학생들에 의해 점령되었다. 그러나 이 지도부는 전국의 학생 조직을 총괄한 것은 아니었다. 그 후 1964년 민청계 전학련이 재건되고 1966년 '반일공'계 전학련이 재결성되었다. 이때 '반일공'계 전학련을 장악한 세력은 '가쿠마루파(일본마르크스주의학생동맹 혁명적 마르크스주의파)'였다. 가쿠마루파 전학련은 반제국주의, 반스탈린주의를 내걸고 한일회담을 '일본 제국주의의 신식민지주의'라고 규정하여 일본 제국주의에 대해 한국의 학생들과 공동투쟁의 필요성을 강조했다. 이 규정에 의해 가쿠마루파 전학련은 일본사회당과 일본공산당에 대해 '조선민주주의인민공화국 = 스탈린주의'를 옹호하여 한국 민중을 무시하는 '배외주의'라고 비판했다.[132]

이와 같이 1960년 당시의 일본을 '일본 제국주의'라고 규정한 세력은 어디까지나 소수파였다. 그리고 '반일공'계 학생운동에 대한 평가는 다양했다. 일본공산당은 그들을 '트로츠키주의자'라고 불렀는데, 이들의 폭력적 전술이 "민주 세력 탄압을 위해 만반의 준비를 갖추고 기다리고 있는 반동 세력에게 탄압의 구실과 기회를 주었다."고 비판했다.[133] 그러나 일본공산당원이었던 데라오 고로는 한일회담이 일본공산당의 「61년 강령」에 반하는 "부활하고 있는 일본 제국주의" 문제를 포함한다고 지적하고 있다. 즉 "적어도 일한이라는 문제에 정치적으로 관계하려고 하면 일찍이 일본 제국주의의 침략이라는 문제를 어떻게 생각했는지 해명하지 않으면 안 되며, 부활하고 있는 일본 제국주의가 일한회담에서 무엇을 의도하고 있는가라는, 가령 경제 진출의 문제라든가, 그러한 것도 해명하지 않으면 안 된다."는 것이다.[134] 이와 같은 점을 고려하면 "일본 제국주의의 신식민

132 全學連(주류파), 『日韓會談 日本帝國主義の新植民地主義粉砕!』 1964년 3월.
133 『アカハタ』 1965년 11월 20, 21일 자.
134 앞의 『對談・革新運動史の深層』, 391쪽.

지주의"라는 문제 제기는 한일회담 반대운동 과정에서 이들 세력이 정면에서 맞붙으려 했던 당시, 서로 마주 보지 않을 수 없는 과제를 명확하게 한 것이라고 할 수 있을 것이다.

한편 지식인들의 반대운동은 1960년경부터 일반 대중 대상 언론과 조선 관련 전문지에서의 언론 활동을 중심으로 나타나기 시작했다. 또한 한일문제와 깊이 관련된 역사학자의 동향을 보면, 앞에서 서술한 대로 1963년경부터 한일문제의 근본적인 과제로 '조선 멸시'에 대한 비판이 빈번하게 나타났다. 그리고 앞에서 서술했듯이 『역사학연구』, 『역사평론』 등의 기관지에 조선사 및 일조관계사를 다룬 논문이 많이 발표되었다. 특히 한일회담 반대운동에서 재일조선인 역사학자의 역할이 주목된다.[135]

지식인은 언론 활동뿐만 아니라 경우에 따라 한일회담 반대운동에서 중요한 역할을 수행했다. 제1 고양기에 해당하는 1962년 10월에는 기무라 이헤에木村伊兵衛, 다나카 스미코田中壽美子, 나가지마 겐조中島健藏, 히라야마 데루지平山照次, 후지시마 우다이, 마츠오카 요코松岡洋子 등 '안보비판 모임'이 소책자를 만들어 일반 대중에게 반대운동 참가를 호소했다.[136] 또한 앞에서 서술한 대로 1965년 6월 9일 실시된 일본사회당·총평과 일본공산당의 '일일공투'는 아베 도모지, 고바야시 나오키, 나카노 요시오, 노가미 토요이치로, 히다카 로쿠로 등 '문화인 그룹' 다섯 명의 호소로 실현되었다. 그리고 지식인의 반대운동은 제2 고양기에 해당하는 1965년 10월 20일 혁신계 지식인 단체로 구성된 '문화단체연락회의'(문단련)에 참여한 70개 단체가 '일한조약 비준저지 문화인 간담회'를 재결성했을 때 최고조에 달했다. 이날 발표된 간담회의 성명에서는 "일조 양국 인민의 항구

135 대표적인 역사학자는 姜德相, 姜在彦, 朴宗根, 朴慶植 등이다.
136 安保批判の會, 『知らない間に―日韓會談のもたらすもの』 1962년 10월 10일.

적인 평화와 우호의 관계를 결합하는 것은 양국 인민의 이익뿐만 아니라 아시아의 평화와 안전을 위한 불가결의 조건"이라며 "첫째, 36년간 일본의 조선에 대한 식민지 지배를 반성하고 같은 잘못을 절대 되풀이하지 않을 것, 둘째, 조선 민중에 대한 분단 지배가 항구화되는 것에 조력하지 않을 것, 셋째, 전쟁과 군사동맹의 위험을 범하지 말고 조선에서 유엔군에 대한 협력을 의무화해서는 안 될 것"이라는 세 가지 원칙을 제시했다.[137]

또한 1965년 9월 11일 역사학연구회는 '일한조약에 반대하는 역사가 모임'을 주최하고 「역사가는 일한조약에 반대한다」는 성명을 채택했다. 이 성명은 "조선 지배는 20년 전에 끝났지만 일본 국민정신의 문제는 결코 끝나지 않았다", "일본 국민은 과거 일본 제국주의의 조선 지배를 엄하게 단죄하고 민족적 멸시관을 스스로 안에서 짜내 버리지 않으면 자주 독립을 갈구하는 조선 인민의 벗이라고 할 수 없다. 또한 스스로 자주적 · 민주적 발전을 달성할 수도 없다."는 점을 명확히 했다.[138] 일본 역사학자들의 성명에서 일본의 조선 식민지 지배 책임의 소재가 명확히 제시되고 있는 것은 주목해야 할 것이다.

137 『アカハタ』 1965년 10월 21일 자. 간담회는 戒能通孝, 北林谷榮, 松岡洋子, 松本七郎, 藏原惟人 다섯 명이 주도하여 개최되었다.

138 「日韓條約に反對する歷史家の集い」, 歷史學硏究會 編, 『歷史學硏究』 제305호, 1965년 10월, 59쪽. 1965년 11월 26일, 역사학연구회는 「日韓條約强行採決に抗議する」라는 성명도 발표했다.

소결

일본의 한일회담 반대운동은 1960년 안보투쟁까지를 전사前史로 하여 1962년 후반부터 1963년 초기까지 제1 고양기, 1965년 후반을 제2 고양기라고 할 수 있다. 안보투쟁 이후 반대운동 세력은 미일 신안보조약의 구체화로서 한일회담의 군사적 성격이라는 문제를 제기했다. 그리고 일본공산당, 일본사회당, 총평을 중심으로 하는 혁신 정치세력은 일한대련부터는 안보반대국민회의로 운동조직을 바꾸어 공동투쟁 체제를 취했다. 1962년 10월 김종필의 방일에 즈음하여 한일회담 반대운동의 제1 고양기가 도래한다. 일본의 반대운동 세력은 같은 해 12월 13일 발표된 한일회담에 관한 조선민주주의인민공화국 정부의 성명을 지지하고 1963년 3월까지 수만 명 규모의 시위를 전개했다. 1963년부터 일본 사회에서 조선의 역사와 문화에 대한 관심이 높아졌으며, 재일조선인의 조국 자유왕래 요구운동이 시작되었다. 1964년 한국에서 반대운동이 활발해지자 일본에서도 한국의 운동을 지지하고 이와 연대하려는 시위가 이어졌다. 그리고 1965년 6월 한일조약 조인 이후 일본의 반대운동은 한일조약 비준 저지 투쟁으로 제2의 고양기를 맞았다. 안보투쟁 이후 혁신 정치세력은 강령적 차원이나 평화운동 현장에서 대립과 분열이 심화되었지만, 6월 9일 지식인들의 호소에 응하는 형태로 '일일공투'가 실현되자 일한국회에서도 이 방식으로 공동투쟁을 전개했다. 이렇게 하여 안보투쟁 이래 최대 규모로 '일한투쟁'이 전개되었다.

일본의 반대운동 세력은 동북아시아 군사동맹론, 조선 남북통일 저해론, 일본 독점자본의 한국 침략론을 핵심 논리로 삼았다. 혁신 정치세력 중 일본공산당은 미국 제국주의, 일본사회당은 일본 독점자본의 아시아 침략

전쟁 참가 위험성, 총평은 일본 독점자본의 한국 침략이 일본인 노동자에게 미치는 영향에 각각 중점을 두었다. 일본 대중이 한일조약에 대해 무관심한 상황 속에서 혁신 정치세력은 일본인의 평화 의식과 생활 감각에 뿌리를 둔 운동을 전개하려고 했다. 또한 일한국회에서 한일기본조약 및 여러 협정을 둘러싼 논의를 통해 일본사회당 의원은 한일 간 조문 해석의 불일치에 대해 추궁했다. 또한 일본사회당 의원은 일본정부가 한일조약을 이웃 나라와 '선린우호'라는 입장에서 체결했다고 한 것에 대해 일본 측이 왜 '비우호'인가를 추궁했다. 그러나 이러한 질문은 한국 측 주장에 합리성을 부여한 것이라기보다 일본정부가 한국에 양보를 거듭하고 있다는 점을 비판한 것이었다.

조선총련을 중심으로 하는 재일조선인의 한일회담 반대운동은 조선민주주의인민공화국하에서 남북통일을 실현시키기 위해 한일조약에 반대한 것이다. 그러나 그것뿐만 아니라 조선총련은 재일조선인의 권리 옹호라는 관점에서 한일조약에 반대했다. 1965년 조선적 요구 운동은 재일조선인의 귀국운동이나 조국 자유왕래 운동과 마찬가지로 재일조선인의 권리 옹호 투쟁으로 추진되었다. 또한 조선총련은 일본과 한국의 반대운동 세력과의 연대를 의식했다. 즉 일본의 한일회담 반대투쟁에서 조선총련은 혁신 정치세력의 간접적인 연계를 실현시키는 '결절점'의 역할을 담당했던 것이다.

일조 우호단체의 중심적 존재인 일조협회는 다른 일본인 단체에 주도적으로 한일회담 반대운동에 나설 것을 호소했다. 이에 따라 일조협회는 조선총련과 마찬가지로 혁신 정치세력 사이에서 '결절점'의 역할을 수행했다. 또한 일조협회는 정치뿐만 아니라 무역, 문화, 일상생활 등 여러 분야에서 일조교류라는 일조 우호운동을 추진하기 위해 반대운동에 참여했다. 그리고 각지에서 이루어진 한일회담 및 일조관계에 관한 학습회 등 여러 활동에서 중요한 역할을 수행했다. 한일회담 반대운동을 통해 여러 일조 우호단체가 결성되었다. 그중 하나인 일본조선연구소는 한일회담 반대운동을 통해 현실에서 전개되고 있는 제국주의뿐만 아니라, 일본인 스스로에게 이식된 식민지주의를 철저하게 비판하지 않으면 안 된다는 결론을 도출했다.

일본의 학생운동 세력은 분열과 대립을 되풀이했기 때문에 반대운동에서도 한국 학생 세력만큼 중요한 역할을 수행할 수 없었다. 민청계 전학련이 일본공산당과 긴밀한 관계 속에서 활동하고 있었던 데 대해, '반일공'계 전학련, 특히 가쿠마루파 전학련은 '반제, 반스탈린'의 입장에서 한일회담을 "일본 제국주의의 신식민지주의"로 규정했다. 가쿠마루파 전학련은 세력으로는 소수파였지만 한일회담 반대운동 활동가들이 직면한 "부활하고 있는 일본 제국주의" 문제를 직설적으로 제시했다. 그리고 일본 지식인은 언론 활동뿐만 아니라 일본 대중과 혁신 정치세력에게 공투를 호소하는 등 반대운동 진영에서 일정한 존재감을 보였다. 또한 한일회담 반대운동을 통해 일본 역사학자들이 일본의 조선 식민지 지배에 대한 책임의 소재를 명확히 한 것도 특기해야 할 것이다.

일본의 한일회담 반대운동은 회담을 중단시키지도, 조약 성립을 막을 수도 없었다는 관점에서 보면 명백한 '실패'였다. 예를 들면, 1960년 안보투쟁과 일한투쟁의 참가 인원을 비교해도 전자는 1960년 2월부터 6월까지 270만 명을 동원한 데 비해 후자는 1965년 10월부터 12월까지 135만 명을 동원하는 데 그쳤다.[139] 그 원인으로 한일조약 체결에 기본적으로 찬성

139 앞의 『日韓條約反對運動の總括』, 232쪽.

의 입장을 취한 신문 등 대중 매체의 역할도 들 수 있다. 다만 근본적으로 한일조약에 대한 국민적 관심이 미일안전보장조약보다 적었다는 사실을 들지 않으면 안 될 것이다.

그러나 한일회담 반대운동은 1960년 이후 혁신 정치세력이 분열하고 대립한 상황에서 두 번에 걸친 '공투' 체제를 실현시켰다. 그 요인은 1964년 말 대두한 일본사회당 좌파와 일본공산당의 연계, 조선총련과 일조협회, 문화인 그룹으로 일컬어졌던 '결절점'의 존재, 나아가 안보투쟁 이후 학습회, 연구 활동을 통한 조선 문제에 대한 일본 사회의 관심 고조와 "소수지만 날카로운 실천"을 하는 활동가의 성장 등을 들 수 있을 것이다. 이와 같은 사실에서 일본의 한일회담 반대운동에는 간단하게 '실패'로만 단정할 수 없는, 긍정적인 평가를 부여할 수 있는 측면이 있다고 할 수 있다.

마지막으로 일본의 조선 식민지 지배 책임 추궁이라는 관점에서 일본의 반대운동을 살펴본다. 우선 혁신 정치세력의 반대운동에서 이 문제에 대한 관심은 상대적으로 낮았다. 그러나 혁신 정치세력 중에서도 솔선하여 반대운동에 뛰어든 자, 조선총련을 필두로 하는 재일조선인 단체와 일조우호단체, 나아가 역사학자를 비롯한 지식인은 이 문제에 정면으로 맞섰다고 할 수 있다. 지식인을 포함한 재일조선인은 조선 민족으로서 자신의 이익과 권리라는 입장에서 한일회담을 비판했다. 일조 우호단체와 일본 지식인은 일본인으로서의 책임이라는 입장에서 일본의 조선 식민지 지배 문제를 마주했다. 그 속에서 일본조선연구소와 같이 일본인 스스로 이식된 식민지주의를 극복하려는 입장도 나타났다. 일본 대중에게 한일조약이나 일조 문제에 대한 관심이 별로 없던 상황에서 한일회담 반대운동을 통해 일본의 식민지 지배 책임 문제를 마주하는 일본인은 오히려 확대된 것이다.

다만 "시작하면서"에서도 지적한 것처럼 한일회담 반대운동이 종결되고 50년이 지난 오늘에 이르기까지 일본의 조선 식민지 지배 책임 문제는 해결되지 않고 있다. 이 점에서 일본의 한일회담 반대운동의 한계성을 엄격하게 지적할 수밖에 없다. 한일조약 체결 이후 남겨진 일본과 조선 반도의 '전후戰後'적 과제에 대해 일본인은 어떻게 마주할 것인가, 또는 왜 마주할 수 없었는가. 한일 국교정상화 50주년을 계기로 이 문제를 살펴보는 것에서부터 일본과 이웃 나라의 평화적인 관계를 전망하고 싶다.

결론

1. '전후 한일관계'의 시기 구분

제1기: '원칙적 대립'의 시기(1945~1953년)

1945년 일본 패전 후 한국, 일본, 미국은 각자 대일 배상 방침을 검토했다. 미국은 일본의 전후 부흥을 우선시하여 대일 배상을 가능한 한 경감하는 방침을 세웠다. 미국의 대일 무배상 원칙은 미국과 영국이 주도한 대일강화조약 작성 과정에서도 나타났다. 한국은 독자적으로 대일 배상 조사를 진행하여 일본의 식민지 지배 청산을 내용으로 하는 구상권을 행사하려고 했다. 대일 배상 요구의 내용은 식민지 지배 및 전시 동원 피해에 대한 개인 청구권 및 보험금, 은급, 미지불금 등 민사상 청구권이 주된 것이었다. 일본은 대일강화조약 준비 작업을 통해 일본의 식민지 지배 및 재산 형성의 정당성을 주장하려고 했다. 그리고 한일 양국은 미국의 중개하에 1951년 10

월부터 한일회담을 열어 기본관계, 청구권, 재일조선인의 법적 지위, 어업 등의 의제를 토의했다. 그러나 한일은 각각의 원칙적 입장을 주장했을 뿐 타결의 가능성이 전혀 없었다. 이러한 한일 대립의 구도는 1953년 구보타久保田 발언으로 인해 한일회담이 결렬된 이후 한동안 유지되었다.

제2기: '인도외교'의 시기(1954~1960년)

한일회담이 중단된 시기에 한일관계는 한국에 억류된 일본인 어부와 오무라大村 수용소의 강제 퇴거 대상 조선인의 석방이라는 '인도人道 문제'를 중심으로 전개되었다. 이와 병행하여 한일회담 재개를 위한 예비회담이 이루어져 이들 문제는 1957년 12월 한일 합의문서 조인이라는 형태로 진전되었다. 그러나 1958년부터 또 하나의 '인도 문제'로 재일조선인 귀국 문제가 부상하면서 한일회담은 중단과 재개가 반복되고 한일관계는 다시 교착 상태에 빠졌다. 일본정부는 억류 일본인 어부의 귀환과 재일조선인 문제의 '해결'에 가장 큰 관심을 가지고 있었다. 그러나 재일조선인을 가능한 한 국외로 보내는 것으로 문제를 '해결'한다는 생각은 '인도주의'라고 하기 어렵다. 한국정부는 재일조선인에 대한 일본정부의 처우에 불만을 갖고 다양한 수단으로 '북송' 저지에 노력했다. 한국정부의 관심은 재일조선인의 법적 지위에 있었다. 또한 조선민주주의인민공화국 정부가 귀국 사업을 통해 한일회담을 견제하려 했다는 추측도 충분히 성립한다. 1950년대 후반은 재일조선인 문제를 둘러싸고 남북이 날카롭게 대립하던 시기였다. 이와 같이 1950년대에 전개된 한국, 일본, 조선 사이의 '인도외교'는 정치적 성격을 띤 것이었다.

제3기: '경제기조'의 시기(1960~1965년)

1960년 4월 한국의 이승만 정권이 붕괴된 후 한 · 미 · 일 3국은 정 · 관 · 재계 모두 한일회담을 추진했다. 이 시기에 한국과 일본의 여당 정치 세력은 상대방과 우호관계를 중시하여 한일관계 촉진을 위해 적극적으로 활동했다. 한편 한일의 관료들은 한일관계의 개선을 중시하면서도 자국 정부의 입장을 강하게 내세워 교섭은 용이하게 진행되지 못했다. 이렇게 하여 한일 국교정상화를 둘러싼 '정치적 노선'과 '실무적 노선'이 형성되었다. 또한 한국과 일본의 재계는 한일관계 개선을 열망하여 경제시찰단 파견 등을 통해 한일 교류를 추진했다.

1960년경부터 미국의 대한 원조 삭감을 계기로 한국의 '자립경제' 확립 및 한국정부의 일본 자본 도입 움직임, 그리고 일본정부의 대미 협조 외교와 일본 재계의 한국 재평가라는 요소에 의해 일본의 대한 경제협력 문제가 부상했다. 이에 한 · 미 · 일 3국은 일본의 대한 경제협력에 의해 한국의 경제개발을 지원한다는 목표를 내걸고 한일 국교정상화를 가능한 빨리 실현하고자 했다.

여기에 1960년대 한일회담이 '경제 기조'로 전개된 배경이 있다. 1962년에 청구권 교섭은 '실무적 노선'에 의한 절충 후 '정치적 노선'인 김종필金鍾泌 · 오히라大平 회담에 의해 일본의 대한 경제협력 공여라는 형태로 정치적으로 타결되었다. 다음 해인 1963년부터 한국과 일본 사이에 「김종필 · 오히라 합의」에 기초한 민간 경제협력 실시가 검토되었다. 그리고 국교정상화 전에 PVC공장 및 제5시멘트공장 플랜트 건설을 위한 차관이 실현되었다. 그리고 1964년 12월부터 시작된 제7차 회담에서는 재계 관계자가 수석대표에 임명되었다. 제7차 회담에서는 한일의 교섭 담당자가 현안에 대해 대단히 '협력'적으로 대처했다. 그리고 1965년 6월 한일기본조약 및 여러 협정이 조인되었다. 한일합의의 내용으로 기본관계, 어업, 선박, 문화재 등 여러 문제에서 일본의 주장이 채택되었다. 이들 문제에 대한 한국의 주장에는 일본의 식민지 지배 청산을 요구하는 내용이 포함되어 있었다. 그러나 그러한 내용들은 모두 빠져 버렸다. 한국은 식민지 지배 청산과 관련한 사항을 실질적으로 양보하는 대신 선박 협력, 문화 협력, 어업 협력의 명목으로 일본으로부터의 차관을 받아들였다. 이와 같이 청구권 문제를 비롯한 한일 사이의 여러 현안을 전부 경제적 수단에 의해 흘려보낸 것이다. 이것이 본서에서 말하는 '경제 기조'이다.

2. 재산청구권 문제의 전개

청구권 교섭에서는 먼저 대일강화조약 제4조에 규정된 '청구권' 내용을 둘러싼 논의가 이루어졌다. 그러나 '원칙적 대립'의 시기 청구권 교섭에서는 한일의 입장이 명확하게 대립했다. 이는 단순히 '청구권'에 대한 법이론상의 대립이 아니라 조선 식민지 지배에 대한 두 나라 사이 인식의 충돌이었다. 즉 한국은 일본의 식민지 지배가 불법적이고 부당했다는 인식에서 일본의 청구권을 부정하면서 식민지 지배 청산을 요구하는 청구권을 주장했다. 한편 일본은 자국의 조선 지배가 당시의 국제법상 합법이며 동시에 정당하다는 인식에서 한국의 주장을 반박하며 재조일본인 재산에 대한 청구권을 주장했다. 다만 일본의 청구권은 한국의 청구권을 감쇄 또는 상쇄하기 위한 '교섭 기술'로서의 성격이 강했다. 또한 미국은 일본의 청구권을 부정하면서도 그것이 한국 청구권의 규모와 "관련이 있다"는 해석을 제시했다. 이와 같이 미국이 청구권 문제에 있어서 직접적인 중재를 피했기 때문에 청구권을 둘러싼 한일의 대립 구도는 해결이 더욱 곤란해졌다.

또한 한일회담을 결렬시킨 구보타 간이치로久保田貫一郎 일본 측 수석대표의 발언은 미국과의 관계를 배려한 국제법 해석을 통한 대한청구권 주장과 식민지 지배에 대한 비판적 성찰이 결여된 조선 지배 긍정론이었다. 다만 구보타는 한국의 청구권 중 군인이나 징용자의 미지불금 등 일본에 법률상의 지불 의무가 있다고 인정되는 청구권, 즉 민사상의 청구권에 대해서는 응한다는 자세를 보였다.

1957년 한일 간 합의에 의해 다음 해 1958년부터 한일회담이 재개되었다. 한국에서 한일회담 재개 조건으로 요구한 것은 구보타 발언 및 대한청구권 철회였다. 일본정부는 일찍부터 '구보타 발언' 철회를 검토해 왔다. 한편 대한청구권의 철회는 기시岸 정권에 와서야 겨우 검토되기 시작했다. 대한청구권 철회는 미 국무성의 「구상서」를 기초로 했다. 이 문서는 한국정부가 대한청구권의 대상인 재조일본인 재산을 취득한 것으로 대일청구권이 어느 정도 충족되었다는 미국정부의 해석을 따른 것이었다. 이 문서는 비밀문서였으나 이후 청구권 교섭 논의의 방향성을 결정짓는 역할을 했다.

1960년 10월부터 1962년 3월까지 한국의 대일청구권이 토의되었다. 토의 내용은 크게 대일청구권의 규모 및 시기라는 전체 성격에 관한 것과 「요강」의 항목별 토의로 나눌 수 있다.

전자의 논점으로는 (1) 한국정부의 재조일본인 재산 취득이 대일청구권을 어느 정도 충족시키는가라는 '관련' 문제, (2) 미군정청에 의한 재조일본인 재산의 처분, 구체적으로는 미군정 법령 제33호의 해석을 둘러싼 문제, (3) 민사상의 개인청구권에 대한 지불 방법, (4) 한국정부가 한반도 북부의 대일청구권을 주장할 수 있는가라는 문제가 있었다. 이들 문제에 대해 한국은 미국의 초기 대일배상방침을 엄밀하게 원용하면서 재조일본인 재산의 취득과 분리하여 청구권을 주장했다. 한편 일본은 증거주의를 전제로 민사상의 개인청구권을 인정하면서도 법적 근거 주장을 통해 대일청구권 전체의 범위를 좁히려 했다. 결국 한국과 일본의 주장은 평행선을 달렸다.

또한 후자의 경우 한국은 모든 청구권 항목에 대해 '법적 근거'를 주장했다. 한국의 대일청구권은 전체로서는 식민지 지배 청산을 목적으로 했다. 그 내용에는 일본의 조선 지배나 전후 보상 문제에 대한 중요한 문제 제기가 포함되었다. 그러나 일본은 식민지 지배 책임은 문제 삼지 않고 영토 분리에 따른 민사상 개인청구권 중 자료에 의해 증명할 수 있는 것에 대해서만 지불에 응했다. 그리고 식민지 지배 책임이 문제되는 항목에 대해 일본은 식민지 지배 법률체계를 들고 나와 자신의 정당성을 주장하면서 한국의 청구권을 전부 인정하지 않았다. 나아가 일본은 한일 국교정상화 이후 한국인 개인이 일본에 대해 권리를 주장하는 것도 인정하지 않았다. 그 외 청구권에 대해서도 일본은 모두 응하지 않았던 것이다.

그리고 1961년 11월 한일 수뇌회담의 합의 내용에 따라 1962년 3월부터 청구권 문제에 대해 정치적 타결에 들어가 12월까지 원칙적인 한일합의가 실현되었다. 이 과정의 논점은 세 가지이다. 첫째로 '정치적 노선'과 '실무적 노선'의 관계이다. 청구권 문제에 대해 김종필 · 오히라 회담에서 원칙적으로 합의한 내용은 '실무적 노선'에 따른 토의를 거쳐 '정치적 노선'에 의한 토의로 결정한다는 것이다. 그러나 이것이 한국정부가 '청구권'(이라는 명목) 포기를 결단했다는 것을 의미하지는 않는다. 한국정부는 1965년 6월 한일조약 조인 직전까지 명목적으로는 '청구권' 주장을 계속했기 때문이다.

둘째로 청구권 문제의 정치적 타결 과정에서 미국정부의 역할에 대해서이다. 미국은 분명하게 '무상 3억 달러' 타결안에 의한 청구권 교섭의 합의를 바랐다. 일본정부에서도 이 안이 검토되었으나 공식적인 입장은 아니었다. 「김종필 · 오히라 합의」에 의한 청구권 교섭의 정치적 타결은 청구권 교섭을 시작할 때부터 한국정부 및 일본정부에 존재했던 경제협력 내지 경제개발을 염두에 둔 교섭 방침이 서서히 구체화하는 과정의 귀결이었다. 그러나 동시에 그것은 미국정부가 청구권 교섭의 과정에 확실히 개입하고 자신들이 바라는 방향으로 교섭을 이끈 결과였다.

셋째로 "일본의 식민지 지배 청산"이라는 '전후 한일관계'의 본질적인 과제에 근거한 평가이다. 앞에서 서술한 대일청구권의 구체적 토의는 1961년 11월 한일 수뇌회담에서 합의된 내용을 정치적으로 절충하기 위한 준비 작업이었다. 요컨대 이 토의는 정치적 절충에서 '청구권'이라는 명목으로 가능한 한 자신들에게 유리한 금액을 제시하기 위해 열린 것이다. 그리고 이때 일본이 한국에 공여하게 된 것은, 명목은 어찌 되었든 경제협력 자금이었다. 그 규모는 일본의 '식민지 지배 책임'의 중대함이나 한국인에 대한 보상의 필요성이 아니라 오로지 한국의 경제개발 계획과 일본의 자금공여 능력으로 일컬어진 경제적 요소가 고려된 것이다.

이렇게 한일회담에서 청구권 교섭은 과거 청산이라는 의미를 전혀 포함하지 않은 형태로 타결되었다. 이로써 일본정부 및 일본인은 한국정부 및 한국인에 대해 국가적 보상을 통해 '식민지 지배 책임'을 수행하고 그 과거를 청산할 결정적 기회를 잃었다. 동시에 그것은 일본 식민지 지배로 인해 침해된 한국인의 권리가 구제될 수 있는 중대한 기회의 상실도 의미한다. 이것이야말로 "일본의 식민지 지배 청산"이라는 과제에서 본 청구권 교섭의 정치적 타결의 본질이다.

경제협력에 의한 청구권 문제의 '해결'이라는 일본의 발상은 한일회담 반대운동에 대한 대응에서도 나타났다. 1964년 6월 한 · 미 · 일의 교섭 담당자는 한국의 한일회담 반대운동으로 인해 회담이 중단되는 중대한 사태에 대응하지 않으면 안 되었다. 한국과 미국은 일본이 한국 국민에게 식민지 지배에 대해 '사죄'할 필요가 있다고 생각했다. 그러나 시이나椎名 외상은 한국과 미국의 '사죄' 요구를 철저하게 거부했다. 일본은 '사죄' 대신 경제협력에 의해 한국의 경제 불안을 해소시키는 것이 한국 여론을 호전시키는 것이라고 생각한 것이다.

3. 반대운동

마지막으로 한일회담 반대운동에 대해 살펴본다. 한국에서는 1964년 3월부터 학생 및 야당이 주체가 되어 대규모의 한일회담 반대운동을 본격적으로 전개해 나갔다. 당초 반대운동은 한일회담의 문제점을 지적하는 성격이었는데, 6월에는 본격적인 반정부운동으로 변화했다. 이 변화는 박정희 정권이 발족한 이래 이 정권에 대한 국민의 불만이 한번에 분출한 것이었다. 이에 대해 한국정부는 계엄령을 발포하고 군대에 의한 진압을 꾀했다. 이른바 '6·3사태'에 의해 한일회담은 완전히 중단되었다. 한편 1965년의 반대운동은 한일기본조약, 청구권 및 경제협력, 어업, 법적 지위 협정 가조인과 한일조약 조인의 무효를 주장하는 형태로 전개되었다. 조인 후 비준 반대 투쟁은 야당, 학생뿐만 아니라 각계 인사가 한일조약에 대한 찬부를 표명하는 와중에 전개되었다. 이 시기에 반대운동 세력은 결집하여 조국수호국민협의회를 결성했다. 그러나 비준 반대 및 무효를 요구하는 여론은 1964년에 비해 정치적인 영향력을 행사하지 못하고 끝나 버렸다. 이는 한국정부 및 여당인 공화당에 의한 한일회담 선전 활동과 경찰력에 의한 야당의 원외 활동 및 학생 시위에 대한 탄압의 결과였다. 그리고 정부와 여당은 국회에서 야당의 반대를 누르고 한일조약의 비준을 강행한 것이다. 한국의 반대운동은 박정희 정권뿐만 아니라 이 정권을 지지하는 일본과 미국이라는 국제 세력과의 대결이었다.

반대운동 세력의 주장을 검토하면, 그들은 기본관계, 어업, 청구권, 독도 문제를 중심으로 한일기본조약 및 여러 협정을 비판했다. 특히 야당은 한일 간에 조문 해석이 다른 점을 중심으로 국회에서 질문 공세를 펼쳤다. 반대운동 세력이 한일조약의 문제점을 명확히 한 것은 높게 평가되어야 한다. 한편으로 한국의 반대운동은 오로지 한국의 국익이라는 관점에서 반대론을 구축했다. 그로 인해 한일조약 찬성파도 반대파도 '국시'로서 반공이라는 입장에서 청구권과 재일한국인의 법적 지위와 깊이 관계된 인권 문제를 상대적으로 경시한 것이다.

한편 일본의 한일회담 반대운동은 1960년 안보투쟁까지를 전사로 하고, 1962년 후반부터 1963년 초반까지를 제1 고양기, 1965년 후반을 제2 고양기라고 할 수 있다. 일본의 반대운동 세력은 동북아시아 군사동맹론, 조선 남북통일 저해론, 일본 독점자본의 대한 침략론을 핵심 논리로 했다. 일본 대중이 한일회담에 무관심한 상황 속에서 혁신 정치세력은 일본인의 평화 의식과 생활 감각에 뿌리를 둔 운동을 전개하려고 했다. 또한 '일한 국회'에서 일본사회당 의원들은 한국의 야당과 마찬가지로 한일 간 조문 해석이 다른 점을 추궁했다. 일본사회당 의원의 질문은 일본정부가 왜 '비우호'인가에 대한 추궁이었지만, 한국에 대한 일본정부의 '양보' 외교를 비판한 것이기도 했다. 또한 일본의 반대운동은 조선총련을 중심으로 하는 재일조선인, 일조 우호단체, 학생 및 지식인이라는 폭넓은 입장에서 전개되었다.

일본의 한일회담 반대운동은 회담을 일시 중단시킬 수도, 조약의 성립을 막을 수도 없었다는 관점에서 보면 명백한 '실패'였다. 그렇지만 한일회담 반대운동은 1960년 이후 혁신 정치세력이 분열하고 대립하는 상황에서 두 번에 걸친 '공투' 체제를 실현했다. 그 요인으로는 1964년 말 대두한 일본사회당 좌파와 일본공산당의 연계, 조선총련과 일조협회, 문화인 그룹으로 일컬어진 '결절점'의 존재, 나아가 안보투쟁 이후 학습회와 연구 활동을 통한 조선 문제에 대한 일본 사회의 관심의 고조와 "소수지만 날카로운 실천"을 하는 활동가의 성장 등을 들 수 있다. 이와 같은 사실은 긍정적으로 평가해야 한다.

끝으로 조선 식민지 지배에 대한 일본의 책임 추궁이라는 관점에서 보면, 혁신 정치세력의 반대운동에서 이 문제에 대한 관심은 상대적으로 낮았다. 다만 혁신 정치세력 중에서도 솔선하여 반대운동을 한 사람, 조선총련을 비롯한 재일조선인 단체와 일조 우호단체, 나아가 역사학자를 비롯한 지식인들은 이 문제에 정면으로 맞섰다. 지식인을 포함한 재일조선인은 조선 민족으로서 스스로의 이익과 권리라는 입장에서 한일회담을 비판했다. 일조 우호단체와 일본 지식인은 일본인으로서의 책임이라는 입장에서 일본의 조선 식민지 지배 문제를 마주했다. 그중에서 일본조선연구소와 같이 일본인 자신들에게 이식된 식민지주의를 극복하려는 입장도 나타났다. 한일조약이나 일조문제에 대해 관심이 별로 없는 일본 대중의 상황 속에서 한일회담 반대운동을 통해 일본의 식민지 지배 책임 문제에 마주하는 일본인은 오히려 확대되었다. 그렇지만 오늘날에 이르기까지 일본의 식민지 지배 책임 문제가 해결되고 있지 않다는 점에서 일본 반대운동의 한계성을 엄격하게 지적하지 않을 수 없다.

1945년부터 1965년까지의 "전후 한일관계"는 한일 국교정상화 교섭을 중심으로 전개되었다. 그러나 한일기본조약 및 여러 협정의 체결에 의해서도 일본의 식민지 지배 청산은 실현되지 않았다. 일본은 이승만라인 문제의 해결이나 재일조선인 문제의 '해결'을 우선했고 끝까지 조선 식민지 지배에 대한 사죄는 하지 않았다. 한국은 남북분단이라는 상황에서 경제개발에 의한 국가 건설을 우선하여 '청구권'이라는 명목으로 일본 자금의 도입을 도모했다. 일본은 이것을 계기로 경제협력에 의한 재산청구권 문제의 '해결'을 목표로 했다. 일본은 한국의 경제개발에 협력하는 것으로 일본의 식민지 지배 청산을 불문에 부친 채 한국인의 일본에 대한 감정을 호전시키려 했다. 그리고 미국은 일본의 대한 경제협력 실현을 적극 지원했다. 이렇게 하여 일본의 식민지 지배 청산과 관련된 여러 현안은 '경제 기조'에 의해 빠져나갔다. 그 결과 한일 국교정상화와 동시에 한국인 개인의 청구권은 민사상 청구권을 포함하여 "구제되지 않은 권리"가 된 것이다.

2015년 현재, 한일회담에서 논의된 여러 가지 문제는 대부분 해결되지 않았다. 한일 국교정상화로부터 현재까지의 50년을 포함해 검토하고 '전후 한일관계'를 극복하는 작업은 앞으로의 과제이다.

후기

이 책의 구판은 2004년 3월에 제출한 박사학위 청구 논문 「戰後日韓關係の展開(1945年から1965年まで)— 日韓國交正常化交涉を中心にして」을 가필, 수정한 것이다. 각 장의 내용은 다음의 논문을 기초로 하고 있다.

제1장 새로 집필

제2장 새로 집필

제3장 「日韓會談における對日請求權の具體的討議の分析—第五次會談及び第六次會談を中心として」(『一橋論叢』 제120권 제2호, 1998년 8월)

제4장 「日韓會談における請求權交涉の政治的妥結—1962年3月から12月までを中心として」(『朝鮮史研究會論文集』 제36집, 1998년 10월)

제5장 「日韓國交正常化以前の借款交涉—1963~64年における日米韓の外交活動を中心に」(『朝鮮史研究會論文集』 제41집, 2003년 10월)

제6장 새로 집필

제7장 「한국에서의 한일회담 반대운동의 전개—1964~65년을 중심으로」(『中韓人文科學研究』 제6집, 2001년 6월)

제8장 「일본에서의 한일조약 반대운동—1960년대를 중심으로」(『韓日民族問題研究』 제3집, 2002년 12월)

우선 이 책의 구판에 대해 太田修 씨(『歷史評論』 제682호, 2007년 2월)와 長田彰文 씨(『人文の歷史學』 제176호, 2008년 6월)가 서평을 발표하여 고견을 받을 수 있었다. 대단히 늦었지만 두 분께 깊은 감사를 드리고 싶다.

구판에 이어, 2015년이라는 한 단락을 짓는 시점에 이 책의 개정판 출판을 제안해 주신 도서출판 크레인의 문홍수文弘樹 사장 및 渡邊康弘 씨에게 진심으로 감사를 드리고 싶다.

개정판을 출판하면서 도와주신 많은 분에게 다시 감사드리고 싶다. 우선 東京學藝大學 교육학부 및 동 대학원 修士課程에서 엄격하게 지도해 주신 馬淵貞利 선생, 그리고 一橋大學 대학원 박사과정에서 직접 지도해 주신 糟谷憲一 선생, 논문 지도를 해주신 吉田裕 선생에게 깊이 감사드리고 싶다. 또한 한국의 서울대학교에 유학했을 때 돌봐 주신 권태억 선생, 그리고 한국에서 한일문제를 비롯하여 다양한 관심사를 나누며 문제의식을 높여 준 조진석 씨에게 깊이 감사드리고 싶다.

또한 東京學藝大學의 馬淵貞利 세미나, 一橋大學 대학원의 糟谷憲一 세미나, 서울대학교 인문대학 국사학과, 호남대학교 외국어학부 일본어과, 한일민족문제학회, 역사문제연구소, 조선사연구회, 재일조선인운동사연구회, 문화센타·아리랑조선근대지역자료연구회, '조선-일본' 얽혀 있는 역사와 현재를 고찰하는 모임, 유지들에 의한 '世界史勉强會' 등을 통해 우연히 만나, 학문과 관계되는 경험을 공유할 수 있게 해주신 여러분에게 감사를 드리고 싶다.

구판이 출판된 후 시민단체인 '日韓會談文書·全面公開を求める會'는 한일회담 관련 문서 공개 운동을 전개하고 이를 위해 싸워 주었다. 그리고 근무처인 新潟國際情報大學과 과학연구비조성사업(「'식민지 책임'론에서 본 탈식민지화의 비교역사학적 연구」, 「탈식민지화의 쌍방향적 역사과

정에서 '식민지 책임'의 연구」(이상 대표자 永原陽子 선생), 「한국정부 공개자료에 의한 일한기본조약의 국제공동연구—탈식민지화 논리와 냉전논리의 교착」, 「조선반도에서 본 전후 동아시아 지역질서의 형성과 변용—새로운 지역상을 찾아」(이상 대표자 淺野豊美 선생)〕에서의 연구 교류는 나의 연구 생활을 현재까지 지탱해 주고 있다. 개정판 출간은 이와 같은 연구 기반과 교류가 있어서 가능했다.

또한 이번 연구를 위해 한국 외교안보연구원(현 국립외교원 외교사료관), 東京大學 동양문화연구소, 아시아경제연구소, 學習園大學 동양문화연구소(友邦文庫), 외무성 외교사료관, 문화센타·아리랑조선근대지역자료연구회, 조선대학교 도서관 등을 이용할 수 있었다. 자료 열람의 편의를 제공해 주신 高崎宗司 선생, 이원덕 선생, 木村健二 선생, 노영종 선생, 木元茂夫 씨, 田中宏 선생, 宮田節子 선생에게 깊이 감사드리고 싶다.

특별히 고 木元賢輔 씨는 자료 제공자로서, 나의 좋은 상담 파트너였다. 일본조선연구소 설립 때부터 구성원이었던 木元 씨와의 인터뷰는 2002년 10월부터 시작되었다. 木元 씨와의 대화를 통해 그의 삶의 태도와 사고방식을 접하면서 조선과 서로 마주 보는 의미에 대해 계속 생각했다. 그렇기 때문에 이 책이 완성되면 하루라도 빨리 알려 주고 싶었다. 그러나 2005년 3월 암 때문에 서거한 木元 씨에게 직접 감사의 말을 전할 수 없게 되었다.

임종이 임박했던 2005년 2월의 어느 날, 입원 중이던 木元 씨는 오랜만에 병실을 방문한 나에게 "어느 때라도 '조선을 무시하지 말라'고 계속 말하고 싶다."고 명확히 말해 주었다. '조선을 무시하지 마라', 이 말은 그의 '유언'임과 동시에 내가 학문 생활을 계속하는 한 항상 원점으로 되돌아갈 수 있는 좌우명으로 계속될 것이다.

木元 씨는 서울에서 태어난 재조일본인 2세다. 2014년 9월에 木元 씨 친

족과 함께 서울을 방문하여 木元 씨의 유골을 가까스로 서울로 돌아가게 할 수 있었다. 木元 씨로부터 물려받은 일기류의 정리는 남겨진 과제이다.

마지막으로 니가타로 이주하고 나서도 나를 도와준 아내, 그리고 언제나 나에게 힘을 주는 딸과 아들에게 진심으로 감사한다.

2015년 4월

요시자와 후미토시

옮긴이 후기

이 책은 요시자와 후미토시吉澤文壽 니가타국제정보대학 국제학부 교수의 『전후 일한관계—국교정상화 교섭을 둘러싸고』 개정신판(크레인, 2015)을 우리말로 옮긴 것이다. 저자는 일본 학계에서 촉망받는 한국현대사, 한일관계사 분야의 소장 연구자로, 1990년대 후반부터 한일회담을 중심 주제로 하여 한일 관계 관련 논문을 꾸준히 내 왔다. 이 책은 그 결실로, 히토쓰바시대학一橋大學 박사학위 논문을 수정, 보완한 것이다.

옮긴이가 이 책을 만난 것은 2013년 말경이었다. 당시, 아니 사실은 학위논문 출간 직후부터 '본업'으로 여겼던 한국근대사 · 독립운동사 공부가 무료해져, 일종의 '외도'를 할 요량으로 틈틈이 한국현대사 관련 자료를 읽고 그리 신통치 않은 글들을 쓰기도 하다가 '한일회담'에 관심을 갖게 되면서 우선 국내의 연구 성과와 번역서부터 찾아 읽기 시작했다. 이원덕(『한일 과거사 처리의 원점—일본의 전후처리 외교와 한일회담』, 1996), 박진희(『한일회담—제1공화국의 대일정책과 한일회담 전개과정』, 2008), 장박진(『식민지 관계청산은 왜 이루어질 수 없었는가—한일회담이라는 역설』, 2009), 국민대 일본학연구소(『외교문서 공개와 한일회담의 재조명 (1, 2권)』, 2010), 이동준 · 장박진(『미완의 해방—한일관계의 기원과 전개』, 2013), 이성(「한일회담에서 재일조선인의 법적지위 교섭(1951~1965)」, 성균관대학교 박사학위 논문, 2013), 다카사키 소지高崎宗司(『검증 한일회담』, 1998), 오타 오사무太田修(『한일교섭—청구권문제 연구』, 2008) 등의 성과가 그것이다.

덕분에 윤곽이나마 한일회담, 국교정상화 과정의 전체상을 그릴 수 있었다. 그렇지만 허전했다. 한국인 연구자가 자국에서 거둔 성과나 일본에 유학해서 연구한 성과, 그리고 일본인 연구자가 한국에, 재일교포 연구자가 모국에 '유학'하여 거둔 성과 외에 일본인 연구자가 '온전한' 그들의 관점에서 연구한 성과를 보고 싶었다(다카사키 소지가 이에 해당될 수 있으나, 관련 자료가 공개되기 훨씬 이전의 성과이다). 물론 이러한 생각은 상대국에 유학함으로써 형성하게 되는 '관계'에 과도하게 의미를 부여한 옮긴이의 선입견일 수도 있다. 그러다 눈에 띈 것이 이 책이었다.

저자는 자신의 책이 일본현대사의 입장에서 쓴 것임을 분명히 했다. 그는 일본 패전(1945년 8월) 후의 한일관계를 '전후 한일관계'로 부르고 국교정상화를 향한 도정에서 식민지 지배의 청산이라는 과제에 중점을 두고 그 전개 과정을 고찰하고자 했다. 그러면서도 한국전쟁이 한창이던 1952년 4월 일본이 '독립'을 회복하고 국제 사회에 복귀하여 미국과 소련을 정점으로 하여 자본주의 진영과 사회주의 진영으로 양분된 냉전의 전장에 자본주의 진영의 일원으로 선전 포고도 없이 '참전'했음을 지적함으로써 전후 일본의 재건에 한국의 고통이 놓여 있음을 흔쾌히 인정했다.

무엇보다도 저자는 '전후 한일관계'를 이해하는 데 필수 불가결한 과제인 재산청구권 문제의 전개 과정을 명확히 하려 했다. 또한 상대적으로 연구가 별로 진행되지 않은 다른 여러 현안, 예컨대 기본관계와 어업, 재일한국인의 법적 지위, 문화재 문제 등에 대해서도 상세하게 고찰했다. 또한 한국과 일본에서 각각 전개된 한일회담 반대운동까지 살피고 있다. 이 '반대자'들이야말로 국교정상화는 일본의 식민지 지배 청산이 전제되어야 한다는 신념을 견지한 양국의 '대중'이기 때문에, 이에 대한 서술은 관료와 정치가 중심으로 논의되어 온 한일관계에 대한 기존의 인식을 확장하는 의미를 갖는다. 저자가 이들을 얼마나 중시했는지는 원서 표지로 쓴 사진 세 장 중 두 장을 한일회담 반대시위 장면으로 사용한 데서도 알 수 있다. 식민지 지배의 청산은 당연히 1945년 8월 이후 일본과 조선민주주의인민공화국(북한)의 관계, 즉 '전후 일조관계'와도 관련되는데, 이 책은 이에 대해서도 놓치지 않고 있다.

이와 같은 저자의 목표가 얼마나 달성되었는지를 옮긴이가 평가하는 것은 어렵다. 하지만 그의 연구가 호평을 받고 있음은 분명한데, 이에 대해서는 오타 오사무 등의 서평을 참고할 수 있겠다. 특히 저자가 한일 간 청구권 교섭 과정을 고찰하면서 일본이 한국에 대해 국가적 보상을 통해 '식민지 지배 책임'을 수행하고 과거를 청산할 결정적인 기회를 잃었다고 평가한 부분은 주목하지 않을 수 없다. 그것은 일본의 식민지 지배로 인해 잃어버린 한국인의 권리가 구제될 기회가 사라졌음을 의미하는 것으로, 이것이 바로 '일본의 식민지 지배 청산'이라는 과제는 묻어 둔 채 진행된 청구권 교섭이 보여 준 정치적 타결의 본질이었다는 것이다.

저자가 내린 결론은 국교정상화 교섭을 중심으로 전개된 '전후 한일관계'에서 일본의 식민지 지배 청산은 이루어지지 않았다는 것이다. 일본은 이승만라인(평화선) 문제의 해결과 재일조선인 문제의 '해소'를 우선했을 뿐 식민지 지배에 대한 사죄는 끝까지 하지 않았다. 한편 한국은 남북분단이라는 상황에서 경제 개발에 의한 국가 건설을 우선하여 '청구권' 명목으로 일본 자금의 도입을 도모했고, 일본은 이를 기회로 경제협력에 의한 재산청구권 문제의 '해결'을 목표로 삼았다. 이러한 '경제 기조'로 인해 일본의 식민지 지배 청산과 관련된 여러 과제는 달성되지 못했고 한일 국교정상화와 동시에 한국인 개인의 청구권은 민사상 청구권을 포함하여 '구제되지 않은 권리'로 남게 되었다는 것이다.

충실한 고증에 의한 치밀한 논지 전개가 설득력을 갖는 결론으로 귀결되는 것은 당연하지만 이는 저자의 노력과도 관계된다. 여기서 옮긴이는 저자의 성실성과 의욕에 깊은 인상을 받았음을 언급하지 않을 수 없다. 처음에 번역을 해보겠다고 마음먹고 초판(2005)을 구해 대략 한 번 읽어 보고 전자우편을 보냈을 때였다. 저자는 개정판을 내기 위해 수정·가필할 내용을 초판본 위에 깨알 같은 연필 글씨로 적어 보내 옮긴이를 놀라게 했는데, 뒤에 저자가 보내 준 개정판과 내용이 완벽하리만큼 동일한 데 대해서는 번역자에 대한 세심한 배려가 느껴졌다. 특히 개정판에서도 직접 인용하지 못했던 한국과 북한 측 자료는 일일이 원전을 다시 찾아 보내 주는 수고를 마다하지 않았다. 계속된 수정과 보완으로 원서와 번역서의 내용이 달라진 부분도 적지 않다.

사실 처음부터 이 책을 번역해 보자고 했던 것은 아니었다. 독해 공부나 해보자는 심산이었는데, 턱없이 부족한 실력으로 욕심을 내다 보니 주변에 폐를 끼쳤다. 모교에서 대학원 박사과정 강의를 하면서 만난 재일교포 제자 성미강자成美江子 선생은 일본어 초보자의 어색한 문체를 양국의 언어에 능통한 솜씨로 매끄럽게 다듬어 주었다. 갑작스런 부탁에도 개의치 않고 교토京都의 서점을 샅샅이 뒤져 초판본을 구해 보내 준, 리츠메이칸대학立命館大學에서 공부한 동학同學의 우정을 기억하려 한다. 회의록 등 한일회담 관련 외교문서를 선뜻 구해 준 동북아역사재단 장세윤 선생님의 배려도 잊을 수 없다. 예기치 않은 일로 여러 달 동안 함께 고역을 치른 직장의 동료들에게는 뜨거운 감사의 인사를 전하고 싶다. 그들과의 연대 의식, 그리고 그들이 주는 무언의 응원이 있어 난관을 헤쳐 나갈 힘을 얻는다. 생활을 함께하는 이에 대해서는 곁에 있다는 핑계로 기명을 생략하니 너그러운 이해를 바란다.

원하는 출판사에서 책을 낸다는 것은 쉬운 일이 아니다. 옮긴이의 박사학위 논문이 출간된 인연도 있지만 서강대학교 최기영 선생님의 도움이 없었다면 일조각을 다시 만나기 어려웠을 것이다. 책을 내본 이라면 공감하는 것이지만, 좋은 출판사를 만나면 책의 수준도 올라간다. 일조각에는 교열, 교정은 물론 내용까지 완벽하게 장악하는 최고의 편집자들이 즐비하다. 흔쾌히 간행을 결정해 주신 김시연 사장님과 지루한 작업을 이끌어 주신 안경순 편집장님, 황인아 선생의 노고에 진심으로 감사한다. 그럼에도 불구하고 저자의 소중한 연구 성과를 제대로 전달했는지에 대해서는 여전히 두려운 마음이 앞선다.

3 · 1운동 및 대한민국임시정부 수립 100주년의 뜨거운 여름을 보내고 후기를 쓰고 있는 지금, 1965년 한일협정 체결 이후 양국 관계가 최악이라는 보도가 귓전을 때리고 여러 분야 전문가들이 연일 다양한 해법을 쏟아낸다. 여기에 하나를 더 보태기보다는 한일 국교정상화, 한일회담의 역사적 과정을 다시 살펴보는 데에서 출발해야 할 때가 아닌가 생각한다.

2019년 9월

세종시에서 이현주

역자 주

시작하면서

① 2018년 10월 30일 한국 대법원은 일제시기 신일본제철(현 新日鐵住金)에 강제로 끌려가 노역을 하고 임금을 받지 못한 원고 네 명이 신일본제철을 상대로 낸 손해배상 청구에 대해 일본기업이 일제 강제징용 피해자들에게 일인당 1억 원씩의 위자료를 배상해야 한다고 최종 판결했다. 이에 일본정부가 강력 반발하면서 상황은 새로운 국면으로 접어들었다.

서론

① 1952년 1월 18일 이승만 대통령이 대통령령으로 「대한민국 인접해양의 주권에 대한 대통령의 선언」을 공표함으로써 설정된 대한민국과 주변 국가 간의 수역 구분과 자원 및 주권 보호를 위한 경계선으로, 오늘날의 배타적 경제수역과 유사한 개념이다. 이승만라인(평화선)은 독도를 대한민국의 영토로 포함하고 있다.

② 이하에서도 저자는 '독도 영유권' 서술이 나올 때마다 "독도=다케시마 영유권"이라고 하여 '다케시마'를 병기하고 있으나 여기서는 일본 측 원자료가 인용될 때를 제외하고는 "독도 영유권"으로 표기하기로 한다.

제1장

① 1947년 5월 미군정청이 행정권의 민정이양을 위해 잠정적으로 설치했던 집행부로, 군정법령 제141호에서 38선 이남지역의 입법·행정·사법 각 부문의 '재조선 미군정청 한국인기관'을 남조선과도정부라고 한 데서 비롯되었다. 1948년 8월 대한민국정부가 수립되면서 소멸되었다.

② 미군정은 1945년 12월 6일 법령 제33호를 공포하여 1945년 8월 9일(일본이 포츠담선언을 수락한 날) 이후 공·사유 관계를 불문하고 재조선일본인 재산에 대한 소유권을 1945년 9월 25일(법령 제2호 공포일)부로 소급하여 미군정청이 넘겨받는다고 선언했다. 뿐만 아니라, 같은 해 8월 9일 이후의 모든 재산의 거래 및 이전 행위를 무효화하고 군정청의 허가 없이 이 재산에 대한 침입·점유·이전·가치 및 효용의 훼손 따위의 행위를 모두 불법으로 간

주했다.

③ 「조선민주주의인민공화국 헌법」(제5조)은 "광산·자연부원·삼림·하해·주요기업·은행·철도·운수·항공·체신기관·수도 및 전 일본국가, 일본인 또는 친일분자의 일체 소유는 국가소유"라고 규정하고 있다.

④ 미국 트루먼 대통령은 추축국의 패전으로부터 얻게 될 '배상' 문제 등을 조사하기 위해 자신의 측근이자 성공한 석유 사업가인 에드윈 폴리Edwin W. Pauley(1903~1981)를 대사의 지위에 임명, 전문가로 구성된 사절단의 대표를 맡게 했다. 폴리사절단은 1945년 5월부터 1946년 말까지 유럽과 동아시아 지역의 배상 문제를 조사하고 정책을 제안하는 임무를 수행했는데, 특히 두 차례에 걸쳐 일본군의 침략과 지배를 받은 남북한, 중국, 필리핀과 일본의 산업 시설을 방문했다.

⑤ 1945년 12월 미·영·소 외상회의 결정으로 제2차 세계대전에서 항복한 일본을 강화조약이 성립될 때까지 관리하기 위해 설치한 연합국 최고의 결정기관. 11개국 대표로 구성되었으나 미국이 운영을 주도했으며, 샌프란시스코 강화조약 발효와 동시에 해체되었다.

⑥ 일본이 태평양전쟁에서 패한 이후 1945년 10월 2일부터 샌프란시스코 강화조약 발효(1952. 4. 28.) 때까지 6년 반 동안 일본에 있었던 연합국 최고사령부GHQ(General Headquarters). SCAP(Supreme Commander of the Allied Power)로도 불렸다.

⑦ 정식 명칭은 「중화민국과 일본국 간의 평화조약」으로, 중국(타이페이정부)과 일본 간의 제2차 세계대전의 전쟁 상태 종료를 목적으로 1952년 4월 28일 자로 서명되었다.

⑧ 「육전 법규관례에 관한 조약Hague Regulation land warfare」으로 1899년 제1회 헤이그 평화회의에서 체결되었고 1907년 제2회 평화회의에서 개정되었다. 9개 조로 되어 있으며, 육전陸戰에서 해적 행위(적국 육해공군 병력에 대한 가해 수단)의 금지, 제한에 관한 일반조약이다.

⑨ 제2차 세계대전 종전 이후 연합군 최고사령관 총사령부GHQ의 문서 SCAPIN 1033호 「일본의 어업 및 포경업에 인가된 구역에 관한 각서」에 의해 정해진 일본 어선의 조업 가능 영역. 1952년 4월 일본과 연합국의 샌프란시스코 강화조약 서명 조인으로 유효성을 상실했다.

⑩ 1949년 3월 10일 도쿄에서 한일통상예비회담(제1차 한일통상협상)이 개시되어 22일 한일통상잠정협정안이 타결되고, 4월 1일 「한일통상잠정협정」(한일교역조정서)이 발효되었으며, 같은 달 23일 정식 조인되었다.

⑪ 1919년 6월 28일 파리평화회의 결과로 연합국과 관련국 등 31개국과 독일이 맺은 강화조약. 1936년 나치 정권이 라인란트 비무장지대를 무장화함으로써 효력을 상실했다.

제2장

① 1952년 9월 유엔군사령관 클라크M. W. Clark는 북한의 침입을 막고 전시 밀수출입품의 해상 침투를 봉쇄할 목적으로 한반도 주변에 해상방위수역을 설정했다. 이 수역의 범위가 이승만라인(평화선)과 거의 비슷했기 때문에 한국정부의 이승만라인 선포를 간접적으로 지원한 결과가 되었다.

② 일제 강점기에 (일본) 정부 기관에서 일정한 기간 동안 일하고 퇴직한 사람들에게 주던 연금을 말한다.

③ 구상서는 외교상 상대국과 행한 토의의 기록으로 또는 문제를 제시하기 위해 상대국에 제출

하는 외교문서를 말한다. 자국과 상대국을 모두 3인칭으로 부르고 수신인 성명도 없으며 서명도 하지 않는다.

④ 경기도 파주 출신. 1892년 12월 29일 태어나 1970년 5월 5일 사망했다. 일제하 신간회 경성지회 간부와 북경기독교청년회 간사로 활동했고 정부 수립 후 초대 참의원 선거에 출마해 낙선했다. "화술도 뛰어났고 영어, 중국어에 능통한 막후 외교가"로 알려졌으며, 특히 일본 유력 정치인들과 교분이 두터워 한일회담 전후 막후 역할을 한 것으로 알려져 있다(『조선일보』 1970년 6월 1일 자).

⑤ 오스트레일리아국립대학 태평양아시아학부 교수로, 1951년 영국에서 태어나 브리스틀대학을 거쳐 바스대학에서 박사 학위를 받았다. 일본경제사와 사상사를 전공했으며, 본서에 소개된 저서가 한국에서도 번역, 출간되었다(한철호 역, 『북한행 엑서더스—그들은 왜 '북송선'을 타야만 했는가』, 책과함께, 2008).

⑥ 일본 니가타현에 전해지는 민요의 일종.

제3장

① 「미국과 일본 간의 안전보장조약Security Treaty Between the United States and Japan」. 일본의 안전 보장을 위해 미국이 참여하고 미군을 일본에 주둔시키는 것 등을 정한 미일 양국 간 조약으로 1951년 9월 8일 서명되었다. 1960년 「미국과 일본 간의 상호협력 및 안전보장조약」(신미일안보조약) 발효로 효력이 상실되었다.

② 1960년 일본에서 미국 주도의 냉전에 가담하는 미일안전보장조약 개정에 반대하여 일어난 시민 주도의 대규모 평화운동을 말한다.

③ 1945년 9월 7일 맥아더Douglas MacArthur II 장군은 미국 태평양 방면 육군총사령부 포고 제1호, 제2호, 제3호를 동시 발표했다. 제1호는 38선을 경계로 미·소의 분할 점령을 발표한 것이고, 제2호는 범죄와 법규 위반에 관한 규정, 제3조는 통화에 관한 규정이었다.

제4장

① 채무를 대신 변제해 준 사람이 채권자를 대신하여 채무 당사자에게 반환을 청구할 수 있는 권리를 말한다.

제5장

① 국제통화기금IMF 제8조의 의무를 이행하기로 수락한 가맹국을 말한다. IMF 제8조는 모두 5개 항으로 구성되어 있다. 제1항과 제5항은 선언적 조항으로, 제1항이 IMF 회원국은 원칙적으로 모두 제8조의 규정을 준수해야 함을 규정하고 있고, 제5항은 IMF 업무 집행에 관한 자국의 제반 경제 자료를 제출해야 함을 규정하고 있다. 제2항에서는 상품과 운송, 여행, 보험 등의 서비스 무역에 따른 외환 지급은 정부 간섭 없이 자유롭게 이루어져야 함을 규정하고 있으며, 제3항에서는 다른 나라와 특정 통화를 우대하는 차별적인 통화협정을 맺거나 외환 거래 종류에 따라 서로 다른 환율을 적용하는 것을 금지하고 있고, 제4항에서는 자국 통화를 보유한 다른 회원국이 경상 지급을 위해 자국 통화를 매입해 주도록 요청하

는 경우 이를 매입할 것을 규정하고 있다.

② 수출업자가 수입업자에게 결제 대금의 일부를 현금으로 받고 나머지 대금은 여러 해 동안 나눠 받는 수출 방식, 즉 장기 결제 방식에 의한 신용 거래를 말한다.

③ 1929년 태어나 1982년 사망했다. 해병 간부 출신으로 중령 시절 5·16 쿠데타에 해병여단 전차대대를 이끌고 가담해 공을 세웠다. 이후 국가재건최고회의 최고위원에 올랐고, 1963년 해병 준장으로 예편했다. 초대 수산청장과 수산개발공사 사장, 제2대 국세청장을 역임했다. 유신정우회(유정회) 소속으로 제9대 국회의원을 지냈고, 대한체육회 부회장으로도 활동했다.

제6장

① 1928년 2월 1일 창간된 일본공산당 중앙위원회 발간의 기관지. 1958년 미야모토 겐지宮本顯治가 서기장에 취임한 이후 발행 부수가 크게 증가했다.

② 제2조 (a) 일본국은 한국의 독립을 승인하여 제주도, 거문도 및 울릉도를 포함하는 한국에 대한 모든 권리, 권원權原 및 청구권을 포기한다.

③ flag state. 선박이 등록되어 있는 나라를 가리키는 것으로, 선박에 국적을 부여하고 그 선박을 관할하는 나라를 의미한다. 기국의 존재 의미는 국적을 부여받은 선박이 그 나라의 국기를 게양할 권리와 의무를 동시에 갖기 때문이다.

④ 조선민주주의인민공화국(북한) 국적을 말한다.

제8장

① 1950~1960년대 일본에서의 한일회담 반대운동을 말한다.

② 가리오아 자금GARIOA(Government Appropriation for Relief in Occupied Areas) Fund은 제2차 세계대전 후 미국이 점령 지역 내 사회 불안과 질병, 기아를 없애고 그 지역을 구제하기 위해 군사비 가운데서 지출한 원조 자금이고, 에로아 자금EROA Fund은 점령 지역의 경제 부흥을 위해 직접 지출되는 자금으로, 한국과 일본, 독일에 지출되었다.

③ 『조선시보朝鮮時報』는 재일본조선인총연합회(조선총련)의 기관지인 『조선신보朝鮮新報』의 일본어판으로, 1961년 1월 1일부터 발행되었다.

④ 히에이산比叡山은 교토부京都府와 시가현滋賀縣 경계에 있는 산으로, 산 속에 일본 천태종의 총본산인 고찰 엔랴쿠사延曆寺가 있고 사찰 내에 숙원宿院이 있었다. 현재 이 자리에 엔랴쿠사회관이 들어서 있다.

참고문헌

일본어 자료

1. 미공간 자료

大藏省理財局外債課,『日韓請求權問題參考資料(第2分册)』1963년 6월
外務省外交史料館所藏日本外交文書
「對日平和條約關係準備研究關係」第5卷
「小坂外務大臣米國カナダ訪問關係一件」릴번호 A'0361
「池田總理米國カナダ訪問關係一件」릴번호 A'0361
「椎名外務大臣訪米關係一件(1964년 9월~12월)」릴번호 A'0362
外務省開示日韓會談關聯外交文書
「日韓交涉報告(請求權部會第2回會議狀況)」문서번호 174
「日韓請求權問題解決に關する米國の見解」문서번호 1352

2. 공간 자료

(1) 정부

大藏省管理局在外財産調査會,『日本人の海外活動に關する歷史的調査』
海上保安廳總務部政務課 編,『海上保安廳30年史』1979년
外務省,『わが外交の近況』第4號, 1960년 6월
公安調査廳,『日韓條約反對運動の總括』1966년 7월
厚生省援護局,『引揚げと援護30年の步み』ぎょうせい, 1978년
內閣官房內閣調査室 編,『日韓條約締結をめぐる內外の動向』1966년 7월
賠償問題硏究會 編,『日本の賠償—その現狀と問題點』外交時報社, 1959년
法務省入國管理局,『出入國管理とその實態』1959년 5월

_______________,『出入國管理とその實態』1964년 7월
勞動省 編,『資料勞動運動史 昭和36年』勞務行政硏究所, 1963년 9월
________,『資料勞動運動史 昭和37年』勞務行政硏究所, 1964년 10월
________,『資料勞動運動史 昭和40年』勞務行政硏究所, 1967년 9월
國會會議錄
『第12國會參議院平和條約及び日本安全保障條約特別委員會會議錄』
『第13國會衆議院外務委員會會議錄』
『第16國會參議院水産委員會會議錄』
『第16國會衆議院外務委員會會議錄』
『第20國會衆議院內閣委員會會議錄』
『第21國會衆議院本會議會議錄』
『第22國會衆議院豫算委員會會議錄』
『第22國會參議院本會議會議錄』
『第26國會衆議院本會議會議錄』
『第28國會參議院外務委員會會議錄』
『第29國會衆議院豫算委員會會議錄』
『第29國會衆議院豫算委員會會議錄』
『第38國會衆議院外務委員會會議錄』
『第39國會衆議院本會議會議錄』
『第39國會衆議院外務委員會會議錄』
『第43國會參議院豫算委員會會議錄』
『第43國會衆議院外務委員會會議錄』
『第47國會衆議院豫算委員會會議錄』
『第48國會衆議院豫算委員會會議錄』
『第48國會參議院本會議會議錄』
『第48國會衆議院外務委員會會議錄』
『第49國會衆議院豫算委員會會議錄』
『第50國會參議院日韓條約特別委員會會議錄』
『第50國會衆議院日本國と大韓民國との間の條約及び協定等に關する特別委員會會議錄』
『第50國會衆議院本會議會議錄』

(2) 정당

月刊社會黨編集部,『日本社會黨の30年』日本社會黨中央本部機關紙局, 1976년

日本共産黨中央委員會,『日本共産黨の70年(上)』新日本出版社, 1994년

日本共産黨中央委員會出版部 編集・發行,『日韓條約と日本共産黨』1965년

日本社會黨政策審議會 編,『日本社會黨政策資料集成』日本社會黨中央本部機關紙局, 1990년 5월

日本社會黨中央本部機關紙廣報委員會 編集・發行,『資料日本社會黨50年』1995년

(3) 기타

池上努,『法的地位の200質問』京文社, 1965년

朴正功,『大村收容所』京都大學出版會, 1969년

3. 전기, 회고록, 대담록

魚住昭,『渡邊恒雄 メディアと權力』講談社, 2000년

エドウィン・O・ライシャワー・ハル・ライシャワー,『ライシャワー大使日錄』講談社學術文庫, 2003년

岸信介・矢次一夫・伊藤隆,『岸信介の回想』文藝春秋, 1981년

『記錄椎名悅三郎 下卷』椎名悅三郎追悼錄刊行會, 1982년

寺尾五郎・降旗節雄,『對談・革命運動史の深層』谷澤書房, 1991년

矢次一夫,『わが浪人外交を語る』東洋經濟新報社, 1973년

4. 자료집, 사전

神谷不二 編,『朝鮮問題戰後資料 第二卷』日本國際問題研究所, 1978년

__________,『朝鮮問題戰後資料 第三卷』日本國際問題研究所, 1980년

鹽田庄兵衛・長谷川正安・藤原彰 編,『日本戰後史資料』新日本出版社, 1995년 11월

戰後補償問題研究會 編,『戰後補償問題資料集 第八集 G・H・Q關聯文書集(朝鮮人未拂金政策等)』1993년

高柳俊男・金英達 編,『北朝鮮歸國事業關係資料集』新幹社, 1995년

朴慶植 編,『解放後の在日朝鮮人運動(III)(朝鮮問題資料叢書補卷)』アジア問題研究所, 1984년

堀幸雄 編,『右翼辭典』三嶺書房, 1991년

5. 소책자, 인쇄물

安保批判の會,『知らない間に―日韓會談のもたらすもの』1962년 10월 10일
在日本朝鮮人總連合會中央常任委員會,『'韓日會談'の本質を衝く』1965년 2월
下關水產振興協會,『十年のあゆみ』1957년
________,『20周年を迎えて』1967년
全學連(主流派),『日韓會談 日本帝國主義の新植民地主義粉砕!』1964년 3월
總評・國民文化會議,『日韓條約とベトナム戰爭』1965년 10월 10일
朝鮮大學校,『賣國的'韓日條約'は無效である(朝鮮にかんする研究資料第十三集)』1965년 12월
中川融,『日韓問題(アルプスシリーズ第三五號)』商工財務研究會, 1957년
日韓會談對策連絡會議,『日韓會談反對運動推進のために』1961년 10월(?)
日朝協會,『日朝友好運動10年のあゆみ』1960년 12월 3일
________,『最近の日朝問題』第六集, 1960년 11월 30일
________,『'日韓條約'批准は沮止できる』1965년 9월
日朝協會愛知縣連(四方博監修),『破棄せよ!'日韓條約'』1965년 9월(개정판은 동년 11월 발행)
日朝協會東京都連合會,『日韓のてびき 日韓軍事條約批准沮止のために』1965년 10월
日朝協會福岡縣連合會,『現代の怪談 日韓會談のはなし』1963년 1월 25일
日朝協會東京都連合會,『その道をくり返すな 韓日會談は侵略と戰爭への道』1962년 11월(?)
日本アジア・アフリカ連帶委員會,『朝鮮問題とアジアの平和='日韓會談'の背景=(AA資料一二號)』1961년 2월 10일
日本朝鮮研究所,『私たちの生活と日韓會談』1962년 12월 15일
________,『日本の將來と日韓會談―ポラリス段階での日韓會談の諸問題』1963년 8월 1일
________,『日・朝・中三國人民連帶の歷史と理論』1964년 6월(?)
『日本朝鮮研究所創設二周年第三回總會報告書』

6. 정기간행물, 잡지 기사

岩垂壽喜男,「日韓條約の批准沮止をはじめとする諸闘爭の中間的總括」(『月刊社會黨』1966년 2월호)
新延明,「條約締結に至る過程」(『月刊青丘』제16호, 1993년)
「特集 日韓假調印をめぐって」(『國際問題』제62호, 1965년 5월)

「日韓條約に反對する歷史家の集い」(『歷史學硏究』 제305호, 1965년 10월)
「特集·大村收容所の20年」(『朝日ジャーナル』 제14권 제11호, 1972년 3월)
「日韓交涉秘密文書」(『This is 讀賣』 1999년 1월)
「資料 韓國第一次經濟開發五カ年計劃概要」(『外務省調査月報』 1962년 4월)
日本朝鮮研究所, 『朝鮮研究月報』 제1호, 1962년 1월
__________, 『朝鮮研究月報』 제13호, 1963년 1월

7. 신문

『アカハタ』, 『朝日新聞』, 『韓國新聞』, 『朝鮮時報』(『朝鮮總連』), 『新潟日報』, 『日本經濟新聞』, 『每日新聞』, 『讀賣新聞』

한국어 자료

1. 미공간 자료

大韓民國外務部, 『第1·2·3次 韓日會談 在日韓人 法的地位問題委員會 會議錄』 (작성 연도 불명)
大韓民國外務部 政務局, 『對日賠償要求調書』 1954년
__________, 『韓日會談略記』 1955년
__________, 『제5차 韓日會談 豫備會談 會議錄』 (작성 연도 불명)
大韓民國外務部 政務局 亞洲課, 『韓日會談의 概要 및 諸問題』 1961년(필자 추정)
__________, 『第6次 韓日會談(平和線·一般請求權·船舶)委員會 會議錄(12월 22일 현재)』 (작성 연도 불명)
大韓民國外務部 政務局, 『第6次 韓日會談 會議錄(II)』 (작성 연도 불명)
__________, 『第6次 韓日會談 會議錄(III) 第2次 政治會談 豫備折衝(1962년 8월 22일~1962년 12월 25일)』 (작성 연도 불명)
한국 외교사료관 소장 한국정부 외교문서
「第6次 韓日會談: 第1次 政治會談 以後의 交涉, 1962. 3~7」 734/Re-0006/4
「朴正熙 國家再建最高會議議長 美國訪問」 787/C-0006/5
「金鍾泌特使 日本訪問, 1962. 10~11」 796/Re-0013/7
「日本 衆議院議員團 訪韓」 858/C-0009/33
「마에다前田 日本外務省 東北亞課長 訪韓」 864/C-0009/39
「美國 國務省 東部아시아 및 太平洋擔當 次官補 訪韓, 1962~64」 867/C-0009/42
「國交正常化 以前의 韓·日 經濟協力 政策」 1270/M-0002/02

「對美 經濟關係 交涉案 內容 各項에 대한 研究報告書」 1271/M-0002/03

「對日本 肥料工場建設 借款導入」 129/M-0002/23

「原資材 導入을 위한 對日本 緊急借款 導入交涉」 1292/M-0002/24

「長期決濟方式에 의한 對日資本財 導入」 1293/M-0003/07

「第7次 韓日會談: 基本關係委員會 會議錄 및 訓令, 1964. 12~65. 2」 1455/Re-0010/3

「第7次 韓日會談: 本會議 및 首席代表 會談, 1945~65」 1459/Re-0010/8

「第7次 韓日會談: 漁業關係會議 및 訓令, 1964. 12~65. 6(제1권 漁業 및 平和線委員會, 1964. 12~65. 2)」 1460/Re-0010/9

「第7次 韓日會談: 漁業關係會議 및 訓令, 1964. 12~65. 6(제2권 農相會談: 漁業關係, 1965. 3. 3~4. 2)」 1461/Re-0011/1

「第7次 會談: 請求權關係會議 報告 및 訓令, 1965(제1권 1965. 3. 18~4. 4까지의 交涉)」 1467/C1, 5-1/2~2/2(fishe)

「第7次 會談: 請求權關係會議 報告 및 訓令, 1965〔제2권 1965. 4. 3. 假署名 以後의 請求權 및 經濟協力委員會(1965. 4~6)〕」 1468/C1, 6-1~7/7(fishe)

「椎名悅三郎 日本外相 訪韓, 1965. 2. 17~20」 1500/Re-0013/5

「韓日間의 基本關係에 관한 條約(等) 1964~65(제1권 交涉 및 署名)」 1565/Re-0013/9

「對日本 2,000만불 연지불 導入에 관한 韓·日本間의 覺書交換(제1권 1964. 6~9)」 1663/Re-0016/1

「第7次 會談: 請求權關係會議 報告 및 訓令, 1965(제3권 未解決問題 討議 및 條文化作業)」 6887/Re-0012/1

이원덕 교수 제공 한국정부 외교문서

2. 공간 자료

(1) 정부

經濟開發計劃評價敎授團, 『第1次 經濟開發5個年計劃 評價報告書』 기획조정실, 1967년

大韓民國經濟企劃院, 『1962年 經濟白書』

大韓民國國會事務處, 『大韓民國國會 第1回 速記錄』 1948년

__________, 『國會史 第4次國會 第5次國會 第6次國會』 1971년

大韓民國公報部, 『朴正熙大統領訪美錄』 1965년

__________, 『韓日會談의 어제와 오늘』 1965년

__________, 『韓日協定 問題點 解說』 1965년

大韓民國政府, 『韓日會談白書』 1965년 3월

__________, 『韓日會談 合意事項(假調印 內容과 解說)』 1965년

__________, 『大韓民國과 日本國 間의 條約 및 解說』 1965년
大韓民國外務部, 『外務行政의 十年』 1959년

(2) 기타

金三淵, 『韓日屈辱會談內幕(6·3民族學生運動史)』 도서출판佑三, 1996년
大韓電氣協會, 『電氣年鑑(1971년판)』 1971년
__________, 『電氣年鑑(1974년판)』 1974년
『三星五十年史』 삼성비서실, 1988년
6·3同志會 編, 『6·3學生運動史』 6·3학생운동사 편찬위원회, 1994년

3. 자료집

고려대학교 아세아문제연구소 일본연구실 편, 『韓日關係資料集 제1집』 1976년
李度晟, 『朴正熙와 韓日會談—5·16에서 調印까지』 寒松圖書出版, 1995년

4. 회고록

김동조, 『회상 30년 한일회담』 중앙일보사, 1986년[일본어판은 金東祚(林建彦 譯), 『韓日の和解 日韓交渉14年の記録』 サイマル出版會, 1993년]
裵義煥, 『보릿고개는 넘었지만(裵義煥 回顧錄)』 코리아헤럴드·내외경제신문, 1991년
李東元, 『大統領을 그리며』 高麗苑, 1992[일본어판은 李東元(崔雲祥 監譯), 『韓日條約締結秘話—ある二人の外交官の運命的出會い』 PHP연구소, 1997년]

5. 잡지 기사

「對日通貨補償要求의 貫徹」(『朝鮮銀行調査月報』 제6호, 1947년 10월)

6. 신문

『東亞日報』, 『朝鮮日報』

영어 자료

1. 공간 자료

United States, State Department, "FOREIGN RELATIONS OF THE UNITED STATES 1961-1963, Volume XXII, China, Korea, Japan"
______________________, "FOREIGN RELATIONS OF THE UNITED

STATES 1964-1968, Volume ⅩⅩⅠⅩ, Korea"

일본어 연구서, 논문

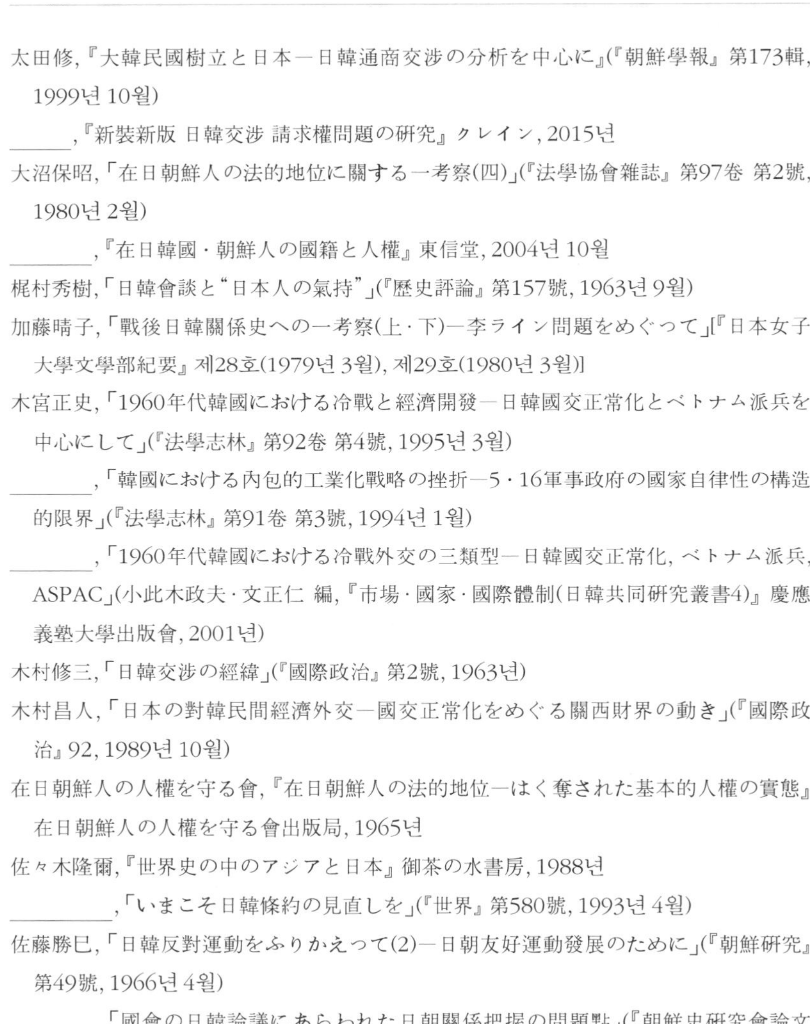

太田修,『大韓民國樹立と日本—日韓通商交渉の分析を中心に』(『朝鮮學報』第173輯, 1999년 10월)

______,『新裝新版 日韓交渉 請求權問題の硏究』クレイン, 2015년

大沼保昭,「在日朝鮮人の法的地位に關する一考察(四)」(『法學協會雜誌』第97卷 第2號, 1980년 2월)

______,『在日韓國・朝鮮人の國籍と人權』東信堂, 2004년 10월

梶村秀樹,「日韓會談と"日本人の氣持"」(『歷史評論』第157號, 1963년 9월)

加藤晴子,「戰後日韓關係史への一考察(上・下)—李ライン問題をめぐって」[『日本女子大學文學部紀要』제28호(1979년 3월), 제29호(1980년 3월)]

木宮正史,「1960年代韓國における冷戰と經濟開發—日韓國交正常化とベトナム派兵を中心にして」(『法學志林』第92卷 第4號, 1995년 3월)

______,「韓國における內包的工業化戰略の挫折—5・16軍事政府の國家自律性の構造的限界」(『法學志林』第91卷 第3號, 1994년 1월)

______,「1960年代韓國における冷戰外交の三類型—日韓國交正常化, ベトナム派兵, ASPAC」(小此木政夫・文正仁 編,『市場・國家・國際體制(日韓共同硏究叢書4)』慶應義塾大學出版會, 2001년)

木村修三,「日韓交渉の經緯」(『國際政治』第2號, 1963년)

木村昌人,「日本の對韓民間經濟外交—國交正常化をめぐる關西財界の動き」(『國際政治』92, 1989년 10월)

在日朝鮮人の人權を守る會,『在日朝鮮人の法的地位—はく奪された基本的人權の實態』在日朝鮮人の人權を守る會出版局, 1965년

佐々木隆爾,『世界史の中のアジアと日本』御茶の水書房, 1988년

______,「いまこそ日韓條約の見直しを」(『世界』第580號, 1993년 4월)

佐藤勝巳,「日韓反對運動をふりかえって(2)—日朝友好運動發展のために」(『朝鮮硏究』第49號, 1966년 4월)

______,「國會の日韓論議にあらわれた日朝關係把握の問題點」(『朝鮮史硏究會論文集』6, 1969년 6월)

淸水愼三,『戰後革新勢力—史的過程の分析』青木書店, 1966년

杉山茂雄,「財産・請求權問題處理および經濟協力協定の諸問題」(『法律時報』제37권 제

9호, 1965년 9월)

高崎宗司,「日韓會談と植民地化責任―1945年 8月～1952年 4月」(『歷史學硏究』 제545호, 1985년 9월)

_______,「日韓條約で補償は解決したか」(『世界』 제572호, 1992년 9월)

_______,「私たちは, どのように戰後を越えてきたか 日本人の'第二の罪'を檢證する」(『世界』 제567호, 1992년 4월)

_______,「日韓會談で補償は解決したか」(『世界』 제572호, 1992년 9월)

_______,『'妄言'の原形―日本人の朝鮮觀 增補版』木犀社, 1996년

_______,『檢證 日韓會談』岩波書店(新書), 1996년

田中宏,『在日朝鮮人 新版』岩波新書, 1995년

テッサ・モーリス＝スズキ,「特別室の中の沈黙 新發掘資料が語る北朝鮮歸還事業の眞相」(『論座』 2004년 11월)

遠山茂樹,「朝鮮にたいする民族的偏見について」(『歷史評論』 제152호, 1963년 4월)

西原正,「日本外交と非正式接觸者」(『國際政治』 제75호, 1983년 10월)

畑田重夫,「日韓會談反對鬪爭の展開とその歷史的役割」(『アジア・アフリカ講座III 日本と朝鮮』 勁草書房, 1965년)

旗田巍,『日本人の朝鮮觀』勁草書房, 1969년

羽仁五郎,「關東大震災朝鮮人虐殺40周年を迎えるにあたって」(『歷史評論』 제157호, 1963년 9월)

原朗,「戰爭賠償問題とアジア」(『アジアの冷戰と脫植民地化(近代日本と植民地 8)』岩波書店, 1993년)

森田芳夫,「日韓關係」(吉澤淸次郎 編,『日本外交史[제28권 講和後の外交 I 對列國關係(上)』鹿島研究所出版會, 1973년)

藤井賢二,「李承晩ライン宣布への過程に關する硏究」(『朝鮮學報』 제185집, 2002년 10월)

_______,「李ラインと日韓會談―第1次～第3次會談における日韓の對立を中心に」(『朝鮮學報』 제193집, 2004년 10월)

松本邦彥,「在日朝鮮人の日本國籍剝奪―日本政府による平和條約對策硏究の檢討」[『法學』(東北大學法學會) 제52권 제4호, 1988년 10월]

森田芳夫,『朝鮮終戰の記錄―米ソ兩軍の進駐と日本人の引揚げ』巖南堂書店, 1964년

山田昭次,「日韓條約の今日の問題點」(『世界』 제567호, 1992년)

山本剛士,「日韓國交正常化」(『前後日本外交史II 動き出した日本外交』三省堂, 1983년)

_______,「日韓關係と矢次一夫」(『國際政治』 제75호, 1983년 10월)

吉岡吉典,「'日韓條約'をめぐる日本の思想」(『朝鮮史研究會論文集』2, 1961년 11월)

_______(吉澤文壽 解說),『日韓基本條約が置き去りにしたもの―植民地責任と眞の友好』大月書店, 2014년

吉川洋子,『日比賠償外交交涉の硏究』勁草書房, 1991년

吉澤文壽,「日韓會談における對日請求權の具體的討議の分析―第5次會談及び第6次會談を中心として」(『一橋論叢』제120권 제2호, 1998년 8월)

_______,「日韓會談における對日請求權交涉の政治的妥結―1962年3月から12月までを中心として」(『朝鮮史研究會論文集』제36집, 1998년 10월)

_______,「日韓國交正常化以前の借款交涉―1963~64年における日米韓の外交活動を中心に」(『朝鮮史研究會論文集』제41집, 2003년 10월)

若槻泰雄,『新版 戰後引揚げの記錄』時事通信社, 1995년

姜德相,『つくりだされた流言 關東大震災における朝鮮人虐殺について』(『歷史評論』제157호, 1963년 9월)

高峻石,『南朝鮮學生鬪爭史』社會評論社, 1976년

權寧俊,「抗日戰爭期における韓國臨時政府と中國國民政府との外交交涉―韓國臨時政府の承認・獨立問題をめぐって」(『朝鮮史研究會論文集』제40집, 2002년 10월)

金民樹,「對日講和條約と韓國參加問題」(『國際政治』제131호, 2002년 10월)

金斗昇,「池田政權の安全保障政策と日韓交涉―'經濟安保路線'を中心に」(『國際政治』제128호, 2001년 10월)

金太基,「在日朝鮮人三世の法的地位と'1965年韓日協定'(1)」(『一橋論叢』제105권 제1호, 1991년 1월)

_______,「在日朝鮮人三世の法的地位と'1965年韓日協定'(2)」(『一橋論叢』제106권 제1호, 1991년 7월)

金鉉洙,「日韓條約の締結と在日韓國人の對應―第6・7次會談期を中心に」(『在日朝鮮人史研究』제34호, 2004년 10월)

朴慶植,『解放後在日朝鮮人史研究』三一書房, 1989년

朴宗根,「'韓日會談'と日本の反動思想―平林たい子女史の發言と關聯して」(『歷史評論』제149호, 1963년 1월)

尹景徹,『分斷後の韓國政治』木鐸社, 1986년

李元德,「日本の戰後處理外交の一研究―日韓國交正常化交涉(1951~65)を中心に」(東京大學大學院總合文化研究科 國際關係論 專攻 博士學位 請求 論文, 1994년 8월. 한국어판은 이원덕,『한일 과거사 처리의 원점―일본의 전후처리 외교와 한일회담』서울대학교 출판부, 1996년)

李鍾元, 「戰後米國の極東政策と韓國の脫植民地化」(『アジアの冷戰と脫植民地化(近代日本と植民地 8)』 岩波書店, 1993년)

＿＿＿, 「韓日會談とアメリカ―‘不介入政策’の成立を中心に」(『國際政治』 제105호, 1994년 1월)

＿＿＿, 「韓日國交正常化の成立とアメリカ―1960~65年」(近代日本研究會 編, 『戰後外交の形成(年報 · 近代日本研究 16)』 山川出版社, 1994년)

＿＿＿, 『東アジア冷戰と韓米日關係』 東京大學出版會, 1996년

陳光輝, 「‘國籍差別’と元臺灣籍日本軍人及び軍屬の補償問題」(『問題と研究』 제28권 제11호, 1999년 8월)

한국어 연구서, 논문

권진희, 「한 · 일 국교정상화 반대운동과 박정희 정부의 대응양식에 관한 분석」(이화여자대학교 대학원 석사학위 청구 논문, 1996)

노기영, 「이승만정권의 태평양동맹 추진과 지역안보구상」(『지역과 역사』 제11호, 부산경남역사연구소, 2002년 12월)

빅터 D. 차, 「1965년 한일수교협정 체결에 대한 현실주의적 고찰」(원문은 Cha, Victor D. “Bridging the Gap: The Strategic Context of the 1965 Korea-Japan Normalization Treaty”, 『한국과 국제정치』 제25권 제1호, 1997년 7월)

성황용, 『日本의 對韓政策(1800~1965)』 明知社, 1981년

申東浩, 『人物로 보는 오늘의 韓國政治와 6 · 3世代』 도서출판 예문, 1996년

申承峻, 「이승만과 1950년대 후반기의 한일회담」(서울대학교 대학원 석사학위 청구 논문, 1999년 8월)

李在五, 『韓 · 日 關係史의 認識 I ―韓日會談과 그 反對運動』 學民社, 1985년

이종오, 「반제 반일 민족주의와 6 · 3운동」(『역사비평』 제1호, 1988년 6월)

유영렬, 「6 · 3학생운동의 전개와 역사적 의의」(『한국사연구』 제88호, 1995년 3월)

영어 연구서, 논문

Cheong Sun-Hwa, Ph.D “Japanese-South Korean relations under American occupation, 1945-1952: The politics of anti-Japanese sentiment in Korea and the failure of diplomacy”, The University of Iowa, 1988.

더 읽을 만한 문헌

1. 한일회담 전반

李鍾元・淺野豊美・木宮正史編 著,『歷史としての日韓國交正常化(Ⅰ 東アジア冷戰 編, Ⅱ 脫植民地 編)』法政大學出版局, 2011년

※ 한국어판은 국민대학교 일본학연구소 편,『외교문서 공개와 한일회담의 재조명(1 한일회담과 국제사회, 2 의제로 본 한일회담)』도서출판 선인, 2010, 서울. 본서에서는 일본어판 수록 논문을 소개한다. 이하 본서 수록 논문에는『歷史1』또는『歷史2』로 부기한다. 또 자료집으로는 淺野豊美・吉澤文壽・長澤裕子・金鉉洙 編,『日韓國交正常化問題資料』(現代史料出版)이 2010년부터 간행되고 있다.

Alexis Dudden "Troubled apologies among Japan, Korea, and United States" Columbia University Press, 2008년

金昌祿,「韓國における韓日過去淸算訴訟」(『立命館國際地域硏究』제26호, 2008년 2월)

金斗昇,『池田勇人政權の對外政策と日韓交涉 內政外交における'政治經濟一體路線'』明石書店, 2008년

小竹弘子,『隱される日韓會談の記錄―情報公開の現狀と問われる日本の民主主義』創史社, 2011년

장박진,『식민지관계 청산은 왜 이루어질 수 없었는가―한일회담이라는 역설』논형, 2009년

박진희,『한일회담―제1공화국의 대일정책과 한일회담 전개과정』선인, 2008년

李洋秀,「韓國側文書に見る日韓國交正常化交涉 1～4」(『戰爭責任硏究』제53～55, 57호, 2006년 9월, 12월, 2007년 3월, 9월)

2. 기본관계 문제

吉澤文壽,「日韓國交正常化交涉における基本關係交涉」(『歷史2』)

李元德,「日韓基本條約と北朝鮮問題 唯一合法性條項とその現在的含意」(『歷史1』)

3. 청구권 문제

淺野豊美,「サンフランシスコ講和條約と帝國淸算過程としての日韓交涉」(『歷史2』)

太田修,「日韓財産請求權問題の再考 脫植民地主義の視角から」[『文學部論集』(佛敎大學) 제90호, 2006년 3월]

______,「二つの講和條約と初期日韓交涉における植民地主義」(『歷史2』)

______,「もはや'日韓請求權協定で解決濟み'ではすまされない―朝鮮人强制動員被害

者への戰後補償をめぐって」(『世界』 제848호, 2013년 10월)
木宮正史,「韓國の對日導入資金の最大化と最適化」(『歷史1』)
金恩貞,「日韓國交正常化交涉における日本政府の政策論理の原點—'對韓請求權論理'の形成を中心に」(『國際政治』 제172호, 2013년 2월)
張博珍,「日韓會談における被害補償交涉の經過分析—'賠償'·'請求權'·'經濟協力'方式の連續性」(『歷史1』)
吉澤文壽,「日韓請求權協定と戰後補償問題の現在—第2條條文化過程の檢證を通して」[『體制移行期の人權回復と正義』(平和硏究 제38호), 早稻田大學出版部, 2012년 4월]
＿＿＿＿,「日韓會談における請求權交涉の再檢討—日本政府における議論を中心として」(『歷史學硏究』 제920호, 2014년 7월)
李鍾元,「日韓の新公開外交文書にみる日韓會談とアメリカ1～3—朴正熙軍事政權の成立から'大平·金メモ'まで」(『立敎法學』 제76～78호, 2009년 3월, 11월, 2010년 3월)
＿＿＿,「日韓會談の政治決着と米國—'大平·金メモ'への道のり」(『歷史1』)

4. 문화재 문제

クリスティン·キム,「古美術品をめぐる國際政治—冷戰政治と朝鮮半島の文化財 1945～1960年」(『歷史2』)
長澤裕子,「日韓會談と韓國文化財の返還問題再考—請求權問題からの分離と'文化財協定'」(『歷史2』)
朴薰,「日韓會談における文化財'返還'交涉の展開過程と爭點」(『歷史2』)
李洋秀,「日韓會談と文化財返還問題」(『戰爭責任硏究』 제72호, 2011년 6월)

5. '재일한국인' 법적 지위 문제

太田修,「第1次日韓國交正常化交涉における在日朝鮮人の法的地位と處遇—植民地主義, 分斷, 冷戰の交錯」[『社會科學』(同志社大學) 제44권 제2호, 2014년 8월]
小林玲子,「日韓會談と'在日'の法的地位問題—退去强制を中心に」(『歷史2』)
崔永鎬,「終戰直後の在日朝鮮人·韓國人社會における'本國'指向性と第1次日韓會談」(『歷史2』)
鄭榮桓,『朝鮮獨立への隘路—在日朝鮮人の解放5年史』 法政大學出版局, 2012년
盧琦霙,「在日民團の本國指向路線と日韓交涉」(『歷史2』)
吉澤文壽,「日韓會談における'在日韓國人'法的地位協定—國籍·永住許可·退去强制問題を中心に」(『朝鮮史硏究會論文集』 제49집, 2011년 10월)
玄武岩,「日韓關係の形成期における釜山收容所/大村收容所の'境界の政治'」(『同時代史

研究』 제7호, 2014년 12월)

6. 재일조선인 귀국운동

菊池嘉晃,『北朝鮮歸國事業―‘壯大な拉致’か‘追放’か』 中央公論社, 2009년
テッサ・モーリスースズキ(田代泰子 譯),『北朝鮮へのエクソダス―‘歸國事業’の影をたどる』 朝日新聞社, 2007

7. 어업, 독도 영유권 문제

崔喜植,「韓日會談における獨島領有權問題―韓國と日本外交文書に對する實證的分析」(『歷史2』)
趙胤修,「韓日會談獨島―韓國, 日本, 美國의 對應을 中心으로」(『領土海洋硏究』 제4호, 2012년)
山內康英・藤井賢二,「日韓漁業問題―多相的な解釋の枠組み」(『歷史2』)
ロー・ダニエル,『竹島密約』 草思社, 2008년

8. 반대운동

板垣竜太,「日韓會談反對運動と植民地責任論―日本朝鮮硏究所の植民地主義論を中心に」(『思想』 제1029호, 2010년 1월)
內海愛子,「日韓條約と請求權―‘朝鮮硏究’などの同時代史的檢證」(『歷史學硏究』 제921호, 2014년 8월)
金鉉洙,『日本における日韓會談反對運動―在日朝鮮人運動を中心に』 2011年度 明治大學大學院 博士學位 請求 論文
朴正鎭,「日韓會談反對運動」(『歷史1』)
______,『日朝冷戰構造の誕生: 1945～1965 封印された外交史』 平凡社, 2012년
吉岡吉典(吉澤文壽 解說),『日韓基本條約が置き去りにしたもの―植民地責任と眞の友好』 大月書店, 2014년
吉澤文壽,「日本の戰爭責任論における植民地責任―朝鮮を事例として」(永原陽子 編著,『‘植民地責任’論―脫植民地化の比較史』 青木書店, 2009년)

9. 기타

安昭榮,「韓日會談をめぐる日本の政策決定過程―1960年の局面轉換期を中心に」(『歷史1』)
池田愼太郎,「自民黨の‘親韓派’と‘親台派’―岸信介・石井光次郎・船田中を中心に」

(『歷史1』)

金敬黙,「日本のなかの'在日'と社會運動—市民運動と國際連帶による再検討」(『歷史1』)

長澤裕子,「戰後日本のポツダム宣言解釋と朝鮮の主權」(『歷史2』)

ペテル・デュラナ,「日本社會黨の對朝鮮半島政策の源流と展開—1950年代野黨外交における未發の可能性」(『歷史1』)

南基正,「韓日船舶返還交涉の政治過程—第1次會談船舶分科委員會における交涉を中心に」(『歷史2』)

朴正鎭,「日韓會談と日朝關係—1950~1959年」(『歷史1』)

樋口敏広,「水產資源秩序再編におけるGHQ天然資源局と日韓關係」(『歷史2』)

참고자료: 한일회담 경위 일람표

<table>
<tr><th>회담명(기간)</th><th colspan="2">대표, 의제, 회담 내용</th><th>관련 사항</th></tr>
<tr><td rowspan="2">〈제1차 회담〉

예비회담
(1951年 10月 20日
~11月 28日)</td><td>[日本 側 代表]
首席代表: 井口貞夫(外務事務次官)
代表: 千葉皓(外務事務官)
田中三男(入國管理廳實施部長)
平賀健太(法務省民事局主管)
後宮虎郎(外務省管理局総務課長)
佐藤日史(外務省條約局法規課長)</td><td>[韓國 側 代表]
首席代表: 梁裕燦(駐美大使)
交替首席代表: 申性模(駐日代表)
代表: 葛弘基(駐日代表部參事官)
兪鎭午(高麗大學校総長)
林松本(殖産銀行總裁)
洪璡基(法務部法務局長)</td><td rowspan="3">[1945年]
8月 15日
■ 일본 패전, 조선 해방
[1948年]
8月 15日
■ 대한민국정부 수립
9月 9日
■ 조선민주주의인민공화국정부 수립
[1950年]
6月 25日
■ 한국전쟁 발발
[1951年]
9月 8日
■ 대일강화조약·미일안전보장조약 조인
[1952年]
1月 18日
■ 한국정부, 해양주권선언 발표(이승만라인 설정)
4月 28日
■ 대일강화조약·미일안전보장조약 발효</td></tr>
<tr><td colspan="2">[議題]
在日韓國人國籍處遇問題·船舶問題
[會談 內容]
일본 측이 준비 부족을 이유로, 어업 문제의 토의에 응하지 않음.
본회담에서 의제로 채택.</td></tr>
<tr><td>본회담
(1952年 2月 15日
~4月 24日)</td><td>[日本 側 代表]
首席代表: 松本俊一(外務省顧問)
代表: 村上朝一(法務省民事局長)
井口貞夫(外務省事務次官)
西村熊雄(外務省條約局長)
倭島英二(外務省아시아局長)
大野勝巳(外務省參事官)
舟山正吉(大藏省事務次官)
鹽見友之助(農林省水産廳長官)
牛島辰彌(運輸省事務次官)</td><td>[韓國 側 代表]
首席代表: 梁裕燦(駐美大使)
交替首席代表: 金溶植(駐日公使)
代表: 任哲鎬(外交委員會委員·辯護士)
兪鎭午(高麗大學校総長)
林松本(殖産銀行總裁)
洪璡基(法務部法務局長)</td></tr>
</table>

<table>
<tr><td></td><td colspan="2">[議題]
在日韓國人法的地位問題·船舶問題·基本關係問題·請求權問題·漁業問題
[會談 內容]
일본 측이 재조일본인 재산에 대한 청구권을 주장하여 회담 결렬.
다른 현안도 진전 없음.</td><td></td></tr>
<tr><td rowspan="2">〈제2차 회담〉
(1953年 4月 15日
~7月 23日)</td><td>[日本 側 代表]
首席代表: 久保田貫一郎(外務省參與)
代表: 鈴木政勝(外務省務參事官)
鶴岡千仞(法務省入國管理局次長)
石田正(大藏省理財局長)
岡井正男(水産廳次長)
國安誠一(運輸省海運調整部長)
※ 일본 측은 '한일회담 재개를 위한 예비교섭'으로 임했기 때문에 '수석대표', '대표' 등의 직함은 없었음.</td><td>[韓國 側 代表]
首席代表: 金溶植(駐日公使)
代表: 柳泰夏(駐日代表部參事官)
崔圭夏(駐日総領事)
林松本(外交委員會委員·殖産銀行総裁)
張基榮(同·韓國銀行副総裁)
張暻根(同·國會議員)
洪璡基(法務部法務局長)
池鐵根(商工部水産局長)</td><td rowspan="2">[1953年]
7月 27日
■ 한국전쟁 휴전협정 조인</td></tr>
<tr><td colspan="2">[議題]
在日韓國人法的地位問題·船舶問題·基本關係問題·請求權問題·漁業問題
[會談 內容]
법적 지위 문제로 국적 확인 문제에 약간의 토의와 진전이 있었음.
어업 문제로는 주로 어업자원론이 토의됨.
한국전쟁 휴전이 성립하고, 제네바회의의 개최가 결정되었기 때문에, 일본 측이 휴회를 제의함.</td></tr>
<tr><td>〈제3차 회담〉
(1953年 10月 6日
~10月 21日)</td><td>[日本 側 代表]
首席代表: 久保田貫一郎(外務省參與)
代表: 鈴木政勝(外務省參事官)
鶴岡千仞(法務省入國管理局次長)
下田武三(外務省條約局長)
清井正(農林省水産廳長官)</td><td>[韓國 側 代表]
首席代表: 金溶植(駐日公使)
代表: 柳泰夏(駐日代表部參事官)
崔圭夏(駐日総領事)
張暻根(外交委員會委員·國會議員)
洪璡基(法務部法務局長)
李相德(韓國銀行外國部長)</td><td></td></tr>
</table>

	[議題] 在日韓國人法的地位問題·基本關係問題·請求權問題·漁業問題·船舶問題 [會談 內容] 이승만라인의 합법성을 둘러싸고 논쟁. 일본 측은 최후까지 재조일본인 재산에 대한 청구권을 주장. 久保田 발언에 의해 회담 결렬.		
〈제4차 회담〉 전반 (1959年 4月 15日 ~8月 11日)	[日本 側 代表] 首席代表: 澤田廉三(前外務省顧問·國連大使) 代表: 井上孝治郎(特命全權大使) 平賀健太(法務省民事局心得) 伊關佑二郎(外務省移住局長) 正示啓次郎(大藏省理財局長) 大隈涉(外務審議官) 板垣修(外務省아시아局長) 高野藤吉(外務參事官) 西村健次郎(農林省水産廳次長) 栗澤一男(運輸省海運局長)	[韓國 側 代表] 首席代表: 林炳稷(國連大使) 代表: 金裕澤(駐日大使) 柳泰夏(駐日公使) 李澔(前法務部長官) 崔圭夏(駐日代表部參事官) 張暻根(國會議員)	[1957年] 12月 31日 ■ 한일회담 재개를 위한 한일공동선언 조인 [1958年] 9月 8日 ■ 김일성 수상, 재일조선인의 귀국을 환영한다고 발언
후반 (1959年 8月 12日 ~1960年 4月 19日)	[日本 側 代表] 首席代表: 澤田廉三(前國連大使) 代表: 伊關佑二郎(外務省아시아局長) 平賀健太(法務省民事局長) 高瀨侍郎(法務省入國管理局長) 大隈涉(外務審議官) 三宅喜一郎(外務審議官) 西原直廉(大藏省理財局長) 高橋泰彦(農林省水産廳次長) 朝田靜夫(運輸省海運局長)	[韓國 側 代表] 首席代表: 許政(前國務総理署理) 次席代表: 柳泰夏(駐日大使) 代表: 兪鎭午(高麗大學校総長) 張暻根(國會議員) 李澔(前法務部長官) 李載沆(駐日代表部參事官) 陳弼植(同) 李相德(韓國銀行業務部長) 兪昌順(韓國銀行外國部長) 黃壽永(文教部囑託) 池鐵根(商工部水産局長)	[1959年] 2月 13日 ■ 일본정부, 귀국사업 문제로 각의 요해 8月 13日 ■ 재일조선인귀환협정 조인 12月 14日 ■ 귀국선 제1편, 니가타항을 출항 [1960年] 4月 19日 ■ 한국에서 학생·시민에 의한 반정부 시위로 경관 발포, 183명 사망 4月 26日

<table>
<tr><td></td><td colspan="2">[議題]
在日韓國人法的地位問題·基本關係問題·請求權問題·漁業問題·文化財問題·船舶問題
[會談 內容]
1957년 12월 한일공동 코뮤니케에 의해 일본 측은 재조일본인 청구권을 철회, 久保田 발언을 취소. 또 문화재 일부가 반환되고, 한일 '억류자'의 상호 석방이 결정. 재일조선인귀국사업을 잠정 중단, 4·19혁명으로 완전 중단.</td><td></td></tr>
<tr><td rowspan="2">〈제5차 회담〉
(1960年 10月 25日
~1961年 5月 15日)</td><td>[日本 側 代表]
首席代表: 澤田廉三(前國連大使)
代表: 平賀健太(法務省民事局長)
高瀨侍郎(法務省入國管理局長)
伊關佑二郎(外務省아시아局長)
中川融(外務省條約局長)
宇山厚(外務參事官)
卜部敏男(同)
西原直廉(大藏省理財局長)
高橋泰彦(農林省水産廳次長)
朝田靜夫(運輸省海運局長)</td><td>[韓國 側 代表]
首席代表: 兪鎭午(高麗大學校総長)
次席代表: 嚴堯燮(駐日代表部公使)
代表: 劉彰順(韓國銀行副総裁)
金潤根(辯護士)
李天祥(辯護士)
尹錫憲(外務部政務局長)
陳弼植(外務部通商局長)
文哲淳(駐日代表部參事官)
李相德(韓國銀行國庫部長)
池鐵根(前海務廳水産局長)</td><td rowspan="2">[1960年]
6月 23日
■ 신미일안전보장조약 발표, 岸信介 수상 인퇴 표명
9月 6日
■ 한일외상회담
(鄭一永·小坂善太郎)
[1961年]
5月 16日
■ 한국 군사 쿠데타 발생</td></tr>
<tr><td colspan="2">[議題]
在日韓國人法的地位問題·請求權問題·漁業問題·船舶問題·文化財問題
[會談 內容]
한국 측이 제시한 「한일 간 재산 및 청구권 협정 요강」(이른바 「대일청구 8항목」)에 따라 항목별로 토의. 어업 문제로는 어업자원론이 토의. 1961년의 한국 군사 쿠데타에 의해 중단.</td></tr>
</table>

<table>
<tr>
<td rowspan="2">〈제6차 회담〉
(1961年 10月 20日
~1964年 4月 3日)</td>
<td>[日本 側 代表]
首席代表: 杉道助(日本貿易振興會理事長)
代表: 平賀健太(法務省民事局長)
高瀨侍郎(法務省入國管理局長)
伊關佑二郎(外務省아시아局長)
後宮虎郎(同, 伊關의 後任)
中川融(外務省條約局長)
宇山厚(外務參事官)
卜部敏男(同)
宮川新一郎(大藏省理財局長)
村田豊三(農林省水產廳次長)
辻章男(運輸省海運局長)</td>
<td>[韓國 側 代表]
首席代表: 裵義煥(전韓國銀行総裁)
次席代表: 李東煥(駐日公使)
顧問: 李漢基(國家再建最高會議議長顧問)
代表: 金載元(國立博物館長)
李弘稙(文敎部文化財保存委員會委員·高麗大敎授)
黃壽永(同·東國大敎授)
池鐵根(大韓水產中央會顧問)
高範俊(韓國銀行副総裁)
李相德(韓國銀行參事)
洪升憙(產業銀行理事)
金潤根(辯護士)
李天祥(同)
鄭泰燮(同)
鄭一永(外務部長官諮問委員)
全祥振(外務部政務局長)
李圭星(外務部通商局長)
崔英澤(駐日代表部參事官)
文哲淳(同)
朴東燮(財務部理財局長)
金命年(農林部水產局長)
尹基善(交通部海運局長)
文仁龜(서울地方檢察廳部長檢事)</td>
<td rowspan="2">[1961年]
11月 12日
■ 한일수뇌회담
(朴正熙·池田勇人)
[1962年]
3月 12~17日
■ 한일외상회담
(崔德新·小坂善太郎)
10月 20日, 11月 12日
■ 金鍾泌·大平正芳 회담
[1963年]
7月 26日, 30日
■ 한일외상회담
(金溶植·大平正芳)
[1964年]
3月 10日, 11日
■ 한일농상회담
(元容奭·赤城宗德)
6月 3日
■ 한국에서 계엄령 발령</td>
</tr>
<tr>
<td colspan="2">[議題]
在日韓國人法的地位問題·請求權問題·漁業問題·船舶問題·文化財問題·基本關係問題
[會談 內容]
제5차 회담에 이어, 한국 측의 청구권에 대해 항목별로 토의. 그 후 예비절충을 거쳐, 金鍾泌·大平 합의에 의해 청구권 문제가 원칙적으로 타결. 어업 문제의</td>
</tr>
</table>

<table>
<tr>
<td rowspan="2">〈제7차 회담〉
(1964年 12月 3日
~1965年 6月 22日)</td>
<td>[日本 側 代表]
首席代表: 杉道助(日本貿易振興會理事長)
高杉晉一(三菱電機相談役, 杉의 後任)
次席代表: 牛場信彥(外務審議官)
代表: 平賀健太(法務省民事局長)
八木正男(法務省入國管理局長)
後宮虎郞(外務省아시아局長)
西山昭(外務省經濟協力局長)
藤崎萬里(外務省條約局長)
針谷正之(外務省文化事業部長)
廣瀨達夫(外務參事官)
吉岡英一(大藏省理財局長)
宮地茂(文化財保護委員會事務局長)
和田正明(農林省水產廳次長)</td>
<td>[韓國 側 代表]
首席代表: 金東祚(駐日大使)
代表: 方熙(駐日代表部公使)
文哲淳(外務部企劃管理室長)
延河龜(外務部亞州局長)
李圭星(駐日代表部參事官)
李坰鎬(法務部法務局長)
李鳳來(農林部水產局長)
金命年(同國立水產振興院院長)</td>
<td rowspan="2">[1965年]
2月 20日
■ 한일기본조약 가조인
4月 3日
■ 한일, 세 가지 합의내용 가조인
6月 22日
■ 한일기본조약 및 4협정 조인
8月 14日
■ 한국국회, 한일기본조약 및 제 협정 비준
12月 11日
■ 일본국회, 네 차례의 강행 채결 끝에, 한일기본조약 및 제 협정 비준</td>
</tr>
<tr>
<td colspan="2">[議題]
在日韓國人法的地位問題·基本關係問題·請求權問題·漁業問題·船舶問題·文化財問題
[會談 內容]
2월의 한일기본조약 가조인(서울), 4월의 청구권, 어업, 재일한국인 법적 지위 문제의 합의내용 가조인(도쿄)을 거쳐, 6월에 도쿄에서 한일기본조약 및 4협정 조인. 12월에 서울에서 비준서 교환.</td>
</tr>
</table>

참고문헌

■ 外務省外交史料館日本外交史辭典編集委員會,『新版 日本外交史辭典』, 山川出版社, 1992년

■ 森田芳夫,「日韓關係」(吉澤淸次郎 編,『日本外交史(第28卷 講和後の外交 I 對列國關係 [上])』, 鹿島硏究所出版會, 1973년)

■ 大韓民國政府,『韓日會談白書』1965년 3월

■ 김동조,『회상 30년 한일회담』, 중앙일보사, 1986년

인명 찾아보기

ㄱ

ㄴ

ㅅ

ㅇ

ㅈ

ㅊ

ㅋ

ㅌ

ㅎ

사항 찾아보기

ㄱ

ㄴ

ㄷ

ㄹ

ㅁ

ㅂ

ㅅ

ㅇ

ㅈ

ㅊ

ㅋ

ㅌ

ㅍ

ㅎ

현대 한일문제의 기원

한일회담과 '전후 한일관계'

1판 1쇄 펴낸날 2019년 12월 27일

지은이 | 요시자와 후미토시
옮긴이 | 이현주
펴낸이 | 김시연

펴낸곳 | (주)일조각
등록 | 1953년 9월 3일 제300-1953-1호(구 : 제1-298호)
주소 | 03176 서울시 종로구 경희궁길 39
전화 | 02-734-3545 / 02-733-8811(편집부)
02-733-5430 / 02-733-5431(영업부)
팩스 | 02-735-9994(편집부) / 02-738-5857(영업부)
이메일 | ilchokak@hanmail.net
홈페이지 | www.ilchokak.co.kr

ISBN 978-89-337-0767-8 93910

값 35,000원

* 옮긴이와 협의하여 인지를 생략합니다.

* 이 도서의 국립중앙도서관 출판예정도서목록(CIP)은 서지정보유통지원시스템 홈페이지(http://seoji.nl.go.kr)와 국가자료종합목록 구축시스템(http://kolis-net.nl.go.kr)에서 이용하실 수 있습니다.
(CIP제어번호: CIP2019051129)